KB008108

독도,
지리상의 재발견

독도, 지리상의 재발견 개정증보판

Rediscovery of the Dokdo islets (Take-shima, Liancourt), from the historical and geographical viewpoint

1998년 8월 31일 초판 1쇄 발행
2005년 7월 29일 개정판 1쇄 발행
2011년 9월 10일 개정판 2쇄 발행

펴낸곳 (주)도서출판 **삼인**

지은이 이진명(李鎭明, LI Jin-Mieung)
펴낸이 신길순
부사장 홍승권
편집 김종진 오주훈 양경화
마케팅 이춘호 한광영
관리 심석택
총무 서장현 정상희

등록 1996.9.16. 제 10-1338호
주소 121-837 서울시 마포구 서교동 339-4 가나빌딩 4층
(서울시 마포구 와우산로 27길 23)
전화 (02) 322-1845
팩스 (02) 322-1846
전자우편 saminbooks@naver.com
홈페이지 www.saminbooks.com

표지디자인 (주)끄레어소시에이츠
제판 문형사
인쇄 영프린팅
제본 성문제책

ISBN 89-91097-27-8 93900

값 35,000원

Printed in Korea
Samin Books Tel. 82-02-322-1845 Seoul, KOREA

독도, 지리상의 재발견

이진명 지음

삼인

존경하는 나의 부모님,

이찬규(전 강원도 고성 군수 및 성균관 전의)와 최을림께

이 책을 바칩니다.

책머리에

독도(獨島, Dokdo)는 한국의 영토다. 영토는 신성 불가침한 존재다. 영토는 어느 나라든 돌 하나라도 양보하지 않으려는 마술과 같은 속성을 지닌다.

2005년 3월 23일부터 독도가 일반에 개방되어, 입도(入島)가 자유화되었다. 이제부터 한국은 외교적으로 더 이상 일본의 눈치를 볼 필요 없이 독도를 한국의 여타 영토나 도서와 같이 경영할 수 있게 된 것이다.

이를 계기로 독도는 한국의 영토로, 한국 독립의 상징으로, 정파는 물론 남과 북을 초월한 전 한민족 결집의 구심체로서의 지위를 더욱 확고히 굳히게 되었다.

이는 2월에 시작하여 4월 초까지 계속된, '다케시마'(竹島)를 둘러싼 일본의 한국민 자극 행위의 결과였다. 2005년 2월 22일, 일본에서 말하는 소위 시마네(島根) 현 고시라는 것을 한 지 100년, 무주지인 '다케시마'를 일본 영토에 편입하여 시마네 현 오키(隱岐) 섬 소관으로 한다는 것이 그것이었다. 시마네 현은 이를 계기로 '다케시마의 날'이란 것을 제정하였다. 한국의 고유 영토인 독도에 대한 이런 조치는 원천적으로 이치에 맞지 않는 것이다.

이와 때를 같이하여 4월 5일에는 일본의 중학생용 왜곡 역사 교과서 및 독도의 사진과 함께 '다케시마'가 "역사적으로나 국제법상으로 일본의 고유 영토"라는 내용을 실은 공민 교과서가 문부성의 검열을 통과했다. 일본 외교관과 정부 지도자들의 적절치 못한 발언도 있었다. 이 때문에 한국 국민의 감정은 극도로 자극되었다.

이에 대하여 한국 정부는 영토 주권이 이웃 나라와의 외교 관계보다 상위라는 원칙하에 강경하게 대응하였다. 그 구체적인 조치가 3월 23일부터 실시된 독도 입도의 자유화이다.

시마네 현의 다케시마의 날 제정은 실로 아무 이득이 없는 일개 지방 행정 기관의 조치일 뿐이다. 한국이 일본의 식민지로 있었던 시절, 독도와 울릉도를 마음대로 드나들면서, 독도에서는 강치(물개)를 잡고 비료용으로 새똥을 채취하고, 울릉도에서는 좋은 나무를 베어 집을 짓는데 사용하고, 이들 두 섬 부근의 바다에서 마음대로 어업을 하던 지난날의 향수(鄕愁)가 되살아 난 것이었을까?

시마네 현의 다케시마의 날 제정에 대하여 일본의 중앙 정부는 지극히 소극적이었거나 방관하는 태도를 취했다. 일부 우익 정치인들은 오히려 이를 부추겼다.

이런 사태들은, 지금까지 자국의 영토인 독도에 해양 경찰을 주둔시키고 유인 등대를 운영하는 등 이 섬을 실효적으로 지배하고 있었음에도 불구하고, 일본 정부를 자극하지 않는 뜻에서 독도의 경영에 세심한 주의를 해 오던 한국 정부가 뜻대로 조치를 취할 수 있는 빌미를 제공하는 결과를 가져다주었다. 다시 말해, 독도에 대하여 한국 정부는 자유로워졌고, 따라서 한국은 독도를 자국의 법에 따라 뜻대로 경영하면 되게 된 것이다.

이는 또한 한국이 경제력이나 기술력 면에서 더 이상 일본에 의존하지 않아도 되는 수준에 도달하였음을 의미한다. 이에 걸맞게 민주주의도 성숙했다. 과거 가난했던 시절, 독재 정권의 압력으로 일본 대사관 앞에서 시위도 할 수 없었던 시대와는 달리, 분노한 시민들의 의사를 정부가 수용하여 일본에 대한 압력 수단으로 이용할 수 있는 단계에 와 있는 것이다.

2005년은, 일본 메이지 정부의 우대신(태정관, 현재의 총리에 해당)과 내무성이 "다케시마(울릉도) 외 일도(一島, 즉 마츠시마, 독도)"는 일본과 관계가 없다는 결정을 한 지 128년, 또한 '석도' (=독도)를 울릉군수 관장하에 둔다는 대한제국 칙령 제41호(1900년 10월 25일)를 제정한 지 105년, 한국이 일제의 시달림으로부터 해방된 지 60년이 되는 해, 즉 일본의 항복으로 한반도 본토와 동시에 독도에 대한 한국의 주권이 회복된 지 60년이 되는 해이다.

그 밖에도, 일본 영토에서 명시적으로 분리시켜 한국의 영토로 인정한 연합군 사령부 훈령 제677호(1946년 1월 29일)가 포고된 지 59년, 평화선(1952년 1월 18일)이 선언된 지 53년, 홍순칠을 단장으로 한 독도의용수비대와 그에 이은 해양 경찰의 주둔(1953년)으로 한국이 독도를 물리적으로 지배해 온 지 52년이 되는 해다.

필자가 느끼는 바로는, 이제는 일본이 독도에 대하여, 극우 인사들의 상륙 시도, 어민들이 한국 정부의 허가 없이 독도 주변 영해 12해리 이내에 들어와서 조업을 하는 것, 해상보안청(Japan Coast Guard) 또는 해상자위대에 의한 무력 도발 등은 있을 수도 없고, 그런 행위를 결코 하지도 않을 것이 틀림없다. 그런 일이 있다면, 과거 한때 불행한 관계에 있었긴 하였으나 그 점을 초월하면 누구보다도 더 가까이 지낼 수 있는 선린 이웃의 관계는 돌이킬 수 없는 파탄에 빠지고 말 것이기 때문이다. 이런 사실을 일본 국민은 물론 정치 지도자들도 잘 인식하고 있다고 본다.

그러나 한편으로 일본은, 한-일 어업협정과 같은 외교 문건, 일본 정부 간행 각종 자료, 교과서, 외국에서 발간되는 수로지, 해도, 지도, 지도책 등에서 독도가 '다케시마'라는 이름으로 일본에 포함되거나, 적어도 한일 어업협정상에서와 같이 독도가 중간수역(잠정수역)에 포함되어 한국 영토로서의 지위가 상실, 훼손, 또는 저하되도록 하기 위한 노력을 끈질기게 계속할 것이다. 이것이 독도에 해양경찰을 주둔시키고, 유인 등대나 선박의 접안 시설 등을 설치하여 관리하고, 국민들의 왕래를 자유화하는 등 물리적·실질적·실효적 지배를 하고 있는 한국에 대한 최선의 대응책이라고 판단하고 있음이 틀림없다. 이런 것들이 충족되면 일본은 만족해할 것이다.

따라서 일본은 앞으로 더욱 적극적으로, 독도를 포함하는 중간수역 내에서의 공동 어업 규제에 관한 한-일 협의를 통해 독도 영해 12해리 내에 일본 어선이 들어가지 않도록 해 주겠다는 묵약을 해 주고, 그 대신 독도를 포함하는 중간수역 전역(全域)에 대하여 한국과 동일한 권리를 가진다는 사실을 한국으로부터 확인받기 위해 끝까지 버틸 것이다.

이는 외교 문건, 서류, 종이 위에서나마 일본이 '다케시마'에 대해 권리를 보유한다는 흔적을 남기고, 그런 증거를 축적하자는 의도이다. '다케시마 문제'를 가지고 국제사법재판소에 갈 때를 대비해서. 그러기 위해서는 한국과 합의가 있어야 하는데, 한국은 자국의 영토, 자국의 재산인 독도에 대하여 국제재판소에서 재판을 받을 필요도, 이유도, 의사도 전혀 없다. 그렇다면 일본의 이런 노력은 어디에 소용될까? 그런 '증거 자료의 축적'이 장래에 어떻게 사용될 지에 대해서는 일본의 정치 지도자, 외교관, 학자, 시민 단체, 국민 자신들 누구도 어떤 확신이나 신념을 가지고 있지 않을 것이다. 훗날 형식에 불과한 무용지물이 되고 말 것이지만, 일본은 과거에 그렇게 해 왔고 선임자가 그렇게 해 왔기 때문에, 현재도 그렇게 하고 나도 그렇게 하는 것이다. 이것은 당장의 자기 만족의 수단은 될지언정, 한국 국민을 자극하는 요소이기 때문에 이로 인한 양국 간의 갈등은 계속 이어질 것이 틀림없다.

따라서 한국이 안고 있는 과제는 일본에 맞서서 이 문제를 해소(解消)하는 것이다. 즉 대일 외교 문건이나 일본에서 발간되는 자료, 교과서, 외국에서 발간되는 자료, 책자, 지도, 지도책, 수로지, 해도상에서 한국 영토 독도의 지위를 확립하는 것이다.

앞으로 한국도 힘만 들고 돈은 별로 안 되는 어업을 지양하고 질 좋은 수산물을 수입해다 먹는 추세가 가속화될 것이다. 따라서 10년, 20년쯤 후에 어업 환경과 해양 질서가 바뀌어 어업협정을 개정할 기회가 왔을 때는 넓은 어장을 확보하려고 애쓸 필요가 없어지게 될 것이고, 그때는 적어도 동해상의 현 중간수역(잠정수역)은 이등분하자고 끝까지 버틸 수 있게 될 것이다.

일본이 중국과 마찰을 빚고 있는 센카쿠 제도(尖閣 諸島)/댜오위다오 열서(釣魚臺 列嶼)는 일-중 어업협정상의 중간수역의 남쪽 출발점에 있기 때문에 그 부분의 EEZ를 둘로 나누기는 어렵게 되어 있는 반면, 동해상의 중간수역은 이등분이 용이하게 되어 있다. 그렇게 되면 독도가 자연히 한국의 배타적경제수역(EEZ)에 들어오게 되어, 독도에 대한 한국의 주권이 문서상으로도 확립될 것이다. 그때는 독도가 '다케시마'로 표기되고, 일본 영토인 것처럼 표시되는 문제도 해결될 것이다.

그날이 올 때까지 한국과 일본은 독도 주변의 한국 영해를 제외한 중간수역에서 어업은 물론, 동해(東海, East Sea) 해저에 깔려 있다는 메탄-하이드레이트의 탐사 · 개발, 오염으로부터의 환경 보전이나 어업 자원의 보존 활동을 공동으로 추진할 수 있을 것이다.

여하튼 앞으로도, 1877년 일본 우대신 및 내무성의 결정과 같이, 울릉도와 독도는 일본과는 관계가 없다고 선언하면서 이 문제를 깨끗이 처리해 줄 수 있는 용기 있는 일본 정부의 등장은 기대하기 어려울 것이다.

영토 분쟁에서는 증거 자료도 무력하다. 이웃 나라와 문제가 있는 영토는 흔히 힘으로 빼앗고, 힘으로 빼앗긴다. 빼앗기지 않기 위해 힘으로 지킨다. 그러나 그런 힘은 증거에 의한 확신과 신념에서 나온다.

따라서 한국민은 독도가 자국 영토라는 신념을 가지고 굳게 지켜야 하며, 이런 신념은 한국 영토로서 독도의 지위를 확인해 주는 역사적 · 지리적 · 국제법적 사실과 근거에 기초를 두어야 한다. 이를 위해 해방 이후 현재까지 다방면으로 많은 연구가 수행되었다.

이 책에서는 서양 자료를 기초로 하여, 서양인들에 의한 울릉도 및 그 자도(子島)인 독도의 발견, 인식, 표기, 분류의 변천, 그리고 그것이 동양, 특히 일본에서의 울릉도와 독도에 대한 명칭의 혼란과 이동, 동서양의 지도나 해도상의 명칭 표기에 미친 영향 등에 대해 알아보고자 한다.

독도에 관해서 일본에서는 1900년대부터, 한국에서는 1950년대부터 여러 학자들이 다방면으로 많은 자료를 발굴하여, 여러 형태로 저술을 발표해 왔다. 한국에서는 박관숙 교수, 이한기 교수, 신용하 교수 등이 중요한 업적을 남겼고, 일본에서는 가와카미 겐조(川上健三) 외무성 조사관, 가지무라 히데키(梶村秀樹) 교수, 호리 카즈오(堀和生) 교수 등의 업적이 있다. 독도의 영유에 관해서는 객관적인 견해도 있지만, 자료를 자국에 유리하게 해석하거나 불리한 자료를 은폐하는 사례도 있다. 거기에는 국수주의적인 태도가 작용한 측면도 있다. 여하튼 근 60여 년간에 걸친 연구 결과, 독도에 관한 역사 · 지리 · 국제법 · 외교 · 증언 채취 등의 인문과학 분야는 물론이고, 해양 · 지질 · 생물 등의 자연과학 분야에 이르기까지 다방면으로 많은 연구가 있었고, 한국, 일본, 미국에 있는 자료는 거의 다 찾아보았다고 할 수 있겠다.

그런데 그 밖의 외국 자료는 여러 가지 제약 때문에 아직도 체계적으로 발굴되지 않은 감이 든다. 특히 울릉도와 독도는 서양인으로서는 프랑스 선박들이 가장 먼저 발견한 까닭에, 이 두 섬을 가리키는 서양의 명칭은 대체로 프랑스와 직접적인 관련이 있다. 19세기 중엽 이래 서양의 주요 해양국인 프랑스, 영국, 러시아, 그리고 미국의 해군 함정들은 세계의 모든 해역을 탐사, 조사, 측정하여 수로지(水路誌)와 해도를 작성해 오고 있는데, 이것들은 함정 및 일반 선박들이 안전하게 항해하는 데 기본적이고 필수적인 자료가 된다.

따라서 프랑스에는 과연 독도에 관하여 어떤 자료가 있는지 궁금하지 않을 수 없다. 프랑스의 포경선 '리앙쿠르' 호가 1849년에 처음 독도를 발견하였다 하여, 독도는 오늘날까지도 서양인에게 '리앙쿠르' 라는 이름으로 불리고 있는데, 새로 발견된 섬이 과연 어떤 경로로 이름이 붙게 되는지부터가 궁금하다. 이런 궁금증으로부터 시작하여, 19세기에 울릉도와 독도를 직접 목격한 서양 해군 장교들은 이 두 섬을 어떻게 묘사했는지, 이 두 섬의 명칭은 어떻게 변해 왔는지, 서양 해군의 수로지와 항해지침에서는 두 섬을 어느 나라 영토로 인식하고 분류해 왔는지, 분류에 어떤 변화가 있었는지, 또 프랑스에 소장되어 있는 한국, 일본, 서양 여러 나라에서 제작한 지도나 해도에 독도가 어떻게 나타나 있는지, 독도의 영유를 분명히 나타낸 동서양의 지도로는 어떤 것들이 있는지 따위도 모두 궁금하다. 이 같은 궁금증을 풀기 위해 나는 본격적으로 여러 자료들을 찾아보았다.

그래서 우선 독도와 불가분의 관계에 있으며 독도의 모도(母島) 또는 주도(主島)인 울릉도에 관하여, 1787년 프랑스의 세계적인 탐험가 라페루즈(La Pérouse)의 『세계탐험기』에 수록된 울릉도 발견(목격) 사실에 관한 것을 정리하여 『신동아』 1997년 6월호에 「210년 전 울릉도에서 조선인 목수를 보다」라는 제목으로 글을 발표한 적이 있다.

독도에 관해서는 그 전부터 관심을 가지고 있었으나, 본격적으로 자료를 찾아보기 시작한 것은 1996년 가을부터이다. 파리의 뱅센느 고성(Château de Vincennes)에 있는 해군성 자료관(Service Historique de la Marine)부터 뒤지기 시작했다. 거기서 해도 등 몇 가지 자료를 통해 어떻게 자료를 찾아가야 할지 실마리를 얻었다. 그러나 1970년대 말까지 여기에 보존되어 있었던 해군성 고문서의 대부분이 국립고문서관(Archives Nationales, AN)으로 옮겨 갔기 때문에, 그 다음은 국립고문서관에 있는 해군-식민지성 자료를 열람했다. 19세기 초에는 해군성이 어선도 관장했고, 해양 경찰의 임무도 수행했기 때문에, 포경선에 관한 자료, 그 다음 극동 해역을 순항한 해군 함정의 보고서 · 해도 · 지도 가운데 동해와 울릉도, 독도에 관한 기본 자료들을 찾아보아야만 했다. 독도에 관하여 직접적인 언급이 있는 해군성 고문서는 불과 몇 점에 지나지 않는다는 사실도 이때 알았다.

그와 동시에 프랑스국립도서관(Bibliothèque Nationale de France, BNF, site Richelieu) 지도-도면부(Département des Cartes et Plans)에 소장되어 있는 자료 중, 독도와 직 · 간접으로 관련이 있는 서양 해군의 수로지, 항해지침, 해도 및 동서양의 지도를 체계적으로 열람했다.

프랑스국립도서관의 지도-도면부에는 60만 점의 지도와, 아직도 정리되지 않아 분류번호조차 없는 프랑스국립지리원(Institut Géographique National, IGN) 제작 지도 30만 점 등, 낱장으로 된 지도, 해도, 여러 도시의 시가지 도면이 총 1백만 점 가까이 소장되어 있다고 한다. 지도 외에도 지도첩 1만 점, 지리학 관련 정기 간행물 2,100종, 그중 계속 발간되는 정기 간행물이 360종, 서적 12만 권 등 방대한 자료를 소장하고 있다. 이 가운데는 1945년 이전에 간행된 동서양의 조선 전도 20여 점, 일본 전도 100여 점도 포함되어 있다.

프랑스국립도서관의 지도-도면부 소장 자료 중 독도와 관련이 있는 것은 다음과 같다.

1) 프랑스, 영국, 러시아, 미국 해군의 해도국과 수로국이 간행한 수로지, 항해지침, 그 밖에 동해가 나타나 있는 해도
2) 고지도 가운데, 프랑스와 서양 여러 나라에서 제작된 동양 · 한국 · 일본에 관한 지도, 중국에서 제작된 조선 고지도, 한국에서 제작된 조선 고지도, 일본에서 제작된 조선 및 일본 고지도
3) 책으로 출판된 탐험기 몇 권

수로지와 항해지침은 1850년대 초부터 간행되기 시작하여 오늘날까지 계속 간행되는데, 세계의 해양을 모두 다루기 때문에 세월이 흐르면서 더욱 세분화되고 그 종류도 꽤 늘어나 체제가 아주 복잡하다. 태평양, 동해에 관한 해도 또한 19세기 초부터 발간되기 시작하여, 그 후 계속 세분되고 수정 · 재판의 과정을 거듭해 오고 있으므로 그 수도 많고 분류 체계도 복잡하다.

프랑스국립도서관의 지도-도면부 외에, 동양필사본부(Département des Manuscrits Orientaux, DMsO: site Richelieu)에 소장되어 있는 한국, 일본 고지도 및 현대 서적, 그리고 신축된 톨비악(Tolbiac) 신관에 소장되어 있는 동서양의 고서적 및 현대 서적도 참고했다.

고지도 가운데는 이미 한국의 학계에 알려진 것도 있다. 그러나 이들 고지도가 체계적으로 전부 파악된 것 같지는 않다. 그래서 나는 독도와 관련이 있을 듯싶은 것은 모두 열람해 보았다. 독도의 영유 관계를 밝히려면 1905년 이전에 제작된 고지도 및 근대 지도를 살펴보아야 한다. 왜냐하면 1905년에 일본이 '시마네 현 고시 40호' 라는 것을 만들어

부당하게 독도를 일본 영토에 편입시켰고, 한국은 그 후 일제의 지배하에 들어갔기 때문이다.

1910~1945년 사이에 제작된 지도는 두 종류로 나누어 볼 수 있다. 한 종류는 시마네현 고시 이후, '다케시마' 라 새로 이름이 붙여진 독도를 일본의 오키(隱岐) 섬 곁의 자그만 박스 속에 의도적으로 그려 넣은 지도다. 그 당시라도 일반적으로 일본 전도에는 독도가 나타나지 않는다. 이 시대는 한반도 전체가 일본과 한 나라처럼 되어 버렸으므로 모두 일본 영토로 나타나고, 행정 지도가 아닌 한 도서의 소속을 밝힐 필요도 없었다.

또 한 종류의 지도는, 독도를 '다케시마' 로 표기하더라도 이 섬을 종전과 같이 자연스럽게 한국 땅으로 인식하여 한국에 포함시킨 것들이다. 한반도와 일본이 한 나라이던 시기였으므로 인위적으로나 의도적으로 독도를 일본에 포함시킬 이유도 없었다. 따라서 이 당시 제작된 지도로서 『대일본분현지도』(1910년 10월) 중의 「조선전도」처럼, '다케시마' (독도)가 한반도에 포함되어 있는 것은 이 지도의 제작자 이토 세이조(伊藤政三)와 같은 당시 일본 지도 제작자들이나 일반인들의 객관적이고 자연스러운 인식에 따른 것으로 볼 수 있으므로 그 의미가 크다고 할 수 있다.

1850~1910년대는 독도에 대하여 어떤 서양 지도에도 동양 명칭(한국 명칭, 일본 명칭)이 사용되지 않았던 시기다. 이때 이미 독도는 근대적이고 과학적인 서양의 모든 지도와 해도상의 정확한 위치에 올려져 있었고, 불리기는 '리앙쿠르', '호넷', '올리부차', '메넬라이' 등 서양 이름으로만 불렸다. 19세기 서양에서 제작한 '극동 지도' 의 대부분은 도서의 국적을 구분하지 않았다. 그러나 서양의 조선 전도 중에는 울릉도와 독도를 분명하고 확실하게 한국 영토에 포함시켜 나타낸 것도 있다. 러시아, 프랑스, 일본, 중국, 독일 등지에서 제작한 몇 점의 조선 전도들에 그렇게 되어 있다. 이 시대에 독도를 일본 영토에 포함시켜 나타낸 지도는 서양 지도는 물론이고 일본 지도 가운데에도 거의 없는 것으로 보인다.

서양의 수로지 또는 항해지침, 해도에서 중요한 것은 서양인들에 의한 울릉도와 독도의 발견 경위, 울릉도와 독도가 해도상에서 차지하는 중요성, 울릉도의 묘사 부분에 드러난 조선(한국)인 거주 상황, 조선인들의 선박 건조와 어업 활동에 대한 실증적이고 객관적인 증언, 울릉도와 독도에 대한 명칭 변화, 그리고 울릉도와 독도에 대한 지리적 · 영토적 인식과 분류 등이다. 이 서양 해군 자료들은 선박의 안전 항해를 주 목적으로 만든 것이므로, 도서의 국적은 가리지 않는다. 그러나 독도가 어디에 분류되는가는 독도를 어느 나라 영토로 인식했는가 하는 문제와 직결된다.

이 책에서는, 서양인에 의한 울릉도와 독도의 발견, 이 두 섬이 근대적이고 과학적인 서양의 지도에 올려지게 된 경위, 그리고 독도를 분명히 한국 영토로 분류한 동서양의 지도, 수로지와 항해지침에 실린 울릉도와 독도에 대한 기술(묘사), 분류(두 섬의 관계), 명칭 변화 등을 살펴보고자 한다.

이 책은 서양 자료만을 중심으로 했기 때문에, 한국과 일본의 자료를 통해 이미 알려진 사실이나 국제법 부문에 대해서는 글을 전개해 나가는 데 꼭 필요하지 않은 경우는 서술하지 않았다.

이 책은 2부로 구성되어 있다. 제1부에는 논문 다섯 편과 독도 관련 한국 · 일본 자료를 수록하였고, 제2부는 시대별로 분류된 지도와 해도의 설명 및 이들 가운데 중요한 지도와 해도의 사진(도판)을 실었다. 지도와 해도는 규모가 큰 것은 한 변이 2m 이상 되는 초대형도 있으나 대개는 1m 내외이며, 저서에 실린 것은 보통 20~30cm의 소형이고, 컬러로 된 것도 있다. 대형 지도와 해도는 이 책의 크기에 알맞게 축소하였으므로, 글씨를 알아보기 어려운 것이 많다. 그중에서도 중요한 지도는 쉽게 알아볼 수 있도록 일부분만을 따로 확대해서 부분도로 함께 실었다.

되도록이면 역사적 사실을 자료와 증거에 입각하여, 사실 그대로 객관적으로 보려고 노력했다. 미비하고 불충분한 점도 많겠지만, 이 책에 실린 논문과 자료들이 앞으로 독도를 연구하는 사람들에게 작게나마 기여하는 바가 있었으면 한다. 또 독도를 사랑하는 독자 여러분들의 독도의 역사 · 지리의 이해에 도움이 되길 바란다.

자료 열람에 편의를 준 프랑스국립도서관 지도-도면부와 동양필사본부, 국립고문서관, 해군성 자료관, 루앙 시 소재 센느-마리팀 도립고문서관에 진심으로 감사를 표한다.

또 어려운 출판 여건에서도 상업성이 없는 이 책의 출판을 기꺼이 맡아 주신 도서출판 삼인의 신길순 사장님, 홍승권 부사장님, 최낙영 주간님, 편집 담당 유나영 씨에 깊은 감사를 드린다.

이번의 증보 개정판은 초판의 내용과 체제를 그대로 유지하면서, 초판의 오자와 오류를 교정하고, 새로운 내용을 삽입하고, 특히 초판 발간 후 새로 발굴한 지도 자료들을 대폭 추가했다.

2005년 6월 프랑스 파리에서

이진명(李鎭明) Li Jin-mieung

차례

제2부 동서양의 지도 및 해도에 나타난 울릉도와 독도

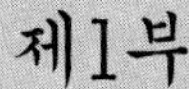

제1부

독도를 찾은 서양 사람들

— 그들이 전한 이야기와 그들이 남긴 자료

1. 동해, 울릉도, 그리고 독도

동해는 원산만에서 홋카이도까지, 서에서 동으로 가장 넓은 부분이 1,100km(600해리), 대한해협에서 타타르 해협까지 남남서에서 북북동으로 1,700km(900해리)에 달하는 망망대해.

동해는 남서쪽으로는 대한해협을 통하여 태평양과 동중국해로 통하며, 동쪽으로는 일본의 혼슈와 홋카이도 사이의 쓰가루 해협을 통해 태평양으로, 그 위의 홋카이도와 사할린 사이의 라페루즈(宗谷, 소야) 해협, 그리고 시베리아 동안(東岸)의 타타르 해협을 통하여 오호츠크 해로 통한다.

이 네 개의 좁은 통로를 제외하면, 육지로 둘러싸여 거의 폐쇄되다시피 한 내해(內海)이다. 그 가운데, 모도(母島)인 울릉도를 바라보며 자도(子島) 독도가 우뚝 솟아 있다. 독도는 한국의 섬 가운데 본토에서 가장 멀리 떨어진(218km) 섬이며, 한국 영토의 동쪽 끝이다.

울릉도와 독도, 모도와 자도의 관계

울릉도는 독도의 모도(母島) 또는 본도(本島)로, 서양에서는 1787년 5월 27일 프랑스의 유명한 라페루즈(La Pérouse) 탐험대가 처음으로 발견하였다. 이를 가장 먼저 발견한 사람은 수학자이자 천문학자인 다줄레(Dagelet)라는 사람으로, 이들은 섬에 그의 이름을 붙였다. 1797년 간행된 『라페루즈의 세계탐험기』(*Voyage de La Pérouse autour du monde*)에 딸린 지도첩 중의 해도에 사상 최초로 정확한 좌표에 표시된 이래, 울릉도는 이 '다줄레'라는 이름으로 1950년대까지 서양의 해도와 지도에 표기되어 왔다.

울릉도의 자도(子島) 또는 속도(屬島)인 독도는 19세기 중엽까지 한국에서는 우산도(于山島), 천산도(千山島), 자산도(子山島), 삼봉도(三峯島), 가지도(可支島), 돌섬, 독섬 등으로 불렸고, 일본에서는 마츠시마(松島)로 알려져 있었다.

섬이 없는 동해 한가운데, 선박의 항로상에 누워 있는 독도는 항해상의 위험물로 부상하여,

서양 여러 나라 해군 함정들의 주의를 모으게 되었다. 그래서 독도는 동양 여러 나라의 그 어떤 섬보다도 많은 서양 명칭을 가지고 있다. 프랑스 명칭 '리앙쿠르'(1849)를 비롯하여, 러시아 명칭 '올리부차'(독도의 서도, 1854)와 '메넬라이'(독도의 동도, 1854), 영국 명칭 '호넷'(1855) 등이 그것이다. 그중에서도 '리앙쿠르'가 가장 먼저, 가장 널리, 그리고 가장 오랫동안 일관되게 사용되어 왔다.

독도를 가리키는 서양 명칭이 등장한 1850년대 이후부터 1920년대까지, 서양에서 간행된 해도, 수로지, 지도 등에서는 이 섬을 가리키는 동양(한국, 일본)의 어떤 명칭도 사용되지 않았다. 한국과 일본에서 쓰이는 '독도'와 '다케시마'라는 명칭은 20세기에 들어서 사용되기 시작한 것들이다. 특히 '독도'라는 명칭은 한국이 해방된 후인 1946~1947년경부터 일반에 알려져 쓰이기 시작한 것으로 보이며, 1952년 한·일 간에 독도를 둘러싼 외교 마찰이 일면서 널리 알려지게 되었다.

울릉도, 독도/다케시마, 오키시마

울릉도와 독도는 모도와 자도, 본도와 속도라는 불가분의 관계에 있다. 한국의 고문헌과 고지도, 일본의 고문헌과 고지도, 그리고 서양의 자료들에도 모두 울릉도와 독도는 떼려야 뗄 수 없는 관계로 나타나 있다. 동서양의 모든 학자, 일반인, 해군 장교들 모두 그렇게 인식했다. 따라서 울릉도의 영유나 소속이 밝혀지면, 독도는 자연히 그에 따라가는 것으로 생각하면 된다. 결론부터 말하자면, 울릉도가 한국 영토이므로 독도 또한 한국 영토라는 것은 당연하고도 자연스러운 논리이다. 그러므로 독도는 당연히 'Dokdo'로 표기되어야 하고, 울릉도와 함께 묶여 분류되어야 한다.[1)]

한국과 일본의 고문헌이나 고지도에 똑같이 울릉도와 독도 사이의 명칭이 뒤바뀌고 혼란이 발생하는 것은, 이 두 섬이 서로 뗄 수 없는 관계에 있기 때문이다. 또 한국과 일본에서 모두 이 두 섬을 항상 바로 붙여서 표시하는 것도 이 두 섬 사이의 불가분의 관계 때문이다.

지명이 역사적으로, 민족적으로, 지역적으로, 또 어의학적으로 함축하는 의미는 크다. 그러나 어느 섬이나 땅이 다른 나라 말로 불린다고 하여 바로 그 나라 영토임을 나타내는 것은 아니다. 국명과 지명은 역사적으로 수없이 변하고 이동하고 다르게 불리기도 한다. 새로 명명되기도 하고, 개명되기도 한다. 이 세상의 크고 작은 많은 섬들도 마찬가지이다. 원주민이 사용하는 명칭과는 다른 서양 이름을 붙였다가, 원주민이나 인근 국가가 사용하는 명칭을 되살려 사용하는 사례는 이루 헤아릴 수 없을 만큼 많다. 따라서 지명과 국적은 밀접한 관계가 없다.

지명은 그 땅의 영토로서의 영속성과도 관계가 없다. 그것은 수 세기 동안 제주도가 네덜란드 이름인 '켈패르트' (Quelpaert)로, 울릉도가 프랑스 이름인 '다줄레' (Dagelet)와 일본 이름 '마츠시마' (Matsu-shima)로, 거문도가 '해밀톤 항' (Port Hamilton), 원산만이 '브루톤 만' (Broughton Bay), 영일만이 '케이프 클로나르' (Cape Clonard) 등으로 불린 것과 같다. 19세기에 한국의 섬에 대해 서양인들이 붙인 이 같은 외국 명칭은 이 해역을 항해하는 서양인들에게는 하나의 식별 부호에 지나지 않았다. 오늘날은 모두 'Cheju-do/Jejudo', 'Ullung-do/Ulleungdo' 로 표기한다. 여기서 서양 자료를 통하여 보고자 하는 독도도 같은 맥락으로 이해하면 된다.

본토에서 동쪽으로 137km 떨어져 있는 울릉도의 위치는 북위 37도 14분~37도 33분, 동경 130도 48분~130도 52분이며, 면적은 73km²이다. 부속 도서로 주변에 관음도와 죽서가 있고, 조금 멀리 독도가 있다. 주봉인 성인봉(중봉) 984m, 미륵산 901m, 초봉 608m, 형제봉 713m, 관모봉 586m 등의 높은 봉우리가 있다. 울릉도의 인구는 1925년 9,992명, 1940년 1만 2,000명, 2000년 1만 150명이고, 행정상으로 경상북도 울릉군이며, 군청 소재지는 울릉읍 도동리이다.

서양인으로 울릉도를 처음으로 발견한 사람은 1787년 5월 27일 프랑스의 유명한 라페루즈(La Pérouse, Jean-François Galaup, comte de) 탐험대의 일원이었던 수학자 겸 천문학자 다줄레(Lepaute Dagelet)였다. 울릉도는 그의 이름을 따서 '다줄레' 섬이라 명명되었고, 해도와 지도상에 정확하게 오르게 되었다. '다줄레' 라는 명칭은 1850년대부터 사용되기 시작한 마츠시마(Matsu-shima, 松島)와 함께 1950년대 말까지 사용되었다. 그 뒤로 서양의 지도와 해도에서 울릉도를 가리키는 명칭은 하나같이 'Ullung-do' 로 통일되었다.[2)]

바른역사정립기획단이 2005년 6월 28자로 고시한 한국 정부 표준 독도 현황에 따르면, 독도의 위치는 북위 37도 14분 24초~37도 14분 26초, 동경 131도 51분 41초~131도 52분 10초이다. 독도는 두 개의 섬으로 구성되어 있는데, 그중 서도(西島)는 면적 8만 8,639m² (가로 세로 각 298m 정도), 둘레 2.8km, 최고 높이 168.5m, 원뿔(봉당 棒糖)형이며, 동도(東島)는 면적 7만 3,297m²(가로 세로 각 271m 정도), 둘레 2.6km, 최고 높이 98.6m이고, 정상과 아래쪽에 비교적 평탄한 부분이 있다. 서도와 동도 사이에는 너비 151m, 길이 330m의 수로가 있고 수심은 10m 미만이다. 섬 주위에 89개의 암초(총 면적 25,517m²)가 널려 있다. 독도의 총 면적은 187,453m²(가로 세로 각 433m 정도)이며, 한국의 국유지로 해양수산부 재산이다. 독도의 지질은 울릉도와 같다고 한다.

한국 본토(죽변 해안)와 독도의 최단 거리는 217km, 일본 본토(히노 미사키 해안)와 독도와의 최단 거리는 208km로 일본에서 조금 더 가깝다. 그러나 독도와 모도인 울릉도와의 거리는 87km이고, 독도와 일본 오키 제도의 도고(島後)까지의 거리는 157km로 독도-울릉도 거리의 약 두 배다.

지구는 둥글다. 바다도 둥글다. 독도는 날씨가 맑은 날 울릉도의 해발 100m 지점에서부터 점으로 보이기 시작하고, 200m 정도에서는 상당 부분이 보인다. 일본에 있는 오키 섬의 최고봉은 608m이다. 오키 섬의 가장 높은 곳에서 독도 서도의 정상 해발 169m가 보이려면 두 섬 사이의 거리가 146km 이내여야 한다. 그러나 실제 거리가 160km 정도이므로 오키 섬의 어느 지점에서도 독도는 보이지 않는다.

지상이나 해상에서 시선이 닿을 수 있는 거리(시달 거리)를 계산하는 데는 다음의 수식을 사용한다.

$$D = 2.09(\sqrt{H} + \sqrt{h})$$

D=시달(視達) 거리, 해리(=마일)로 표시해야 식이 성립한다. (1해리=1.852km)

H=목표물의 수면으로부터의 높이. (m로 표시)

h=눈의 높이(관측자가 선 지점의 해발 높이+관측자의 눈높이). (m로 표시)

이 수학 공식은 일본 외무성의 가와카미 겐조(川上健三, 1905~1995) 조사관이 1960년대에 처음으로 독도에 적용한 것이다. 그는 바닷가에 선 사람의 눈높이, 즉 수면으로부터 눈까지의 높이 4m를 이 공식에 대입하고, H에 독도 서도의 정상 높이 157m〔실제로 169m〕를 대입했다. 따라서 시달 거리가 30.3해리, 즉 56km라는 것이다. 그의 계산은 맞다. 울릉도와 독도의 거리는 87km이므로, 가와카미 조사관이 주장한 대로 울릉도의 바닷가에 서서 독도를 보면 독도가 보이지 않는다. 따라서 그는 울릉도에서 독도를 보려면 배를 타고 31km 이상 바다에 나가야 한다고 역설했다.

그러나 이에 대해 이한기 교수는 위의 공식을 적용하여 울릉도의 해발 86m〔실제로 90m〕 지점부터 독도 서도의 정상 174m〔실제로 169m〕가 점으로 보이기 시작하고, 고도 200m에 도달하면 독도의 상당 부분이 보인다고 반박했다. 울릉도의 최고봉인 성인봉(과거의 중봉)의 높이는 984m이고, 그 외에도 고도가 해발 500m 이상인 봉우리가 넷이나 더 있다. 따라서 울릉도에는 고도가 해발 200m 이상인 곳은 얼마든지 있고, 오르기도 그리 어렵지 않으며, 앞이 탁 트인 곳도 많다.

이 시원한 반박에 대해 가와카미 조사관은, 울릉도는 나무가 울창하여 200m 정도 올라가기도 어렵고, 올라가도 나뭇가지에 가리거나, 한류와 난류의 교차로 발생한 안개 때문에 독도를 볼 수 없다고 억지 주장을 하기에 이르렀다. 울릉도에서 독도가 보인다는 사실은 고대로부터 한국인들이 독도의 존재를 그만큼 잘 인지하고 있었음을 의미한다.

독도는 물도 나무도 없으며, 동도의 정상 부분과 아래쪽에 있는 조그만 평지를 제외하면, 경사도가 60도 가량 되는 가파른 암벽으로 이루어져 있다. 따라서 정상적으로는 사람이 살 수 없는 무인고도이다.

독도에 대한 한국과 일본의 조치

1876년(明治 9년) 일본은 전국의 지적을 조사하는 사업을 벌였다. 이때 시마네(島根) 현은 다케시마(竹島, 여기서는 울릉도를 가리킴)와 마츠시마(松島, 여기서는 독도를 가리킴)를 시마네 현의 지적에 포함시켜야 할 것인지의 여부를 내무성에 문의했다. 내무성은 과거의 문서들을 검토한 결과, 이 두 섬은 조선 영토이며 일본과 관계가 없다는 결론을 내렸다. 그러나 문제의 중요성을 감안하여, 내무성은 부속 문서를 첨부하여 이듬해인 1877년 3월 17일 국가 최고 기관인 태정관(太政官)에 품의서(稟議書)를 제출하여 최종 결정을 요청했다. 이에 태정관은 두 섬이 일본과 관계가 없다고 결정하여 내무성으로 내려 보냈다. 이로써 다시 내무성은 울릉도와 독도가 일본 영토가 아닌 것으로 확인, 종결하여 시마네 현에 회신을 내려 보냄으로써 최종 처리되었다.[3]

독도는 1900년 10월 25일부 대한제국 칙령 제41호에서 "울릉도를 울도로 개칭하여 강원도에 부속하고, 도감을 군수로 개정하여 관제 중에 편입하고, 군등(郡等)은 오등(五等)으로 할 사(事)"(제1조), "군청 위치는 태하동으로 정하고 구역은 울릉 전도와 죽도, 석도를 관장 할 사"(제2조)라고 하여, 독도를 '석도'(石島)(←돌섬→독[돌]섬→獨島)라는 명칭으로 강원도 울릉군 관할에 두게 되었다.[4]

이상과 같이 1877년 3월 일본의 최고 국가 기관인 태정관과 내무성의 최종 결정, 그리고 1900년 10월의 대한제국 칙령에 의하여 독도는 한국에 귀속하는 것으로 결말이 났다. 다시 말해 다음에 언급하는, 소위 1905년 2월의 시마네 현 고시 40호가 있기 이전에 독도의 영유(領有)는 해결이 된 것이다. 1905년 이전까지의 한국, 일본, 그리고 서양의 일반적인 인식이나 자료, 고지도 등도 이 사실을 강력히 뒷받침하고 있다.

해방과 동시에 한국이 국권을 회복하면서, 독도에 관한 주권도 자동적으로 되찾았다. 이때부터 독도는 행정 구역상 경상북도 울릉군 도동리에 속해 오고 있다. 그 후 1953년 7월 한국은 동도(東島)의 약간 평탄한 곳에 해양 경비대 초소를 설치하였으며, 1954년 8월 15일 정오

에는 높이 4m 되는 무인 등대에 마침내 불을 밝혔다.[5)]

1997년 11월 6일에는 500톤 선박이 닿을 수 있는 접안 시설을 준공하였고, 1999년 3월 10일에는 전에 있던 무인 등대 자리에 새로 건설한 유인(有人) 등대를 가동했다. 독도에 상주하는 한국 해양경찰청 소속 경비대 인원은 40여 명이고, 유인 등대는 4명이 1일 2교대로 운영하고 있다. 이로써 한국은 독도를 실효적으로 경영, 지배하고 있다.

다시 1904년으로 돌아가 보면, 이때 일본은 이미 한반도를 반쯤 식민지화한 상태였다. 그리고 러시아와의 동해에서의 대해전(大海戰)을 준비하였다. 이 해전의 필요상 울릉도와 독도에 망루를 건설하고, 해저 통신 케이블을 가설하여 한반도와 일본 본토에 연결했다. 독도를 '다케시마'로 이름 지어 "일본 소속으로 한다"는 일본 내각의 부당한 결정(1905년 1월 28일)이 있은 것도 이때이다. 그 한 달 후인 1905년 2월 22일에 '시마네 현 고시 40호'라는 것이 나왔다. 그 내용은 이렇다.

> 북위 37도 9분 30초, 동경 131도 55분, 오키(隱岐)시마로부터 서북 85해리(157km)에 있는 도서를 '다케시마'(竹島)라 칭(稱)하고 이제부터 시마네 현 오키 도사(島司)의 소관으로 정한다.

그 몇 달 후인 5월 17일 시마네 현은 독도를 토지 대장에 기재했다. 그 당시 러시아와 일본 간의 동해 해전이 '량고(리앙쿠르의 변형된 일본식 발음)도(島)' 부근에서 있었고, 이 해전이 보도되면서 '량고' 또는 '다케시마'라는 명칭이 일본 국민들 사이에 널리 알려지게 되었다.

일본은 '시마네 현 고시'를 영토 취득의 한 방법인 무주지(無主地) 선점의 법적 근거로 내세우는데, 이에 대해 국제법 학자들의 견해를 필자가 이해한 대로 간단히 정리하면 다음과 같다.

한국의 국제법 학자들은 이 고시 자체가 아예 성립하지 않는 것으로 보고 있다. 왜냐하면 이 '시마네 현 고시'가 성립하려면 여러 가지 기본 여건을 충족해야 하는데, 그것이 빠져 있기 때문이다.

첫째, 1905년 당시 독도가 과연 무주지였는가 하는 점이다. 독도는 육지에서 200km 이상 떨어져 바다 한가운데 있는, 사람이 살 수 없는 두 개의 작은 바위섬이다. 따라서 그 소속 여부는 섬의 존재에 대한 인지(認知)의 강도와 국가 조치의 존재 여부에 달려 있다. 독도가 주인이 없는 땅이 아니었다는 사실은 여러 역사 자료로 증명된다. "우산, 무릉 두 섬이 울진현 정동(正東) 해중(海中)에 있다. 두 섬은 서로 멀리 떨어져 있지 않아 날씨가 청명하면 서로 바라볼 수 있다"는 기록이 나오는 『세종실록지리지』(1432), 그와 비슷한 기록이 보이는

『고려사지리지』(1451)와 『신증동국여지승람』(1531), 그리고 일본의 독도에 관한 최초의 자료로서, "일본의 서북 경계는 오키로써 한계를 삼는다"라고 한 『은주시청합기』(隱州視聽合記, 1667)가 있다.

또 울릉도에서 벌목과 채취 활동을 하던 일본의 오오타니(大谷) 및 무라카와(村川) 양쪽 집안 사람들과 충돌을 일으킨 '안용복 사건'(1693, 1696)이 있은 후, 조선의 공식적인 항의로 일본 정부가 취한 '일본인들의 울릉도 도항 금지' 조치, 1877년 일본 최고 국가 기관인 태정관과 내무성의 "일본해 내의 다케시마(竹島, 여기서는 울릉도를 가리킴) 외 일도(一島, 곧 마츠시마[松島], 여기서는 독도를 가리킴)는 일본과는 관계가 없다"는 결정, 울릉군의 "구역은 울릉 전도와 죽도, 석도(즉 독도)로 한다"는 1900년의 대한제국 칙령 제41호 등 부인할 수 없는 근거들도 있다.

둘째, 무주지 선점에 의한 영토 취득에는 선행 조건으로 세계 여러 국가에 대한 정식 통고가 있어야 한다는 점이다. 그중에서도 가장 관련이 있는 인접국 대한제국에 통고하는 것은 당연함에도 불구하고, 당시 일본 정부는 이 통고 절차를 밟지 않았다. 이는 '시마네 현 고시'가 성립할 수 없게 하는 절차상의 중대한 잘못이다.

일본의 조치는 일본 정부의 관보(官報)에조차 실리지 않은 것은 물론이고, 그 밖의 어떤 신문에도 게재되지 않았다. 또, 영토 취득이라는 지극히 중대한 사항은 국가의 행위로 이루어져야 함에도, 일본 정부는 일개 지방 행정 관서인 시마네 현에 이를 고시하도록 했다. 중앙 정부의 지시로 시마네 현은 이 고시를 작성하여 현청 앞 게시판에 며칠 붙여 두었을 것으로 짐작될 뿐이다. 따라서 이 사실은 '다케시마'의 관할을 맡게 된 오키 섬뿐만 아니라, 시마네 현의 현지 주민들도 잘 알지 못한 채 이루어진 것으로 본다. 한마디로 말해 일본의 조치는 비밀스럽게 취해졌다.

이듬해인 1906년 3월 25일 시마네 현청 제3부장 진자이 타로(神西由太郎) 이하 44명의 일행이 독도를 경유하여 울릉도에 와, 울릉 군수 심흥택에게 이른바 "다케시마의 일본 영토 편입" 사실을 말했다. 가지무라 히데키(梶村秀樹, 1935~1989) 교수의 말대로, "무례한 내방객을 정중하게 맞은 유학자" 군수 심흥택은 "본군 소속 독도"가 일본에 영토 편입되었다는 소식을 듣고 놀라, 이를 중앙 정부에 보고하고(1906년 3월 29일), 그에 대한 조치를 요청했다. 조선 중앙 정부에서도 일본의 부당한 조치에 강력한 항의의 뜻을 밝혔다.

셋째, 일본의 이 조치는 그때 진행 중이던 러일전쟁의 필요상, 특히 일본 해군이 움직여 취하게 된 조치였다는 점이다. 이때 이미 조선은 주권을 거의 빼앗긴 상태였고, 조선 정부의 각 부서에는 일본인 고문이 업무를 관장하고 있었다. 따라서 '시마네 현 고시'는 조선 주권 침탈의 전초적인 행위의 일환으로 보인다.

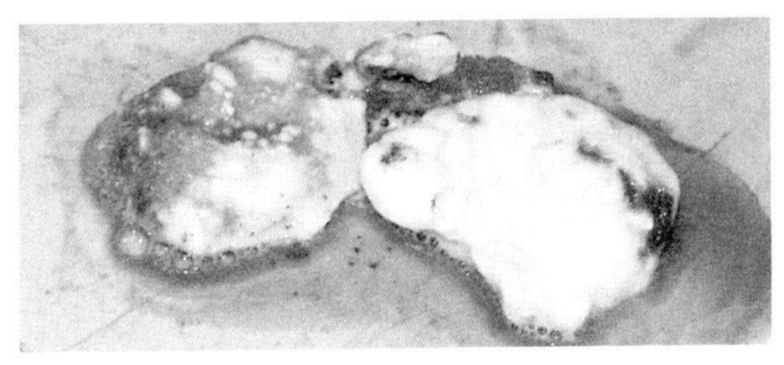

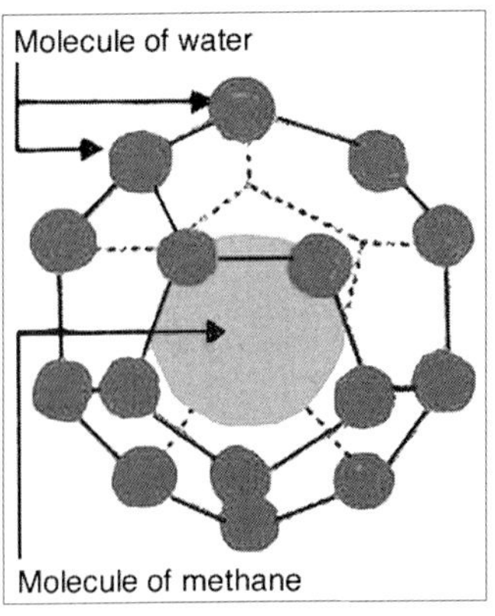

한국가스공사와 지질자원연구원에 따르면, 동해 울릉분지의 광범위한 해역 수십 곳에 6억 톤 가량(LNG 환산 기준)의 메탄-하이드레이트(위 사진)가 매장돼 있다고 한다. 이중 상당량의 가스 하이드레이트는 동해상 위도 37도와 경도 132도가 만나는 지점을 중심으로 광범위하게 퍼져 있으며 일부는 독도 남서쪽 인근 해역에 매장된 것으로 확인됐다.

메탄-하이드레이트(줄여서 하이드레이트)는 물 분자와 메탄가스 분자가 결합하여, 얼음과 같은 고체 상태로 수심 500미터에서 2천 미터의 해저에 깔려 있는 물질이다. $1cm^3$의 하이드레이트에서 $164cm^2$의 메탄가스를 추출하여 연료로 사용할 수 있으므로, 메탄-하이드레이트는 미래의 에너지원으로 세계적인 관심의 대상이다. 다만 깊은 해저에 있는, 얼음과 같은 고체 물질에서 어떻게 과학적이고 경제적으로 가스를 추출하는가가 해결해야 할 과제로 남아 있다.

이런 점으로 볼 때 시마네 현의 고시는 애당초부터 성립할 수 없는 것이다. 한국의 영토인 독도는 본토인 한반도와 동시에 일제에 강점되었다가, 해방과 동시에 본토 및 여타 도서와 함께 한국 영토로 원상 환원된 것이다.

일본에서는 서류상으로는 현재도 '다케시마'(독도)가 시마네 현 오키시마 고카무라(五箇村) 부속 도서로 토지 대장에 올라 있을 것이다. 다케시마는 1940년 8월 17일 일본 해군의 마이즈루(舞鶴) 진수부(鎭守府) 용지(用地)로 되었다. 일본이 패전한 후 일본군이 해체되고, 다케시마는 1945년 11월 1일에 해군성으로부터 대장성으로 인계되어 국유 재산 대장에 기재되었다.[6] 1948년에 해상보안청(해양 경찰)이 먼저 창설되었고, 해상자위대(해군)는 1954년에 설치되었다.[7] 그 후 다케시마에 관하여는 해상보안청이 주의와 감시를 게을리 하지 않는 것으로 알려져 있다.

일본은 세계 제1의 해양국이다. 또 세계에서 몇째 안가는 막강한 해군력도 보유하고 있다. 이런 배경으로 보아, 독도에 관한 한 해상보안청의 직접 또는 간접적인 작용이 일본 국내적으로나 국제적으로 대단히 크다고 보지 않을 수 없다.

나아가 2005년 3월 16일, 일본의 시마네 현은 '다케시마의 날'이라는 것을 제정했다. 이는 다케시마를 일본에 영토 편입하여 시마네 현 소관으로 한다는 소위 시마네 현 고시가 있은 지 100년이 되는 해를 기해 제정한 것이다. 이와 같은 시마네 현의 조치를 일본 정부는 방관하고 있었고, 우익 지도자들 중 일부는 시마네 현의 움직임을 부추겼다.

한국의 여론은 이에 극도로 자극되어 2월부터 4월 초까지 연일 일본 규탄 대회가 열렸다.

더 이상 일본의 눈치를 볼 필요가 없게 된 한국 정부는, 그동안 실시해 오던 독도의 입도 규제를 해제하여 3월 23일부터 일반의 독도 입도를 전면 자유화하는 조치를 취했다. 이로서 독도에 대한 실효적 지배가 더욱 강화되었다.

이와 때를 같이하여 매 4년마다 치러지는 일본의 교과서 검정이 실시되었다. 한국 정부와 국민의 강경한 항의에도 불구하고, 검정을 통과한 일본의 중학교 역사 및 공민 교과서에 전에 없던 '다케시마 항목'이 들어가게 되었다. 일부 교과서에는 지난날의 일본 제국주의, 군국주의 만행과 잔학상이 희석되고, 일본의 식민지 경영은 더욱 미화되었다. 이에는 일본 문부성의 입김도 있었던 것으로 알려졌다. 이에 대해서도 한국 및 중국 정부와 국민은 분개하여 항의했고, 서양의 여론은 이와 같은 일본의 신보수주의, 신국수주의에 우려를 표하며 강하게 비판했다.

'다케시마'가 1999년에 발효된 한-일 어업협정에서 중간수역(잠정수역)에 들어 있고, 일본 지도나 해도상에서 일본 영토로 표시되고, 거기까지 일본의 배타적 경제 수역이 설정되고, 또 중학교용 교과서에 "한국이 불법 점거"하고 있다고 기술되어도 일본 영토가 되는 것은 아니다. 종이나 문서상의 허구일 뿐이다. 한국은 독도를 한국의 여타 영토나 도서와 다름없이 경영하고, 실효적 지배를 견지하고, 강화해 나가면 되는 것이다.

그리고 10년, 20여 년 후에 재협상을 할 때는 동해상의 중간수역을 이등분하여 독도가 자연히 한국의 EEZ에 들어오도록 해야 할 것이다. 그때를 기다리며, 한국과 일본은 동해의 중간 수역에 매장되어 있다는 메탄-하이드레이트의 공동 탐사와 이의 효율적인 개발을 위해 협력할 수도 있을 것이다.

리앙쿠르 바위섬, 다케시마, 독도의 유래

한국의 섬 독도는 서양 명칭이 많다. 가장 널리 알려진 것은 프랑스 명칭 '리앙쿠르 바위섬'(Rochers Liancourt, Liancourt Rocks)이고, 그 밖에 러시아 명칭 '메넬라이'(Menelai)와 '올리부차'(Olivutsa), 영국 명칭 '호넷'(Hornet) 등이 있다.

'리앙쿠르 바위섬〔列岩〕'은 프랑스의 포경선 리앙쿠르 호가 서양에서 가장 먼저 이 섬을 발견하고 배의 이름을 따서 붙인 데 기인한다. 프랑스의 르 아브르(Le Havre) 항에 선적을 둔 리앙쿠르 호는 역시 르 아브르에 소재하던 윈슬루(Winslow 또는 Winslou, Jeremiah, 미국 태생으로 당대 프랑스 최대의 포경선 선주였으며, 1821년 프랑스에 귀화하였다) 회사 소속의 361톤급(선원 37명) 어선이었다. 동해에서 고래잡이를 하던 리앙쿠르 호가 1849년 1월 27일(조선조 철종 1년) 독도를 목격한 후, 서양의 해도와 지도에 독도가 '리앙쿠르' 라는 이름으로 비로소 정확한 좌표에 올려지게 되었다. 그 후부터 현재까지도 이 명칭이 사용되고 있다.

한국(조선) 고지도와 19세기 후반의 일본 지도에서 울릉도와 독도에 대한 명칭이 왔다갔다 하는 등 혼란이 일어났던 것과 무관하게, 1850년대부터 1920년대까지 서양의 해도와 지도에서 독도는 서양 명칭으로만 표기되었다.

다케시마(竹島)는 1905년에 일본이 시마네 현 고시라는 것을 하면서 독도에 새로 붙인 이름이다. 일본에서는 과거에 울릉도를 '다케시마'(竹島)로, 독도는 '마츠시마'(松島)로 불렀다. 그러다가 서양 지도와 해도에서 '다케시마'가 존재하지 않는 섬 '아르고노트'에 맞춰졌다가, '아르고노트' 라는 이름이 사라지면서 '다케시마' 라는 명칭도 함께 사라졌다. 그 대신에 '마츠시마'가 울릉도를 가리키는 '다줄레(Dagelet) 섬'에 대응하여 사용되었다. 과거 일본 고지도에서 독도를 가리키던 '마츠시마' 라는 명칭이 울릉도로 옮아간 결과처럼 된 것이다. 그 결과 독도에 대해서는 어떤 동양 명칭도 사용되지 않게 되었다.

당시 자체적으로 해양을 측정, 조사할 능력이 없었던 일본은 서양, 특히 영국, 프랑스 및 러시아의 해도와 수로지를 번역하여 사용했다. 바꾸어 말해, 이들 자료의 내용을 그대로 인정하고 받아들인 것이다. 그러므로 서양 자료에 나타난 바와 같이 울릉도와 독도를 한국의 동해안에 함께 묶어 분류했다. 그것이 독도의 소속에 대한 동서양의 자연스러운 인식이었다. 독도에 대한 명칭으로는 리앙쿠르의 일본식 발음인 '량고', '리앙코르도', 아니면 과거대로 '마츠시마'(松島) 등을 쓰고 있었다.

앞에서 언급했지만, 1905년 일본은 이미 한반도를 반쯤 식민지화한 상태였다. 그리고 러시아와의 동해 대해전을 준비하고 있었다. 이 해전의 필요상 울릉도와 독도에 망루를 건설하고, 해저 통신 케이블을 가설하여 한반도와 일본 본토에 연결했다. 이때 독도를 '다케시마'로 이름 짓고, "일본에 영토 편입한다"는 일본 내각의 부당한 결정(1905년 1월 28일)이 있었다. 그리고 한 달 후인 2월 22일에 '시마네 현 고시 40호' 라는 것을 조작해 내면서, 일본 이름이 없던 독도를 새삼스레 '다케시마'(竹島)라 명명하고, 오키시마 소관으로 한다고 했던 것이다. 그 얼마 후 동해 해전이 보도되면서 '량고' 또는 '다케시마'가 일본 사람들 사이에 널리 알려지게 되었고,[8] 1910년대부터는 지도와 해도에 '다케시마' 라는 명칭이 사용되기 시작하였다.

한국에서는 과거에 독도를 삼봉(三峰), 우산(于山), 천산(千山), 자산(子山), 가지(可支) 또는 가제, 돌섬, 독섬 등으로 불러 왔다. 그러다가 '독도'(獨島)라는 명칭이 처음 쓰인 것은 1906년 3월 말이다. 앞서 언급한 대로 일본의 독도 영토 편입 조치가 있은 지 1년 후인 1906년 3월 25일, 시마네 현 관리들이 울릉도에 도착, 울릉군수 심흥택을 예방하고, 독도가 일본 영토에 편입되어 시마네 현 오키시마 소속이라고 말하자, 심흥택이 자기 군 소속인 '독도'가 일본 영토에 편입되었다는 소식을 듣고 놀라, 이의 부당성을 지적하여 1906년 3월 29일 중앙 정부에 보고서를 올리고 조치를 청했다는 기록이 바로 그것이다. 그러나 이미 조선은 주권을 거의 잃은 상태여서, 이후 '독도' 라는 명칭은 책자나 지도 등에 사용되어 볼 기회조차 주어지지 못했다.

한반도가 35년간의 일제 지배로부터 해방되고 얼마 되지 않은 1952년 1월 18일, 영세한 한국 어민들의 보호를 위해 한국 정부는 '인접 해양의 주권에 관한 대통령 선언' (평화선, 200해리)을 하게 되었다. 그러나 그 열흘 후인 1월 28일 일본 정부는 다음과 같이 강력하게 항의했다.

> 더욱이 이 선언에서 대한민국은 '다케시마' [독도—지은이] 또는 리앙쿠르 바위섬으로 알려진 일본해[동해—지은이]상의 도서에 대하여 영토권을 상정한 것처럼 보인다. 일본 정부는 일본의 영토임에 의문이 없는 이들 도서에 대한 대한민국의 어떠한 가정이나 청구도 인정하지 않는다.

이때의 외교적 마찰을 계기로 '독도' 라는 명칭이 한국인에게 널리 알려지게 되었다. 한국에서 간행된 서적이나 지도에 독도라는 명칭이 처음 사용되기 시작한 것은 1946~1947년 무렵이 아닌가 한다. 따라서 '독도' 라는 명칭의 역사는 대단히 짧다.

서양의 자료에는 1850년대부터 '리앙쿠르' 라는 명칭이 사용되어 오다가, 1920년대 말경부터 '다케시마' 라는 일본 명칭이 알려지자, 수로지에서는 주로 '다케시마' 를 쓰고 '리앙쿠르' 는 그 뒤나 괄호 속으로 들어갔다. 1960년대가 되어서야 '독도' 라는 명칭이 알려지게 되었고, '다케시마/리앙쿠르' 뒤나 괄호 속에 넣어서 표기하거나, 아니면 "한국인들은 '독도' 라 부른다" 는 식으로 표기하기 시작했다.

그 후 차츰 'Tok-do' 라는 명칭이 널리 알려지면서, 'Tok-do' , 'Take-shima' 가 혼용되고 있으며, 'Liancourt' 가 함께 쓰이는 경우도 있다. 어떤 지도책에는 '독도 · 다케시마' 라 표시해 놓고, 그 밑에 "한국과 일본이 영유를 주장함" ("Claimed by S. Korea and Japan." ; "Réclamé par la Corée et le Japon." ; "The souvereignty of the islands is disputed by Japan and South Korea.")이라는 문구를 표기해 넣은 경우도 있다. 미국에서는 지금도 '리앙쿠르 록스' 를 독도에 대한 표준 명칭으로 사용하고 있다.

최근에 발간된 서양의 지도책에는 Tok-do(국립국어연구원이 제정하여, 문화공보부가 2001년 7월 7일 고시한 한글의 로마자 표기법에 따라 앞으로는 Dokdo)만 사용하거나, Tok-do/Dokdo와 그 뒤 괄호 속에 Take-shima/Liancourt Rocks를 병기하는 것이 일반적인 추세이다.

대개는 국경 표시가 없지만, 어떤 지도에는 독도 왼쪽, 즉 울릉도와 독도 사이에 국경이 표시되어 있기도 하고, 또 독도 오른쪽에 표시되어 있는 경우도 있다.

여하튼 독도는 울릉도와는 떨어질 수 없는 불가분의 관계에 있다. 또 역사적으로도 자연스럽게 누구나 독도를 한국 영토로 인식하고 인지해 왔으며, 오늘날에 와서는 대한민국이 독도에 대하여 실효적으로 주권을 행사하고 있다. 따라서 독도는 당연히 한국 영토로서 한국의 동해안에 울릉도와 함께 분류되어야 하며, 외국에서 발간되는 지리에 관한 서적, 지도, 수로지, 해도 등에도 그 명칭은 'Dokdo' 하나로 통일되어 표기되어야 한다. 그렇지 않을 경우는 이의 시정을 위해 한국 정부의 각 관련 부서, 학자, 전문가는 물론 일반인 모두가 냉정하고 객관적이고 설득력 있는 자료를 제시하는 등 꾸준한 노력을 기울여야 할 것이다.

2. 1787년 프랑스 라페루즈 탐험대의 울릉도 발견

서양에서 우리나라의 동해에 있는 큰 섬 울릉도를 최초로 발견한 것은, 1787년(조선조 정조 11년) 5월 27일 프랑스의 라페루즈 탐험대에 의해서이다. 탐험대원 가운데서 이 섬을 가장 먼저 목격한 천문학자 다줄레(Dagelet)의 이름이 이 섬에 붙여진 이래 1950년대까지 150여 년 동안 서양에서 제작된 해도와 지도에는 모두 '다줄레' 라는 이름이 사용되었다. 탐험대가 울릉도를 발견하게 된 경위는 『라페루즈의 세계탐험기』(*Voyage de La Pérouse autour du monde*)에 실려 있다. 이 책의 초판본은 1797년에 출판되었다.

항해 일지 형식을 띤 이 책에 부속으로 딸린 대형 지도첩에는 남해안과 동해안의 해안선을 실측하여 작성한 해도와 제주도 남부 해안 및 울릉도의 실측 지도가 수록되어 있다. 이는 『하멜 표류기』(1668, 프랑스어 번역판 1670)이래, 서양인이 한국을 직접 목격, 관찰하고, 과학적으로 측정하여 기록한 최초의 자료이다.

라페루즈 탐험대가 1785년에서 1788년 사이에 측정한 세계 여러 해역의 해안선, 도서의 위치, 산의 높이, 수심 등은 대단히 정확한 것이어서, 프랑스뿐만 아니라 영국 등 서양 해군은 라페루즈 탐험대가 작성한 해도들을 수정 없이 반세기 이상 그대로 사용하였다. 오늘날 측정한 수치와 비교해 보아도 오차가 거의 없어, 현재까지도 유효하다고 할 만큼 과학적이고 정밀한 것이었다. 이 책은 한국과 일본 학자들의 독도에 관한 논문에 간혹 인용되기도 하지만, "울릉도에서 조선인 목수들이 배를 건조하고 있는 장면"을 묘사한 부분만 간단히 언급하는 정도이다. 특히 중요한 대형 지도첩 중의 남해안 및 동해안의 해도와 울릉도 실측 지도는 잘 소개되지 않은 것으로 보인다.

따라서 여기서는 라페루즈 함대가 세계 탐험에 나서게 된 경위와 탐험 활동을 살펴본 다음, 이 함대가 제주도 부근의 한국 영해에 진입해서부터 떠날 때까지의 사정을, 1787년 5월 19일부터 5월 27일 사이의 항해 일지를 통해 알아보겠다. (이 장의 뒷부분에 이에 관한 항해 일지를 완역하였다.) 아울러 이 책의 지도첩에 나타나 있는 해도와 울릉도 실측 지도도 소개하고자 한다.

라페루즈의 『세계탐험기』

라페루즈의 『세계탐험기』는 1791년 4월 22일 프랑스 국왕 루이 16세의 명에 따라 출판되었다. 밀레-뮈로(Milet-Mureau, L.A.)가 본문을 작성했으며, 1797년 프랑스 국립인쇄소에서 출판했다. 본문 전 4권으로 되어 있고, 대형 지도첩 1권이 딸려 있다.

1797년에 출판된 이 초판본 책의 크기는 23×30cm이며, 지도첩의 크기는 41×57cm이다. 제1권에는 라페루즈 제독의 초상화, 관계 법령, 루이 16세와 해군 대신 드 카스트르(de Castries)의 지침서, 그때까지의 세계 탐험에 관한 저서들의 서문, 여러 대양에 관한 지리학적 · 역사적 기록, 프랑스 과학아카데미 회원들의 학술 논문(지리학, 생물학, 화학, 물리학, 천문학, 인종학 등), 도서 목록, 조사할 사항, 장비, 물자 등의 사항이 기록되어 있다.

제2권과 제3권에는 항해 일지 형식으로 된 라페루즈의 탐험기가 수록되어 있으며, 제3권에는 각 도서, 해협, 해안 등의 위도와 경도 목록을 수록하였다. 제4권에는 탐험 대원들의 관찰에 의한 각종 보고서, 서신, 총색인이 실려 있다.

지도첩에는 양면에 걸쳐 라페루즈 탐험대의 항로를 표시한 세계 지도를 비롯해, 태평양 연안 해도, 대만, 제주도 남부 해안, 한반도의 남해안, 동해, 타타르 해협, 쿠릴 열도, 캄차카 반도 지역의 해도 11점이 수록되어 있다. 그중 한국과 관련이 있는 것이 8점이나 된다. 그 밖에도 여러 지역의 섬, 만, 해협을 그린 지도 31점, 새 · 곤충 · 식물 그림 11점, 인물 · 풍경화 15점, 여러 나라의 배〔船〕를 보여 주는 그림 11점, 탐험대의 프리깃함 두 척을 보여주는 그림 등 도면이 모두 64쪽에 달한다.

뒤에 다시 언급되겠지만, 라페루즈를 포함한 200여 명의 목숨까지 걸어 가며 기울인 노력과, 새로 건조한 두 척의 프리깃함, 당시로서는 가장 발달된 항해 장비, 측정 장비, 방대한 자료 등이 희생된 대가로 남은 것이 바로 이 책이다.

이 책은 1797년에 초판본이 나온 이래, 다음해(1798)에 초판본보다 조금 작은 규모의 책으로 지도첩과 함께 재판되었다. 또 1831년에는 바르텔레미 드 르셉스(Barthélémy de Lesseps)가 여행기 부분에만 주를 달고, 초판본의 내용도 다소 수정하여 1권으로 출판하였다. 이 책에는 라페루즈 함대의 전체 항로를 나타낸 지도 한 장과 라페루즈의 초상화가 실려 있을 뿐, 초판본과 같은 대형 지도첩은 없다.

그 후에도 1930년, 1964년, 1980년 등 여러 번에 걸쳐 이 『세계탐험기』의 중판본이 나왔다. 중판본들은 모두 탐험기 부분만 싣고 있으며, 내용 가운데 독자들의 흥밋거리가 될 수 없다고 생각되는 부분은 군데군데 생략하기도 하였다. 또 이 책들에는 다루기 어렵고 비용이 많이 드는 지도첩은 빠져 있고, 전체 항로를 나타낸 지도 한 장만 수록되어 있다. 따라서 라페루

『세계탐험기』에 딸린 지도첩의 표지. 가운데에 지도가 펼쳐져 있고, 주위에는 바다를 연상시키는 닻, 물개 및 여러 가지 과학 장비들이 널려 있으며, 오른쪽에는 태평양의 섬에 사는 원주민도 앉아 있다.

즈 탐험의 진면모를 알아보기 위해서는 초판본이 중요하다.

1831년에 『세계탐험기』의 본문에 수정을 가한 드 르셉스는 당시에 마드리드 주재 프랑스 총영사였다. 그는 라페루즈 함대원 중 유일하게 생존한 사람이다. 해군 장교였던 그는 라페루즈 탐험대장의 비서 겸 통역으로 탐험에 참가했다. 그는 함대가 캄차카 반도의 아밧차(Avatcha, 현재의 페트로파블로브스크)에 기항했을 때, 그동안 작성된 항해 일지, 해도, 학술 보고서 등의 문서를 시베리아와 유럽 대륙을 횡단하는 육로로 프랑스 파리까지 가지고 왔다. 그가 가지고 온 이 서류들이 바탕이 되어, 세계적으로 유명한 『라페루즈의 세계탐험기』가 존재하게 된 것이다. 그 자신 또한 시베리아 횡단 여행에 대해서 『드 르셉스의 여행기, 캄차카에서 프랑스까지』(*Voyage de M. de Lesseps, du Kamtchatka en France*)라는 책을 저술했다. 바르텔레미 드 르셉스는 1860년대에 수에즈 운하의 대역사(大役事)를 완성하여 세계 지도를 바꾼 페르디낭 드 르셉스(Ferdinand de Lesseps)의 삼촌이기도 하다.

그 후로도 라페루즈 함대는 탐험 활동을 계속하다가 1788년 초에, 오스트레일리아 북부 뉴칼레도니아 근방의 바니코로(Vanikoro, 솔로몬 군도) 섬 근처에서 인원과 선박이 자취도 없이 실종되었다.

라페루즈 백작

장-프랑소아 갈로 드 라페루즈(Jean-François Galaup de La Pérouse, 1741~1788) 백작은 프랑스 해군 제독 출신의 유명한 항해가이며 탐험가이다. 1741년 남프랑스 알비(Albi) 근처의 귀오(Guo) 성에서 태어나 1788년 남태평양 솔로몬 군도의 바니코로(Vanikoro) 섬에서 사망했다. 부모의 반대에도 불구하고, 귀족 신분으로 인도 식민지에 근무하던 프랑스인 하급 관리의 딸과 결혼하였으며, 직계 자손은 없다.

해양에 열정을 가진 라페루즈는 프랑스 탐험가 부갱빌(Louis-Antoine Bougainville, 1729~1811)이 평민 출신 해군 장교였기 때문에 겪어야 했던 어려운 제약을 받지 않아도 되었다. 그는 귀족 집안에 태어났기 때문에 귀족의 특권을 누릴 수 있었다. 15살 때인 1756년에 해군 장교가 되어 배를 타기 시작, 이후로 출세의 길을 밟았다. 영국과의 '7년 전쟁'(1757~1763)이 일어나자, 그는 곧 영예롭게 국가에 봉사할 기회를 얻게 되었다. 그러나 18세 때인 1759년에 벨-일(Belle-Ile) 부근의 격렬한 해전에서 부상을 당해, 영국에 포로로 잡혀 끌려갔다. 영국과 프랑스 사이에 평화 협정이 체결되면서(1763) 포로 생활에서 풀려난 그는 1764년에 해군 중위로 승진했고, 그 뒤 10여 년간 이렇다 할 명예 없이 프랑스의 해안에 복무했다.

1773~1775년 사이에는 인도에서 벌어진 전쟁에 파견되어 내내 인도에서 근무했다. 미국 독립 전쟁이 발발하자, 라페루즈는 다시 한 번 유명해질 기회를 만났다. 미국에서 영국의 바이런(Byron) 제독에 맞서 눈부신 활약을 벌인 그는 1780년에는 대령으로 승진했다. 아스트레(Astrée) 함의 함장으로서 영국 전함과 싸워 수 차례 전공을 세우기도 하였다. 1782년에는 접근하기조차 힘든 허드슨 만의 영국 시설을 파괴하는 아주 어려운 임무를 수행하기도 하였다.

1783년 베르사이유 조약이 체결됨에 따라 라페루즈의 해군 장교 생활도 끝이 났다. 그때 프랑스 국왕 루이 16세(Louis XVI, 1754~1793)는 영국의 대탐험가 제임스 쿡(James Cook, 1728~1779, 탐험 중 하와이에서 원주민에게 학살됨)이 탐사하지 못한 지역을 계속 탐사해서 이를 보완하라는 임무를 라페루즈에게 맡기고, 이에 대한 지침서를 직접 써 주었다. 라페루즈의 사명은 무엇보다도 아메리카 대륙의 북부와 아시아 대륙, 특히 영국의 제임스 쿡이 1776~1779년 사이에 탐사하지 못한 한국(조선)의 동해안과 타타르 해안, 일본의 홋카이도, 쿠릴 열도, 캄차카 반도 등을 탐험, 관측, 조사하는 것이었다.

당시 영국과 프랑스는 과학 기술의 발달에 고무되어 세계 탐험을 활발히 추진하고 있었다. 과학의 발달로 항해술이 발달했고, 위도와 경도도 세밀히 측정할 수 있게 되었다. 그 시대에

1785년, 라페루즈에게 조사할 사항을 지시하는 루이 16세(앉은 사람). 그 맞은편에서 라페루즈가 지시를 듣고 있다. 루이 16세 뒤에 서 있는 사람은 해군 대신 드 카스트르. 그의 손에는 프랑스 과학아카데미의 학술 논문집이 들려 있고, 책상 위에는 지구의가, 방바닥에는 한 뭉치의 지도가 놓여 있다. 이 그림은 1817년 화가 몽시오(Monsiau)가 그린 것으로, 현재 베르사이유 궁전 내 프랑스국립역사미술관에 소장되어 있다.

JEAN FRANÇOIS GALAUP
DE LA PÉROUSE,
Chef d'Escadre des Armées Navales, né à Alby en 1741.

『세계탐험기』 부속 지도첩에 실린 라페루즈(1741~1788) 백작의 초상화.
해군 제독으로 세계적인 탐험가, 항해가이다. 루이 16세의 지시로, 서양인으로는 최초로 동해, 오호츠크 해 등을 탐험했다. 1787년 5월 21일 제주도 남쪽 해안을 실측하고, 5월 27일 울릉도를 목격하고 실측 지도를 작성했다. 이로써 울릉도가 다줄레라는 이름으로 서양의 해도에 정확한 좌표로 오르게 되었다. 1788년 초 남태평양 솔로몬 군도에서 폭풍우를 만나 대원 전원과 함께 실종되었다.

탐험이 활발했던 것은 '백과사전파' 들이 표방했던 단순한 '지식 확대' 에 대한 갈망 때문만은 아니었다. 거기에는 영국과 프랑스 사이에 경쟁적으로 벌어졌던 식민지 확장 야망도 큰 속셈으로 작용했다.

최신 항해 장비를 갖춘 탐험대

라페루즈도 이와 같은 분위기에서 신천지 발견을 위한 탐험에 나서게 된 것이다. 함대는 새로 건조한 두 척의 최신 프리깃함(호위함)인 부솔(Boussole)과 아스트롤라브(Astrolabe)로 구성되었다. 모함인 부솔 호에는 해군 중위 2명, 소위 3명, 준사관 4명, 박식한 과학자 · 천문학자 · 생물학자 및 화가들이 10명, 하사관 9명, 포수와 사수 8명, 목수 · 선체 수리 전문가와 닻 담당 10명, 조타수 및 수병 38명, 보트병 12명, 잡역부 9명, 하인 7명 등 총 112명이 승선했다. 아스트롤라브 호에도 비슷한 인원이 승선하였으므로, 함선 두 척에 모두 220여 명이 탑승하여 탐험에 참가한 것이다.

조사 작업에 필요한 당대 최신 과학 장비와 각종 자료(중국, 한국, 일본 등에 관한 책과 지도 등), 백과사전, 학술 논문 등도 적재했다. 특히 항해 장비는 그때 처음으로 사용한 복각계(伏角計, 경사 나침반) 등 세계에서 가장 앞선 것이었고, 페어플레이를 하는 영국인들은 제임스 쿡이 사용했던 장비들을 대여해 주기도 했다. 그 밖에도 200여 명의 인원이 수 년간 먹을 식량과 보급품도 두 함정에 나눠 실었다.

탐험대장인 라페루즈는 모함인 부솔 호의 함장이 되었고, 아스트롤라브 호는 드 랑글(de Langle) 대령이 함장이 되었다. 과학자들 중에는 프랑스 과학 아카데미 회원이며 수학자이자 천문학자인 다줄레(Dagelet), 수로학자 몽주(Monge, 중도에서 하선)도 포함되어 있었다. 다줄레와 몽주는 둘 다 육군사관학교 교수였다. 그 밖에 광물학자, 생물-식물학자, 천문학자, 의사, 인류학자, 원예가, 화가도 여러 명 있었다.

탐험대는 1785년 8월 1일 브레스트(Brest) 군항을 출발했다. 대서양을 남극 방향으로 횡단하면서, 마대르(Madere)를 지나, 카나리아 군도와 브라질 남단을 거쳐, 1786년 1월 케이프 혼(cape Horn)을 통과했다. 칠레의 콘셉시온(Concepcion)에서 환대를 받고 식량, 연료, 음료수를 보충한 후, 1786년 3월 15일에 지구의 남반부 해역 탐사를 위한 대장정에 나섰다. 4월 9일 파크(Pâques)섬에 도착, 기항 후 북쪽으로 장거리 항해를 시작했다.

라페루즈는 18세기 말엽이라는 시점에서, 옛날 측정 장비가 별로 좋지 못했던 시절의 스페인 항해가들이 물려준, 위도가 잘못 계산된 세계 지도의 신화를 깨부수는 작업을 하게 되었

라페루즈 탐험대가 타고 떠난 프리깃 함정 부솔 호와 아스트롤라브 호의 모습. 라페루즈는 부솔 호의 함장이었고, 드 랑글(de Langle) 대령은 아스트롤라브 호의 함장이었다. 탐험대는 당대 최신 프리깃함인 이들 함정에 각각 110여 명이 승선했으며, 이들이 수 년간 먹을 식량은 물론, 당시에 가장 앞선 항해 장비와 측정 장비, 수백 점의 지도와 해도, 학술 논문, 백과사전, 중국 · 한국 · 일본 등에 관한 서적 천여 권을 싣고 다니면서, 실제로 관찰한 것과 대조하면서 기록도 하고 해도도 작성했다. 이 그림은 『세계탐험기』 부속 지도첩 중의 도면 14로 들어 있다.

다. 샌드위치(하와이) 군도와 미국 서부 해안 사이의 적도 부근에 나타나 있던 여러 개의 육지들은, 라페루즈 일행에 의해 각종 지도에서 지워지게 된다.

샌드위치 군도에서 물물교환으로 식량과 음료수를 확보한 다음, 탐험대는 알래스카를 향해 북상했다. 알래스카는 세인트 엘리(Saint Elie) 산부터 보이기 시작한다. 이 지역은 해류가 격렬하여 영국의 탐험가 쿡이 항해에 어려움을 겪었던 지역이다. 라페루즈 일행에 의해 비로소 이 지역의 해안이 대단히 복잡하고, 산이 많은 군도가 여기저기 널려 있다는 사실이 알려지게 된다. 이들은 이 해역의 여러 지역을 발견하고 이름을 붙였다. 몬티(Monti) 만, 프랑스인 항구, 세노타프(Cénotaphe) 섬 등등. 유럽인으로서는 라페루즈가 처음으로 이 지역을 탐사했는데, 나중에 밴쿠버(Vancouver)가 이를 다시 보완하게 된다.

1786년 7월 13일, 크로스 사운드(Cross Sound)로 통하는 협만(峽灣)을 탐사하다가 대형 보트가 좌초하는 바람에 탐험대의 해군 장병 21명이 익사하는 사고가 생겼다. 그래도 탐험대는 실망하지 않고 체계적인 탐사를 계속해 나갔다. 이들은 다시 남쪽으로 내려오면서 여러 곳에 지명을 붙였다. "9월 5일, 우리는 아홉 개의 작은 섬 또는 바위섬 사이를 통과했다. 이 섬들은 벌거숭이인데다 흉한 모습을 하고 있었다. 나는 이 섬들을 네케르(Necker, 루이 16세 시대의 프랑스 재상) 군도라 명명했다."

탐험대는 캘리포니아에서 프랑시스캥 선교사들을 만난 후, 1786년 9월 24일 다시 태평양 횡단을 시작했다. 12월에는 마리안(Mariannes) 군도의 위치를 수정했다. 1787년 1월 3일 마카오에 입항, 한 달 후 필리핀으로 떠났다. 필리핀 기항 후, 북상하면서 제주도(네덜란드 이름인 '켈패르'[Quelpaert]가 20세기 중엽까지 서양 지도에 사용됨)를 스칠 듯이 가까이 지나, 탐험에서 가장 흥미로운 한국과 일본 사이의 동해(일본해)를 탐험하게 되었다. 이 지역의 육지는 예수회 선교사들이 잘 묘사했지만, 이들 선교사들은 육지에 사는 사람들이라 이들이 그린 지도 역시 육지에 관한 것들뿐이었다. 해도는 전부 새로 작성해야 했다. 따라서 탐험대는 1787년 4월부터 8월까지 넉 달 동안 이 지역의 해도 작성에 전념했다.

울릉도를 발견하다

함대는 1787년 5월 27일 울릉도를 발견하였다. 그 다음날인 5월 28일, 울릉도의 위치(위도와 경도)를 측정하고 섬의 실측 지도를 작성한 다음, 약간 북상한 후 방향을 동쪽으로 잡아 일본 혼슈로 가다가 선수를 북쪽으로 돌려 블라디보스톡 앞바다에 이르렀다. 거기서 타타르 해협 최북단까지 갔다가, 사할린 섬 서쪽 해안을 타고 도로 내려왔다.

8월 2일, 일본의 홋카이도와 사할린 열도 사이의 해협을 지나면서 '라페루즈 해협'이란 이름을 붙였다. 9월 7일, 캄차카 반도의 아밧차(현재의 페트로파블로브스크)에 도착했다. 라페루즈 일행은 러시아 사람들한테서 성대한 대접을 받았다. 거기서 라페루즈는 앞서 언급한 바 있는 자기의 비서 겸 통역 장교 바르텔레미 드 르셉스로 하여금, 해군 대신에게 보낼 탐험대의 자료와 보고서를 육로로 프랑스 파리까지 가지고 가도록 했다.

탐험대는 9월 29일 캄차카 반도를 출발했다. 쿠릴 열도를 확인하고 측정할 예정이었으나, 서풍이 불어 계획을 취소했다. 태평양을 다시 남하하여, 11월 21일 세 번째로 적도를 통과한 뒤, 12월 9일 마우나(Maouna) 섬에 기항했다. 그러나 그들은 12월 11일, 사모아 군도의 투투일라(Tutuila) 섬에서 또 한 번의 비극을 겪었다. 아스트롤라브 호의 함장 해군 대령 플뢰리오 드 랑글(Fleuriot de Langle), 물리학자 드 라마농(de Lamanon)과 해군 수병 11명이 원주민에게 학살된 것이다. 라페루즈는 탐험 대원들을 진정시켜 그 섬을 떠났다.

1788년 1월 26일, 현재의 오스트레일리아 시드니 교외인 보태니 베이(Botany Bay)에 도착하여 기항하면서, 그동안 작성한 보고서, 해도와 일지 등을 프랑스의 해군성에 보냈다. 거기서 보낸 2월 7일자 보고서가 마지막 소식이 되고 말았다. 1788년 2월, 라페루즈는 여름 동안 통가(Tonga) 군도, 그 다음 뉴기니아 및 뉴칼레도니아에 가겠다고 계획을 세웠다. 그 지역 탐험을 끝내고, 1789년 7월에 프랑스의 브레스트 항에 귀환할 예정이었다.

그러나 뉴칼레도니아의 약간 북쪽에 위치한 바니코로(Vanikoro, 솔로몬 군도) 섬 부근에서 인원과 선박이 자취도 없이 사라지고 말았다. 이때 프랑스 국내는 대혁명이 발발하여 혼란스러운 와중이었다. 그럼에도 라페루즈의 실종 소식은 프랑스 국민에게 큰 충격을 주었다. 그 후 여러 차례 라페루즈의 자취를 찾기 위해 조사대가 파견되었다. 조사 활동은 1964년까지 계속되었으나 별 성과를 거두지 못하다가, 최근에 두 함정의 좌초 지점을 확인했고, 유물도 여러 점 건져 올렸다. 그리고 프랑스 해군과 국립학술연구원(CNRS)에 의한 조사 활동이 2005년 4월 현재도 진행 중이다.

라페루즈 함대의 잔해 찾기

라페루즈 함대가 실종됐을 당시는 대혁명으로 인한 일대 혼란이 프랑스를 뒤덮고 있었으나, 그런 상황에도 불구하고 1791년 혁명 의회는 1788년에 실종된 라페루즈 탐험대의 수색 활동을 벌이기로 의결하였다. 그에 따라 라 비아르대르(La Billardère)가 지휘하는 수색대를 파견했으나, 아무런 성과도 얻지 못했다.

그 전해인 1790년, 프랑스 과학 아카데미도 라페루즈 탐험대의 잔해를 수색하기 위하여 함대를 파견할 것을 제의했다. 조제프 앙토안 브뤼니 당트르카스토(Joseph Antoine Bruni d'Entrecasteaux)에게 그 임무가 부여되었다. 그는 1791년 군함 2척을 이끌고 수색 활동에 나섰다. 뉴기니아 북부 아미로테(Amirauté) 섬에서 어느 영국 선박의 선장이 라페루즈 탐험대에 속하는 것으로 보이는 몇 가지 증표를 보았다고 하는 말을 믿고, 1792년 그 섬에 가 보았으나 아무 것도 찾지 못했다. 1793년 5월 19일, 당트르카스토는 아주 우연히 '라 르세르슈'(La Recherche)라 명명된 섬을 발견하게 되었다. 이 섬이 바로 바니코로 섬이었다. 그러나 시간이 촉박하여 섬에 상륙하지는 못했다. 나중에 알게 되지만, 그때까지만 해도 라페루즈 탐험대원 2명이 생존하여 그 섬에 살고 있었다고 한다.

탐험대의 자취가 역사에 다시 등장하는 것은 1826년이다. 영국 선장 피터 딜론(Peter Dillon)이 유럽의 모험가들로부터, 바니코로 섬에서 프랑스 물건들이 대량으로 쏟아져 나오고 있다는 얘기를 듣고 전한 데서부터이다. 딜론은 또 탐험대의 프리깃함 두 척이 좌초한 이야기도 채록했다. 그중 한 척의 승무원 가운데 좌초된 배에서 살아남은 사람들 일부는 섬의 원주민과 싸우다가 죽었고, 다른 생존자들은 서쪽으로 떠났는데, 그 가운데 둘은 좌초된 선박에서 회수한 물건들을 이용하여 쪽배를 만들어 타고 갔다는 내용이었다. 딜론은 다음 해 프리깃함들이 좌초한 지역에 가서 실제로 많은 물건들을 건졌는데, 캄차카에서 육로로 문서를 파리까지 가지고 온 바 있는 탐험대의 유일한 생존자 드 르셉스는 그 물건들이 아스트롤라브 호에 속한 것이라고 확인했다.

1828년, 프랑스의 탐험가 뒤몽 뒤르빌(Dumont d'Urville)이 세계 일주 탐험에서 돌아오는 길에, 바니코로 섬에서 아스트롤라브 호의 잔해를 다시 회수했다. 그는 또 희생자를 추모하기 위해 이해 3월 14일 작은 기념비를 그 섬에 세웠다. 그러나 그때까지도 라페루즈 탐험대의 모함은 발견하지 못했다. 라페루즈가 태어난 알비 시는 1844년에 그의 동상을 건립했다.

1883년, 해군 대위 베니에(Bénier)가 또다시 아스트롤라브 호의 유물을 회수했다. 1888년 4월 29일에는 파리의 지리학회가 라페루즈 사망 100주년을 기념하는 행사를 대대적으로 개최했다. 그때 간행된 동 지리학회지는 그동안 라페루즈에 관하여 출판된 논문 및 저서의 목록을 수록했는데, 그 수가 자그마치 386편에 달했다.

1958년, 해저 잠수에 의한 탐사 작업을 실시하여 아스트롤라브 호의 닻을 포함한 물건들을 또 건져 냈다. 그 이듬해 프랑스의 유명한 화산 전문가 아룬 타지에프(Haroun Tazieff) 조사팀이 역시 아스트롤라브 호에서 포 3문을 회수했다.

1962년이 되어서야 뉴질랜드 사람 리스 디스콤브(Reece Discombe)가, 마침내 암초 장벽의 갈라진 틈에서 모함 부솔(Boussole) 호의 잔해를 발견했다. 1964년 프랑스 해군은 본격적인 조사대를 파견했다. 조사대는 브로사르(Brossard) 대령과 브로세(Brosset) 소령이 지휘했는데, 조사단은 이 잔해들이 부솔 호의 것임을 확인했다. 브로사르 대령은 좌초 당시의 상황으로 미루어 보아, 선박은 폭풍우에 밀려 암초에 부딪치면서 산산이 부서졌고, 라페루즈를 포함한 몇 명의 생존자들은 해안에 접근조차 할 수 없었던 것으로 결론지었다.

그러나 2005년 현재도 진행 중인 조사 활동은 탐험대의 잔해를 찾는 것 외에도, 몇 명의 생존자들이 함정의 좌초 지점에서 가까운 섬에 얼마 동안 살아 남았을 가능성을 뒷받침해 줄 수 있는 물증을 찾는데 역점을 두고 있다.

조선 해안의 관찰

이제까지 우리는 라페루즈 탐험대가 벌인 탐험의 전 과정을 훑어보았다. 이제 우리의 주된 관심사인, 오늘날의 한국 영해에서 라페루즈 탐험대가 벌인 활동에 대해 보기로 한다. 탐

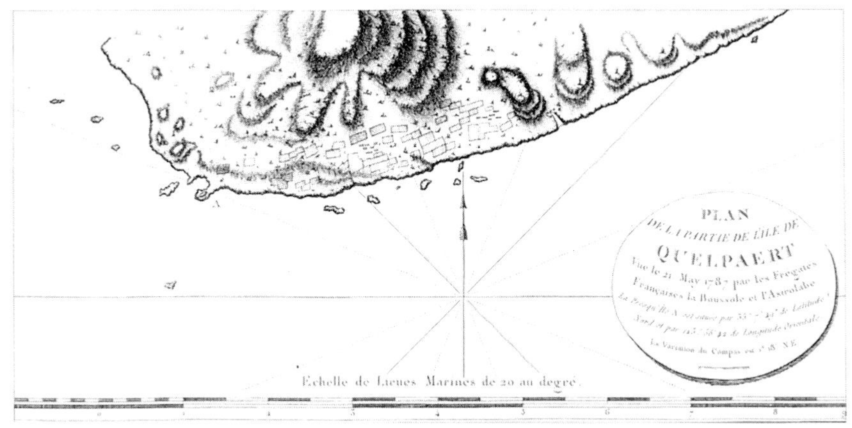

라페루즈 탐험대가 실측한 제주도 남쪽 해안의 모습. 탐험대는 1787년 5월 21일에 제주도를 목격했다. 『하멜 표류기』 이래로 제주도는 '켈패르 섬' 으로 불리고 있었는데, 라페루즈는 이 섬에 높은 산이 있어 100km 거리에서도 보인다고 했다. 아울러 그는 이 한라산의 높이를 1,950m로 정확하게 측정했다. 제주도는 울릉도와 함께 동양의 섬으로는 최초로 라페루즈 탐험대에 의해 정확히 측정되어 서양의 해도와 지도에 오르게 되었다. 『세계 탐험기』 부속 지도첩 중의 도면 45에 들어 있다.

험대가 1787년 5월, 제주도 남쪽 해안과 한반도의 남해안 및 대한해협을 거친 뒤, 동해에 이르러 울릉도를 발견하게 되었다는 점은 이미 말한 바와 같다. 이에 관해 기록한 1787년 5월 19일부터 5월 27일 사이의 항해 일지를 완역해서 울릉도를 발견하게 되기까지의 경위를 알아보자.

〔1787년 5월 19일〕[1] 짙은 안개와 함께 15일간이나 계속된 평온한 날씨가 변하여, 바람은 북서 방향으로 고정되었고 대단히 시원했다. 일기는 흐리고 희끄무레하였지만, 수평선이 수십 킬로미터에 펼쳐졌다. 지금까지 그렇게도 잔잔했던 바다에는 풍랑이 대단히 심하게 일었다. 이때 닻이 닿는 수심은 약 46m였다. 나는 일순간도 지체 없이 출발 신호를 했고, 북동 1/4 동방향, 제주도(île Quelpaert)로 항로를 지도했다.

제주도는 일본 해협에 진입하기 전에 있는 최초의 인식 지점이다. 이 섬은 1635년[2] 네덜란드 선박 스패로우 호크(Sparrow Hawk) 호가 좌초함으로써 유럽 사람들에게 알려졌는데, 이 시기에 이 섬은 조선 왕의 지배하에 있었다.

5월 21일 이 섬을 인지하게 되었는데, 거리 측정에는 이상적인, 더할 나위 없이 맑은 일기였다. 이처럼 아름다운 모습을 한 섬을 발견하기는 쉽지 않을 것이다. 우리는 이 섬의 남쪽 첨단부의 위치를 북위 33도 15분, 동경 126도 35분(+2° 20′)[3]으로 확정했다.

나는 섬에서 11km 떨어져 항해하면서 67km[4]에 걸쳐서 전개된 해안을 최대한 세심하게 측정했고, 이를 베르니제(Bernizet) 씨가 지도로 작정했다. 정상의 높이는 약 1,950m였고, 100~110km 거리에서 식별할 수 있었다. 정상은 섬 한가운데 우뚝 솟아 있었고, 섬 자체가 이 산의 저장소인 것 같았다. 토지는 매우 완만한 경사로 바다까지 내려왔다. 이 경사면에 있는 집들은 마치 대강당의 층계처럼 층을 이루고 있었다. 땅은 아주 높은 지대까지 경작된 듯했다. 망원경을 통해 밭과 밭 사이의 구분을 알아볼 수 있었다. 밭이 아주 작게 나누어진 것으로 보아 인구가 많음을 알 수 있었다. 각종 경작물이 풍기는 다양한 뉘앙스는 이 섬을 보기에 더욱 아름답게 했다.

불행히도 이 섬은 외국인과의 소통이 금지된 민족이 살고 있다. 이 민족은 이 나라 해안에 표류하여 불행을 겪는 모든 사람을 노예 상태로 억류해 둔다. 스패로우 호크(Sparrow Hawk) 호의 네덜란드 사람들 가운데 몇 사람은, 18년간[5]의 억류 생활 중 여러 차례 매를 맞았고, 어느 날 쪽배를 탈취하여 일본을 거쳐 인도네시아의 바타비아로 갔고, 거기서 마침내 암스테르담에 도착할 수 있었다. 우리는 이 이야기를 담은 기록을 가지고 있는데,[6] 이로 미루어 보아 이 섬의 해안에 보트를 보내는 것은 적합하지 않은 것 같았다.

우리는 쪽배 두 척이 해안을 떠나는 것을 보았다. 그러나 이 배들은 우리와의 거리를 5~6km 이내까지 접근하지 않았다. 짐작건대 그들의 목적은 단지 우리를 관찰하고, 이에 대하여 조선 해안에 경보를 보내는 것이리라.

나는 자정까지 북동 1/4 동 방향으로 항로를 계속 잡았고, 날 새기를 기다리면서 배의 기관을 껐다. 날씨는 흐리고 짙은 안개가 끼었다. 서쪽으로 제주도의 북동 첨단부가 보였다. 나는 조선 본토에 접근하기 위해 항로를 북북동에 고정했다. 우리는 시간마다 수심을 측정했다. 수심은 110~130m였다.

날[1787년 5월 20일]이 밝아, 한반도 앞에 길이 83km 이상에 걸쳐 전개된 일련의 체인을 이루고 있는 여러 섬들과 바위섬들을 확인했다. 이 섬들은 북동 및 남서 방향으로 펼쳐져 있었고, 그중 가장 남단에 있는 섬들의 위치는 북위 35도 15분, 동경 127도 7분[7]이었다. 짙은 안개 때문에 대륙[8]은 볼 수 없었는데, 대륙까지의 거리는 28~33km였다. 우리는 한반도를 다음날[5월 21일] 아침에야 볼 수 있었다. 한반도는 수많은 섬들을 앞에 두고, 그 뒤에 자태를 나타냈다. 이 작은 섬들의 남쪽 11km 지점에 있는 항아리형 해저의 수심은 64m였다.

하늘은 계속 흐리고 희끄무레했다. 그러나 해가 안개를 꿰뚫고 나와 경도와 위도를 더 잘 측정할 수 있었다. 이는 지리 지식을 위해서 중요하다. 왜냐하면 우리가 사용하고 있는 세계지도는 일본 지도 또는 조선 지도를 바탕으로 예수회 선교사들이 제작한 것들인데, 지금까지 어떤 유럽 선박도 이 지도상에 나타나 있는 해양을 지나간 적이 없었기 때문이다. 사실, 이들 선교사들은 오차가 되도록 적게 나도록, 북경을 기준으로 세심하게 측정한 위도와 그

동안 관측한 육로를 바탕으로 세계 지도를 수정했는데, 이로써 이들이 아시아의 이 지역의 지리 지식을 넓히는 데 크게 기여했다고 말할 수 있을 것이다. 그들만이 우리에게 진실과 아주 가까운 지도들을 작성하여 알려 줄 수 있었던 것이다. 항해가들은 다만 해도 부분의 세부 사항이 빠진 것만을 유감으로 생각하겠지만, 육로로만 여행하던 예수회 선교사들이 해도를 그릴 수 없었던 것은 당연하다.

봉화 오르는 것을 보다

〔1887년 5월〕 25일, 우리는 밤에 조선 해협을 통과했다. 해가 진 후, 동 1/4 북동 방향에서 북쪽으로 펼쳐진 일본 해안과 북서에서 북으로 펼쳐진 조선 해안을 관측했다. 북동쪽으로 바다가 대단히 넓은 것으로 보였다. 거기로부터 넘실거리는 큰 파도가 오고 있었으므로 이를 확인할 수 있었다. 바람은 남서풍이었고, 매우 시원했으며 밤은 밝았다. 우리는 바람을 뒤로 하고, 최소한의 돛만 올린 채 시속 3.5km로 항해했다. 이는 밤에 측정한 수치들을 해가 뜰 때 확인하기 위해서였다. 우리의 측정치를 다줄레 씨가 검토하였으므로, 우리가 작성한 해도는 정확하며 어떤 착오도 없을 것이다. 우리는 매 30분마다 수심을 측정했다.

조선 해안이 일본 해안보다 더 흥미로울 것 같아, 나는 조선 해안 11km 가까이까지 접근하여 해안선과 평행하게 항로를 취했다. 대륙의 해안과 일본 해안[9] 사이의 거리는 83km였다. 가장 좁은 부분은 제주도로부터 조선의 남해안에 걸쳐 계속되는 작은 바위섬들에 의해 56km까지 줄어들었다. 이 섬들의 행렬은 우리가 반도의 남동 첨단부에 다다랐을 때 끝났다.

우리는 산꼭대기에 유럽의 성곽과 꼭 닮은 성을 몇 개 보았다. 조선인들의 가장 큰 이 방어 수단들은 아마도 일본인들의 침입에 대비한 것인 듯했다. 이 부분의 해안은 항해하기에 아주 쾌적했다. 어떤 위험도 없었다. 해안에서 16km 떨어진 항아리형 해저의 수심은 110m 정도였다. 이 나라는 산이 많고, 기후는 매우 건조한 것 같았다. 어떤 산골짜기에는 아직도 눈이 완전히 녹지 않았고, 땅은 경작에 어려운 것처럼 보였다. 그런데 집들이 여기저기 많이 집단을 이루고 있었다.

해안을 따라 항해하는 10여 척의 작은 돛배가 있었는데, 이 배들은 중국 배와 조금도 다르지 않아 보였다. 돛은 중국 배와 같이 거적(돛자리)으로 되어 있었다. 우리 함정들을 보고서도 거의 놀라지 않는 것 같았다. 우리의 행동이 어떤 위협이 된다고 판단되는 경우, 우리가 그들에게 접근하기도 전에 그들은 해안에 닿을 수 있을 만큼 해안에 아주 가까이 있었기도 했다. 나는 그들이 용감히 우리에게 접근해 오기를 바랐다. 그러나 그 배들은 우리의 존재에 개의치 않고, 자신들이 나아갈 쪽으로 항해를 계속했다. 우리가 그들에게 보여 주는 광경이 전혀 낯설었을 것임에도 불구하고, 그들에게 어떤 호기심도 불러일으키지 못한 것 같았다.

그런데 11시경에 배 두 척이 돛을 올린 뒤 우리를 살펴보려는 듯 우리 곁으로 4km 거리까지 접근해 왔다. 약 두 시간 가까이 우리를 따라온 후, 아침에 자기들이 떠나온 항구로 되돌아가는 것이 보였다. 이로써 우리의 존재가 조선 해안에 알려지게 되었다. 오후에는 산꼭대기들마다 봉홧불이 오르는 것을 보았다.

〔1787년 5월〕 26일에는 170km 이상에 걸쳐 전개된 해안[10]을 관측할 수 있었다. 우리의 탐험에서도 가장 멋지고 흥미로운 날 중의 하나였다. 맑은 날씨임에도 불구하고, 기압계는 27피트 10까지 내려갔다. 이 기압계가 여러 번 틀린 계수를 나타낸 적이 있었으므로, 개의치 않고 우리는 달빛을 이용하여 해안을 식별해 가면서 자정까지 항해를 계속했다. 바람이 남쪽에서 북쪽으로 강하게 훅훅 불었다. 그런데 구름은 이같이 훅훅 부는 바람을 예고한 바가 없었다. 하늘은 맑고 고요했다. 날은 아주 어두워졌고, 우리는 동풍에 함정이 밀리지 않도록 하기 위해 육지에서 멀리 떨어지지 않으면 안 되었다.

구름이 이 같은 변화를 예고하지는 않았지만, 우리가 알아차리지 못했을지라도 무언가 경고를 준 것이 있었을 것이다. 이는 설명하기가 어렵다. 망루 감시자들이 돛의 꼭대기에서 가마솥 화구에서 나오는 것과 같은 증기가, 약 30초 간격으로 훅훅 지나가는 것을 느낀다고 소리를 질렀던 것이다. 장교들이 모두 돛대의 꼭대기에 올라갔는데, 모두 꼭 같은 열기를 체험했다고 했다.

그러나 갑판의 온도는 14도였다. 그래서 앵무새 횃대에 온도계를 올려 보내 보았다. 온도가 20도까지 올라갔다. 일정한 간격으로 훅훅 불어 대는 열기는 빨리 지나갔으므로, 그 사이사이의 온도는 해면의 온도와 다르지 않았다. 그날 밤 우리는 북풍을 만났는데, 북풍은 7~8시간밖에 계속되지 않았다. 바다에는 풍랑이 아주 심했다. 이 위치에서는 조선과 일본 사이의 해협이 상당히 넓었으므로, 우리는 나쁜 날씨 걱정을 하지 않아도 되었다.

울릉도에서 본 조선인 목수들

이튿날〔1787년 5월 27일〕 나는 대륙에서 17km 거리까지 접근했다. 안개가 끼지 않아서, 우리는 전날 밤에 본 산꼭대기들을 확인할 수 있었다. 바람의 힘에도 불구하고, 우리는 약간 북쪽으로 전진해 있었고 해안이 북북서로 지나가고 있었다. 그리하여 한반도의 동쪽 첨단부[11])를 지난 후, 조선 해안의 가장 흥미로운 부분의 위치(좌표)를 확정했다.

우리는 일본 본도의 남서 첨단 쪽으로 항로를 잡고 있는 것으로 믿었다. 킹(King) 선장이 이 섬[12])의 북동 또는 노보(Nobo) 방향을 정확하게 관측하였다. 이 두 점과 관련하여 우리는 드디어 지리학자들이 범한 지도상의 불확실성을 수정, 확정할 수 있었다. 이제 지리학자들은 해안의 윤곽을 그리는 데만 그들의 상상력을 발동하면 될 것이다.

〔1787년 5월〕 27일, 나는 동쪽[13])에 도달했다는 신호를 했다. 그 조금 후 북북동에 어떤 지도에도 나타나 있지 않은 섬 하나를 발견했다. 이 섬은 조선의 해안으로부터 약 110km[14]) 떨어진 것으로 보였다. 나는 이 섬에 접근하려고 했으나, 섬은 바람의 방향과 꼭 같은 방향에 있어 어려웠다. 다행히도 밤 사이에 바람의 방향이 바뀌었다.

〔1787년 5월 28일〕 해가 뜰 무렵 섬을 측정하기 위해 섬 쪽으로 향했다. 나는 이 섬을 제일 먼저 발견한 천문학자 르포트 다줄레(Lepaute Dagelet)의 이름을 따서 '다줄레 섬' 이라 명명했다. 섬의 둘레는 17km 밖에 안 되었다. 〔울릉도의 실제 둘레는 33km, 해안선의 길이는 44km이다.—지은이〕 우리는 섬에서 1.9km 떨어져서 섬을 거의 한 바퀴 돌았지만 깊은 곳을 찾지 못했다.

그래서 나는 보트를 바다에 내리기로 결정하고, 부탱(Boutin) 씨에게 지휘를 맡기면서 육지까지 수심을 측정하라는 명령을 내렸다. 그는 해안이 펼쳐지는, 물결이 시작하는 곳의 수심이 약 140m라는 것을 알아내었다. 그곳은 섬에서 약 200m 거리였다. 섬의 북동 첨단부는 북위 37도 25분, 동경 129도 2분[15])이었다.

섬은 깎아지른 듯한 절벽으로 되어 있었으나, 정상에서 바닷가까지 대단히 아름다운 나무들로 덮여 있었다. 상륙이 가능한 일곱 개의 작은 만을 제외하고는, 깎아지른 성벽과도 같이 장엄한 바위 성벽이 섬 전체를 두르고 있었다. 우리는 이 작은 만들에서 중국 배와 똑같은 모양으로 건조되고 있는 배들을 보았다. 포의 사정거리 정도에 있는 우리 함정이 배를 건조하는 일꾼들을 놀라게 한 듯했다. 그들은 작업장에서 50보 정도 떨어진 숲 속으로 달아났다. 그런데 우리가 본 것은 몇 채의 움막집뿐이고, 촌락과 경작물은 없었다.

다줄레 섬에서 불과 110km 밖에 안 되는 육지에 사는 조선인 목수들이 식량을 가지고 와서 여름 동안 배를 건조한 뒤 육지에 가져다 파는 것으로 보였다. 이 의견은 거의 틀림없는 사실일 것이다. 우리가 섬의 서쪽 첨단부로 돌아왔을 때, 이 첨단부에 가려서 우리 선박이 오는 것을 보지 못했던 다른 한 작업장의 일꾼들 역시 선박 건조 작업을 하고 있는 중이었다. 나무 등걸 곁에 있던 그들은 우리를 보자 놀란 듯했다. 그들 중 우리를 조금도 겁내지 않는 것처럼 보이는 두세 명을 제외하고는, 모두 숲으로 도망하는 것을 보았다. 우리는 선량한 사람들이며 그들의 적이 아니라는 사실을 설득할 필요가 있어, 나는 댈 만한 장소를 찾았다.

라페루즈 탐험대가 실측한 울릉도. 탐험대는 1787년 5월 27일 울릉도를 목격했다. 울릉도는 이를 가장 먼저 발견한 천문학자이자 수학자 다줄레의 이름을 따서 '다줄레 섬'이라고 명명되었다. '다줄레'라는 명칭은 서양에서 1950년대까지 사용되다가, 그 후 울릉도로 통일되어 표기되고 있다. 라페루즈는 울릉도에 상륙하도록 보트를 보냈으나, 날이 어두워져 상륙 일보 직전에 철수시켰다. 라페루즈가 방문했을 당시 조선 정부의 공도 정책에도 불구하고, 적어도 2개 집단의 한국인들이 바닷가에서 배를 건조하고 있었다고 라페루즈는 증언하고 있다. 이 지도는 『세계탐험기』 부속 지도첩 중의 도면 45 가운데 들어 있다.

그러나 강한 조류가 우리를 육지에서 멀리 밀어냈다. 밤이 다가왔다. 우리가 그때까지 바람에 밀려났던 것처럼 다시 계속 밀려나지나 않을까 하는 걱정도 들고, 부탱 씨 지휘 아래 파견한 보트가 함정으로 되돌아오지 못하면 어쩌나 하는 염려도 들어서, 나는 그때 막 해안에 상륙하려던 부탱 씨에게 신호를 보내 귀환하라고 명령하였다. 나는, 해류에 밀려 서쪽에 멀리 떨어져 있던 아스트롤라브 호를 부탱 씨 일행에게 가까이 접근시켰다. 바닷바람을 중간에서 막아 주는 다줄레 섬의 높은 산[16]들 덕분에 우리는 조용한 밤을 보낼 수 있었다.

여기서 항해 일지는 5월 30일로 건너뛰어, 울릉도에서 약간 북향한 후 뱃머리를 동쪽으로 잡고 일본의 혼슈 방향으로 항해하던 중 일본 배와 만난 일을 묘사하고 있다.

라페루즈 함대의 울릉도 목격이 갖는 의미

이상에서 본 바와 같이, 라페루즈의 『세계탐험기』는 정조 11년 당시 조선 해안의 경계 상황을 잘 알려 주고 있다. 돛배 두 척이 접근하여 감시 항해를 했으며, 부산 부근의 산꼭대기에 여러 개의 성이 있었고, 산봉우리마다 봉화가 올라갔다는 것이 그것이다. 또 산등성이 높은 지대까지 사람이 살았고, 농작물을 경작하고 있었으며, 인구가 많은 것으로 비쳐졌다.

더욱 중요한 것은 라페루즈 탐험대가 측정한 울릉도는, 제주도 남쪽 해안 및 한반도 남해안 일대와 더불어 한국의 영토 중 가장 먼저 현대적이고 과학적인 방법으로 위도와 경도 및 그 규모가 정확히 파악되어 서양의 해도와 지도에 오르게 된 점이다. 라페루즈 일행이 탐험 중 사용한 지도, 곧 당시 서양에서 만들어 통용하던 조선 지도에 울릉도는 '판링' (Fanling)으로, 독도는 그 바로 왼쪽에 '챵찬' (Tchiang-chan, 千山)으로 표기되어 있었다.

다만 라페루즈 탐험대가 제작한 해도에 다줄레 섬(울릉도)은 정확한 위치에 올려놓았으나, 대륙 가까이 나타나 있던 '판링' 과 '챵찬' 은 지우지 않고 그대로 두었다. 이는 '판링' 이 그들이 발견한 다줄레 섬(울릉도)과 동일한 섬이란 사실을 몰랐기 때문이었을 것이다. 그들은 대륙 가까이에 울릉도와는 별개의 섬 두 개가 더 있는 줄로만 알고, 이를 확인해 보려고는 하지 않은 것 같다.

울릉도는 라페루즈의 '발견' 에 의하여, 좌표(위도와 경도), 섬의 둘레, 본토로부터의 거리가 파악되어 '다줄레' (Dagelet)라는 이름으로 세계 지도와 해도에 오르게 되었다. 그의 측정이 정확하였으므로, 이는 이제 확정적인 사실이 되어 더 이상의 수정 없이 오늘날까지 이르게 되었다. 이 다줄레라는 명칭은 서양 지도에 1950년대까지 사용되었다.

그 조금 뒤인 1791년에는 영국의 콜넷(James Colnett) 제독이 지휘하는 어로 자원 탐사선이 동해를 다녀갔다. 1797년에는 영국 해군 중령 브루톤(William Robert Broughton)이 지휘하는 군함 프로비던스(Providence) 호가 타타르 해협으로부터 원산 앞바다를 거쳐 동해안을 따라 남하하면서 해안선을 관측했다. 사실 그는 동해안을 바짝 따라 항해하였으므로 울릉도는 보지 못하였다.

그들이 다녀간 후, 1810~1850년 무렵 서양 지도에는 현재의 강원도 고성 조금 북쪽 한반도 가까이에 다줄레 섬과는 별도로 '아르고노트' (Argonaut)라는 섬이 나타나게 되었다. 이에 따라 동해에는 위에서 말한 '판링-타오' 와 '챵찬-타오' 는 사라지고 '다줄레 섬' 과 '아르고노트 섬' 이 등장하게 되었다. 그러다가 아르고노트는 근거가 없는 것으로 판명되어 1860년대 이후 지도상에서 사라졌다.

울릉도와 독도의 한국 영토 입증

19세기 후반기에 들어서, 조선(한국)으로부터 유입된 조선 지도와 프랑스 선교사들이 제작한 조선 전도의 영향으로 울릉도에 대해 'Oulangto', 'Oul-neung-to' 또는 'Ol-long-do'라는 명칭이 서양 지도에 부분적으로 사용되었다. 또 19세기 말과 20세기 초에는 울릉도의 일본식 발음인 '우츠료'(Utsuryo) 또는 '우륜'(Uryun)이라는 명칭도 쓰였다. 그러나 대부분의 지도와 해도에는 전과 같이 일본 이름인 '마츠시마'(Matsu-shima)와 함께 '다줄레'(Dagelet)를 계속 써 오다가, 해방 후 대한민국 정부가 수립되고 나서 한국에서 제작한 지도의 영향으로 1960년대 이후부터는 완전히 '울릉도'(Ullung-do, 2001년 새로 고시된 로마자 표기법에 따르면 Ulleung-do)로 통일하여 표기하고 있다.

독도의 지질은 울릉도와 같다고 한다. 독도와 울릉도의 거리도 독도와 오키시마의 거리보다 두 배나 가깝다. 따라서 누구나 자연스럽게 독도를 울릉도의 부속 도서로 인식해 왔고 또 인식하고 있다. 그러므로 울릉도의 영유(領有)가 어느 나라에 있는지 밝혀지면, 독도의 영유는 자연히 이에 따라가는 것으로 이해한다.

라페루즈의 『탐험기』는 객관적인 제3자의 관찰을 통해 울릉도가 한국 섬임을 밝혀 주고 있다. 즉 1787년(정조 11년) 5월에, 적어도 2개 집단의 한국(당시 조선) 사람들이 울릉도에 움막을 짓고 살면서, 해변에서 배를 건조하고 있었다는 기록이 그것이다. 각 집단이 10여 명 정도 된다고 쳐도 20여 명이 무리를 지어, 질 좋은 재목이 풍부한 울릉도에서 나무를 베어 배를 건조하고 있었음은, 당시 중앙 정부의 공도(空島) 정책이 계속되고 있었음에도 불구하고, 한국 사람들이 이 섬에 항시 살고 있었거나 아니면 적어도 수시로 건너가 여러 달 동안 살면서 어로, 벌목, 선박 건조를 하고 있었음을 증명하는 것이다.

이 공도 정책은 1416년부터 실시되어 1881년 울릉도 개척이 시작될 때까지 계속되었다. 물론 중앙 정부에서 때때로 관리를 파견하여, 이주민의 현황과 섬에서 나오는 물산을 조사하도록 하고 주민을 데리고 나오게 하는 등 울릉도에 대한 지배, 즉 통치 행위를 계속하고 있었다.

어떤 논문에서는 라페루즈 탐험대가 독도를 발견하고 함대의 모함인 부솔(Boussole) 호의 이름을 따서 '부솔'이라 명명하였지만 위치가 잘못되어 나중에 서양 지도에서 사라졌다고 하는데, 이는 사실과 다르다. 라페루즈 함대는 독도를 보지 못하고 북상했으며, 1797년에 나온 라페루즈의 『세계탐험기』 부속 지도첩에는 어디에도 동해에 '부솔'이란 이름의 섬이 나타나 있지 않다. 다만 1864년에 프랑스 해군성 해도국이 제작한 해도의 동해 부분에 '부솔'이란 이름이 울릉도 바로 옆의 조그만 섬 죽서에 맞추어져 나와 있고, 울릉도는 '마츠시마'(Matsu-shima, 최고봉 1,219m), 독도는 '리앙쿠르 바위섬' (Rochers Liancourt)이라는 이름으로 나와 있다. 결국 '부솔' 이란 이름이 나중에 붙여지긴 했지만, 그것은 독도가 아니라 죽서에 맞추어 붙여졌던 것이다.

조선인들이 본토에서 137km나 떨어진 울릉도에 와서 배를 건조하고 있었다는 사실은, 당시에 조선의 선박 건조 기술, 항해술, 어업도 상당히 발달했음을 뜻한다. 라페루즈 탐험대는 울릉도 상륙 일보 전에 철수하여, 독도는 보지 못하고 항로를 북쪽으로 돌려 타타르 해협으로 향하고 만다.

라페루즈의 『세계탐험기』에 딸린 지도첩에 실린 30여 쪽의 해도 가운데 한반도의 남해안과 동해안이 나타나 있는 지도가 무려 8점이나 된다. 그로 인하여 울릉도의 존재가 과학적으로 정확히 파악되어 '다줄레' (Dagelet)라는 이름으로 서양에서 제작한 세계 지도에 오르게 되고, 그 후로 근 150여 년 동안이나 이 이름이 사용되었다. 현재의 서양 지도에는 '울릉도' (Ullung-do/Ulleung-do)로 통일되어 표기되고 있다.

라페루즈 일행은 베테랑 해군 장교와 학자들이었고, 이들은 동양 관계 자료를 함정에 많이 싣고 다니며 탐독하면서, 실제와 대조하고 세밀히 측정하여 해도를 작성했다. 당시로서는 가장 발달한 과학적인 장비를 사용했으므로, 한국, 중국, 일본 세 나라의 사람과 의복, 배 모양에 혼동을 일으킬 염려는 조금도 없었다. 이는 이 책에 나오는 중국 배나 일본 배의 묘사 부분 등을 보아도 알 수 있다.

울릉도는 나무가 울창하여 주민이 살고 있었는지는 멀리서 보아서는 알 수 없었을 것이다. 그런데 이 부분에 나오는, '조선인 목수들', '선박 건조장', '움막', "이들이 건조 중인 배는 중국 배와 꼭 같은 모양"이었다는 기록은, 울릉도가 한국인들이 거주하는 한국 고유의 영토임을 입증한다. 이를 확대해서 보면, 그 부속 도서인 독도도 한국령임을 시사한다. 이런 여러 관점에서 볼 때, 라페루즈의 『세계탐험기』는 우리에게 그 의미가 자못 크다고 하지 않을 수 없다.

3. 1849년 프랑스 리앙쿠르 호의 독도 발견

독도가 최초로 서양인에게 발견된 것은 1849년 1월 27일, 프랑스 르 아브르(Le Havre) 항에 소재하던 윈슬루 회사 소속의 포경선 리앙쿠르(Liancourt) 호에 의해서였다. 리앙쿠르 호의 로페즈(또는 드 수자) 선장은 귀항일인 1850년 4월 19일 해군성 소속 해양 경찰 당국에 항해 보고서(일지)를 제출한 것으로 보인다. 일개 어선의 항해 보고서였지만, 해군성 당국은 보고서 중 독도 발견 내용을 대단히 중요시하여 이 사실을 『수로지』(1850년판, 1851년 발간)에 싣고, 역시 1851년에 발간한 해도에도 독도를 '리앙쿠르 바위섬' 이란 이름으로 정확한 좌표에 올렸다. 이로써 독도의 위치와 서양 명칭이 근대적이고 과학적인 해도와 지도에 역사상 최초로 확정되었다.

섬이 없는 동해 한가운데, 선박의 항로상에 누워 있는 독도는 항해상의 위험물로 돋보여, 자연히 이 지역을 항해하는 여러 나라 해군 함정들의 주목을 끌게 되었다. 프랑스에 뒤이어 러시아와 영국의 해군 함정들도 독도를 발견하였다 하여 이에 대한 사실을 보고하고, 자국 해군이 발간하는 수로지와 해도에 이 사실을 올렸다. 이로 인하여 독도에는 여러 서양 이름이 붙게 되었다. 프랑스 명칭 '리앙쿠르' (1849년) 외에도, 러시아 명칭 '올리부차' (독도의 서쪽 섬)와 '메넬라이' (독도의 동쪽 섬, 둘 다 1854년), 영국 명칭 '호넷' (1855년)이 그것이다. 그중에서도 '리앙쿠르' 가 가장 먼저, 가장 널리, 그리고 가장 오랫동안 현재까지도 일관되게 사용되고 있다.

독도에 대하여 서양 명칭이 등장하는 1850년대 이후부터 1920년대까지 서양에서 간행된 해도, 수로지, 지도 등에서는 어떤 동양(한국, 일본) 명칭도 사용되지 않았다. '독도' 와 '다케시마' 는 20세기에 들어서야 쓰기 시작한 명칭이다.

여기서는 이들 서양 명칭, 특히 '리앙쿠르' 라는 명칭이 독도에 붙게 된 경위, 그리고 독도 발견 당시 독도의 소속에 관한 서양 여러 나라의 자연스러운 인식을 프랑스에 있는 원자료를 통해서 알아보기로 한다.

여기에 이용된 자료는 서양의 주요 해양국 해군이 발간한 공식 문건들이다. 이 자료들은 프랑스국립도서관(Bibliothèque Nationale de France, BNF)의 지도-도면부(Département des Cartes et Plans, DCP)에 소장되어 있는 프랑스 · 영국 · 미국 해군이 발간한 수로지와 항해지침, 해도와, 프랑스 국립고문서관(Archives Nationales, AN)에 소장되어 있는 해군성 고문서, 파리의 뱅센느(Vincennes) 고성(古城)에 있는 해군성 자료관(Service Historique de la Marine)의 자료 및 루앙(Rouen) 시에 소재하는 센느-마리팀 도립고문서관(Archives Départementales de la Seine-Maritime)에 소장되어 있는 고문서 등이다.

미리 일러둘 것은, 경도는 파리 자오선을 기준으로 하는 프랑스 수치에, 동경의 경우는 2도 20분 14초를 더하고, 서경의 경우는 2도 20분 14초를 빼서 현재 사용하고 있는 그리니치(Greenwich) 국제 표준 자오선을 기준으로 하는 수치로 환산하였다는 점이다. 프랑스는 파리 자오선을 고집스럽게 사용해 오다가, 1911년 이후부터 그리니치 자오선을 채용하고 있다.

또 19세기 초엽 이후의 모든 서양 지도와 해도에 동해는 '일본해'로 표기되고 있는데, 여기서는 동해로 통일하여 표기한다는 점도 미리 일러둔다.

대한해협에 대해서는, 한반도 남동 해안(부산)에서 쓰시마(對馬島)를 경유하여 큐슈(九州) 북부 해안(후쿠오카, 福岡)까지가 대한해협(大韓海峽, Korea Strait, Détroit de Corée)이다. 이 해협을 세분할 때는 쓰시마 앞뒤로 '대한해협'이라고 크게 쓰고, 부산에서 쓰시마까지를 '서수도'(西水道)라 하고, 쓰시마에서 후쿠오카까지를 '동수도'(東水道)라 한다. 일본을 제외한 세계 모든 나라의 지도와 해도에 과거부터 현재까지 그렇게 표기해 오고 있다. 이 점은 과거 일본 지도에서도 마찬가지였다.

그런데 오늘날 일본에서 제작된 지도나 해도, 그의 영향을 받은 서양의 일부 지도와 해도에서는 대한해협을 '쓰시마해협'(Tsushima Kaikyo, Tsushima Strait, Détroit de Tsushima)으로 바꾸어 표기하고 있다. 그 경우도 부산에서 쓰시마까지를 '서수도'라 하고, 대마도에서 후쿠오카까지를 '동수도'라고 한다.

또 어떤 일본 지도에는 부산에서 쓰시마 사이를 '대한(조선)해협'으로, 쓰시마에서 큐슈 북부 해안까지를 '쓰시마해협'으로 표기하기도 한다. 한국의 일부 일반 지도에도 그렇게 되어 있다. 이는 일본 자료를 보고 그대로 따라 했기 때문에 그렇게 된 것은 아닐까?

한국에서는 '잃어버린 동해의 표기를 되찾아야 한다'고 여론이 비등한데, 세계 모든 나라에서 채용하고 있는, 한반도 남동 해안에서 큐슈 북부 해안에 달하는 '대한해협'에 대한 표기를 한국의 일부 소수의 지도에서 '대한해협'과 '쓰시마해협'으로 나누어 표기하고 있는데, 이는 시정되어야 한다. 국경선은 부산과 쓰시마 사이에 그어야겠지만, 국경선이 그어졌다고 해서 그 너머에 있는 해역을 한국 이름으로 부르면 안 된다는 논리는 성립하지 않는다. 지명과 국적은 관계가 없기 때문이다.

여기서는 세계 공통적으로 사용하는 바와 같이 한반도 남동 해안에서 큐슈 북부 해안에 이르는 전 해역을 '대한해협' 이라 한다.

포경선 리앙쿠르 호

1849년(조선조 철종 1년) 1월 27일, 서양으로서는 프랑스의 고래잡이 배 리앙쿠르(Liancourt) 호가 독도를 최초로 발견했다. 리앙쿠르 호는 도버 해협에 위치한 르 아브르(Le Havre) 항에 선적을 둔, 윈슬루(Winslow 또는 Winslou) 회사 소속의 포경선이었다.[1)]

리앙쿠르 호의 선주인 제레미아 윈슬루(Jeremiah Winslou, 1781~1858)는 미국 태생으로, 미국에서 보험업을 하던 사람이다. 그는 프랑스 정부가 포경선을 건조하여 고래잡이 활동을 하는 사람에게 장려금을 준다는 애기를 듣고, 1817년 프랑스의 르 아브르 항에 와서 정착하여 포경 어로 회사를 설립했다. 1821년 프랑스에 귀화하여, 프랑스 국적을 취득한 제레미아 윈슬루는 19세기 전반기 르 아브르 항 최대의 포경선 선주였다. 뱃사람들의 뱃노래 가사에도 나오는 '윈슬루 영감' 은 전설적인 인물이었다. 전성기에는 그의 회사 소속 포경선 8척이 한꺼번에 바다에 나가 있기도 했다. 고래잡이는 석유가 나오기 전까지 연료와 등유로 사용된 고래 기름과 수염을 얻기 위해 1810년대에서 1860년대 말까지 성행했다.[2)]

리앙쿠르 호는 르 아브르에서 건조되어 1847년 10월 25일 의장(艤裝)된 361톤급 포경선이었다. 선장은 갈로르트 드 수자(Galorte De Souza), 일명 장 로페즈(Jean Lopez 또는 Lopes)였다. 로페즈 선장은 1804년 포르투갈의 아소르(Açores) 섬에서 출생, 프랑스의 르 아브르 항에 와서 1830년부터 작살(창) 담당 선원으로 포경선을 타기 시작하여 1840년에 선장이 되었다. 센느-마리팀(Seine-Maritime) 도립고문서관에 소장되어 있는 선원 신상 기록부에 1527번 3등 항해사로 등록된 그는 1838년에 프랑스 국적을 취득했다. 1855년에 은퇴, 1883년 르 아브르에서 사망했다.[3)]

리앙쿠르 호는 그 후에도 어로 활동을 계속하다가, 1852년 8월 14일 오호츠크 해에서 좌초하여 그 상태로 매각되었으며, 선원들은 다른 배를 타고 이듬해 4월 르 아브르 항에 귀환했다. 동해에서 고래가 많이 잡힌다는 소문이 나, 1848년에는 프랑스 포경선 8척이 동해에서 고래를 잡았고, 그 다음 해에는 9척이 고래를 잡았다. 1850년 3월에는 프랑스 포경선 나르발(Narval)호가 조선(한국) 서해안에서 좌초하여 실종되기도 했다.[4)]

19세기 전반기에 서양의 포경선들이 지구의 반대쪽인 동해까지 와서 고래를 잡아갔다는 사실은, 당시 서양 열강들이 얼마나 막강한 세력을 가졌는지 실감나게 한다. 이 시기에 중국

제레미아 윈슬루(Jeremiah Winslow, 1781~1858). 포경선 리앙쿠르 호의 선주. 미국 태생으로 1821년에 프랑스에 귀화한 당대 프랑스 최대의 포경선 선주였다. 이 사진은 사진술이 갓 발명된 때의 것으로, 『19세기 프랑스 포경선, 1814~1868』의 저자 티에리 뒤 파스키에가 소장한 것이다.

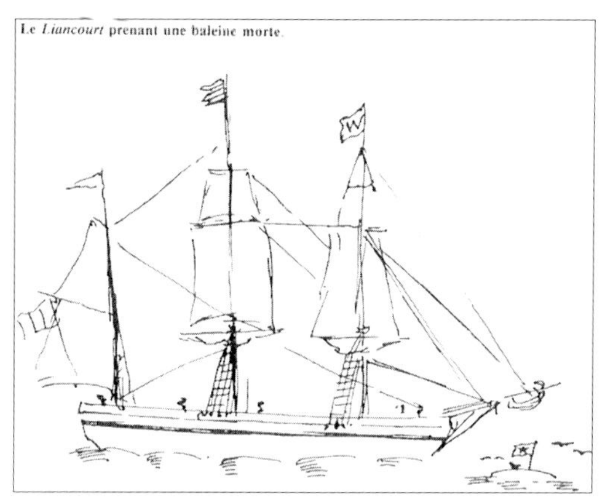

리앙쿠르 호. 윈슬루 회사 소속으로 1847년에 건조된 361톤급의 포경선이다. 이 어선이 1849년 1월 27일 울릉도 부근에 '암석' 독도를 발견, 독도가 해도상의 정확한 좌표에 '리앙쿠르 바위섬'이라는 이름으로 올려지게 되었다. 이 배는 1852년 오호츠크 해에서 좌초하여 그 상태로 매각되었고, 선원들은 다른 배로 르 아브르 항에 귀환했다.
이 그림은 고래의 이빨에 어느 선원이 새긴 리앙쿠르 호의 그림을 보고, 뒤 파스키에가 다시 그린 것이다.

서양 포경선의 고래잡이 광경. 석유가 생산되기 시작한 1860년대까지 연료와 등유로 사용된 고래 기름을 얻기 위해 고래잡이가 성행했다. 영국과 프랑스의 포경선들은 1840년대 말에서 1860년대 사이에 지구의 반대쪽인 북태평양, 오호츠크 해, 동해에까지 와서 고래를 잡아 갔다. 이 그림은 뒤 파스키에의 『19세기 프랑스 포경선, 1814~1868』에 실려 있다.

은 아편 전쟁에 패한 후 영국과 체결한 난징(南京) 조약으로 1842년에 개항되었고, 프랑스와는 1844년에 통상 조약을 체결했다.

일본은 1600년 이래 큐슈의 나가사키를 통해 서양인으로는 유일하게 네덜란드인들과 교류를 가지고 있었으나 아직 개항은 하지 않은 상태였다. 그러다 1853년 미국의 페리(Perry) 제독이 철선을 이끌고 와 개항을 요구, 1856년부터 미국의 영사가 시모다(下田)에 주재하게 되었다. 그러나 일본이 미국, 영국, 프랑스, 네덜란드, 러시아 등 5개국에 개항한 것은 1859년 7월에 와서이다.

한국은 1876년에 일본에 의해 개항했고, 1882년 미국과 통상 조약을 체결한 후 서양의 여러 나라와 교류를 시작했다.

19세기 초엽, 프랑스의 원양 어선들은 어로 활동에서 돌아오면, 1823년 법령에 의해 선장 이하 조업에 참가했던 승무원 전원이 해군성 소관인 해양 경찰에 출두하여 귀항 신고를 하도록 되어 있었다. 신고 때 조사 항목은, 어로 개시 시기, 장소, 어획량, 도중의 어획물 판매 여부, 식량과 식수 문제, 승무원 가운데 환자가 있었는지 여부, 그리고 어로 활동 중 항해에 도움이 될 만한 새로운 발견을 했는가의 여부, 귀항 일자 등이다. 이것은 세계 여러 해양의 수산 자원에 대한 파악, 어획량에 대한 통계 작성, 각종 세금 부과를 위한 조치이기도 하였지만, 어획고에 따라 정부로부터 장려금을 지급받게 되어 있었기 때문이기도 하였다.

리앙쿠르 호가 어로 작업을 마치고 귀항한 뒤 1850년 5월 4일과 14일자로 작성된 귀항 신고서에 따르면, 이 배는 1847년에 건조, 의장된 직후인 10월 26일 출어했다. 그리고 갈로르트 드 수자(Galorte De Souza), 일명 장 로페즈(Jean Lopez) 선장 외에 출발 시 승무원이 33명, 항해 도중 승선한 선원이 4명, 하선한 선원이 10명으로 총 27명이 귀항했다.[5]

이들은 대서양을 남극 방향으로 내려와 1848년 1월 18일 케이프 혼(Cape Horn)을 돌아서 태평양으로 나온 다음 적도 부근까지 올라왔다. 당시 유럽의 선박이 태평양으로 나올 때는 모두 이 항로를 취했다. 1848년 3월 13일 처음으로 고래를 잡았다. 그날 항해 중 적도 부근의 서경 119도 25분 페루 서쪽 태평양에서 향유고래 3마리를 잡아 배에 올린 것이다. (고래는 몸체가 거대하므로 지방질 부분의 살을 조금씩 잘라, 배에 올린 다음 가마솥에 끓여 기름을 뽑았다.) 4월 1일 하와이(샌드위치)의 호놀룰루에 기항하여 선원들에게 휴식을 취하도록 하고 식량을 보충한 다음, 4월 11일 닻을 올려 베링 해 쪽으로 북상했다. 그 후 다음과 같이 네 번에 걸쳐 어로 활동을 했다.[6]

제1차 어로는 1848년 5월 21일부터 8월 30일 사이에 북위 46도 43분~50도 39분, 동경 147도 52분~152도 50분 쿠릴 열도 북부의 오호츠크 해에서 했다. 이때 고래 29마리에 작살을 찍었으나, 그중 9마리만을 죽여 배에 실었다. 고래가 보이지 않아, 9월 18일 남동 방향으로 항해를 시작했다.

제2차 어로는 10월 6일 북위 30도 24분, 동경 142도 57분 일본 도쿄 만 앞 태평양에서 실시하여, 향유고래 2마리를 잡아 배에 올렸다. 10월 28일 홍콩에 도착하여 휴식을 취한 다음, 12월 24일 닻을 올려 출항했다. 1849년 1월 24일 쓰시마 북쪽 대한해협을 통과, 동해에 진입했다.

제3차 어로는 1849년 3월 7일부터 7월 30일까지 북위 36도 20분~42도 35분, 동경 129도 20분~135도 55분 사이의 동해에서 했다. 여기에서 고래 22마리에 작살을 찔러, 15마리를 잡아 올렸다. 3차 어로 기간 중 4월 12일에는 다줄레 섬(울릉도)에 이르러, 2척의 보트를 내려 섬에 상륙, 나무를 했다. 7월 30일 라페루즈(宗谷, 소야) 해협을 향해 항해를 시작했다. 8월 2일 몬느롱(Monneron) 섬을 거쳐 라페루즈 해협을 통과했다.

제4차 어로는 1849년 8월 9일부터 13일 사이에 북위 46도 30분, 동경 147도 45분 쿠릴 열도 조금 북방의 오호츠크 해에서 실시되었으며, 여기에서 고래 2마리에 작살을 찍어, 1마리를 잡아 배에 올렸다.

어로 작업을 완전히 마치고, 1849년 8월 30일 하와이(샌드위치 군도)를 향해 출발하였다. 10월 16일 하와이의 카라코아 항에 입항, 괴혈병에 걸린 선원을 오우히히 섬에 상륙시켰다. 11월 12일 하와이를 출발, 12월 10일 올라히티 섬에 도착했다. 여기서 10일을 보낸 후, 12월 20일 다시 출발하여 1850년 1월 30일 케이프 혼을 통과했다. 3월 13일 서경 30도 35분에서 적도를 통과하여, 4월 16일 도버 해협에 진입, 4월 19일 르 아브르 항에 입항했다.[7]

약 30개월의 어로 활동 중 58마리의 고래에 작살을 꽂았고, 그중 25마리를 잡아 배에 올렸다. 그것으로 고래 기름 2,629배럴(41만 8,000리터)과 고래수염 508묶음을 얻었다. 향유고래는 6마리에 창을 찔러, 5마리를 잡아 배에 올렸다. 그것으로 152배럴(2만 4,200리터)의 기름을 얻었다.[8]

리앙쿠르 호가 취한 항로는 1785~1788년 프랑스의 라페루즈 탐험대가 취한 항로와 비슷하다. 약 2년 6개월에 걸친 조업으로 고래 25마리를 잡았는데, 그중 3분의 2에 해당하는 15마리를 동해에서 잡았다. 이 사실은 동해에 어업 자원이 풍부하다는 것을 의미한다.

뒤에 언급되는 프랑스 해군성 인사국장의 공문에 따르면, 리앙쿠르 호의 선장은 귀항한 그날(1850년 4월 19일) 항해 보고서(항해 일지)를 제출한 것으로 되어 있다. 그런데 해양 경찰의 조서 형식으로 된 귀항 신고서에 보면, 로페즈(드 수자) 선장은 조사 항목인 "순항 중 항해에 도움이 될 만한 것을 발견했는가?"라는 질문에 "없다"고 대답하고 있다. 로페즈 선장은 어선이 귀항한 그날 독도 목격 등에 대한 항해 보고서를 제출하고, 그 한 달 후인 5월 4일과 5월 14일에 있은 해양 경찰의 조사에서는 어획량 등 장려금을 타는 데 중요한 항목만 자세히 얘기하고, 다른 부분은 아무렇게나 대답해 버린 것으로 보인다.

해양 경찰 업무도 관장하고 있던 해군-식민지성 본부 인사국에 접수된 공문대장에는 르 아브르 항에서 올라온 리앙쿠르 관계 서류가 두 건 접수된 것으로 기록되어 있다.[9] 그것은 로페즈 선장의 항해 보고서(일지)와 해양 경찰이 상투적으로 작성하는 귀항 신고서일 것이다. 나는 로페즈 선장의 항해 보고서 원본을 찾기 위해 국립고문서관의 해군성 문서 중 1850년도에 해당하는 것으로 이 보고서가 있을 만한 것은 거의 다 열람했지만 찾지 못했다. 어선의 항해 일지는 양도 많고 별로 중요하지 않기 때문에 영구 보존의 대상이 아니었던 것으로 짐작된다. 루랑 시의 도립 고문서관에 있던 항해 보고서 부본은 제2차 세계대전 중 노르망디 상륙 작전 때 파괴되고 없다.

어찌되었건, 로페즈 선장의 보고서에서 가장 중요한 대목인 독도 발견 부분은 원문 그대로 발췌되어 해군성 인사국장 이름으로 된 공문에 명기되어 있다. 일개 어선 선장의 항해 보고서에 나타난 이 사실을 예사로이 지나칠 수도 있었겠으나, 해군 제독인 인사국장은 직감적으로 그 중요성을 인식한 듯하다.

프랑스 해군성 인사국장의 공문

1850년 9월 5일자로 프랑스의 해군-식민지성 인사국장(해군 소장)이 해도국장(소장)에게 공문을 보냈다. 르 아브르 항에 선적을 둔 포경선 리앙쿠르 호의 선장 '라쎄'(Lasset, 르 아브르 항에 1527번으로 등록된 3등 항해사) 씨가 고래잡이 어로 활동을 마치고 귀항하여 1850년 4월 19일 제출한 항해 보고서(항해 일지)의 내용을 발췌하여 알려 드리니 참조하시기 바란다는 내용이었다.

이 공문에 나와 있는 '라쎄'(Lasset)는 '로페즈'(Lopez)의 사인(서명)을 잘못 읽어서 그렇게 된 것이다. 리앙쿠르 호의 선장 이름이 다른 문서에는 모두 '드 수자'(De Souza), 일명 '로페즈'(Lopez)로 나와 있는데 이 공문에만 '라쎄'(Lasset)로 기록되어 있다. 그래서 루앙(Rouen) 시에 있는 센느-마리팀 도립 고문서관에 가서 등록 번호 1527번의 선원이 '갈로르트 드 수자'(일명 장 로페즈)라는 사실을 직접 확인했고, 드 수자 선장의 신상 기록도 모두 열람했다.

인사국장의 공문에, 드 수자 선장의 보고서 중에서 발췌한 부분은 이렇게 인용되어 있다.[10]

> 1849년[조선조 철종 1년—지은이] 1월 24일(항해가의 말을 인용한 것) 나는 대한해협 한가운데 있는 쓰시마 북쪽을 통과한 후, 다줄레 섬[울릉도—지은이]으로 향했다. 1월 27일,

나는 다줄레 섬이 북동 1/2 북 방향으로 바라보이는 위치에 있었다. 그때 동쪽에 큰 암석(roche) 하나가 있었다. 이 암석은 어떤 지도와 책자에도 나타나 있지 않았다. 이 암석의 위치는 북위 37도 2분, 동경 131도 46분이었다.

이 문서는 바로 '리앙쿠르 바위섬'이란 명칭의 출생증명서와도 같은 것이다. 인사국장의 공문을 접수한 해도국은 그 내용을 해도국 수로과가 발간하는 『수로지』(*Annales hydrographiques*, 2ème semestre 1850, 제4권, 1851년 간행)에 그대로 수록했다. 『수로지』의 내용은 이렇다.[11] 이는 「일본해〔동해—지은이〕, 포경선 리앙쿠르 호가 목격한 암석(Roche)」이란 제목 밑에 8줄로 되어 있다.

르 아브르 항에 선적을 둔 포경선 선장 로페즈〔원문에는 'Lasset'로 잘못 되어 있음—지은이〕씨의 보고서에 의하면, 이 선박이 일본해〔동해—지은이〕를 항해하던 중, 1849년 1월 27일 다줄레 섬(마츠시마)〔울릉도—지은이〕 부근에서, 어떤 지도와 항해 지침서에도 표시되어 있지 않은 암석을 발견했다고 한다. 다줄레 섬을 북동 1/2 북 방향으로 바라보는 지점에서 이 암석을 측정했다. 이 암석의 위치는 북위 37도 2분, 동경 131도 46분이었다.

그 다음에 프랑스 해군성 해도국은 1851년에 발간한 「태평양전도」(해도 번호 1264, 〔지도 39〕, 264쪽 도판 참조)에 독도를 정확한 위치에 올렸다. 이로써 독도는 사상 최초로 해도상의 정확한 위치에 나타나게 되었다. 이 해도(90×60cm)는 태평양을 중심으로 했기 때문에 중국, 한국, 일본 부분이 우측 상단 제목 옆에 작게 표시되어 있고, 동해에 세 개의 섬이 나와 있다. 이들은 한반도에서 가까운 순서로 '다카시마'(Takasima, Take-sima의 잘못된 표기, 竹島), 그 조금 아래 울릉도를 가리키는 '마츠시마'(Matsusima, 松島), 그 조금 아래 독도를 가리키는 '리앙쿠르 바위섬'(Rocher du Liancourt)이다. 뒤에 설명하겠지만 '다카(다코, 다케)시마'는 존재하지 않는 가공의 섬이다.[12]

어쨌든 독도의 모도인 울릉도는 역시 프랑스의 라페루즈 탐험대에 의해 1787년 5월 27일 목격되어 측정된 후, 1797년에 발간된 라페루즈의 『세계탐험기』 부속 지도첩(이것이 그대로 해도로 사용됨)에 이미 정확한 좌표인 북위 37도 22분 18초, 동경 130도 56분 32초에 다줄레(Dagelet)란 이름으로 올려졌었다. 울릉도는 라페루즈 탐험대가 목격했을 당시에 한국(조선) 사람들이 거주하고 있었다는 사실도 밝혀졌다. 그런데 1860년대 이후의 서양 지도에는 다줄레와 함께 '마츠시마'라는 명칭도 같이 표기하는 경우가 많았는데, '울릉도'라는 명칭이 표기되지 않은 것이 유감이다. 하지만 이들 명칭은 서양인들에게는 다만 울릉도에 대한 식별 부호 정도의 의미를 가질 따름이다. 그리고 1851년에는 독도도 사상 최초로 정확한 위치가 파악되어 프랑스의 『수로지』(1850년판)와 해도에 오르게 된 것이다.

여기서 주목할 것은 리앙쿠르 호 선장의 말대로, 이 선박이 울릉도와 독도 중간에서 독도를 목격한 점이다. 이 위치에서 울릉도는 북동 1/2 북에 있었고, 독도는 동쪽에 있었다. 그리고 독도를 목격한 다음 어로 활동을 계속하다가, 1849년 4월 12일 울릉도에서 나무를 했다. 독도에서 울릉도로, 울릉도에서 독도로 옮겨 다닌 것은, 울릉도와 독도는 떨어질 수 없는 관계임을 뜻하는 대목이다.

수로지의 중요성과 목적

프랑스 해군성은 1850년부터 『수로지』(1849년판)를 간행하기 시작하여 연 2회씩 발간했다. 첫해인 1849년판 제2권에는 한국 서해안의 '고군도'(古群島)에 관한 기록이 있다. 그리고 1850년판 제4권(1851년에 발간)에 독도 발견 기록이 수록된 것이다.

전 세계 모든 해양의 해안선, 도서, 암초, 수심, 해류, 기후, 등대, 부표 등에 관한 정확한 정보를 실어 선박의 안전 운항을 도모하는 것이 수로지의 목적이다. 이 간행물은 새로운 발견, 학술 보고서, 외국의 수로 정보 등도 게재했다.

당시 대영제국 해군에 버금가는 막강한 해군력을 보유하고, 식민지 경영까지 맡고 있던 프랑스 해군은 세계 여러 해양에 함대를 유지하고 있었으며, 이로부터 들어오는 각종 보고서를 통하여 정보를 얻고 있었다. 많은 정보 가운데서도 함정과 일반 선박의 항해에 중요하다고 판단되는 것만을 수로지에 수록하였다. 영국 해군도 마찬가지였다. 따라서 영국이나 프랑스 해군이 발간하는 수로지에 실린 정보가 가장 정확한 최신 정보였다. 이에 군함과 어선, 상선들은 모두 이 두 나라에서 작성한 해도와 수로지를 가지고 다니면서 항해의 길잡이로 삼았다. 그리고 당시나 지금이나 해양과 도서에 관한 한, 일반 지도 제작자들도 해군이 발간하는 수로지와 해도를 기본 자료로 이용한다.

독도를 "일개 보잘것없는 고래잡이 어선"이 발견하였다는 것에 대한 질투심과 함께 의구심마저 가지고 있던 극동 함대(인도차이나 주둔) 소속 해군 장교들의 비아냥에도 불구하고[13], 이 사실은 프랑스 해군성 본부의 모든 관련 부서를 돌게 되었고, 본부에서는 이에 지대한 관심을 표시하게 되었다. 따라서 이후부터 프랑스 해군 당국은 울릉도와 독도에 붙은 프랑스 명칭을 해도, 수로지, 항해지침 등은 물론이고, 일반 지도에 유지하기 위해 민감하고도 적극적인 반응을 보이게 된다.

역사상 최초의 독도 그림

프랑스 해군성이 발간한 『수로지』(1854~1855년 합판, 제10권, 1856년 발간)의 권말에는 1855년 11월 17일 프랑스 함정 콩스탕틴(Constantine) 호가 동해를 통과하면서 독도를 목격하여 그린 그림이 우표만 한 크기로 실려 있다.

이 그림은 1853~1856년 사이, 동양과 태평양 여러 해역을 순회하던 함정 콩스탕틴 호의 승무원이 그린 것이다. 이 함정의 함장은 프랑스의 인도차이나 함대 사령관 해군 대령 타르디 드 몽트라벨(Tardy de Montravel)이었다. 1855년 11월, 콩스탕틴 호는 영국의 포시드(Forsyth) 중령이 지휘하는 3척으로 구성된 함대 중의 두 척인 시빌(Sybille) 호 및 호넷(Hornet) 호와 함께 홋카이도의 하코다테(函館)에 기항했다. 이때 몽트라벨 대령은 포시드 중령으로부터 그해 4월 25일 영국 함대가 독도를 목격했다는 이야기를 들었을지도 모른다.

그런데 프랑스 함장은 독도가 1849년 자국의 포경선 리앙쿠르 호에 의해 발견되었다는 사실을 모르고 있었던 듯하다. 왜냐하면 그가 1853년 프랑스를 떠나면서 가져온 이 지역의 해도는, 라페루즈 해도 및 1805년 러시아의 크루젠슈테른(Krusenstern) 함대가 측정한 후 그린, 동해안 해안선만 표시되어 있는 해도가 전부였다고 하기 때문이다.[14)]

일본 홋카이도의 하코다테 항에 기항한 후, 영국 함대는 태평양으로 해서 큐슈의 나가사키(長崎)로 향했고, 콩스탕틴 호는 동해를 거쳐 중국의 상해로 가게 되었다. 콩스탕틴 호가 동해를 통과하던 1855년 11월 17일에는 굵은 비가 내리고 풍랑이 거셌다. 콩스탕틴 호는 안개가 짙게 낀 가운데 28km 거리에서 독도를 북 15도 서 방향으로 바라다 볼 수 있었다. 그러나 일기불순으로 독도의 위치 수정을 위한 측정은 할 수 없었다.[15)]

콩스탕틴 호의 승무원은 이때 본 독도를 그림으로 그렸다. 우표만 한 크기의 이 그림은 프랑스 해군성이 발간한 『수로지』(1854~1855년판)에 실렸는데, 이 책은 러시아 함정 팔라스(Pallas)호의 보고서가 발표된 것보다 1년 앞선 1856년에 간행되었다. 따라서 이것이 간행물을 통해 보고된 최초의 독도 그림인 것으로 생각된다.

1856년, 프랑스 해군, 『수로지』(1854~1855), vol.10. 〔지도 42〕 참조.
사상 최초의 독도 그림. 프랑스 해군 함정 콩스탕틴 호가 1855년에 28km 거리에서 독도를 목격하고 그린 우표만 한 크기의 그림이다.

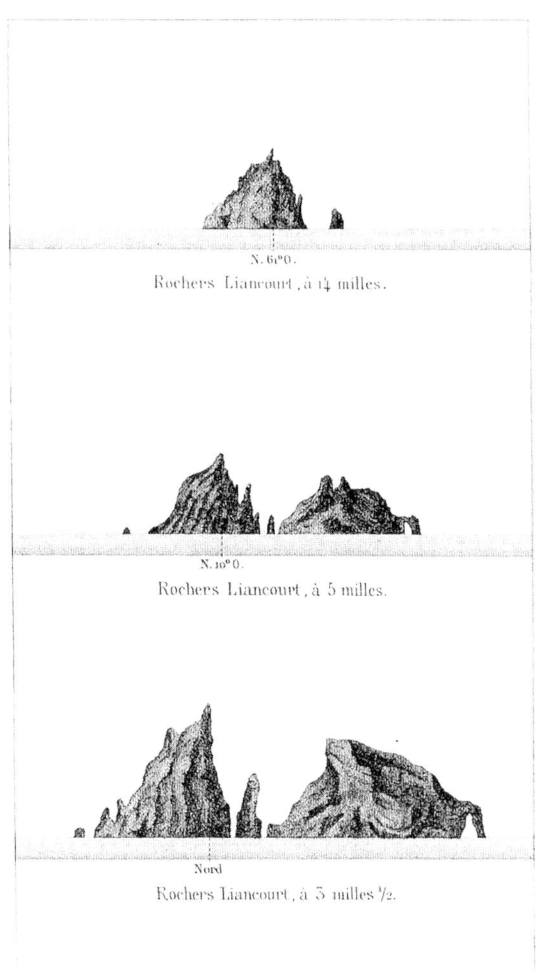

1857년, 러시아 해군, 「조선동해안도」 독도 그림. [지도 43] 참조.
프랑스 해군성이 발간하는 『항해지침』 1861년판에 실린 러시아 해군의 독도 그림. 이 3점의 그림은 독도를 3.5마일(6.5km), 5마일(9.3km), 14마일(25.9km) 거리에서 실측하여 그린 것이다.

그 다음에 소개된 독도 그림은 러시아의 푸차친(Evfimii Putyatin, 1803~1883) 제독의 팔라스(Pallas) 함이 1854년 독도를 관측하면서 그린 것이다. 시르게프 대령이 그린 이 독도 그림 3점이 들어 있는 「조선동해안도」([지도 43], 268~269쪽 도판 참조)가 발표된 것은 3년 후인 1857년이다. 러시아 해군의 독도 그림은, 프랑스 해군성이 발간한 1867년판 『항해지침』(*Instructions nautiques*, 77쪽 참조) '일본해'(동해) 부분에도 실려 있다. 세밀히 묘사된 이 3점의 그림은 독도를 6.5km(3.5마일), 9.2km(5마일), 26km(14마일) 거리에서 보고 그린 것이다. 「조선동해안도」를 수정, 보완하여 1882년에 다시 발간한 「한국동해안도」(1882년 개정판, 94×63cm, 프랑스국립도서관 지도-도면부 소장)에 울릉도는 '마츠시마'(Matsu Shima)

로 되어 있고, 독도는 '올리부차'(Olivutsa, 西島)와 '메넬라이'(Menelai, 東島)로 표기되어 있다. 한편 프랑스 해군의 1867년판 『항해지침』에 실린 이 러시아 해군의 독도 그림 밑에는 프랑스 명칭 '리앙쿠르 바위섬'(Rochers Liancourt)으로 표기되어 있다.[16]

그런데 중요한 것은, 울릉도와 독도의 명칭은 외국어로 되어 있지만 이 지도 자체의 명칭은 「조선(한국)동해안도」이며, 이 두 섬이 명백히 한국 영토에 포함되어 있다는 점이다.

러시아 함대 사령관 푸차친 중장은 동해안을 측정한 후, 러시아 황제의 특사 자격으로 일본의 시모다(현재의 요코하마)에 가서 바쿠후(幕府) 정부와 협상하여, 미국의 페리 제독 다음으로 1855년 2월 7일 일본과 화친통호조약을 체결하는 역사적인 인물이다. 이 조약은 1858년에 체결된 화친통상조약으로 보완된다. 이 1855년 조약에 일본과 러시아 간의 영토에 관한 조항이 있다. 이 조항에서 우루프 도(島)와 에트로프(擇捉) 사이를 일본과 러시아의 국경으로 정하고, 사할린(樺太)에 대해서는 국경을 설정하지 않고 종래와 같이 양국이 공유한다고 하였다. 이 조약에 의하면 일본이 영유를 주장하는 "북방 4도, 즉 하보마이(歯舞諸島), 시코탄(色丹島), 쿠나시리(國後島), 에트로프(擇捉)"까지가 일본 영토이다.

역시 프랑스국립도서관(BNF)의 지도-도면부(DCP)에 소장되어 있는 「대일본 해륙전도 조선전도 병 화태」(大日本 海陸全圖 朝鮮全圖 竝 樺太, 1876, 136×168cm, 〔지도 57〕 참조)에는, 당시 서양에서 제작된 지도에서와 마찬가지로, 울릉도는 '마츠시마'(松島), 독도의 두 섬은 푸차친 제독의 러시아 함대가 붙인 명칭 '오리우츠 뢰(瀨)', '메네라이 뢰(瀨)'라고 가타카나로 표기되어 있다.[17] 다시 말해 동해에 '다케시마'라는 명칭의 섬은 없다. 이 해륙도는 영국 및 러시아 해도를 번안하여 제작한 것으로 보인다. 적어도 1880년대 말기까지 일본 해군은 해양을 측정하여 서양과 같은 과학적인 해도를 제작할 능력이 없었다. 또 현대적이고 정밀한 장비도 아직 갖추고 있지 못했다. 그래서 해도 제작에서는 서양 해도를 기본으로 사용하지 않을 수 없었다.

1850년대는 오늘날과 같이 통신 수단이 발달하지 못했던 때이므로, 새로운 발견이 어느 나라의 수로지에 실리고 해도에 올려졌더라도, 이 사실이 다른 나라의 해군 당국과 선박, 그리고 일반 지리학자, 지도 제작자에게 널리 알려지기까지는 여러 해가 걸렸다. 그래서 그 사이 다른 나라 함정이 지도에 없는 섬을 발견하면, 이를 자국의 수로지 등에 싣고 새로 이름을 붙여 해도에도 표시했다. 독도에 대해서도 같은 현상이 나타난 것이었다. 즉 위에서 본 프랑스 이름뿐만 아니라, 러시아와 영국 이름도 붙게 된 것이 그것이다.

러시아 함대의 독도 발견

프랑스 해군성이 발간하는 『수로지』(1861년판, 제20권)에는 「한국 동해안 및 오사카 만의 수로 서술」이 수록되어 있다. 이 글은 1857년에 발표된, 러시아 함정 팔라스(Pallas)의 동해안 탐사기를 프랑스어로 번역한 것이다. 러시아 함대의 함장은 푸차친(Putyatin) 제독이었으며, 이들은 독도를 영국의 호넷 호보다 1년 먼저인 1854년 4월 6일 목격했다. 그 내용은 다음과 같다.[18)]

> 다줄레 섬〔울릉도—지은이〕은 보스톡(Vostok) 스쿠너(scooner)선에 의해 관찰되었으며, 그 위치는 북위 37도 22분 00초, 동경 130도 56분 05초에 확정되었다. 형태는 원형이고, 둘레는 37km이며, 외곽은 깎아지른 절벽으로 되어 있어 접근하기가 어렵다. 다줄레의 정상은 섬 가운데 솟아 있으며, 그 높이는 640m〔성인봉의 실제 높이는 984m—지은이〕이다.
>
> 아르고노트(Argonaut) 섬—전에도 언급되었던 아르고노트 섬의 위치는 의심스럽다. 모함 팔라스 호는 물론, 보조함인 스쿠너 선도 이 섬을 보지 못했다.
>
> 메넬라이(Menelai)와 올리부차(Olivoutza) 바위섬(프랑스 지도의 리앙쿠르 바위섬—원주)은 높이 솟은 두 개의 바위이며, 흰 새똥으로 덮여 있어서 멀리서도 알아볼 수 있다. 코르벳(소형 군함) 올리부차(Olivoutza) 호에 의해 발견되었고, 위치는 북위 37도 14분 00초, 동경 131도 57분 05초이다. 이 바위섬들을 '메넬라이'(東島)와 '올리부차'(西島)로 명명했다. 이 바위섬들의 발견은 항해가를 위해 중요하다. 이 바위섬들은 가장 가까운 큰 섬들에서 멀리 떨어져 있으며, 일본해〔동해—지은이〕를 통과하여 북향하는 선박의 항로상에 있다.

팔라스 함이 명명한 올리부차는 독도의 서도(西島, 또는 남도〔男島〕, 일본어로 '오시마'라고도 한다), 메넬라이는 동도(東島, 또는 여도〔女島〕, 일본어로는 '메시마'라고도 한다)를 가리킨다. 아르고노트 섬은 실존하지 않는 가공의 섬으로, 1860년대 이후에는 해도와 지도에서 지워졌다. 아르고노트가 없어지면서, 이에 대응해서 맞추어졌던 다케시마(Takasima 또는 Tako Sima로 표기)도 함께 서양의 해도와 지도에서 완전히 사라지게 된다.

영국 함대의 독도 발견

프랑스 해군성의 『수로지』(1856년판, 제11권)는 영국 함정의 독도 발견에 관하여, 영국에서

1856년에 발간된 『수로잡지』(*Nautical Magazine*)의 내용을 번역하여 실었다. 그 내용은 이렇다.[19)]

다음은 태평양으로부터 온 서신에서 발췌한 것인데, 이 서신은 지도에 표시되어 있지 않은 섬 두 개가 존재한다는 사실을 알리고 있다.

〔1855년—지은이〕 8월〔4월이 맞음—지은이〕 25일 영국 함대가 두 개의 작은 섬 가까이 지나갔는데, 이 두 섬은 지도에 나타나 있지 않은 것이었다. 이 섬들의 위치를 모든 함정에서 정확히 측정했으며, 특히 이 섬들을 아주 가까이 지나가던 호넷(Hornet) 호가 정확히 측정했다. 이 섬들은 통상 일본해〔동해—지은이〕를 통과하는 선박의 항로상에 누워 있으므로 그 위치를 알리는 것이 유용하다고 생각한다.

함상에서 측정한 북서 방향의 섬의 좌표는 아래와 같았다.

시빌(Sybille) 호에서… 북위 37도 12분 0초, 동경 131도 50분 50초
호넷(Hornet) 호에서… 북위 37도 17분 9초, 동경 131도 54분 14초
비턴(Bittern) 호에서… 북위 37도 16분 0초, 동경 131도 59분 50초
세 함정 측정치 평균… 북위 37도 15분 3초, 동경 131도 54분 58초

먼저, 우리는 함상에서 서북서 방향 89km 거리에 있는 다줄레 섬〔울릉도—지은이〕이 지도들에 잘못 표시되어 있는 것이 아닌가 여겨 다줄레 섬을 목격하고 있는 것으로 착각했다. 그런데 라페루즈에 의하면, 다줄레 섬은 둘레가 17km〔실제로 33km—지은이〕이고, 나무가 울창하며, 사람이 산다고 했다. 그와는 반대로, 이 두 섬은 거의 붙어 있으며, 더 작고, 사람이 살지 않는다. 나무도 없는, 깎아지른 두 개의 바위섬인데 상당히 높이 솟아 있다.

이에 대한 호넷 호의 포시드(Charles Cobrington Forsyth) 함장의 보고는 이렇다. '나는 북서 방향에 있는 섬을 발견했는데, 그 위치는 북위 37도 17분 9초, 동경 131도 54분 14초이다. 해면으로부터 정상까지의 높이는 124m〔실제로 169m—지은이〕이다.'

두 섬을 합친 길이는 약 1.8km이고, 놓인 방향은 북서 1/4 서에서 남동 1/4 동이며, 두 섬 사이의 거리는 약 460m〔실제로 151m—지은이〕이고, 두 섬은 암초에 의하여 연결되어 있는 듯하다.

나는 이 섬에서 약 5.5km까지 접근해 보았는데, 어떠한 위험도 발견하지 못했다. 섬 주변의 바다는 매우 깊은 것으로 보였으며, 섬은 완전 불모였고, 바위 틈 사이에 몇 개의 잡초 더미만 보였다. 바다가 아주 고요하지 않고서는, 이 섬에 내리는 것은 어려울 것으로 보인다.

위와 같이 영국의 『수로잡지』의 내용을 인용한 다음, 프랑스의 『수로지』는 다음과 같이 계속한다.

> 비슷한 위치에 있는 한 섬이 1849년 1월 27일, 르 아브르 항에 선적을 둔 포경선 선장 로페즈〔본문에는 '라쎄' 로 잘못 되어 있다—지은이〕 씨에 의해 목격되었다고 한다. 로페즈 선장은 그의 보고서에서 이렇게 말한다. "내가 바위섬 하나를 보았을 때, 다줄레 섬은 북서 1/2 북 방향에 있었다. 믿을 수 있는 측정에 의하면, 이 바위섬의 위치는 북위 37도 2분, 동경 131도 46분이었다." 〔프랑스 해군성이 1851년에 제작한—지은이〕 해도 1264번에 표시되어 있는 이 섬의 좌표와, 보는 바와 같이 영국 함대가 측정한 수치와의 차이는 경도에서 불과 8분이며, 위도에서는 13분이다. 영국 함대 사령관의 보고서는 로페즈 선장의 발견을 재확인한 것인가, 아니면, 잘 알려지지 않은 이 해역에서 또 새로운 바위섬을 발견했다는 말인가?

프랑스 해군성 『수로지』는, 영국의 호넷 함이 1855년에 발견했다고 하는 독도는 이미 프랑스의 포경선이 1949년 1월 27일 발견한 것이며, 이 섬은 프랑스 해군성 해도국이 작성한 해도에도 올려져 있다는 사실을 상기시키고 있다. 그 후 영국 해군이 발간하는 수로지와 해도에서도, 독도는 프랑스 선박이 1849년에 발견했다는 사실을 인정했고, 명칭도 '리앙쿠르 바위섬(列岩)' (Liancourt Rocks)으로 사용했다.

열강의 독도 분류가 의미하는 것

이상에서 본 바와 같이, 서양에서 독도는 프랑스 포경선에 의해 발견되어 '리앙쿠르 바위섬' (Rochers Liancourt, Liancourt Rocks)이란 이름으로 1851년에 간행된 프랑스 해군 『수로지』와 해도에 사상 최초로 정확한 위치에 오르게 되었다. 프랑스 명칭 '리앙쿠르' 외에 러시아 명칭 '메넬라이' 와 '올리부차' 가 러시아 및 독일 계통의 해도와 지도에 꽤 자주 사용되었고, 영국 명칭 '호넷' 도 한동안 사용되었다. 그러나 1880년대 이후에는 거의 '리앙쿠르' 하나로 통일되어 오늘날까지도 쓰이고 있다.

1920년대까지 서양의 수로지, 해도와 지도에는 어떤 한국 명칭이나 일본 명칭도 독도에 대하여 사용되지 않았다. 일본 명칭 '다케시마' 는 1920년대부터 쓰이기 시작했고, 한국 명칭 '독도' 는 1950년대 말부터 사용되기 시작했다. 현재는 지도에 따라 약간씩 다르긴 하지만 '독도', '다케시마', '리앙쿠르'가 병용되는 경우가 많다.

프랑스, 영국, 러시아 등 당시 세계 열강의 해군은 독도 발견 당시부터 독도를 울릉도와 함께 묶어 한국의 동해에 분류했다. 이는 자연스러운 분류였다. 이는 또 울릉도와 독도가 서로 떨어질 수 없는 불가분의 관계에 있으며, 울릉도가 한국 영토인 바와 마찬가지로, 울릉도의 속도 또는 자도인 독도도 자연스럽고도 당연하게 한국 영토인 것으로 인식했음을 의미한다.

4. 서양 해군의 수로지와 해도에 나타난 독도

1849년판(1850년 발간)으로 시작하여 연 2회 간행한 프랑스 수로지(연감)는 수로에 관한 전문적이고 과학적인 성격의 간행물이다. 그리고 각 해역별로 항해에 관한 정보 제공을 위해 10~15년에 한 번 정도 단행본으로 간행하는 것을 『항해지침서』(*Instructions nautiques*)라고 하는데, 이는 중간에 수정하거나 바로잡은 정오표를 추가하면서 현재까지 계속 간행해 오고 있다. 항해지침서를 통상 수로지라고도 부른다.

영국은 프랑스보다 수로지의 간행이 조금 늦다. 울릉도와 독도에 관한 내용이 처음 등장하는 것도, 프랑스 수로지가 1850년 하반기판인 데 비해, 영국의 수로지는 1858년판이 최초다. 따라서 동해, 울릉도, 독도에 관해 전반적으로 영국 해군의 수로지가 8~10년 늦게 다루고 있다. 독도에 관해서는 1855년 이를 목격한 영국 함정 호넷(Hornet)의 이름을 따서 1859년에 발간된 영국 해군의 『중국 수로지』(*China Pilot, Sailing Directions*) 1858년판에 수록했지만, 울릉도에 관해서는 1861년판에서 처음으로 언급한다. 이와 같이 초기에는 영국이 프랑스보다 늦지만, 그 후로는 당대 세계 최강의 해군력을 보유한 영국이 이에 걸맞은 우수하고 자세한 수로지를 간행하게 된다. 영국 및 프랑스 해군의 수로지는 세계 여러 나라의 해군과 선박이 사용하는 기본 자료였다.

수로지(항해지침서)와 해도는 각국 해군이 작성, 발간하여, 모든 함정과 일반 선박들도 필수적으로 가지고 다니는 항해의 기본 자료다. 전 세계의 해안, 도서, 수심, 해류, 조류, 기후, 항만 시설, 등대 등 해양에 관한 각종 정보를 자세히 제공하여 선박의 안전 항해를 도모하는 것이 수로지와 해도의 기본 목적이다. 일반 지도에서도 해양에 관해서는 이 자료를 기본으로 사용한다. 이 자료들은 해양의 섬들에 대한 국적은 밝히지 않는다. 그러나 어느 섬이 어느 지역(나라)에 분류되는가 하는 것은 이의 소속(국적)에 관해 그 작성국이 어떤 인식을 가지고 있는가를 강하게 시사한다.

독도는 1849년 프랑스 포경선 리앙쿠르 호에 의해 발견, 정확한 위치가 파악되어, 최초로 프랑스 해군의 『수로지』(1850년판, 제4권, 1851년 발간)와 해도에 오르게 되었다. 여기서는 독도가 1851년 이후 서양 여러 나라의 수로지 또는 항해지침에 어느 나라 땅으로 인식되어 분류되어 왔는가, 해도에는 어떻게, 어떤 명칭으로 표기되어 왔는가, 수로지에서의 분류와 해도에서의 명칭이 어떻게 변화했는가, 이 변화는 자연스러운 것인가, 인위적인 것인가, 그리고 자료 상호 간의 영향 관계는 어떤가 하는 점들을 프랑스국립도서관(BNF)의 지도-도면부(DCP)에 소장되어 있는 프랑스 및 영국 해군의 수로지와 해도, 그리고 현재 사용 중인 것으로 시판되고 있는 자료를 통해서 검토해 본다.

프랑스 해군 수로지에 나타난 독도

1. 프랑스 해군 『수로지』 1858년판[1)]

프랑스 해군성 발간 『수로지』 1858년판(제15권)은 동양의 전 해역에 대한 종합적인 수로 정보를 싣고 있다. 한국 부분은 158~202쪽까지의 44쪽에 달하며, 황해, 남해안, 동해(일본해)로 나뉘어 있다. 각 해양에 산재해 있는 도서의 위치, 서양 함정에 의한 '발견' 경위, 수심, 주민의 거주 여부, 기후, 풍향, 해류 등에 관한 자세한 사항들이 기록되어 있다. 수로지의 목적은 선박의 안전 항해이므로, 도서의 국적에는 개의치 않으며, 해양에 존재하는 각종 위험을 경고하는 것을 제일 중요하게 여긴다. 이 『수로지』에 울릉도와 독도는 한국 영토로 인식되어 한국의 동해에 분류되어 있고, 이들에 관한 기록은 다음과 같다.

> 현재까지 일본해〔동해—지은이〕에 있는 것으로 알려진 도서와 위험은 이렇다.
> 다줄레(Dagelet, Matsusima)〔울릉도—지은이〕: 위치, 북위 37도 30분, 동경 130도 53분(팔라스〔Pallas〕 호의 탐험기에 수록된 러시아 지도에 나타난 위치는 북위 37도 22분, 동경 130도 56분이고, 최고봉의 높이는 608m—원주). 깎아지른 거대한 암석으로 이루어져 있으며, 정상의 높이는 1,262m〔실제로 984m—지은이〕이고, 날씨가 맑으면 83km 거리에서도 보인다. 섬의 북부는, 현저한 뿔(棒糖) 형태의 경사진 구릉으로 나타난다.
> 리앙쿠르 열암(Rochers Liancourt, Hornet)〔독도—지은이〕: 이 작은 섬들의 위치는 북위 37도 14분, 동경 131도 55분(리앙쿠르 열암, 북위 37도 14분, 동경 131도 57분—원주)이며, 1849년 1월 27일 리앙쿠르 호에 의해 목격되었고, 1855년 4월 25일 영국 함대에 의해 목격되었다. 이 두 섬의 길이는 북서 1/4 서에서 남동 1/4 동 방향으로 약 1마일(1,852km)이고, 1/4마일(460m)〔실제로 151m—지은이〕 간격을 두고 서로 떨어져 있으며, 겉으로 보

기에는 암초에 의해 연결되어 있는 듯하다. 서쪽 섬의 높이는 약 124m로〔실제로 169m—지은이〕, 원추(棒糖)형이고 가장 높다. 동쪽 섬의 정상은 평탄하며 낮다. 근처의 수심은 깊은 듯하지만, 이 섬들은 동해를 거쳐 일본 홋카이도의 하코다테로 향하는 선박의 항로상에 누워 있기 때문에, 그 위치로 인하여 위험하다.

다코시마(Tako sima) 또는 아르고노트(Argonaute) 섬(이 섬은 존재하지 않음—원주): 여러 지도에 나타나 있는 의심스러운 이 섬은 그 위치인 북위 37도 52분, 동경 129도 53분에 존재하지 않는다. 1852년에 프랑스 군함 카프리시유즈(Capricieuse) 호가 이 위치를 두 번이나 통과했는데 육지의 자취를 보지 못했다.

2. 프랑스 해군 『항해지침』 1867년판 「중국해—제5부 일본해(동해)」[2)]

이 책의 정보는 그때까지의 프랑스, 영국, 러시아 함정의 각종 보고서를 종합한 것이다. 동해에 관해서는 1852년의 프랑스 카프리시유즈(Capricieuse) 호, 1855년의 영국 호넷(Hornet) 호, 비턴(Bittern) 호 및 시빌(Sybille) 호, 1855년의 프랑스 콩스탕틴(Constantine) 호, 1859년의 영국 악테온(Actoeon) 호 및 도우(Dowe) 호 등의 보고서를 이용했다.

독도 묘사는 동해 다음, 울릉도 바로 위에 나와 있다. "1949년에 프랑스의 리앙쿠르 호가 발견하여 그 선박 이름을 붙였고, 1854년에는 러시아의 프리깃함 팔라스가 목격하여 메넬라이/올리부차라고 이름을 붙였으며, 1855년에는 영국 함정 호넷 호가 발견하여 호넷이라 명명했다"로 시작하여, 앞에서 언급한 바와 같은 내용이 이어진다. 이 책에 1854년 러시아 함대가 그린 독도 그림 3점이 실려 있다. 독도를 3.5마일(6.5km), 5마일(9.3km), 14마일 (25.9km) 거리에서 보고 그린 그림이다.

울릉도에 관해서는 영국 함정 악테온(Actoeon) 호의 보고서를 중심으로 했는데, 이에 따르면 울릉도에 대한 전반적인 묘사는 라페루즈의 그것과 비슷하다.

> 수목이 울창하고, 중심부 최고봉의 높이는 640m〔옛날의 중봉, 오늘날 성인봉의 실제 높이는 984m—지은이〕, 섬의 둘레는 33km, 반원형이며 깎아지른 절벽으로 둘러싸여 상륙하기가 어렵다. 주위에 암도가 여럿 있는데, 어떤 것은 높이가 122m에서 152m이다. 약 2km 거리에 암도 중 가장 큰 부솔(Boussole)〔라페루즈 함대의 모함 이름, 죽서—지은이〕 섬이 있다. 북쪽에 있는 암도에는 큰 구멍이 있어 멋진데, 그것은 오히려 팔이라 하는 것이 낫겠다. 이 암석은 원추(봉당)형으로, 깎아지른 절벽으로 되어 있으며, 건조하고, 높이는 244m이다. 악테온 호의 보트로 섬에 접근했는데, 7.5km 거리에 있는 함정 악테온 부근의 수심은

732m, 그 조금 북쪽은 670m였다. 날씨가 맑은 날이라야 자갈이 깔린 내포를 통해 상륙할 수 있다. 섬의 대부분은 접근이 불가능하다.

봄과 여름에 약간 수의 조선(한국) 사람들이 울릉도에 살면서 배를 건조하여 육지로 가져간다. 그들(조선인)은 다량의 조개를 채취하여 말린다. 배 건조에는 쇠로 만든 U자형 못 몇 개를 제외하고는 주로 나무 쐐기를 사용한다. 그들은 마른 나무의 가치를 알지 못하는 것으로 보인다. 그래서 생나무를 사용한다.

여기서 중요한 것은 아직도 공도(空島) 정책(1416~1881)이 실시되고 있던 울릉도에 한국인들이 살면서 배도 건조하고 조개도 채취하여 말리고 있었다는 기록이다. 울릉도에서 한국 사람들이 배를 건조하고 있었다는 사실은 1787년 라페루즈 탐험대에 의한 울릉도 발견 당시에도 확인된 바 있다.

가공의 섬 아르고노트에 대해서는, 1859년에 악테온 호도 이를 확인했으나 존재하지 않는 것이 확실하므로 지도에서 지워도 문제가 없을 것이며, 포경선들도 이 섬을 모르고 있는 듯하다고 기술했다.

이 책에서도 주목할 것은 독도와 울릉도가 함께 묶여 한국에 분류되어 있고, 독도가 울릉도보다 먼저 나오며, 중요한 것은 아직도 공도 정책이 계속되고 있던 1859년경에, 울릉도에 조선(한국) 사람들이 살면서 선박도 건조하고, 해산물도 채취하여 말리고 있었다는 영국 악테온 호 워드(Ward) 함장의 증언이다.

3. 프랑스 해군 『항해지침』 1895년판과 1928년판[3)]

『항해지침』 1895년판의 내용은 위 1867년판과 같고, 울릉도 정상의 높이만 1,220m(실제는 984m)로 달리 나와 있다. 그 바로 뒤에 나오는 독도(리앙쿠르 바위섬)에 관한 내용도 1867년의 것과 같으며, "울릉도(마츠시마)에서 동남동으로 92.6km(50마일) 거리"에 위치한다는 것만 추가되었다.

『항해지침』 1928년판의 「한국의 동해안」 부분 맨 처음에 독도와 울릉도(Uruyon to, 마츠시마)가 나온다. 이때 처음으로 울릉도의 일본식 발음인 '우루욘도'가 쓰이며, 울릉도 주봉의 높이는 1,220m, 주변 암석들의 높이는 120m에서 150m로 나타나 있다. 다른 내용은 그 이전 것과 같다. 울릉도 내의 세부 지명은 서양 명칭이거나 한국 지명의 일본식 발음의 로마자 표기이다. 그 뒤에 영일만이 나온다. 여기에도 독도는 의심의 여지 없이 한국 땅으로 인식되어 한국 속에 분류되어 있다.

4. 프랑스 『항해지침』 1955년판에서 독도를 이중으로 분류[4)]

이 책에서 처음으로 독도가 한국과 일본, 두 나라에 이중으로 분류되었다. 오키시마 위에서는 간략하게 언급하고, 한국 「동해상의 섬과 위험물」 부분에는 전과 같은 자세한 묘사가 나와 있다. 그런데 독도에 대하여, 처음으로 '다케시마' 라는 일본 명칭이 제목으로 등장했다. "리앙쿠르라고 부르기도 하며, 한국과 혼슈의 중간에 있다. 야간 항해에 위험하다. 서도 정상의 높이는 157m이다. 동굴이 많아 물개가 많이 서식하며, 여름에는 어부들이 이 바위섬에 와서 임시로 산다"라고 되어 있다. 이 대목은 일본인 어업가 나카이 요자부로(中井養三郎)가 일제의 한반도 강점기에 오랫동안 독도에서 물개잡이를 한 것을 회상케 한다.

울릉도에 대해서는 역시 처음으로 한국 이름 'Ulong' 이 등장하고 옆의 괄호 속에 'Uryon, Matsu Sima' 도 표기되어 있으며, "섬의 중앙에 성인봉(Narikoru, 985m)이 있고, 울릉도의 인구는 약 1만 2,000명[1940년 현재—지은이]"으로 나와 있다. "북동 2.4km 거리에 죽서가 있다.…… 섬의 수도인 도동읍의 1940년 인구는 1,600명" 등으로 기록되어 있다. "독도에서 93km 거리" 대신에 "한국과 일본의 중간"이라는 표현이 들어가 있다.

5. 프랑스 해군 『항해지침』 1971년판과 1983년판: 울릉도에서 독도 분리

1955년판에서 독도가 한국과 일본에 이중으로 분류된 후, 1971년판과 1983년판에서는 독도가 울릉도에서 완전히 분리되어 일본의 오키 열도와 함께 분류되어 있다. 1971년판 항해지침 「일본해(동해) 및 그 인근 해역」 부분에서, 울릉도와 독도를 한데 묶어 「제5장 일본 혼슈 북서부」의 오키 섬 바로 위에 얹고, 거기서 'Take Shima' (Tok To 또는 Liancourt 바위섬)에 대한 묘사를 끝내고, 울릉도에 대해서는 뒤 제9장을 참조하라고 되어 있다. 따라서 「제9장 한국 및 소련 동해안」을 보면, 제목에 울릉도와 독도를 역시 한데 묶어 놓기는 했는데, 그 밑에 독도에 대해서는 앞 제5장을 참조하라고만 되어 있고, 울릉도에 대한 묘사는 제9장에서 하고 있다. 울릉도에 대해서는 "한국의 섬 울릉" (Utsuryu 또는 Matu sima)이라고 분명히 국적을 밝혀 놓았으나, 괄호 속에 울릉도의 일본식 발음 'Utsuryu' 와 일본 이름인 'Matu sima' 는 과거와 같이 그대로 유지하고 있다. 이는 이용자의 편리를 위한 것이다.[5)]

독도가 울릉도에서 분리된 반면에, 독도에 대해서는 'Take Sima' (Tok To 또는 Liancourt 바위섬)으로 표기하여, 프랑스 해군성 간행물에 괄호 속에나마 'Tok To' 라는 한국 명칭이 처음으로 등장했다. 일반 지도에서는 1950년대 말부터 이미 'Tok Do' 가 사용되고 있었다. 지명은 국적과 관계가 없다. 그러나 한국의 섬 독도에 근 120여 년간 외국 이름만 사용되어 오다가 한국 이름이 사용된 것은 당연하지만 획기적이라 할 수 있겠다.

'Tok To' 라는 명칭을 사용하면서, 독도를 울릉도에서 분리하여 일본의 오키시마와 함께 분류한 것은 비합리적인 면이라고 하겠다. 1850년대 이래 1세기 이상 프랑스 해군 수로지에 울릉도와 독도는 함께 묶여 항상 한국의 동해에 분류되어 왔다. 1971년 이후 항해지침에서 독도의 분류가 달라진 것은, 프랑스는 이 해역의 항해 정보를 일본 해상보안청(Japan Maritime Safety Agency, 현재는 Japan Coast Guard)이 발간하는 수로지나 영국 해군 수로지에 의존하고 있고, 영국 수로지는 또 일본 수로지나 프랑스의 수로지를 이용하기 때문이다. 다시 말해 일본 해역에 대한 수로 정보는 전적으로 일본이 간행하는 자료를 이용함으로써, 일본의 의도대로 독도가 차츰 울릉도에서 분리되다가, 지금은 완전히 떨어져 일본의 오키시마 위에 분류되게 된 것이다. 그런다고 해서 독도가 일본 땅이 되는 것은 아니다. 그러나 이는 부자연스럽고 비합리적인 분류이므로 마땅히 시정되어야 했는데, 프랑스 해군 수로부(SHOM, Service Hydrographique et Océanographique de la Marine)는 1983년판 발간을 마지막으로 동양 해역에 대한 수로지 발간을 중단했다.

영국 해군 수로지에 나타난 독도

19세기 영국은 세계에서 식민지를 가장 많이 거느린 국가, 세계 최대의 해운국, 세계 최강의 해군력을 보유한 국가였다. 이에 어울리게 가장 자세하고 정확한 수로지(항해지침)를 발간했다. 영국 수로지의 전통은 오늘날까지도 계속 유지되고 있다.

영국 해군 수로국이 발간한 극동에 대한 최초의 수로지는 『중국 수로지』(*China Pilot*)였다. 『중국 수로지』 1855년 초판(1856년 간행)이 발행된 이래, 영국 수로지가 다루는 전 세계의 해역이 광범위해지고 내용도 자세해지면서 수로지의 편제 자체도 세분화되었다. 이는 프랑스 수로지와 항해지침에서도 마찬가지이다.

영국 해군이 발간해 온 수로지의 극동 해역 부분도 많은 변화를 겪었다. 이 해역에 대한 최초의 수로지는 프랑스보다 좀 늦은 1856년에 간행된 『중국 수로지』 1855년판이다. 『중국 수로지』는 1855년 초판 이래, 1858년 제2판, 1861년 제3판, 1864년 제4판이 나왔다. 이 책의 1855년 초판에서는 중국 해역만 다루었고, 한국과 일본 해역은 1858년 제2판부터 다루었다.

한 권으로 간행되던 『중국 수로지』는 세월이 흐르면서 4권으로 세분화되어 제1권(1867년), 제2권(1868년), 제3권(1868년), 제4권(1873년)이 차례로 나왔다. 한국과 일본 해역은 제4권 『중국 해역 항해지침』에서 다루었다. 이 『중국 해역 항해지침—한국, 러시아, 일본 해역 항해지침』은 1873년에 초판, 1884년에 제2판, 1894년에 제3판이 발간되었다.

그 후 한국, 일본 해역은 『중국 수로지』에서 분리되어 『일본, 한국 및 인접 해역 항해지침』으로 제목이 바뀌어 1904년에 초판이 나왔다. 이 수로지는 1914년의 제2판부터 『일본 수로지』(*Japan Pilot*)로 제목이 바뀐 다음, 1926년의 제3판부터는 2권으로 간행되었다. 독도가 있는 동해(일본해) 부분은 『일본 수로지』 제1권에 포함되어 있다. 『일본 수로지』 제1권은 1938년에 제4판, 1952년에 제5판, 1966년에 제6판, 1982년에 제7판이 간행되었다.

한국과 시베리아 해역은 『일본, 한국 및 인접 해역 항해지침』(1904년)에서 분리되어, 1913년에 『한국 및 시베리아 동해안과 오호츠크 해 수로지』(*East Coasts of Korea and Siberia and Sea of Okhotsk Pilot*)라는 이름으로 나왔다. 1913년 초판 이래, 1927년 제2판, 1937년 제3판이 간행되었고, 1952년 제4판부터는 『한국 남해안과 동해안, 시베리아 동해안, 오호츠크 해 수로지』(*South and East Coasts of Korea, East Coast of Siberia, and Sea of Okhotsk Pilot*)로 제목이 조금 바뀐 후, 1966년 제5판, 1983년 제6판이 발간되었다.

전 세계 해역에 대하여 수십 종에 달하는 수로지를 수정, 보완하여 자주 간행할 수 없는 제약 때문에 개정판이 발간되는 기간이 길다. 그러므로 그 중간에 여러 차례 추가 및 정오표를 발간한다.

1. 영국 해군의 『중국 수로지』 1858년 제2판[6)]

영국 해군이 발간하는 『중국 수로지』는 한국 및 일본 해역, 타타르 해협, 오호츠크 해를 1858년 제2판에서 처음으로 다루었다. 이 책에서 한국 해안이 처음으로 언급되었기 때문에, 1820년대에서 1850년대까지 영국, 프랑스, 러시아 선박들이 조사하고 측정한 한국의 서해, 남해, 동해에 관한 정보가 종합적으로 실려 있다. 이 책의 제9장에서 대한해협과 초산(초량, 부산)항을 다루었다. 초산(부산)은 1797년 영국 해군의 브루톤 중령 일행이 상륙한 적이 있고, 초산항 전경을 그림으로 그려 그의 저서에 수록한 바 있다. 그 항구를 1855년 영국 함정 낸킨(Nankin) 호(선장 스튜어트[Stewart])가 다시 방문했다.

『중국 수로지』 1858년 제2판에 동해의 섬으로는 '호넷(Hornet) 섬'〔독도—지은이〕에 대해서만 아래와 같이 기술했다.

> 불모의 이 두 바위섬의 위치는 북위 37도 14분, 동경 131도 55분이며, 영국 함정이 1855년 4월 25일 발견했다. 이 섬들의 길이는 약 1마일(1.852km)이고, 460m〔실제로 151m—지은이〕 간격을 두고 서로 떨어져 있으며, 겉으로 보기에는 암초에 의해 연결되어 있는 것 같다.

서도의 높이는 약 410피트(124m)〔실제로 169m—지은이〕로, 원추형이고 가장 높다. 동도의 정상은 평탄하며 낮다. 근처의 수심은 깊은 듯하지만, 이 섬들은 동해를 거쳐 일본 홋카이도의 하코다테로 향하는 선박의 직항로 위에 누워 있기 때문에 위험하다.

여기서 알 수 있는 것은, 수로지를 통한 한국 해역에 대한 기록이 프랑스보다 7년이나 늦고, 이미 1787년 프랑스의 라페루즈 탐험대가 목격한 후 해도와 지도에 올려져 있던 울릉도도 빠져 있다는 점이다. 독도에 대해서도 역시 1849년 프랑스 포경선이 목격하여 프랑스 해군의 『수로지』 1850년판과 태평양 해도 1851년판에도 올려져 있었는데, 이 사실에 대해서 아무 언급이 없다. 독도(호넷 섬)는 「제9장 한국의 동해」에 분류되어 있고, 일본의 오키 섬은 「제8장 일본 열도」에 분류되어 있어, 독도를 자연스럽게 한국 소속으로 인식하고 있었음을 보여준다.

2. 영국 해군의 『중국 수로지』 1861년 제3판[7)]

이 책에서 일본의 오키시마는 「제8장 일본 열도」 가운데 분류되어 있고, 울릉도(Matu sima) 및 존재하지 않는 섬 다코시마(Tako sima=아르고노트), 리앙쿠르(Liancourt) 바위섬은 모두 한국의 동해에 분류되어 있다.

마투시마(프랑스어로 다줄레 섬, 러시아 해도상의 Dajette)〔울릉도—지은이〕는, 러시아 프리깃함 팔라스(Pallas) 호에 의하면 그 위치가 북위 37도 22분, 동경 130도 56분이다. 원형이며, 둘레의 길이는 약 37km이고, 섬의 중앙에 솟아 있는 봉우리의 높이는 해발 640m〔실제로 984m—지은이〕이다. 해변은 절벽이며, 접근이 거의 불가능하다. (프랑스의 인도차이나 함대 사령관 로크모렐〔Roquemaurel〕 씨에 의하면 이 섬의 위치는 북위 37도 30분, 동경 130도 53분이며, 정상의 높이는 약 1,220m〔실제로 984m—지은이〕이다—원주).

리앙쿠르 바위섬(Liancourt Rocks)〔독도—지은이〕은 1849년에 이 섬들을 발견한 프랑스 선박 리앙쿠르의 이름을 따서 붙인 것이다. 또 러시아 프리깃함 팔라스는 1854년에 '메넬라이'(Menelai)와 '올리부차'(Olivutsa)라 명명했고, 1855년 영국 함정 호넷은 '호넷'이라는 이름을 붙였다. 호넷 함의 포시드(Forsyth) 함장에 따르면 그 위치는 북위 37도 14분, 동경 131도 55분이며, 이들은 불모의 두 개의 작은 섬으로, 그 길이는 북서서에서 남동동으로 1마일(1.852km) 이고, 460m〔실제로 151m—지은이〕 간격을 두고 서로 떨어져 있으며, 겉

> 으로 보기에는 암초에 의해 연결되어 있는 것 같다. 서쪽 섬의 높이는 약 410피트(124m)〔실제로 169m—지은이〕로, 원추형이고 가장 높다. 동쪽 섬의 정상은 평탄하며 낮다. 근처의 수심은 깊은 듯하지만, 이 섬들은 동해를 거쳐 일본 홋카이도의 하코다테로 향하는 선박의 직항로 위에 누워 있기 때문에, 그 위치로 인하여 위험하다.
>
> 다코시마 또는 아르고노트 섬은 해도상에 의심 나는 것으로 표시되어 있는데, 그 섬의 위치로 알려진 북위 37도 52분, 동경 129도 53분에 존재하지 않는다. 1852년 프랑스의 코르벳함 카프리시유즈(Capricieuse) 호가 두 번에 걸쳐 이 위치를 지나갔으나 땅의 흔적은 보지 못했다.

여기서 비로소 울릉도가 처음으로 기술되었으며, 울릉도와 독도가 함께 묶여 한국의 동해에 분류되어 있다. 묘사한 내용은 프랑스 수로지와 거의 같다.

3. 영국 해군의 『중국 수로지』 1864년 제4판[8)]

이 책의 「제15장 한국의 동해」 부분에 독도, 울릉도, 아르고노트 섬, 초산의 순서로 기술되어 있다. 이는 1859년에 이 해역을 탐사한 영국 함정 악테온 호의 워드 함장의 보고서에 기초한 것이다.

현재의 부산을 지칭하는 초산의 1859년 당시 인구는 6,000~8,000명으로 나와 있다. 조선은 1876년에 개항하는데, 개항하기도 전인 이때 이미 부산에 일본인 250~300명이 거주하고 있다고 기술했다.

독도에 관한 내용은 제3판과 동일하고, 울릉도에 관해서는 처음으로 다음과 같이 대단히 상세한 정보를 실었다.

> 마투시마 또는 다줄레 섬〔울릉도—지은이〕은 일련의 좁은 원추형 구릉들로 구성되어 있으며, 수목으로 짙게 덮여 있다. 섬의 중앙에 장엄한 봉우리가 있고, 위치는 북위 37도 30분, 동경 130도 53분이다. 주위의 둘레는 33.3km, 모양은 반원에 가깝다. 각 첨단으로부터 남쪽 방향으로 경사가 더 급하며, 동쪽과 서쪽은 점진적으로 곡선을 그으며, 남쪽 첨단부인 씰 포인트(Seal Point)까지 가벼운 지그재그를 여러 번 이룬다. 이 첨단부에서 조금 떨어진 곳에 작은 바위섬이 하나 있다.

섬의 해변을 따라, 땅에서 떨어져 있는 여러 개의 바위가 있는데, 그중에서도 북쪽과 동쪽에 있는 바위섬들의 높이는 122m에서 152m에 달한다. 다줄레〔울릉도—지은이〕와 마찬가지로 이 바위섬들은 가파른 경사를 이루며, 모두 본 섬〔울릉도—지은이〕의 절벽에서 500m 이내의 거리에 있다. 단지 그중에서 가장 큰 부솔(Boussole) 암(岩)〔죽서—지은이〕만 섬의 동쪽 해안으로부터 약 2km 거리에 있다. 부솔 암의 북쪽 해안에 있는 구멍 바위는 멋진데, 큰 구멍 또는 자연히 이루어진 아치형이다. 화강암으로 된 듯한 이 암서의 정상은 원추형이고, 높이는 240m이며, 부드러운 경사를 이루며 해안으로 내려온다.

섬 주위의 바다는 깊다. 악테온 호의 보트에서 절벽 아래의 수심을 측정할 수 있었다. 함정이 정박한 곳은 섬에서 남쪽으로 7.4km 지점인데, 이곳의 수심은 730m 이상이었고, 북쪽 4.2km 지점의 수심은 670m 이상이었다. 섬에 상륙하는 것은 날씨가 좋을 때, 일정 간격으로 있는 몇 개의 협만을 통해 어렵지만 가능할 것으로 보인다. 그러나 섬의 대부분은 접근이 불가능하다.

봄과 여름에 여러 달 동안 약간 수의 조선(한국) 사람들이 섬〔울릉도—지은이〕에 살면서 배를 건조하여 육지로 가져간다. 또 그들(조선인)은 다량의 조개를 채취하여 말린다. 배 건조에는 쇠로 만든 U자형 못 몇 개를 제외하고는 주로 나무 쐐기를 사용한다. 그들은 마른 나무의 가치를 알지 못하는 것으로 보인다. 그래서 생나무를 사용한다.

악테온 함의 이 보고서 내용은 프랑스 『항해지침』 1867년판에도 그대로 수록되며, 양국의 수로지에 별 수정 없이 오래 동안 반복된다.

영국 함정 악테온 호도 1859년에 아르고노트 섬이 있다는 위치에 가서 확인하였으나 섬이 존재하지 않음을 알았다. 19세기 초엽 영국 해군의 실수로 이 가공의 섬이 지도와 해도에 오르게 된 점을 영국 해군은 과히 명예스럽지 못한 것으로 여긴 듯하다. 그래서 안개가 짙게 낀 날은 조류의 영향으로 울릉도가 이 위치에 있는 것으로 착각할 수도 있겠다는 변명을 하면서, 이 섬은 존재하지 않는 것이 확실하므로 해도에서 지워도 좋겠다고 기술했다.

4. 영국 해군의 『중국 해역 항해지침』 제4권 1873년 초판~1894년 제3판[9]

1864년 이후 영국 해군 수로국이 발간하는 『중국 해역 항해지침』은, 아시아 각 해역의 항해 정보가 증가하고 세분화됨에 따라 1권에서 4권으로 늘어났다. 따라서 1873년에 간행된 『중국 해역 항해지침』 제4권에서 '한국 연안, 타타르 해협, 일본 열도, 오호츠크 해'를 다루게 되었다. 이 책의 한국 연안에 관한 정보는 그때까지 영국, 프랑스, 러시아 함정들이 조사하여 보고한 보고서에 기초하였다.

이 책의 1873년 초판 제3장에 동해, 독도, 울릉도, 동해안의 순서로 기술되어 있고, 내용은 1864년판과 동일하다. 단지 독도에 대해서는 러시아의 팔라스 함 보고서 내용과 같이, "새똥으로 덮여 있기 때문에 하얗게 보인다"는 구절이 추가되었다. 일본의 오키 섬은 「제7장 일본 서부 해안」에 분류되어 있다.

1884년의 제2판에서는 과거의 서양 자료와 지난 10년간의 서양 여러 나라의 해군이 발간한 자료, 그리고 한국의 동해안과 일본 열도에 관해서는 처음으로 일본 해군 수로국의 자료 및 한국과 일본에 주재하는 영국 영사의 보고서 등도 참고했다고 되어 있다. 이때 처음으로 일본 자료도 약간 참고한 것으로 되어 있으나, 동해안의 도서에 대한 분류와 기술은 전과 다름없다. 제3장에서 동해, 독도, 울릉도, 동해안의 순서로 전과 같이 분류했고, 제7장에 동해(일본해)에 있는 일본의 섬 타카야마, 항기 만, 오키시마 등이 묘사되어 있다. 내용도 전과 달라진 것이 별로 없다. 단지 울릉도의 표기가 'Matu sima'에서 'Matsu sima'로 되었고, 괄호 속에 울릉도 정상의 높이 1,220m〔실제로 984m—지은이〕가 추가되었다.

1894년 제3판의 분류도 1873년의 초판 및 1884년의 제2판의 분류와 동일하게, 제3장에서 동해, 독도, 울릉도, 동해안 순으로 기술했고, 오키 열도는 「제7장 일본 서해안」에 묘사되어 있다. 내용도 전과 같다.

이 시기에 조선 정부의 울릉도에 대한 정책은 종래의 공도 정책에서 탈피하여, 1881년부터 개척이 시작되었고 주민도 상당히 많았다. 일본인들도 상당수 살면서 거기서 벌목하여 원산항의 일본인 거주 지역에 주택을 짓는데 사용하고 있었다. 그럼에도 서양의 수로지에 실린 내용은 1870년대 이래 변화가 없다.

5. 영국 해군의 『일본, 한국 및 인접 해역 항해지침』 1904년 초판[10)]

20세기로 들어오면서 영국의 항해지침은 재편성되었다. 『중국 해역 항해지침』 제4권이 『일본, 한국 및 인접 해역 항해지침』으로 완전히 분리되어 그 초판이 1904년에 발간되었다. 참고자료의 출처는 전과 같다. 동해, 독도, 울릉도, 동해안은 제4장에 기술되어 있다. 내용도 전과 다름없다. 다만 독도에 관하여 "이 바위섬들은 그 위치로 인하여 야간 항해에 위험하다"라는 문구와, "위치—미국의 전함 뉴욕(New York) 호가 1902년에 관찰한 바에 의하면 리앙쿠르 바위섬〔독도〕은 지금까지 알려진 좌표에서 남쪽으로 1.8km정도 내려온 북위 37도 9분 30초,

동경 131도 55분에 위치한다"라는 내용이 추가되었다. 오키 열도는 「제13장 혼슈의 북서 해안」에 분류되어 있다.

『일본, 한국 및 인접 해역 항해지침』은 1914년 제2판부터 『일본 수로지』로 제목만 바뀌어 계승되어, 1926년 제3판부터는 2권으로 세분되었는데, 동해를 포함하는 『일본 수로지』 제1권은 1938년 제4판, 1952년 제5판, 1966년 제7판, 1982년 제8판(최근호)까지 간행되었다.

위 1904년판에서 분리된 『한국 해역, 시베리아 해역 및 오호츠크 해 수로지』는 1913년에 초판이 발간된 후, 1927년 제2판, 1937년 제3판, 1952년 제4판, 1966년 제5판, 1983년 제6판(최근호)까지 간행되었다.

영국 해군이 발간하는 이 『일본 수로지』 1914년 제2판의 작성에 참고한 자료는 그때까지의 서양 자료와 약간의 일본 자료였다. 참고한 일본 자료는 『등대 목록』(1912년), 『일본 연감』(1912년), 『인구』(1911년), 『일본 근해의 조류 및 기상 지도』(1913년)뿐이었다.

6. 영국 수로지 1914~1966년판: 일본 자료의 영향으로 독도를 이중 분리

그런데 이 『일본 수로지』 1914년 제2판부터 독도의 분류에 변화가 생겨났다. 즉 '리앙쿠르 바위섬' (Liancourt rocks, 동도의 위치 북위 37도 14분 30초, 동경 131도 52분 20초)이 「제9장 일본 혼슈 북서 해안」 오키 열도 바로 밑에 등장한 것이다. 내용은 "오키시마에서 북서쪽으로 약 88마일(163km) 떨어져 있으며, 1849년 이를 발견한 프랑스 선박의 이름을 따서 처음으로 리앙쿠르라는 이름이 붙여졌고……"라고 되어 있으며, 그 다음은 과거의 서술과 같다.[11)]

영국 해군의 『일본 수로지』 1926년 제3판부터는 일본 열도 부근의 해역을 더 세분화하여 두 권으로 간행했다. 그중 제1권에 동해가 포함되는데, 이 『일본 수로지』의 작성에는 그때까지의 서양 정보 외에 "주로 일본 해군 수로부의 정보를 이용했다"고 기술되어 있다. 참고 서적 목록에 인용된 일본 자료는 1916년부터 1919년 사이에 영어로 발간된 『일본 수로지』 제 I~VIII권과 그 증보 소책자 등이다. 이 책에도 1914년판과 같이 독도의 명칭은 리앙쿠르로 나와 있으며, 오키 열도 밑에 분류되어 있고, 내용도 전과 다름없다.[12)]

일본 해군은 1892년에 최초로 자국 주변의 해역에 대한 『일본 수로지』를 간행했는데, 여기에는 독도가 포함되어 있지 않다. 1894년에 발간된 『조선 수로지』에는 독도가 조선(한국)에 포함되어 있다. 1899년에 재판된 『조선 수로지』의 내용과 독도의 분류도 초판과 같다. 즉 일본 해군이 발간한 자료에 나타난 독도에 관한 기술 및 독도의 한국의 동해안 분류는 그때까지 영국, 프랑스 등이 발간해 온 서양 자료와 동일하다. 이는 일본이 서양 자료를 번역한 뒤 약간 수정하여 사용하고 있었기 때문이다. 이 시기까지의 서양 자료에는 독도가 항상 한국 동해에 분류되어 있었다. 따라서 일본 해군은 서양 열강의 해군처럼 자연스럽게 독도를 한국 소속으로 인식하고 있었고, 그래서 서양 수로지의 내용과 분류를 이의 없이 그대로 수용했던 것이다.

1904년 11월, 일본 해군은 러시아와의 해전에 필요한 망루 설치 등을 위해 군함 쓰시마(對馬)호를 보내 울릉도와 독도를 조사하게 했다.[13] 이때 조사된 내용으로 기존의 서양 자료를 보충하고 수정하여 현대적인 수로지를 작성하게 되었다. 이리하여 일본 해군 수로부는 1907년에 『조선 수로지』 제2 개정판을 냈다. 이때는 이미 '시마네 현 고시' (1905)라는 것이 있은 후였다.

1905년 1월 28일 일본 내각은 다케시마를 일본 소속으로 한다는 부당한 결정을 했고, 2월 22일 시마네 현 고시 제40호로 독도를 '다케시마' (竹島)라 명명하고 오키시마(隱崎島) 소속으로 한다고 했다. 그해 5월에는 독도를 시마네(島根) 현 오키시마의 부속도로 토지 대장에 올리고, 또 1940년 8월 17일 일본 정부는 독도를 해군 마이즈루(舞鶴) 진수부(鎭守府)에 용지(用地)로 주었다 한다.[14] 독도는 이 시기부터 일본에서 발행하는 지도와 해도, 수로지에 '다케시마' 라는 이름으로 나타나게 된다.

그때까지 영국, 프랑스 등 해양국은 과학적이고 정확한 동양 자료가 없었기 때문에, 자국의 함정들이 측정, 조사, 수집한 서양 자체의 자료를 가지고 독자적으로 세계 전체 해양의 해역, 항구, 도서, 만, 갑(岬) 등을 기술하고 분류하여 수로지를 작성, 간행해 왔다. 그러나 20세기에 들어 일본이 정확하고 상세한 수로지 작성 임무를 수행할 수 있는 단계에 이르면서, 이들 해역에 대해서는 막대한 비용과 노력을 들여 가며 조사 활동을 더 이상 벌일 필요가 없게 되었다. 따라서 일본 주변의 해역에 대해서는 전적으로 일본이 영문으로 간행하는 자료(수로지와 해도)에 의존하게 되었다.

이 때문에 독도의 분리에 중대한 변화가 발생하였다. 독도가 한국에도 분류되고 일본에도 분류되는 이중 분류의 기현상이 일어난 것이다.

영국 해군의 『한국 해역, 시베리아 해역 및 오호츠크 해 수로지』 1913년 초판본은 프랑스국립도서관(BNF)에 낙질(落帙)이 되어서 보지 못했다. 『한국 해역, 시베리아 해역 및 오호츠크 해 수로지』 1927년 제2판에 인용된 참고 자료는 영국 해군이 발행한 앞의 『일본 수로지』와 마찬가지로, 일본 해군이 8권으로 1916~1919년 사이에 영문으로 발간한 『일본 수로지』에 전적으로 의존하고 있다.

이 『한국 해역, 시베리아 해역 및 오호츠크 해 수로지』 1927년 제2판에 사용된 한국 지명은 한자의 일본어식 발음의 로마자 표기이다. 이 시기에 이미 한국은 일제의 지배하에 있었다. 여기에도 분류는 과거와 같이 제3장에 동해, 독도, 울릉도, 동해안 순서로 되어 있다. 독도의 명칭은 '리앙쿠르 바위섬'으로 전과 같은데, "『일본 수로지』 제1권에도 기술되어 있음. ……이 바위섬들〔독도—지은이〕의 일본어 명칭은 '다케시마'이다"라는 구절이 추가된 것이 과거와는 달라진 점이다. 서양의 수로지에 독도에 대하여 '다케시마'라는 명칭이 사용된 것은 이것이 최초인 것으로 생각된다.

울릉도 항목의 제목에는 이제까지의 '마츠시마'에서 울릉도의 일본어 발음인 '우륜도'도 추가되고 '우츠료, 마츠시마'라고도 부른다고 되어 있다. 섬과 그 주변 묘사는 전과 같고, "해저 전선이 일본의 혼슈와 한국의 원산에 연결되어 있다"고 되어 있다. 이때부터 섬, 만, 해안의 그림이 곁들어진다.[15]

이상에서 본 바와 같이, 영국 해군 수로국이 발간하는 수로지에서, 독도는 1914년부터 『한국 해역, 시베리아 해역 및 오호츠크 해 수로지』의 한국의 동해 울릉도 위에도 나와 있고, 『일본 수로지』의 일본 오키 섬 밑에도 나와 있다. 두 수로지의 독도에 관한 내용은 동일하다. 이는 1905년의 시마네 현 고시에 의한 이른바 독도의 일본 영토 편입 조치 이후에 일본 해군이 발간한 『일본 수로지』의 영향으로 그렇게 된 것이 틀림없다.

1905년경에 한국은 주권을 거의 빼앗긴 상태였고, 1910년 이후에 한반도는 일본에 합방되어 일본의 일부처럼 되었다. 이런 상황에서 일본 자료의 영향으로 서양 자료에 독도는 한국과 일본에 이중으로 분류되기 시작했고, 명칭으로는 '다케시마'가 쓰이게 되었다.

영국 해군의 『한국 해역, 시베리아 해역 및 오호츠크 해 수로지』 1937년 제3판도 프랑스국립도서관 지도-도면부(DCP)에 없어서 보지 못했다. 『일본 수로지』 제1권 1938년 제4판은 1931~1937년 사이에 일본 해군 수로국이 영어로 간행한 『일본 항해지침』(*Japanese Sailing Directions*) 제1A, 1B, 3A, 3B권을 기본 자료로 사용했다. 이때부터 독도의 명칭이 완전히 '다케시마'로 바뀌고 리앙쿠르는 괄호 속에 들어갔다. 내용은 다음과 같다.

> 다케시마(위험물): 두 개의 작은 섬과 여러 개의 바위들이 '다케시마'(리앙쿠르 바위섬) 그룹을 이룬다. 도고(島後)에서 북서쪽으로 157km, 울릉도 남서 해안에서 약 93km 거리. 『한국 남해안, 동해안, 시베리아 동쪽 해안 및 오호츠크 해 수로지』 참조 바람. 이 두 작은 섬은 불모의 바위이며 가파르고, 새똥으로 덮여 희며, 두 섬 사이의 거리는 약 300m〔실제로 151m—지은이〕이다. 두 섬 사이에 있는 여러 바위들 중에는 수면 위로 나와 있는 것도 있고 물밑에 잠겨 있는 것도 있으며, 두 섬 가까이에는 낮고 편편한 바위들이 많다. 서도의 정상은 157m〔실제로 169m—지은이〕이지만, 동도인 '메시마'(女島)〔동도를 '메시마'(여도)라 하고, 서도를 '오시마'(男島)라고도 한다—지은이〕는 낮고 정상이 편편하다. 매년 6월과 7월에 바다표범(물개)을 잡으려는 사람들이 방문한다.(북위 37도 15분, 동경 131도 52분)

동해를 항해하는 선박의 항로 가까이 누워 있고, 가파르기 때문에 야간이나 시계(視界)가 낮은 조건에서는 위험하다.[16)]

이때부터 영국의 수로지에서 독도는 완전히 '다케시마' 라는 명칭으로 불리며, 그때까지 사용되어 온 '리앙쿠르' 라는 이름은 괄호 속으로 들어가게 되었다. 또 내용 중에 나오던 '호넷', '메넬라이/올리부차' 도 사라졌다. 시마네 현 고시의 표면적인 구실이 되었던 일본인 어업가 나카이의 독도에서의 어업 청원이 허가되어 나카이 등이 독도에서 물개잡이를 하고 있었음도 암시한다.

1904년경 일본 시마네 현 오키 섬에 거주하고 있던 어업가 나카이 요자부로(中井養三朗)는 독도에서 물개잡이를 하기 위해 어업 허가를 받고자 했다. 독도가 한국 영토인 것으로 믿고 있던 나카이는 서울에 가서 대한제국 정부로부터 어업 허가를 받기로 작정했다. 이를 위해 백방으로 알아보던 중 같은 지방 출신으로 농상무성 수산국에 근무하던 공무원의 주선으로 수산국장을 면회하고, 수산국장의 소개로 해군 수로부장 기모쯔키 가네유키(肝付兼行) 제독을 만났다. 나카이의 얘기를 들어 본 기모쯔키는 그 섬이 한국(조선) 영토가 아닐 수도 있으니, 멀리 서울까지 갈 것 없이 어업 허가원을 일본 정부 당국에 제출해 보라고 말했다.

기모쯔키의 충고에 따라 나카이는 1904년 9월에 '리앙쿠르 섬의 편입과 임대 청원' 을 내무성, 외무성, 농상무성에 제출했다. (가지무라 히데키〔梶村秀樹〕 및 호리 카즈오〔堀和生〕의 논문 참조) 당시 일본은 러시아와 전쟁(러일전쟁)을 치르고 있었다. 러시아 해군과의 동해 대해전을 준비하던 일본 해군은 1904년 11월 군함 쓰시마 호를 파견하여 독도에 망루 건설이 가능한지를 조사하게 했다. 이와 같이 독도의 전략적인 가치를 알아차린 일본 해군은 독도에 대한 영토 야심을 품고 있던 차였다.

이런 배경에서, 표면적으로는 나카이의 청원에 대한 허가를 내준다는 구실 아래 해군성, 내무성, 외무성 고위 관리들이 협의하여 내각에서 1905년 1월 28일 "북위 37도 9분 30초, 동경 131도 55분 오키시마(隱岐島)로부터 서북으로 85해리 떨어져 있는 무인도는 타국(他國)에 의해 점령되었다고 인정할 만한 형적이 없고…… 나카이 요자부로(中井養三郎)라는 자가 …… 영토 편입 및 임대를 출원한 바, 차제에 그 소속과 섬 이름을 확정할 필요가 있으므로, 그 섬을 '다케시마' 로 명명(命名)하고 일본에 영토 편입한다"고 결정했다. 내각은 시마네 현에 지시하여 이를 고시하도록 했다. 중앙 정부의 지시에 따라 시마네 현은 그해 2월 22일 고시 제40호를 하기에 이르렀다. 이를 위해 적극적으로 움직인 부서는 해군성임은 말할 것도 없다. 그때까지 일본 해군은 서양 해군과 마찬가지로, 일본 해군 자신이 발간한 『조선 수로지』 등을 통하여 독도를 한국 영토로 인정하고 있었으나, 이 고시가 있고부터는 독도에 대한 인식이 돌변했다.

이 고시가 있은 다음 나카이는 어업 허가를 받아 독도 근해에서 30여 년간 물개잡이를 하게 되는데, 어떤 한국의 저서와 글에서는 나카이 등이 독도 물개의 씨를 말렸다고 하기도 한다.

다시 본론으로 돌아와 영국 해군의 수로지를 보면, 『일본 수로지』 제1권 1952년 제5판의 참고 자료 출처, 분류, 내용 등은 모두 제4판과 같다.[17)]

『한국 남해안과 동해안, 시베리아 동쪽 해안 및 오호츠크 해 수로지』 1952년 제4판의 작성에는 미국, 일본, 러시아 등의 자료를 참고했다. 제5장에 동해, 독도, 울릉도, 동해안 순서로 분류되어 있고, 독도에 관해서는 "다케시마 또는 리앙쿠르 바위섬, 부산항 진입점으로부터 북동쪽으로 346km, 한국 동해안으로부터 218km …… 동도에 있는 약간의 잡초를 제외하면 불모이고, 해안은 바위 절벽으로 이루어져 있다. 많은 동굴이 있는데, 거기에 물개들이 서식한다. 여름에 어부들이 와서 임시로 산다"는 묘사가 있고, 울릉도에 대해서는 처음으로 제목에 'Ullung do'라는 순 한국 명칭이 사용되었으며, "일본인들은 우륜도 또는 우츠료도라고 한다"고 덧붙여져 있다. 그 다음에 섬과 그 주변 암석들이 자세하게 묘사되어 있다. 선박의 접근, 해저 케이블, 큰 마을인 도동의 1940년 인구는 1,600명이라는 사실, 군청, 우체국, 병원, 그리고 생산물 등이 기재되어 있다. 1933년에 그린 울릉도와 독도 그림도 실려 있다.[18)]

영국 해군의 『일본 수로지』 제1권(N.P. 41) 1966년 제6판을 작성할 때에는, 1949 ~1950년에 일본 해상보안청이 영문으로 간행한 『일본 항해지침』 제101, 102, 104권을 이용하였다. 오키 열도 밑에 분류된 독도는 「다케시마」라는 제목 아래 "다케시마 또는 독도(Tok to): 도고〔島後, 오키 제도 중 가장 큰 섬—지은이〕 북부에서 약 157km, 울릉도 남동부에서 약 93km…… 동도의 해발 126m 위치에 있는 높이 3m의 흰색 정사각형 기둥 위에 등대가 있다"라고 기술되어 있고, 나머지 부분은 전과 같다. 이때 처음으로 한국 명칭 '독도'가 사용되었다.[19)]

『한국 남해안과 동해안, 시베리아 동쪽 해안 및 오호츠크 해 수로지』 (N.P. 43) 1966년 제5판의 작성에는 주로 미국 해군이 발간한 수로지 외에 일본 및 소련 자료를 이용하였다. 이때 처음으로 참고한 한국 자료는 한국이 발간한 『등대 목록』 1964년 제9판뿐이었다. 여기에도 동해, 독도, 울릉도, 동해안 순으로 분류되어 있다. 제목은 「다케시마」로 되어 있고, '리앙쿠르' 도 나타나 있다. "서도(157m)는 원추형이고, 한국인들에게 '독도'라 알려져 있는 동도는 낮고 편편하다.…… 여름에는 어부들이 와서 임시로 산다. 1956년 서도의 동남동부로부터 17km 거리의 수심은 159.1m였다. 동도의 해발 126.8m 위치에 높이 3.0m의 정사각형 흰색 철제탑으로 된 등대가 있다"고 되어 있다. 울릉도에 대해서는 "한국 영토인 울릉도는 독도의 서북서로부터 89km, 한국 동해안으로부터 130km거리에 있다"라고 기술되어 있다. 그리고 1933년에 그린 울릉도와 독도 그림이 실려 있다.[20]

1938년판에서 동도는 '메시마'(女島)로, 1966년판에서 동도는 '독도'로 알려져 있다고 되어 있다. 또 1982년판에는 "동도는 일본인들에게는 '메시마'로, 한국인들에게는 '독도'로 알려져 있다"라고 되어 있다. 서쪽 섬의 명칭에 대한 언급이 없다. 영국 해군 수로지 작성자들이 약간 혼동을 하고 있는 듯하다.

7. 영국 해군 『일본 수로지』 1982년판: 울릉도에서 독도를 완전 분리

최근호로 현재 사용 중인 영국 해군의 『일본 수로지』 1982년 제1권(N.P. 41) 제7판 편찬에는 일본 해상보안청이 발간한 『일본 항해지침』 제101, 102, 104권 (1975~1981년), 미국 해군의 PUB 155(1972년)를 참고했다. 독도는 이 책의 「제2장 혼슈 북서부 해안」에 분류되어 있고, '다케시마'라는 명칭 하나만 사용되었다. 즉 이제까지 쓰여 온 '리앙쿠르'가 자취를 감추었다.

> 히노미사키(日御碕)에서 북북서 213km 지점이고, 이 섬의 북서 3.7km의 수심은 19m(1981)이다.…… 이 섬들에는 사람이 살지 않으나 여름에 정기적으로 어부와 물개잡이들이 방문한다. 많은 동굴은 물개 서식지이다.…… 동도는 일본인들에게 '메시마'로, 한국인들에게는 '독도'로 알려져 있다.…… 높이 4m의 흰색 원통형 탑 위에 독도 등대(Dok To Light)가 있다. 다음의 각도에서는 불빛이 보이지 않는다: 116°~140°……

그런데 이 책의 수정·추가용 별책(팜플렛) 제6호(1996년)에 '다케시마'는 "독도로 읽는다"로 수정하고, "이 섬에 대해 한국과 일본이 주권을 주장한다"라고 덧붙였다. 이에 딸린 해도에는 독도가 'Tok do(Take Shima)'로 나타나 있다.[21]

영국 해군의 『한국 남해안과 동해안, 시베리아 동쪽 해안 및 오호츠크 해 수로지』 1983년 제6판의 편찬에는 한국의 『항해지침, 한국 남해안』, 미국의 수로지 PUB 155 및 PUB 157, 프랑스 수로지 『일본해〔동해〕와 그 인근 해역』(Série K, vol. 2, 1971년) 등을 참고했다고 되어 있다. 제4장의 동해에 대해서 '일본해'라는 제목 뒤에 괄호 속에 처음으로 'Dong Hae'라고 표기했다. 그 다음 머리말 부분에 독도에 대해서는 "다케시마—『일본 수로지』 제1권에 기술"이라고만 되어 있다. 그 다음 「4.165. Ulleung Do」의 묘사가 나온다. 이에 딸린 해도에는 독도가 'Tok do(Take Shima)'로 나타나 있다. 이 책의 수정·추가용 별책(팜플렛) 제6호(1996

년)에 딸린 해도에는 울릉도까지만 나와 있다. 이는 독도에 관한 기술이 한국 동해안에서 떨어져『일본 수로지』에만 포함되었기 때문이다.[22)]

이 책에서 특기할 것은 동해에 대해서 'Japan Sea(Dong Hae)' 라 하여 'Dong Hae' 가 처음으로 사용된 것이다. 울릉도에 대해서도 그전까지 나타났던 일본어식 발음이 완전히 사라졌다. 울릉도 내의 모든 지명이 'Seongin Bong' (성인봉, 984m), 'Jug(Chuk) do' (죽도), 'Ganyeong(Kanyong) Mal' (간영말), 'Do Dong' (도동) 등 완전히 한국어의 로마자 표기로 되어 있다. 그런데 독도는 처음으로 울릉도에서 완전히 분리되어『일본 수로지』제1권의 오키 열도 밑에 분류되었다. 여기에서 비로소 일본은 종이 위에서나마 자신의 속셈대로 울릉도로부터 독도를 완전 분리해 내는 데 '성공' 했다.

그러나 독도가 한국의 동해 울릉도에서 분리되어 일본에 분류된다고 해서 일본 땅이 되는 것은 아니다. 이는 또 자연스러운 분류도 아니다. 프랑스나 영국 해군 자신들이 지켜 온 오랜 전통과 인식에도 역행하는 것이다. 자국의 해군이 과거에 발간한 수로지를 찾아보면 쉽게 확인할 수 있는 것이다.

이의 시정을 위한 한국 정부 관계 당국의 적극적인 노력도 있어야 할 것으로 본다. 독도에는 한국 민족의 각별한 사랑과 애착, 자존심과 명예가 걸려 있으며, 영토의 수호라는 민족적 사명 외에도, 강렬한 역사의식과 민족의식이 결부되어 있기 때문에 더욱 그러하다.

미국 해군 항해지침: 독도를 일관되게 한국 영토로 인정

미국 해군 해양국이 발간하는『시베리아 및 한국 남동 해안 항해지침』(H.O. PUB. 97, 1951년, 제2판) 수정 제9번(1964년)에 '9-99. 한국 동해안 심해의 섬, 울릉도(Ullung Do)' 는 "길이 9.3km, 용추갑에서 동북쪽으로 133km 위치에 있다. 리앙쿠르 바위섬(다케시마)은 작은 두 개의 섬으로 구성되며, 용추갑에서 동쪽으로 218.5km, 울릉도 동남쪽 89km에 위치한다"라는 전반적인 묘사로 시작된다. 그 다음에 세부적인 기술이 나온다. 울릉도, 죽도, 대풍감, '9-100. 도동' 등의 표기는 모두 한국어 발음의 로마자 표기로 되어 있다. 그 바로 뒤 '9-101. 독도' 항목에서 명칭 표기는 'Liancourt Rocks(Tak Shima)' 로 되어 있다. 묘사는 다른 수로지와 같고, "이 섬들은 대한해협에서 블라디보스톡과 하코다테로 향하는 선박의 항로 가까이 누워 있다. 동도에 등대가 있다"고 되어 있으며, 그 밑에 독도 그림 2점이 실려 있다. 독도 다음의 항목은 '9-102. 용추갑에서 부산항' 이다.[23)]

이 책의 수정 제10번(1967년)부터는 독도의 표기가 '독도(다케시마, 리앙쿠르 록스)' 로 바뀌었고, 울릉도-독도-용추갑의 순서로 분류된 점과 내용은 전과 같다.

1967년부터 1995년 사이의 미국 자료는 프랑스국립도서관(BNF)에 없어서 보지 못했다. 최근에 미국 정부의 국방지도제작소가 발간한 PUB 157 『항해지침, 한국 및 중국 해안』 1995년 제7판의 작성에는, 1985~1987년 사이에 한국이 영문으로 간행한 『항해지침』 제1, 2, 3권도 참조했다고 되어 있다. 미국 해군의 1995년판 PUB 157에도 분류는 「제2구역 한국-동해안: 독도, 울릉도, 부산항에서 울산만」으로 되어 있다. 1967년의 '2.02. 독도'라는 표기가 1995년판에는 '2.02. 리앙쿠르 록스(독도, 다케시마)', 즉 '리앙쿠르'라는 명칭으로 되돌아갔다. 첨부된 해도에도 독도는 '리앙쿠르 록스'으로 표기되어 있다.[24] 〔306쪽 도판 참조〕

미국 해군 『항해지침』은 '독도'라는 명칭도 서양 여러 나라 중 가장 먼저 사용했으며, 제목으로 '리앙쿠르'를 사용하다가, 1967년에는 '독도'를 제목으로 채용했다. 그러다가 다시 '리앙쿠르'로 환원되었다. '다케시마'라는 명칭은 세 가지 명칭 중 맨 마지막에 넣었다. 더 근본적인 것은, 미국 해군은 확고하면서도 일관되게 독도를 한국 영토로 인정하여 울릉도의 뒤나 앞, 다른 한국 지명들 사이에 분류하고 있다는 점이다.

독도, 해도상의 요지

해도는 항해지침(수로지)에 따라가는 도면이다. 또 항해지침 또는 수로지는 해도의 설명서라고도 할 수 있다. 이 두 자료는 해군의 모든 함정뿐만 아니라 일반 선박들이 가지고 다니면서 참고하는, 항행(航行)에 필수적인 자료이다. 그러므로 이 두 자료는 일반에게도 판매되며, 일반 지도 제작자(출판사)들도 해양에 대해서는 해도를 기본 자료로 이용한다. 따라서 해도는 대단히 중요하고 그 영향력도 크다. 오늘날은 전자 해도를 사용하기도 한다.

독도가 프랑스 포경선 리앙쿠르 호에 의해 목격되어 처음으로 해도상의 정확한 위치에 오르게 될 즈음, 독도의 발견을 둘러싸고 프랑스, 러시아, 영국 사이에 누가 먼저냐는, 자국 해군의 명예가 걸린 경쟁 의식이 있었다. 그러나 영국 해군은 독도가 프랑스인에 의해 가장 먼저 발견되었다는 사실을 인정하게 되었다. 프랑스 해군은 울릉도와 독도에 프랑스어 명칭이 붙게 된 것을 프랑스 해군의 명예와 관계되는 것으로 생각했음이 틀림없다. 왜냐하면, 독도(서도와 동도)는 섬이 없는 동해 한가운데 있으므로 지도나 해도상에서 돋보일 수 있고, 특히 주위에 울릉도 이외엔 다른 섬이 없어서 일반적으로는 지도에 나타날 수 없는 조그만 바위섬임에도 쉽게 나타날 수 있는 이점이 있기 때문이다.

영국 해군 수로국이 1855년에 발간한 「일본-니폰, 큐슈, 시코쿠 및 조선 연안」 해도(번호

2347)에는 아르고노트는 점선으로, 울릉도는 다줄레, 독도는 호넷으로만 표시되어 있다. 그 후 1863년에 수정하여 발간한 해도(같은 번호 2347, 〔지도 41〕 참조)에 동해의 가공의 섬에는 '다코시마 또는 아르고노트(확인 요함)', 울릉도는 'Matu sima(다줄레, 4,000ft.)', 그 옆의 작은 섬 죽서에는 '부솔(Boussole) 바위섬', 그 밑에 '씰(Seal) 포인트'로 표시되어 있다. 그리고 독도는 "리앙쿠르 바위섬(Liancourt Rocks), 프랑스인들에 의해 발견(1849, 410ft.), 영어로 호넷 섬, 러시아어로 메넬라이(Menelai)와 올리부차(Olivutsa)"라고 적혀 있다.

1797년 라페루즈의 『세계탐험기』 부속 지도첩에는 '죽서'를 나타내는 '부솔'(라페루즈 함대의 모함 이름)이 표시되어 있지 않다. 부솔 암도(죽서 또는 죽도)는 나중에 프랑스 해군성 해도국이 해도를 제작할 때 죽서에 맞추어 표기해 넣은 것이다. 영국 해도의 1869년 개정판에서야 아르고노트가 사라진다. 그리고 울릉도는 전과 같이 나타나 있고, 독도는 리앙쿠르 바위섬이란 명칭 하나로만 표시되어 있다. 그 후 1874년, 1876년 등 계속 개정이 되지만, 울릉도와 독도에 관해서는 1869년판과 동일하다. '메넬라이/올리부차'라는 러시아 명칭은 러시아와 독일 계통의 해도 및 지도 제작자들이 많이 사용했다.[25]

프랑스 해군이 제작한 1864년의 해도 「아시아 동부—일본 열도 및 해역, 황해」(해도 번호 2150)에도 아르고노트가 점선으로 나와 있다. 독도에 대하여는 프랑스어로 "R^ers(암석이라는 뜻의 프랑스어 rochers의 약자) Liancourt, 1849년 프랑스인들에 의해 발견"이라고 표시되어 있는 것말고는 영국 해도와 같다. 수정되어 1884년에 발간된 해도에도 마찬가지다.(〔지도 49〕, 276~277쪽 도판 참조). 그 후 동해 부분이 나오는 프랑스 해도(번호 5268)는 1906년, 1909년, 1930년, 1938년, 1956년, 1975년에 수정되어 개정판이 나왔다. 그러나 울릉도는 '마츠시마(다줄레 섬 1,220m)', 독도는 '리앙쿠르 바위섬(125m)'으로 표시되어 있고 다른 변동은 없었다. 1975년판에 울릉도 최고봉의 높이는 984m, 독도의 최고봉은 157m(실제로 169m—지은이)로 나온다.[26]

프랑스 해군 자체가 제작한 해도들은 울릉도와 독도의 명칭을 현실에 적합하게 고치지 않고, 1970년대까지도 재래의 명칭을 그대로 답습하였다. 그 반면 영국 해군이 제작한 해도에서 울릉도는 1860년대부터 1920년대까지 '마츠시마'로, 1920년대에서 1970년대까지는 울릉도의 일본식 발음인 'Uryun-do'(우륜도) 또는 'Utsuryo to'(우츠료토)로 표기하다가, 1980년대 이후는 완전히 'Ullung-do'로 바뀌었다. 독도에 대해서는 1850년대에서 1930년대까지는 '리앙쿠르' 하나만 사용되다가, 1930년대에 처음으로 '다케시마'가 '리앙쿠르'와 함께 사용되었고, 1980년대 이후에는 리앙쿠르가 사라지고, '독도(다케시마)' 또는 '다케시마(독도)'로 표기되고 있다.

미국 해군이 제작한 해도에는 일관되게 '리앙쿠르' 하나만 사용되고 있다.

일반 지도에서는 1850년대부터 1950년대까지, 울릉도는 대개의 경우 '다줄레' 또는 '마츠시마'로, 독도는 '리앙쿠르'로 통일되어 쓰였다. 1960년대 이후부터 '마츠시마/다줄레'는 완전히 'Ullung-do/Ulleung-do'(울릉도)로 바뀌어 표기되고 있다. 독도에 대해서는 'Tok-do'가 우세하게 사용되고 있지만, 다케시마와 리앙쿠르가 함께 쓰이는 경우도 많다.

일본 해상보안청 제작 국제 해도

1970년대 말부터 영국 해군, 프랑스 해군, 모나코 소재 국제수로기구(IHO, International Hydrographic Organisation; OHI, Organisation Hydrographique Internationale)의 사무국인 국제수로국(IHB, International Hydrographic Bureau; BIO, Bureau International Hydrographique), 일본 해상보안청은 태평양, 동해, 오호츠크 해 등에 대한 해도들을 공동으로 사용하고 있다. 이 해도들은 이들 국가의 해군이 공식적으로 사용함은 물론이고, 일반 선박을 위해 시판도 하고 있다. 이 해도들은 일본 해상보안청이 제작한다.

이 세 나라 해군과 국제수로기구가 해도를 공동으로 제작하여 사용하는 것은 환영할 만한 일이다. 그러나 이 해도에 독도가 종래와는 달리 'Take-shima'로만 표기된다면 문제이다. 전통적으로 해도에는 국경선을 긋지 않고, 도서의 국적도 밝히지 않으며, 영해도 표시하지 않는다. 따라서 문제의 이 해도들에도 국경 표시는 없다.

4점의 이 해도에는 관계 4개국 해군의 상징 마크(로고)가 표시되어 있다. 영국 해군 수로국(Hydrographic Office, Admiralty, UK) 상징 마크, 프랑스 해군 수로-해양국(SHOM, Service Hydrographique et Océanographique de la Marine, France) 상징 마크, 일본 해상보안청(MSA, Maritime Safety Agency, 현재의 Japan Coast Guard, JCG) 상징 마크, 모나코 소재 국제수로국(IHB/BHI, Monaco) 상징 마크가 그것이다.[27]

이 해도들이 일본 해상보안청에 의해 처음으로 제작된 연대는 각각 1974년, 1978년, 1982년, 1983년이다. 그 후 현재까지 여러 번 수정, 재판되었다. 프랑스 해군과 영국 해군은 1978년 무렵부터 이 해도들을 채택하여 지금까지 사용해 오고 있는 것으로 보인다. 프랑스에서 판매, 사용되는 해도에는 일본 해상보안청, 프랑스 해군 수로-해양국, 모나코 소재 국제수로국 상징 마크가 들어 있다. 제목과 설명은 프랑스어로만 되어 있고, 지명은 로마자와 일본어로 표기되어 있다. 영국용은 일본 해상보안청, 영국 해군 수로국, 모나코 소재 국제수로국 상징 마크가 들어 있고, 제목, 설명, 지명이 모두 영어로만 되어 있다.

문제의 해도 INT(국제해도) 52의 제목은 「북태평양—남서부」, INT 53은 「북태평양—북서부」, INT 509는 「북태평양—일본 열도—한국 서부에서 필리핀까지」, INT 511은 「북태평양—일본 열도—북부, 일본해〔동해—지은이〕와 오호츠크 해」이다.

이 해도들은 프랑스 해군 수로-해양국이 발간하는 해도 목록에 포함되어 있다. 프랑스에서 사용되는 일본 해상보안청 제작의 국제 해도 4점에는 모두 독도가 '다케시마(竹島)' 하나로만 표기되어 있다. 프랑스 명칭인 '리앙쿠르' 마저도 사용되지 않았다. 대한해협은 'Tsushima Kaikyo(對馬海峽)' 로 되어 있다.

영국 해군의 『해도 목록』 1996년판 및 1997년판의 태평양 부분에는 독도가 'Tok-do(Take Shima)' 라고 표기되어 있다. 그 내용물인 일본 해상보안청 제작 영국용 INT 52에는 'Take Shima(Dok-to)' 로 되어 있다.

영국 해군 당국은 영국용 국제 해도 제작에 일본 해상보안청이 제공하는 자료를 기본적으로 이용하지만, 이를 자체 수정, 영국에서 인쇄하여 사용하고 있다. 따라서 영국용 국제 해도에는 독도가 'Tok-do(Take Shima)' 또는 'Take-shima(Tok-do)' 로, 대한해협은 'Korea Strait' 로 되어 있다. 그러나 프랑스 당국은 명칭 표기에 관심을 표명하지 않고 해도 제작을 완전히 일본 해상보안청에 일임해 버렸는지도 모르겠다.

프랑스용 국제 해도에서와 같이 독도에 대한 명칭이 '다케시마' 로만 표기되고, 또 세계 모든 나라의 지도와 해도에 '대한해협' (Korea Strait, Détroit de Corée)으로 표기되고 있는, 한반도 남동 해안(부산)에서 대마도(쓰시마)를 거쳐 큐슈 북부 해안(후쿠오카)에 이르는 전 해역의 명칭이 '쓰시마해협' 으로 표기되는 것은 이 해도들이 일본에서 제작되었기 때문이다. 바꾸어 말해 일본 해상보안청은 동해를 포함한 태평양 해역의 해도 제작을 담당하게 된 기회를 이용하여 '대한해협' 은 '쓰시마해협' 으로 바꾸고, '독도' 는 '다케시마' 로만 표기해 놓은 것으로 짐작된다.

일본은 동해(일본해)와 태평양의 연안국이며 세계 제1의 해양국이다. 일본은 이들 해역에 관하여 가장 자세하고 정확하고 풍부한 정보를 축적, 보유하고 있을 것이다. 그러므로 이들 해역에 대한 해도는 일본이 제작하는 등, 세계 여러 해역의 해도를 분담 제작하여 공동으로 사용하는 이점은 누구나 인정할 것이다. 그러나 매우 민감한 사항인 독도 등의 지명에 관해서는 관계국 담당자들이 관심을 가졌어야 했을 것이다. 그러나 자국과 직접 관계가 없는 사항이므로 무관심하고 등한시했을 수 있으며, 독도에 얽힌 과거사도 오늘날은 잊어버렸을 수 있다.

서양인들에게는 'Tok-do(Dokdo)' 든, 'Liancourt' 든, 'Take-shima' 든, 그것은 동해 가운데 있는 항로상의 위험물인, 바위섬 독도를 가리키는 식별 부호 정도 이외의 의미는 없다. 이들 명칭에 대하여 막연하게 한국어 명칭, 일본어 명칭, 프랑스어 명칭 정도의 인식은 있을지 모른다. 독도를 '다케시마' 로 표기한다고 해서 일본 땅이 되는 것은 아니다. 그러나 한국인에게는 그 지명 뒤에 강한 역사의식과 민족의식이 깔려 있다.

한국은 현실적으로, 실효적으로 지배하고 있는 자신의 땅 독도의 명칭이, 아직도 외국에서 제작되고 있는 수로지, 항해지침, 해도, 지도 등에 'Dokdo'(Tok-do)로 통일되어 사용되도록 하지 못하고 있다.

무엇이 '독도' 표기를 가로막는가

해군이 발간하는 자료들은 항해가들의 편리만을 위주로 하기 때문에 보는 시각이 합리적이다. 또 독도에 대하여 서양 국가들은 이해 관계가 없기 때문에 이들의 관점은 객관성을 지닌다. 따라서 일본의 1905년의 시마네 현 고시, 그리고 일본이 발간하는 수로지와 해도의 영향을 받기 이전인 19세기 말까지의 서양 자료가 보여 주는 사실은 진실로 받아들일 수 있다.

독도는 서양인으로는 프랑스의 포경선 리앙쿠르 호에 의해 1849년 1월 27일 발견(목격)되어, 이 사실이 가장 먼저 프랑스 해군성이 발간하는 『수로지』(1850년판)에 수록되었고, 프랑스 해군성 해도국이 발간하는 현대적이고 과학적인 해도에 가장 먼저(1851년) 정확한 위치에 오르게 되었다. 독도에 대한 그림도 역사상 처음으로 프랑스 『수로지』(1854~ 1855년판)에 수록되어 알려졌다.

프랑스, 영국, 러시아 해군은 그들이 간행한 자료에서, 독도의 발견은 선박의 안전 항해를 위해 중요하다는 사실만을 강조하였다. 서양인들이 울릉도와 독도에 대하여 사용한 서양 명칭은 이 섬들에 대한 이명(異名) 이외의 다른 의미는 없으며, 이는 항해가들에게 쉽고 편리하게 이용될 수 있는 하나의 식별 부호로만 인식되었을 뿐이다.

중요한 사실은 프랑스, 영국, 러시아, 미국 등 세계 주요 해양국 해군이 발간하는 해도와 수로지(항해지침)에 울릉도와 독도는 목격 당시부터 항상 자연스럽게 한국 영토로 인식되어, 울릉도와 함께 한국의 동해안에 분류되어 왔다는 점이다. 독도와 가장 관계가 깊은 프랑스 해군의 수로지는 독도를 울릉도와 함께 묶어 1850년에서 1955년까지, 100여 년간 한국의 동해안에 분류하였다. 이는 자연스럽고 합리적인 분류였다. 그러다가 1955년판에서 한번 한국과 일본에 이중으로 분류한 후, 1971년판부터는 독도를 울릉도에서 완전히 분리하여 오키 섬 위에 놓았다.

영국은 1858년부터 1914년까지는 울릉도와 함께 한국 동해안에, 1914~1983년 사이는 울릉도와 함께 한국에, 오키 섬과 함께 일본에 이중으로 분류해 오다가, 현재 사용 중인 1983년 최근판부터 한국에서 완전히 분리하여 일본 혼슈 북서부 오키 열도 아래에 분류하고 있다.

이에 비하여, 미국 해군이 발간하는 항해지침에는 독도가 일관되게 한국에 분류되고 있다. 이는 미국이 독도를 확고하게 한국 영토로 인정하고 있음을 반영한다. 이 사실은 "울릉도, 독도, 제주도를 일본의 정치적 · 행정적 관할 구역에서 제외한다"는 1946년 1월 29일자 연합국 최고사령부 훈령(SCAPIN N°677)의 정신과도 일치한다.

요약하면, 19세기 말엽까지는 일본이나 중국, 한국이 과학적인 측정과 관찰에 의하여 주변 해역에 대한 정밀한 수로지나 해도를 작성할 능력이 없었으므로, 영국이나 프랑스의 해군은 먼 해역에까지 와서 자체적으로 탐사하고 측정하여 얻은 정보를 토대로 수로지와 해도를 작성했다.

일본은 동해와 태평양 해역에 대하여, 이들 서양 자료를 1890년대부터 그대로 수용, 번안하여 사용하다가, 스스로 조사하고 측정한 수로지와 해도를 영문과 일본어로 간행할 수 있게 되었다. 따라서 서양 여러 나라들은 비용과 노력이 막대하게 드는 극동 해역의 조사 활동을 지양하고, 그 대신에 일본 자료에 의존하게 되었다.

이렇게 됨으로써 서양 자료에서 19세기 후반기 내내 울릉도와 함께 묶여 한국의 동해안에 분류되어 오던 독도가 20세기 전반기부터는 일본 자료의 영향으로, 한국의 울릉도와 일본의 오키시마에 이중으로 분류되기 시작했다. 이때는 한국이 일제의 지배하에 있었으므로 독도의 명칭이 어떠하든 어디에 분류되든 누구도 개의치 않았을 것이다. 이와 같은 이중 분류는 해방 후에도 계속되다가, 최근에 와서는 울릉도에서 완전히 분리되어 일본의 오키시마 곁에 놓이게 되었다.

또 1970년대 후반기부터는 여러 나라가 공동으로 사용하는 동해와 태평양 해역의 국제 해도를 일본 해상보안청이 제작하게 되는데, 이로 인하여 일부 해도상에 독도에 대하여 '다케시마'라는 명칭 하나만 쓰이게 되었다. 프랑스용의 해도들에는 프랑스 이름인 '리앙쿠르' 마저도 자취를 감추었다.

서양의 자료에서 독도가 울릉도로부터 분리되고, 독도에 대한 명칭으로 일본 이름만 사용되는 것은 과거의 인식과 관행에 역행하는 비합리적이고 부자연스러운 현상이다. 서양 주요 해양국 자신이 밝힌 사실과 서양 수로지 자체의 전통에도 배치되는 것이다. 이는 비판과 확인 없이 일본 자료와 정보에만 의존함으로써 발생한 것으로 보인다.

1850년대부터 최근까지 울릉도와 독도가 이들 서양 자료에 늘 함께 묶여 한국에 분류되어 온 것은, 이 두 섬의 관계를 떼려야 뗄 수 없는 모도(母島)와 자도(子島)의 관계, 주도(主島)와 속도(屬島)의 관계, 즉 불가분의 관계로 인식했음을 의미한다. 독도에 관하여 이해 관계가 없는 서양 주요 국가들의 제3자적인 관점은 합리적이며 객관적인 것이라 할 것이다. 이와 같은 서양 여러 나라들의 인식을 바꾸어 보고자, 2차대전 전에는 일본 해군이, 그 후에는 해상보안청이 국제적으로 시도한 '노력'은, 종이 위에서나마 독도를 울릉도에서 분리하여 일본의 오키시마와 함께 분류되도록 하는 것이 그 목적이었다. 이 같은 일본의 시도는 최근에 와서 '결실'을 보았다고 할 수 있겠다.

그러나 이는 자연스러운 것이 아니다. 인위적이고 비합리적인 것이다. 관계국 담당자들의 약간의 관심과 주의, 그리고 역사적 사실 확인으로 쉽게 시정될 수 있는 것이다. 수로지의 편찬, 발행인이 국가 기관인 각국 해군이고, 해도는 각국 해군과 국제수로기구(그리고 그 사무국인 모나코 소재 국제수로국)가 제작자이므로, 이의 시정을 위해서는 한국 정부 당국의 노력도 있어야 할 것이다.

아무튼 울릉도와 독도의 관계를 불가분의 관계로 보아 온 것이 서양 여러 나라의 자연스러운 인식이었다. 울릉도는 고래(古來)로 한국 주민이 사는 한국 고유의 영토이다. 그러므로 울릉도가 한국의 영토인 만큼 그 속도, 자도인 독도도 한국 영토임은 자명하다.

5. 서양과 일본 지도상의 울릉도와 독도의 명칭 변화

1860년대부터 1920년대까지 서양의 지도, 해도, 수로지 등에서는, 독도에 대하여 어떤 한국 명칭이나 일본 명칭도 사용되지 않았다. 과거 일본에서 울릉도를 지칭하기 위해 사용된 '다케시마'(竹島)라는 명칭이, 서양 지도에서 존재하지 않는 섬 '아르고노트'(Argonaut)에 대응되었다가 이 '아르고노트'라는 명칭이 사라지면서, 1860년대 이후의 서양 지도에서 '다케시마'라는 명칭도 그 자취를 감추었다. 그 대신에 과거 일본에서 독도를 가리키기 위해 사용된 '마츠시마'(松島)가 울릉도에 대응해서 쓰이게 되었다. 이는 서양의 동해 탐험의 역사와 그 결과로 제작된 서양의 해도와 지도, 그리고 일본 지도가 서양 지도에 미친 영향 때문이다.

이런 서양 지도, 해도, 수로지가 1870년대 이후부터 일본에 유입되면서, 일본은 서양 자료의 내용을 기정 사실로 받아들였다. 따라서 일본에서는 19세기 후반기에 독도와 울릉도의 명칭과 인식에 일대 혼란이 일어나게 되었다.

19세기 중엽에 조선 지도의 영향으로 서양 지도상의 울릉도와 독도의 표시와 명칭에도 변화가 일어났다. 여기서는 서양에서 제작된 조선 전도상에서 울릉도와 독도에 대하여 나타난 변화, 독도에 대하여 어떤 동양 명칭도 사용되지 않게 된 경위, 그로 인하여 일본에서 울릉도와 독도의 명칭과 인식에 혼란이 일어나게 된 이유 등을 서양 자료, 주로 프랑스국립도서관(BNF)의 지도-도면부(DCP) 및 동양필사본부(DMsOr)에 소장되어 있는 동서양의 고지도, 19세기 후반기부터 오늘날까지의 근대적인 지도와 해도를 통하여 살펴 보기로 한다.

프랑스국립도서관의 지도-도면부에는 서양에서 제작된 수십 점의 아시아 전도 및 20여 점의 조선전도, 한국(조선) 고지도 5~6점, 일본에서 제작된 일본 고지도 100여 점, 그리고 동해(일본해)와 태평양 해역의 해도 수십 점이 있다. 동양필사본부에는 한국 및 일본 고지도첩, 근 · 현대 지도 및 지도첩 수십 점이 소장되어 있다.

19세기 이전에 서양에서 제작된 조선 전도

프랑스국립도서관의 지도-도면부에는 「조선본 동아시아 지도」(일명 「왕반 천하여지도」〔王泮 天下輿地圖〕, 〔지도 1〕, 238~240쪽 도판 참조)로 알려진 유명한 지도가 있다. 비단에 5색 채색 담채인 이 지도는 중국 사람 왕반이 제작한 것이 아니고, 조선의 왕실에서 제작하여 강화 외규장각에 보존되어 있던 것이다. 그러다 1866년 강화도를 점령한 프랑스 해군이, 어람용(御覽用) 의궤(儀軌)본 297권, 인쇄본 43권, 천체도를 탁본한 천상분야열차지도(天象列次分野之圖), 왕실 묘지 비문의 탁본 7점과 함께 약탈해 와 1867년 1월에 프랑스 국립도서관에 넘겨준 것이다.

중국의 왕반이 1594년에 제작한 「천하여지도」는 1603년경 조선 사신에 의해 조선에 유입된 것으로 보인다. 왕반의 「천하여지도」 원본은 전하지 않는 것으로 알려져 있다.

프랑스 국립도서관의 이 「동아시아 지도」는, 조선에 전래된 왕반의 지도를 바탕으로 조선의 궁중 화원(畵員)들이 다시 그린 것이다. 중국 전도에는 일반적으로 한반도가 나타나지 않거나, 나타나도 내용은 없고 윤곽만 대강 그려 넣는 것이 일반적이었다. 그런데 이 지도에는 조선을 크고 세밀하게 추가하고 일본은 아주 작게 그려 넣었다. 1603~1650년경에 제작된 것으로 보이는 이 지도는 17세기 초 동양 지도로서는 기념비적이라고 일컬어진다. 이 지도에 육지 가까이 울릉도와 그 왼쪽(서쪽)에 독도가 '정산도'(丁山島)[1]라는 이름으로 나타나 있다. 이는 과거에 독도를 지칭했던 '于山'(우산)의 '于'를 '丁'으로 잘못 읽었기 때문에 그렇게 된 것이다. 우산이 울릉도 오른쪽에 나타나야 하지만 조선의 지도 제작자들의 실수로 왼쪽에 나타나게 되었는데, 이렇게 두 섬의 위치가 뒤바뀐 지도가 18세기 말엽까지 그대로 답습되었다.

서양에서 제작된 지도에 울릉도와 독도가 최초로 나타나는 때는 18세기 초엽이다. 18세기 초에 중국에 진출한 서양 선교사들이 중국에서의 최대 사업으로 여긴 것은 중국 전 지역을 측량하여, 근대적인 중국 지도를 완성하는 것이었다. 청나라 강희제는 재위(1662~1722) 기간 동안 유럽의 자연과학에 매우 깊은 관심을 가지고, 선교사들로부터 중국 전토를 측량해서 지도를 작성하자는 건의를 받아들였다. 그 결과로 1707년부터 중국의 전 국토에 대한 측량 사업이 시작되었다.

이 사업의 중심은 선교사들이 맡았고, 많은 중국인들도 가담하였다. 이 사업은 10년 뒤인 1717년에 완성되었는데, 강희제는 이때 제작된 지도를 『황여전람도』(皇輿全覽圖)라 이름하였다.

이 『황여전람도』에는 당시로서는 놀라울 정도로 자세한 지명까지 나타나 있는 조선 전도도 포함되어 있었다. 조선 시대 숙종 39년(1713)의 북극 고도 측정도, 중국 지도 제작 사업의 일환으로 추진된 것이 틀림없다고 한다. 특히 당시의 본초 자오선을 북경 순천부(順天府)를 기준으로 하여 경도를 측정한 것도 이 때문이라 한다. 따라서 이때의 조선 지도가 중국 지도에 포함돼 서양에 전해진 것이다.[2)]

이 『황여전람도』의 원본은 전하지 않는다고 한다. 이 지도의 고본(稿本)이 프랑스로 보내졌는데, 이 지도 가운데 포함된 한반도를 1721년에 모사한 것으로 보이는 「조선전도」([지도 5], 244쪽 도판 참조)가 영국도서관(British Library)에 소장되어 있다. 지명이 모두 한자로 되어 있다. 울릉도는 '반릉도' (礬陵島)로 표기되어 있는데, 이 '반릉도' 의 중국식 발음이 '판링-타오' 이다.

이 「조선전도」에는 과거 조선의 지도 제작자들의 실수로 독도를 가리키는 '천산도' (千山島, 于山島, 子山島)가 울릉도 왼쪽에 나타나게 되었고, 또 두 섬이 거의 붙어 현재의 영일만 앞쯤 되는 해상에 대륙 가까이 표시되었다. 이런 지도는 그대로 모사되어 오랜 기간 사용되었으며, 또 중국에도 전해져 중국 전도나 아시아 전도에 그대로 반영되었다. 이런 중국 지도가 서양 선교사들을 통해 서양에 전래된 대표적인 예가 위에서 언급한 『황여전람도』이다.

프랑스 지리학자 당빌(d'Anville)은 프랑스에 전해진 『황여전람도』의 부본을 기본으로 하여 중국, 타타르, 조선 지도들을 그렸다. 그는 당대 프랑스 최대의 지리학자로서, 세계도는 물론 개별 지역 지도에 있어서도 지난날의 지도와는 다른, 획기적인 근대 지도를 작성하였다. 당빌은 고대에 제작된 지리서와 여행기, 탐험기 외에도 1만 점이 넘는 지도를 수집하였다. 이러한 자료들을 바탕으로, 조사, 확인, 검토하여 종래의 지도가 인습적으로 주기(注記)한다든지 제도자(製圖者)가 임의로 상상을 덧붙인 것과는 달리, 정확한 지도를 작성코자 하였다.

그가 1720년경에 그린 필사본 「조선왕국전도」(37×43cm, [지도 4], 245쪽 도판 참조)는 『황여전람도』 중의 「조선전도」와 꼭 닮았다. 여하튼 당빌의 「조선왕국전도」는 서양에서 제작된 지도로서는 획기적인 것이었다. 이 지도는 1732년에 동판에 긁어, 1735년에 출판된 뒤알드(Du Halde) 신부의 방대한 저서 『중국 및 달단의 지리, 역사, 연대기, 정치 서술』(전4권) 가운데 있는 「조선 왕국의 지리적 고찰」 및 「조선 약사(略史)」(제4권, 423~430쪽, 431~451쪽) 부분에 첨부되었다. 당빌의 이 조선 전도를 포함한 중국, 타타르, 티벳 및 아시아 전도들은 한데 묶여 1737년에 『중국신지도첩』이란 제목으로 네덜란드의 해그에서 프랑스어로 출판되었다.

당빌의 이 「조선왕국전도」 속의 지명은 한자의 중국식 발음을 로마자로 표기한 것이다. 당시로서는 놀라울 정도로 자세한 지명들까지 표시되어 있다. 이 지도에 울릉도는 잘못된 표기인 반릉도(礬陵島)의 중국식 발음인 '판링-타오' (Fan-ling-tao)로, 독도는 울릉도 왼쪽에 '챤찬-타오' (Tchian-chan-tao, 千山島)로 표기되어, 영일만 바로 앞쯤, 대륙에 아주 가까이 나타나 있다. 이는 그때까지 조선에서 제작된 조선 지도에 '천산' (千山) 또는 '우산' (于山, 즉 독도)이 울릉도 왼쪽에 나타나 있었던 것과 같다.

뒤알드의 책에 실려 있는 당빌의 달단(타타르) 지역 지도에는 조선과 일본까지도 나와 있는데, 동해가 '조선해'(Mer de Corée)로 표기되어 있고, 두 섬이 위에 얘기한 것과 같이 한반도 가까이 나와 있다. 일본의 오키 섬까지 동해상에 다른 섬은 없다.

1736년 샤를르보아(Charlevoix) 신부가 저술한 『일본 역사』(전 2권)에도 조선 전도와 일본 전도가 첨부되어 있다. 이 지도들은 프랑스 해군성 지도-해도실의 제도사 벨랭(Bellin)이 1735년에 그린 것이다. 이 책의 제1권에 『하멜 표류기』의 제2부인 「조선사」가 전재되어 있고, 「조선전도」([지도 7-B], 248쪽 도판 참조) 1점이 실려 있다. 당빌의 지도와 비슷한 이 지도에도 울릉도는 '판링-타오'로, 독도는 울릉도 왼쪽에 '챤챤-타오'로 표기되어 대륙에 아주 가까이 그려져 있다. 그런데 이 책의 제1권 첫머리에 실려 있는 「일본제국전도」([지도 7-A], 247쪽 도판 참조)는, 일본, 포르투갈, 네덜란드 사람들, 특히 예수회 선교사들이 그린 지도들을 참고하여 그렸다고 되어 있다. 이 일본 전도에 동해는 '조선해'(Mer de Corée)로 나와 있고, '조선해'에 오키 섬까지만 나와 있다.

그 이후 19세기 초엽까지 서양에서 제작된 조선 지도는 모두 당빌이나 벨랭의 지도를 모사한 것이거나 약간 수정한 것들이다.

따라서 라페루즈와 같은 대탐험가도 당빌이나 벨랭의 지도를 사용할 수밖에 없었는데, 1787년 울릉도를 목격한 후, 1797년에 작성된 라페루즈 『세계탐험기』 지도첩의 도면 46번([지도 12], 251쪽 도판 참조)에 울릉도(다줄레)는 정확한 위치인 북위 37도 22분 18초, 동경 130도 56분 32초에 올려놓았으나, '판링'(Fanling)과 '챵챤'(Tchiang-chan)은 지우지 않고 그대로 두고 있다. '판링-타오'(Fanling-tao)가 전래 지도에 대륙 너무 가까이 표시되어 있었기 때문에 대륙에서 137km나 떨어져 있는 울릉도로 볼 수 없었을 것이다.

라페루즈 다음으로 동해를 거쳐 간 서양인인 영국의 콜넷(James Colnett)이 해양 자원 탐사선 아르고노트 호를 이끌고 1791년 동해를 다녀갔는데, 그 후 그의 잘못된 증언 때문에 동해의 강원도 고성 앞바다쯤 되는 위치에 '아르고노트'(Argonaut)라고 하는 가공의 섬이 등장하게 된다. 아르고노트는 1810년대에 서양의 해도와 지도에 나타나서 1860년대나 되어서야 사라진다.

서양에서 제작된 조선 지도에 '우산'(독도)이 울릉도 오른쪽에 나타나는 것은 1855년 이후이다. 이런 지도는 3점이며, 모두 프랑스에서 제작된 천주교 계통의 지도다. 그 첫 지도가 1846년에 김대건 신부가 작성한 「조선전도」이다. 김대건 신부는 중국에 있던 프랑스 신부들에게 조선 입국 경로를 알리기 위해 이 지도를 작성했다. 그는 이 지도를 중국인 어부에게 전달한 뒤 체포되어 순교했다.

이 지도는 주중 프랑스 영사 드 몽티니(De Montigny)에게 전달되었다. 몽티니는 김대건 신부의 지도를 바탕으로 그린 「조선전도」를 1849년 프랑스에 가지고 와 1851년에 프랑스국립도서관(BNF)에 기증하였다.(〔지도 52〕, 280쪽 도판 참조). 즉 이 지도는 김대건 신부의 친필 지도가 아니고, 그의 지도를 중국에서 다시 프랑스 신부와 중국인이 필사한 것으로 보인다. 사용된 종이도 서양 종이다.

이 지도에서 획기적인 것은 한자 지명의 한국식 발음을 프랑스어로 표기한 것이며, 프랑스어 표기 위에 한자를 덧붙여 놓았다. 이 지도에 '우산'(Ousan)이 울릉도 오른쪽에 크게 나타나 있다. 우산이 울릉도에 가까이 나타나 있어 '죽서' 쯤으로 오해할 소지도 있다. 그러나 죽서는 지도에 나타날 수조차 없는 조그만 암서이다. 우산이라는 명칭이 죽서에 대해 사용된 적도 없고, 더욱이 그것은 독도를 가리키는 명칭이었으므로, 여기에서 '우산'은 독도를 지칭하는 것이 틀림없다.

이 필사본 지도를 기본으로 하여 지리학자 말트-브렁(Malte-Brun)이 「조선전도」(〔지도 53〕, 281쪽 도판 참조)를 그려서 『파리지리학회지』 1855년판에 실었다. 말트-브렁은 김대건 신부의 지도를 원산 정도까지는 1/2로 축소하였고, 그 이북은 1/4로 축소하여 위에 얹었다. 서양에서 제작된 지도로는 처음으로 울릉도는 'Oulangto'로, 독도는 'Ousan'으로 표기되었으며, 우산(독도)이 울릉도 오른쪽에 나타나 있다.

『파리지리학회지』 1870년판에는, 병인양요 때 참전한 바 있으며 나중에 풍경 화가가 되는 해군 장교 쥐베르(Zuber)가 조선 지도를 바탕으로 그린 「조선전도」가 실렸는데, 여기에 울릉도는 '다줄레 섬'(I. Dagelet) 또는 '울릉'(Oul-leung)으로 표시되어 있다.

그 뒤에 제작되는 프랑스 신부들의 조선 전도 작성에 참고가 된 조선 지도는, 1840년경에 제작된 「해좌전도」(海佐全圖) (〔지도 27〕, 278쪽 도판 참조)인 것으로 보인다. 「해좌전도」는 프랑스에만도 국립도서관(BNF, DCP) 및 동양어대학교 도서관에 각 한 점씩, 그리고 개인이 소장했던 것으로 현재 소재를 알 수 없는 두 점이 있고, 한국에도 여러 점 알려져 있는 것으로 보아 당시 상당히 유포되었던 것으로 짐작된다.

프랑스국립도서관에는 제목이 없이 특이하게도 지명이 순 한글로 된, 「해좌전도」와 꼭 닮은 조선 전도도 한 점 있다. 한국의 고지도로서 지명이 순 한글로 된 지도는 이것뿐인 것으로 짐작된다. 이 「순 한글 조선전도」(〔지도 28〕, 279쪽 도판 참조)에는 지명이 모두 한글로만 표시되어 있고 한자는 한 자도 없다. 한글 지명 옆에 프랑스어 표기도 있는 것으로 보아, 한국의 천주교인이 「해좌전도」를 모사한 다음 한글로 지명을 표기하고, 거기다 프랑스 신부(아마도 리델〔Ridel〕 신부)가 프랑스어 발음을 표기해 넣었는지도 모르겠다. 이 「순 한글 조선전도」는 그 원본인 「해좌전도」와 함께 프랑스국립도서관에 기증된 것으로 생각된다.

프랑스의 파리외방전교회 천주교 신부들이 작성하여 간행한 다른 두 점의 지도 중 하나는, 1874년 샤를르 달레(Charles Dallet) 신부가 쓴 『조선천주교회사』 전 2권 중 제1권 끝에 수록되어 있는 지도([지도 54], 282쪽 도판 참조)이다. 또 하나는, 역시 프랑스 신부들이 저술하여 1880년에 요코하마에서 인쇄한 한국어-외국어 사전의 효시인 『조선쟈뎐』에 실려 있는 지도이다. 『조선쟈뎐』의 「됴션(朝鮮, Tyo syen) 전도」([지도 55], 283쪽 도판 참조)는 달레 신부의 『조선천주교회사』에 실려 있는 지도와 유사하다. 이로 미루어 보아 달레 신부의 지도를 조금 수정한 것으로 보인다. 이 두 지도에도 지명은 한국식 발음의 프랑스어 표기이며, 울릉도가 'Oul-long-to' 또는 'Oul-neung-do'로 나타나 있고, 독도는 'Ousan'으로 표기되어 울릉도 바로 오른쪽에 조그맣게 나와 있다. 그런데 이 두 섬을 아울러 '다줄레 섬들'(Is Dagelet)이라고 괄호 속에 써 넣었다.

그러나 앞 장에서 본 바와 같이 그때 이미 울릉도의 명칭은 '다줄레' 또는 '마츠시마'로, 독도는 '리앙쿠르', 경우에 따라서는 '호넷'으로 확정되어, 정확한 좌표에 표시되어 널리 알려진 상황이었다. 프랑스의 해도에는 1851년부터 독도가 제 위치에 올려져 있었고, 1864년의 해도에는 울릉도 옆에 있는 죽서가 '부솔'(라페루즈 탐험대의 모함 이름)이란 이름으로 나타나 있었다.

이들 천주교 신부들의 지도 세 점은 모두 당시의 조선 지도에서와 마찬가지로 우산이 울릉도 오른쪽에 나타나기는 하지만, 두 섬이 너무 가까이 표시되어 있었기 때문에, 서양인들은 '우산'을 실제로 울릉도에서 87km나 떨어진 독도로 보기 어려웠을 것이다. '죽서'(부솔, Boussole)쯤으로 인식될 수 있었을 것이다. 그 밑에 두 섬에 걸쳐 괄호 속에 프랑스어로 '섬'의 약자인 'I'를 복수로 한 다음 'Is Dagelet'라 표시해 놓았기 때문에 더욱 그렇다. 또 이들 조선 전도들은 학술지나 저서 속에 들어 있었던 데다, 당시 조선에 대해 기술한 이 저서들의 영향력도 약했다. 이런 여러 이유로, 유감스럽게도 한국 명칭이 한국의 섬인 울릉도와 독도에 쓰일 수 없었다고 본다. 여하튼 천주교 계통의 이 세 점의 서양 지도에 나타나 있는 '우산'은 당시의 조선 고지도들에 그렇게 되어 있는 것과 마찬가지로 분명히 독도를 나타낸 것이다.

1880년대 이후 한국에 관한 서적이나 글에 첨부된 지도에는 울릉도를 'Oul-long-do', 'Ollong-to' 등으로 표기하기도 했고, 20세기 초부터는 울릉도의 일본식 발음인 'Utsuryo', 'Uryun'도 사용된다.

1880년대가 되면 일본 지도의 영향을 받아 서양에서 제작된 동양 지도의 한국 부분에는 지명이 일본식 발음으로 표기된다. 이 일본식 발음은 중국식 발음 및 한국식 발음과 혼용되다가, 차츰 일본식 발음으로만 표기되었는데, 이 발음이 일제 강점기를 거쳐 해방될 때까지 계속되었다.

그런데 과거부터 19세기 초엽까지 조선에서 제작된 조선 고지도, 중국에서 제작된 조선 지도, 또 이들의 영향을 받아 서양, 특히 프랑스에서 제작된 조선 고지도에서 공통적으로 나타나는 분명한 사실은, 울릉도와 독도의 명칭은 어떠하든 간에, 또 두 섬의 위치가 아무리 뒤바뀌어 있었다 하더라도, 울릉도와 독도(천산도, 우산도, Tchianchan-tao)가 한데 묶여 서로 뗄 수 없는 불가분의 관계에 있다는 것이다. 이는 서양인들도 독도를 울릉도의 부속 도서로 인식하였음을 의미한다.

1860~1920년대에 독도에 대해서는 일본 명칭도 쓰이지 않았다. 그 이유는, 과거 일본에서 독도를 가리키기 위해 쓴 '마츠시마'가 서양 지도상의 '다줄레'(울릉도)에 대응하여 쓰였고, 또 울릉도를 가리키는데 사용된 '다케시마'가 가공의 섬 '아르고노트'에 맞추어졌다가 '아르고노트'가 해도에서 사라지면서 함께 없어졌기 때문이다.

일본 고지도

일본 고지도 중에서 중요한 것은 1775년에 제작된 나가쿠보 세키스이(長久保 赤水)의 「일본여지노정전도」(日本輿地路程全圖)([지도 16], 254쪽 도판 참조)인데, 여기에 울릉도는 '다케시마'(竹島) 일명 '이조 다케시마'(礒竹島)로, 독도는 바로 가까이 오른쪽 밑에 '마츠시마'(松島)로 나와 있다. 그 위에 "견고려유운주망은주"(見高麗猶雲州望隱州, [이곳에서] 고려[조선, 한국]를 보는 것이 운주에서 오키를 보는것과 같다)라는 문구가 있다. 이 지도는 최초로 위도와 경도를 나타낸 일본 지도이며, 대단히 자세하고 혁신적인 것이었다. 그 이후 1860년대까지 일본에서 제작된 지도들 중 울릉도와 독도를 나타낸 것은 이 나가쿠보의 지도를 그대로 답습한 것들이다. 나카쿠보 지도에 나와 있는 문구까지도 그대로 사용되었다.

나가쿠보의 지도는 채색 지도인데, 지도 가운데 다케시마와 마츠시마에 한반도와 같이 색깔이 없기 때문에 나가쿠보는 이 두 섬을 한국령으로 인식하고 있었다는 주장도 있는데, 이는 옳지 않다고 본다. 이 지도는 목판본인데, 목판 인쇄의 경우 인쇄할 때마다 색깔을 넣으므로 지도마다 색깔이 조금씩 다르고, 지도에 따라서는 작은 섬인 경우 색깔을 잊고 넣지 않았을 수도 있기 때문이다. 이 두 섬에 색깔이 들어 있는 지도도 있다.

하야시 시헤이(林子平)의 『삼국통람도설』(三國通覽圖說) 가운데에는, 1785년에 제작된 「조선팔도지도」(朝鮮八道之圖)와 「삼국통람도」(三國通覽圖)가 들어 있다. 시헤이의 책은 클라프로트(Klaproth)가 프랑스어로 번역하여 1832년 파리에서 출판되었다. 「조선팔도지도」([지도 17], 255쪽 도판 참조)에는 동해에 섬 하나를 크게 그리고, 그 속에 "울릉도, 천산국, (산

〔山〕은) 이조다케"라고 써 넣었다. 「삼국통람도」(또는 「삼국접양지도」)(〔지도 18〕 및 〔지도 19〕, 256~257쪽 도판 참조)에는 동해 가운데 큰 섬 하나와 그 오른쪽에 작은 섬 하나가 길쭉하게 나와 있고, 큰 섬 오른쪽에 "다케시마는 조선에"라는 문구가 들어 있다. 이 지도에는 한반도 바로 옆에 이름 없는 섬이 또 하나 표시되어 있다. 이 지도는 한국에서 출판된 독도에 관한 여러 저서에 독도의 영유를 밝히는데 대단히 중요한 지도처럼 소개되어 있다.

그런데 하야시의 지도가 나오기 이전과 이후에 일본에서는 독도를 '마츠시마'로, 울릉도를 '다케시마'로 부르고 있었다는 사실을 고려한다면, 여기서 말하는 '다케시마'는 울릉도를 가리킨다. 이 지도에 나타난 한반도 바로 옆의 섬과, 다케시마 바로 오른쪽의 작은 섬은 또 무엇을 가리키는가? 그러나 동해상의 모든 섬들이 조선과 같은 색깔로 표시되어 있는 점은 이 섬들이 모두 조선 영토임을 나타낸다.

19세기 중엽 이전의 일본 고지도 중 울릉도와 독도가 나와 있는 것은 모두 나가쿠보의 지도를 그대로 모방한 것이었으며, 모든 지도에 '다케시마'(竹島, 울릉도)와 '마츠시마'(松島, 독도)가 서로 87km나 떨어져 있다고 볼 수 없을 정도로 가까이 붙어 있다. '마츠시마'(松島, 독도)의 크기도 '다케시마'(竹島)와 비슷하게 나타나 있다. 중요한 것은, 일본 고지도에서도 이 두 섬을 서로 분리할 수 없는 관계로 인식하고 있었다는 점이다. 따라서 독도는 울릉도가 속한 나라에 귀속하는 것으로 보았다고 말할 수 있다.

앞장에서도 언급했지만, 이와 같은 자연적이고 객관적인 '울릉도-독도 불가분'의 논리가 독도의 일본 영토 편입에 결정적인 저해 요인이라는 사실을 의식한 일본 당국은 독도(과거의 마츠시마, 1905년 이후의 다케시마)를 울릉도에서 인위적으로라도 분리하려고 은연중 기도해 왔고, 일본의 막강한 지식력과 문화 전파력, 그리고 국제적인 지위를 이용하여, 20세기 이후의 서양 자료상에서 독도(다케시마)를 한국에서 분리해 내는 데 상당히 '성공'하고 있다. 그러나 이는 억지이고 인위적이다.

서양 해군 함정들의 동해안 탐사

서양인으로서 최초로 동해안을 탐사한 이는 잘 알려진 대로, 프랑스의 라페루즈(Jean François de Galaup de La Pérouse) 탐험대였다. 라페루즈 탐험대는 1787년 5월 27일 울릉도를 발견했다. 이로써 울릉도(남쪽 첨단부)의 위치가 사상 최초로 북위 37도 25분 00초~37도 22분 18초, 동경 131도 22분 00초~131도 06분 42초에 확정되어, 서양의 해도와 지도에 '다줄레'라는 이름으로 등장하게 되었다.

라페루즈 이후 가장 먼저 동해안을 탐사한 이는 영국 해군의 콜넷(James Colnett) 제독이다. 그는 함정 아르고노트(Argonaut)를 가지고 1789년 대서양을 남쪽으로 횡단, 케이프 혼을 돌아 태평양으로 나왔다. 1791년에는 태평양과 동해 등을 순회하면서 영국 정부의 지시로 어업 자원, 특히 고래 서식지와 기타 항해에 참고가 될 여러 사항을 조사했다. 그는 원산만 앞을 거쳐 울릉도 부근에서 동쪽으로 항해하여 일본의 혼슈 중간쯤까지 갔다가 다시 대한해협으로 내려와 태평양으로 나갔는데, 이때 울릉도를 목격한 듯하다. 그러나 나중에 울릉도를 나타낸 것으로 보이는 섬(아르고노트)이 실제 지도상에 나타난 위치는 대단히 부정확한 것이었다.

그로부터 6년 후인 1797년에는 영국의 해군 중령 브루톤(William Robert Broughton)이 군함 프로비던스(Providence) 호를 이끌고 타타르 해협으로부터 청진, 원산 앞바다를 거쳐 동해안에 바짝 붙어 남하하면서 해안을 측정하였다. 그리고 부산 부근의 초량(초산) 앞바다에 이르러 약 일 주일간 정박하였는데, 이때 육지에 상륙하여 한국(조선) 사람들도 만나고, 물과 땔나무도 공급받았다. 항해 일지 형식으로 된 그의 탐험기는 1804년에 런던에서 출판되었고, 1807년에 프랑스어로 번역되었다. 그는 동해안 가까이 항해했기 때문에 울릉도를 볼 수 없었다. 그의 저서에 동해에서 어떤 섬을 목격했다는 얘기도 없다.

그 다음 동해안을 탐사한 이는 크루젠슈테른(Krusenstern) 함장이 지휘한 러시아 함대였다. 러시아 함대는 1805년에 브루톤과 비슷한 항로로 동해안을 따라 남하하면서, 해안선을 측정하고 해도를 작성했다.(〔지도 15〕 참조). 크루젠슈테른의 동해안 및 태평양 탐사는 1803~1806년 사이에 실시되었으며, 탐험 기록은 1809~1813년 사이에 전 3권의 책과 대형 지도첩 1권으로 상트페테르부르크에서 출판되었다. 그가 측정한 동해안 해안선은 50여 년 후인 1854년에 역시 러시아의 푸차친 함대에 의해 대폭 수정되었다. 크루젠슈테른 이후 1840년대 말까지는 서양인에 의한 동해안 탐사가 없었다.

앞에서 언급한 바와 같이 콜넷과 브루톤이 동해안을 다녀간 후 제작된 19세기 초엽의 서양 지도와 해도에는, 강원도 고성쯤 되는 앞바다에 울릉도를 잘못 파악하여 그렇게 된 것으로 보이는 아르고노트(Argonaut)라는 섬이 등장한다. 그 위치가 수치상으로는 북위 37도 52분, 동경 129도 53분이다.

아마도 영국 해군이 콜넷의 부정확한 증언만 믿고 제작한 잘못된 해도의 영향으로 그렇게 된 듯하다. 당시 유럽의 지도 제작자들은 당대 세계 최대의 해군력을 보유하고, 그때까지 서구에 알려지지 않은 세계 각지의 도서를 발견하여 과학적이고 근대적인 해도를 작성하던 영국 해군의 해도를 믿지 않을 수 없었을 것이다. 그래서인지 이 아르고노트 섬은 1813년에 간행된 영국 사람 존스(E. Jones)의 「일본 열도」(Islands of Japan)에 나타난다.[3](〔지도 31〕, 258쪽 도판 참조). 이 지도가 아르고노트를 나타낸 최초의 일반 지도인 것으로 보인다. 이 지도에는 그때까지 근 1세기 동안 서양 지도에 표시되어 오던 판링-타오 및 챤찬-타오는 사라지고, 동해에 이 가공의 섬 아르고노트와 울릉도를 가리키는 다줄레가 표시되어 있다. 1815년에 영국 에든버러에서 간행된 톰슨(John Thomson)의 「조선 및 일본」(Corea and Japan, 〔지도 32〕 참조)에도 존스의 지도와 같이 아르고노트와 다줄레 섬이 나타나 있다. 이 두 지도에 대한해협은 'Strait of Korea' 로 되어 있다.

일반 프랑스 지도에서 아르고노트가 가장 먼저 등장하는 지도는 1820년에 발간된 브뤼에(Brué)의 「청 제국 및 일본 전도」(Carte générale de l'Empire de Chine et du Japon) (〔지도 33〕, 259쪽 도판 참조)인 것으로 짐작된다. 그 후, 1832년 라피(Lapie), 1839년 모냉(Monin) (〔지도 35〕, 260쪽 도판 참조), 1840년 뒤푸르(Dufour)(〔지도 36〕, 261쪽 도판 참조)등이 그린 동양 지도에도 아르고노트와 다줄레가 나타나 있다.

네덜란드인으로서 네덜란드와 독일에서 박물학자로 활동한 시볼트(Philipp Franz von Siebold, 1796~1866)가 1840년대에 제작한 지도첩 중에 나오는, 일본 주변을 나타내는 지도들을 보면, 콜넷이 탔던 함정이 '아르고노트' 라 되어 있다. 시볼트가 제작한 다른 지도에는 '아르고노트 섬' 옆에 브루톤이 발견했다는 내용을 적어 넣은 것도 있는데, 아마도 시볼트가 혼동을 일으킨 듯하다. 울릉도는 다줄레 섬이라 되어 있다. 1859년 영국의 제임스 와일드(James Wyld)가 제작한 해도 「일본열도」(〔지도 45〕, 270쪽 도판 참조)에는 1791년에 콜넷이 동해에서 취한 항로가 자세히 나타나 있고, 아르고노트 섬도 그 항로 가까이 표시되어 있다. 이로 보아 '아르고노트' 가 등장하는 것은 콜넷이 울릉도를 목격은 했지만 위치를 잘못 잡아 그렇게 된 것으로 보인다.

이런 이유로 1810년대에서 1850년대 말까지 서양의 해도와 지도에는 동해에 아르고노트 섬과 다줄레 섬(울릉도) 두 개의 섬이 나타나게 되었다. 아르고노트와 다줄레뿐만 아니라, 과거와 같이 판링-타오와 챤찬-타오도 함께 표시한 지도도 1840년대까지 제작되었다.

시볼트 지도의 영향

바로 이 시기에 앞서 말한 시볼트는 1820~1828년 사이 약 8년 동안 일본의 큐슈에 체류하면서 난학(蘭學)에 관심을 가진 일본 학자들과 교분을 나눈 뒤, 이들로부터 얻어온 방대한 일본 자료를 바탕으로 일본에 관한 많은 저서와 글을 독일어로 썼다. 그는 1832년에 『일본』을 저술했고, 1840년에는 「일본전도」 등 여러 점의 지도를 작성하여 발표했다. 시볼트의 지도는 당시로서는 일본에 관한 가장 정확한 최신 정보였다. 이 지도들은 1851년에 『일본 지도첩』(35

×27cm)이란 제목의 지도첩 형식으로 간행되었다.

시볼트의 책 속의 지도 14번은 「조선전도」인데, 이 지도에는 울릉도(천산도)까지만 나와 있다.

그가 일본에서 가지고 온 일본 지도에는, 그때까지의 모든 일본 고지도가 그랬던 것처럼, 울릉도는 '다케시마'(竹島)로, 독도는 '마츠시마'(松島)로 표시되어 있었다. 이 지도첩의 표지로 사용된 지도는 「일본변계약도」(日本邊界略圖, 〔지도 37-A〕, 262쪽 도판 참조)이다. 이 지도에 조선은 '코라이(Korai) 또는 조선(Tsjo-sjon)'이라 되어 있다. '다카시마'(다케시마의 잘못된 표기)는 마츠시마의 아래쪽 왼편에 나타나 있다. 다시 말해 다케시마가 마츠시마보다 한반도에 더 가까이 나와 있다. 또 이 두 섬이 한반도 아주 가까이 표시되어 있고, 일본의 오키 섬에서는 대단히 멀리 떨어져 있다. 따라서 「일본변계약도」상의 이 두 섬은 누가 보아도 한국의 섬이라고 인식하였을 것이다. 지명보다는 거리상으로 가까운 것이 영토 의식을 더 강하게 반영한다고 본다.

시볼트의 지도첩 중의 「일본전도」(70×54cm, 〔지도 37-B〕, 263쪽 도판 참조)에는 '브루톤의 타카시마(아르고노트 섬) 북위 37도 52분, 동경 129도 50분'과 '라페루즈의 마츠시마(다줄레 섬) 북위 37도 25분, 동경 130도 56분'의 두 섬이 나타나 있다. 아르고노트 섬은 브루톤(1797년)이 아니고 콜넷(1791년)과 관계가 있으므로, 시볼트의 기록은 잘못된 것이다.

「일본변계약도」와 「일본전도」에서 공통적인 점은 다카시마(Takasima, 울릉도)가 마츠시마(Matsusima, 독도) 왼쪽에 나타나 있는 것과 이 두 섬의 명칭 표기이다. 이것은 그때까지의 일본 지도에서 울릉도를 '다케시마'라 표기하고, 독도를 '마츠시마'라 표기해 왔기 때문에 그와 일치한다. 그러나 같은 지도첩 내의 두 지도에서 상반되는 것은, 「일본변계약도」에는 다카시마(다케시마)가 마츠시마의 아래 약간 왼쪽에 있고, 「일본전도」에서는 훨씬 위 왼쪽에 있는 점이다.

앞에서 말한 바와 같이, 시볼트가 「일본전도」를 작성할 당시(1840년) 서양의 모든 지도에는 동해상에 두 개의 섬이 표시되어 있었다. 그 두 섬은 북위 38도 강원도 고성쯤의 앞바다에 나타나 있던 아르고노트 섬과 그 오른쪽 아래에 나타나 있던 다줄레 섬이었다. 따라서 시볼트는 서양 지도상의 이 두 섬과 일본 지도상의 두 섬은 서로 같은 것으로 이해했음이 틀림없다. 그래서 자연히 '다카시마'(다케시마, 그때까지의 일본 지도에서의 울릉도)는 아르고노트에 맞추고, '마츠시마'(일본 지도에서의 독도)는 다줄레(울릉도)에 맞춘 것으로 보인다. 따라서 그의 「일본전도」에는 아르고노트(가공의 섬)=다카시마, 마츠시마=다줄레(울릉도)로 나타나 있다. 아르고노트는 실존하지 않는 섬이다. 또 그때는 독도가 서양인들에 의해 아직 발견되지 않았던 상황이어서, 독도를 나타낼 수 없었던 것은 당연하다. 독도는 1849년에 프랑스 포경선 리앙쿠르 호에 의해 목격되어 1851년 발간된 『수로지』와 해도에 처음으로 정확한 위치에 등장한다.

그러므로 다카시마를 아르고노트에 맞추고, 마츠시마를 다줄레(울릉도)에 맞춘 시볼트의 발상은 당시로서는 합리적인 것이었다. 잘못이 있다면 그 당시 서양 지도에 나타나 있었던 아르고노트에 있다.

아무튼 시볼트의 「일본전도」는 당시 서양에서 제작된 일본 전도 중 가장 자세하고 과학적인 것이었다. 시볼트는 당대 유럽 최대의 일본학 전문가이면서, 일본학을 실증적 사실에 입각하여 과학적으로 접근하려고 시도한 사람이었다. 그러므로 그의 지도는 대단한 영향력을 가지고 있었고, 모두 그것을 채용하게 되었다. 서양의 해도와 지도들도 시볼트의 지도에 따라 '다케시마'를 '아르고노트'에, '마츠시마'를 '다줄레'(울릉도)에 대응시켰다.

이런 가운데 1849년 1월 27일 프랑스의 포경선 리앙쿠르 호가 독도를 목격하게 되었다. 이 사실은 프랑스 해군성이 발간하는 『수로지』 1850년판에 수록되었고, 해도국이 1851년에 제작한 해도에 올려졌다. 1851년의 이 해도는 「태평양전도(해도)」인데(〔지도 39〕, 264쪽 도판 참조), 이 해도의 상단 오른쪽 제목 옆에 나와 있는 동해 부분에 세 개의 섬이 나타나 있다. 그때까지 지도상에 나타나 있던 두 섬 '다카시마'(Takasima)와 '마츠시마'(Matsusima) 외에 새로 발견된 '리앙쿠르 바위섬'(Rocher du Liancourt, 복수가 아니고 단수로)이 그것이다. 지면이 좁아 그랬는지 울릉도에 대한 프랑스어 명칭 '다줄레'(Dagelet)는 사용되지 않았다.

그러던 중 프랑스를 위시한 여러 나라 해군에서는 아르고노트 섬의 실체에 관하여 의문이 제기되기 시작했다. 1863년에 영국 해군이 제작한 해도(〔지도 48〕, 272~273쪽 도판 참조)에 아르고노트는 점선으로 나타나 있고, 1864년에 프랑스 해군성 해도국이 제작한 해도(〔지도 49〕, 276쪽 도판 참조)도 마찬가지다.

1852년 프랑스의 인도차이나 함대 사령관 로크모렐(Roquemaurel) 대령이 지휘하는 함정 카프리시유즈(Capricieuse) 호가 지도상에 점선으로 표시된 아르고노트 섬에 해당하는 해역을 두 번이나 가로질러 갔으나 섬의 자취를 보지 못했다(〔지도 40〕, 265쪽 도판 참조).

1854년에는 러시아 푸차친 제독의 함정 팔라스(Pallas) 호가, 1855년에는 영국 포시드(Forsyth) 함장의 호넷(Hornet) 호가 이 섬이 있다고 하는 좌표에 가서 확인했으나, 문제의 섬은 존재하지 않는 것으로 판명되었다. 그래서 아르고노트는 그 이후에 제작된 지도에서 사라지게 되었다. 이때 '아르고노트'에 대응하여 사용되던 '다케시마'라는 이름도 함께 영영 사라지게 되었다. 그리하여 1860년대 이후부터는 동해에 울릉도와 독도 두 개의 섬만 나타나게 되었다. 울릉도는 '다줄레' 혹은 '마츠시마로', 독도는 '리앙쿠르', 때로는 '호넷'이 함께 쓰이다가 차츰 '리앙쿠르'로 통일되었다.

일본의 수로지와 해도

일본은 섬나라이다. 따라서 해군과 해운은 대단히 중요하다. 메이지 유신(1867) 이래 일본의 현대화 과정 초기에, 정부의 각 부서는 수많은 외국인 고문을 고용하고 있었다. 육군은 프랑스 육군 교관단이 1865년부터 막부 군대를 교육하다가, 메이지 유신 이후 잠시 중단되었다. 그러다가 메이지 정부는 다시 프랑스 육군 고문단을 불러 1875년경까지 고용했다. 프랑스 해군 고문단은 일본 최초의 요코스카 조선소(해군 공창) 건설을 지원했다.[4]

메이지(明治) 초기에 일본 해군이 고용한 외국인 고문의 수는 1874년에 96명, 1879년에 51명이었다. 대부분이 영국 해군 장교였다. 이들은 일본 해군의 각 부서에서 현대화를 위해 수학, 물리 등의 기초 학문에서부터 조선, 기술, 항만, 항해, 수로, 등대, 회계 등을 가르쳤으며 군악대도 지도하였다. 일본 해군은 영국 해군을 대단히 존경하게 되었다.[5]

1880년대 말기까지는 일본 해군 스스로가 아직 근대적이고 과학적인 해도를 작성할 지식과 능력도 없었고, 또 그럴 만한 과학적인 장비도 갖추고 있지 못했으므로, 일본 해군은 영국, 프랑스, 러시아 등의 수로지와 해도를 번안하여 사용하였다.

당시 일본은 서양 자료에 나타난 울릉도와 독도의 명칭과 분류를 아무런 이의 없이 그대로 받아들여 사용했다. 그 단적인 예는, 당시 일본에서 제작된 해륙도 및 1894년 일본 해군이 최초로 간행한 『조선 수로지』에 수록된 울릉도와 독도에 관한 분류와 내용이, 영국을 비롯한 서양 여러 나라 해군이 발간한 수로지 및 해도의 내용을 번역한 것이라는 점이다. 프랑스와 영국 해군은 자연스럽게 울릉도와 독도를 한국 동해안에 분류해 오고 있었으므로, 일본 해군도 이를 따랐다. 따라서 울릉도와 독도는 일본 해군이 발간한 『일본 수로지』에는 포함되어 있지 않다. 바꾸어 말해 일본 해군이 발간한 수로지에 독도는 한국에 분류되어 있었고, 『조선 수로지』 1899년 제2판에도 그렇게 되어 있다. 이는 일본 해군이 서양 해군과 마찬가지로, 독도를 한국 영토로 인식, 인정하고 있었음을 의미한다.

그러다가 1905년 이른바 '시마네 현 고시' 라는 조치가 있고부터는 사정이 달라졌다. 이때부터 일본은 독도에 대한 영토 야욕을 이론적으로 뒷받침하기 위해, 일본 자료는 물론 서양 수로지와 해도에서도 독도를 울릉도에서 분리, 오키 섬과 함께 분류되도록 하고, 독도의 명칭으로는 일본 이름 '다케시마' 가 사용되도록 하는데 노력을 기울이게 된다.

1850~1860년대 서양의 모든 해도와 지도에서는 울릉도의 명칭으로 '다줄레' 와 '마츠시마' (松島)가 사용되고 있었다. 이는 과거 일본에서 독도를 가리키는 데 쓰였던 '마츠시마' 가 울릉도로 옮아간 결과처럼 된 것이다. 그리고 울릉도를 가리키는 데 쓰인 '다케시마' (竹島)는 '아르고노트' 와 함께 사라져 버렸으므로, 독도에 대해서는 동양 명칭이 없어지고 서양 명칭

만 남아 사용되고 있었다. 일본은 이런 상황을 기정 사실로 받아들이지 않을 수 없었다. 그리하여 독도에 대하여는 프랑스 명칭 '리앙쿠르'의 일본식 발음인 '랑고', '리양코르도'나, 영국 명칭 또는 러시아 명칭을 사용하거나, 아니면 과거와 같이 '마츠시마'를 사용하는 등 심한 혼란을 보였다.

사실 1870~1900년대 사이에 일본 정부 고위 지도자나 일반인들은 울릉도와 독도에 대한 인식이 약했고, 이 두 섬을 한국 영토로 인식, 인정하고 있었다. 그것은 일본 정부의 공식 자료에도 잘 나타나 있다. 즉 1876년 10월 내무성 지리국이 지적을 편찬하기 위해 시마네 현에 독도에 대한 정보를 조회한 과정을 보면 잘 드러난다. 시마네 현은 "일본해〔동해—지은이〕 내의 다케시마〔울릉도—지은이〕 외 일도(一島)〔독도—지은이〕"의 지적 편입에 대한 회신을 내무성에 제출했다. 이 회신에서 보듯, 시마네 현은 독도를 울릉도의 부속 도서로 이해하고 있었기 때문에 "다케시마 외 일도"라고 일괄해서 취급한 것이었다. 내무경 오쿠보 토시미치(大久保利通, 1830~1878)는 독자적으로 이 두 섬에 관한 기록을 조사했고 시마네 현의 보고서도 함께 검토했다. 그 결과 이 두 섬은 조선 영토이며 일본과 관계가 없다는 결론을 내렸다. 그러나 문제의 중요성을 감안하여, 내무성은 부속 문서를 첨부하여 이듬해인 1877년 3월 17일 국가 최고 기관인 태정관(太政官) 우대신(右大臣) 이와쿠라 토모미(岩倉具視, 1825~1883)에게 품의서를 제출하여 최종 결정을 내려 달라고 요청했다. 동 보고서의 첨부 서류에 독도를 '마츠시마'(松島)라고 명기하고 그 위치와 형상도 바르게 기술했다.[6]

태정관에서는 이를 검토한 후 "품의한 취지의 다케시마(竹島)〔울릉도—지은이〕 외 일도〔독도—지은이〕의 건에 대하여 우리나라는 관계가 없다는 것을 심득할 것"이라는 지령문을 태정관 우대신의 결재로 승인하여 1877년 3월 29일 내무성에 내려 보냈다. 이로써 일본의 최고 국가 기관인 태정관은 시마네 현과 내무성이 상신해 온 "울릉도와 독도를 한 묶음으로 보는 견해"(본도와 속도로 보는 견해)에 기초하여 이 두 섬은 일본과 관계가 없다고 공식적으로 입장을 표명했다. 상급 관청의 지시에 의거하여 내무성은 그해(1877) 4월 9일 시마네 현에 이 내용을 문서로 통보함으로써 이 문제는 결말이 났다.[7]

그때 일본 내무성이 지적을 조사하여 내무성 지리국 지리과가 1880년에 편찬한 지도가 「대일본전도」(大日本全圖, 157×145cm, 〔지도 63〕 참조)이다. 이는 이듬해에 재판되었다. 울릉도와 독도가 일본과는 관계가 없다는 위 태정관과 내무성의 결정이 반영된 이 지도에는 울릉도와 독도가 나타나 있지 않다.

1880년~1900년 사이에 제작된 근대적이고, 정밀하고, 과학적인 다른 관허(官許) 일본 지도 또는 해륙도에도 대부분의 경우 울릉도와 독도가 표시되어 있지 않다. 다시 말해 이는 일본 정부의 최고 결정 기관뿐만 아니라 지리학자, 일반인들까지도 울릉도와 독도는 일본과 무관하며 한국 영토임을 인정하고 있었다는 사실을 증명한다. 이런 지도는 다음과 같은 것들이 있다.

1880년경에 일본에서 제작된 「관판실측일본도」(官板實測日本圖, 〔지도 58〕 참조)는 가로 235cm, 세로 150cm의 초대형 정밀 지도 4매로 구성되어 있다. 그 가운데 2매가 홋카이도(에조)와 쿠릴 열도에 관한 것이다. 나머지 2매는 일본 전도인데, 여기에 독도가 나타나 있지 않다.

이렇게 1870년대에서 1900년대 사이에 제작된 일본 지도에는 독도가 나타나 있지 않은 반면, 일본에서 제작된 조선 전도에는 다케시마(竹島, 즉 울릉도)와 마츠시마(松島, 즉 독도)가 조선 영토에 포함되어 나타나 있다. 그렇게 된 지도들 중 가장 대표적인 것이 1877년 초판 발간 후 1886년에 재판된 모리 킨세키(森琴石)의 「조선국전도」(〔지도 82〕, 292~293쪽 도판 참조)이다. 이 「조선국전도」는 「대일본해륙전도 부 조선 유구 전도」라는 이름의 대형 지도 속의 왼쪽 상단 박스 속에 들어 있다. 이 외에도 한국의 영남대학교 박물관에 소장되어 있는 지도 가운데 다케시마(竹島, 즉 울릉도)와 마츠시마(松島, 즉 독도)를 조선(한국)에 포함시킨 일본인 제작 지도로는 다음과 같은 것들이 있다.

· 1875년, 세키구치 토모마사(關口備正), 「조선여지전도」(朝鮮輿地全圖), 62×35cm.
· 1876년, 카시와라 요시나가(樫原義長), 「조선팔도지도」(朝鮮八道地圖), 48×35cm.
· 1882년, 오오무라 츠네시치(大村恒七), 「조선전도」(朝鮮全圖), 47×34cm.
· 1884년, 시미즈 미츠노리(清水光憲), 「조선여지도」(朝鮮輿地圖), 107×77cm.
· 1894년, 일본 육군 참모국, 「조선전도」(朝鮮全圖), 127×94cm.
· 1894년, 코바시 스케히토(小橋助人), 「조선해륙전도」(朝鮮海陸全圖), 137×92cm.

시마네 현의 고시가 있은 후, 새로 붙인 '다케시마'라는 이름까지 쓰면서 독도를 한국 영토에 포함시킨 일본인 제작 지도도 있다. 그 대표적인 것이 1908년 초판, 1910년 제5판이 발간된, 이토 세이조(伊藤政三, 저자 겸 발행자)의 『대일본분현지도』(大日本分縣地圖) 세트 중의 하나인 「조선전도」(〔지도 92〕, 296쪽 도판 참조)이다. 과학적이고 정밀한 이 지도 세트는 도쿄의 하쿠아이칸(博愛館)이 발행한 54×59cm 크기의 컬러 지도이다. 총 50매로 된 이 지도 세트 중의 「대일본분현총도」 및 「시마네(島根) 현 전도」(297쪽 도판 참조)에는 오키(隱岐) 섬까지만 나타나 있다. 그러나 「조선전도」에 울릉도는 '鬱陵島(松島)'로, 독도는 위도상으로는 약간 위이지만 경도상으로는 제 위치에 '竹島'(다케시마)로 표기되어 한반도와 같은 색깔로 채색되어 의심의 여지없이 한국령으로 나타나 있다. 소위 시마네 현 고시라는 것이 있은 지 5년 후에,

이 고시를 하면서 새로 붙인 다케시마라는 이름으로 독도를 한국의 영토에 포함시키고 있는 점은 독도를 한국 영토로 인식하고 있었음을 입증하는 것이다.

독도(獨島)/다케시마(竹島)

다케시마(竹島)는 1905년에 시마네 현 고시라는 것을 할 때 일본이 독도에 대해 새로 붙인 이름이다. 그때까지도 일본 사람들은 독도에 대한 이름이 없어서 리앙쿠르의 변형된 일본식 발음인 '량고' 또는 '량코르도' 로 부르거나, 혹은 과거처럼 '마츠시마' (松島)로 부르고 있었다. 1905년 초 일본과 러시아 간의 일본해(동해) 해전이 보도되면서 '량고' 또는 새로 붙인 이름 '다케시마' 가 일본 사람들 사이에 널리 알려지게 되었고, 1920년대부터는 서양의 지도와 해도에 '다케시마' 가 사용되기 시작하였다.

한편 조선시대 마지막 지도로서 대한제국 학부가 1998년에 제작한 「대한여지도」, 1899년에 발간한 「대한전도」에는 울릉도와 우산이, 울릉도와 죽서쯤으로 인식될 수 있게 아주 가까이 나타나 있다. 이는 정상기의 지도나, 프랑스에서 간행된 천주교 계통의 조선 전도에 나타난 울릉도와 우산의 지리적 위치와 동일하다. 이는 한국에서는 19세기 말엽까지도 독도의 지리적 인식에 조금도 변화나 발전이 없었다는 것을 뜻한다.

행정상으로 독도는 1900년 10월 25일자 대한제국 칙령 제41호에 의거 '석도' (石島)[8]라는 명칭으로 울릉군 관할에 두게 되었다. '독도' (獨島)라는 명칭은 1906년 3월 29일자 울릉군수 심흥택의 보고서에서 처음으로 사용되었다. 그러나 그때 조선은 이미 주권을 거의 잃은 상태로 곧 일본에 합방되고 말았기 때문에, '독도' 라는 명칭은 책자나 지도 등에 사용되어 볼 겨를도 없었다.

한국이 35년간의 일제의 압박으로부터 해방된 지 얼마 되지 않은 1947년 8월 16~25일 사이에는 한국산악회 학술조사팀이 독도에 가서 현지를 답사하고 독도를 실측하는 한편, 독도의 지리적 · 생물학적 환경에 관해 '울릉도 · 독도 종합 학술 조사' 를 시행하여 『산악회 보고서』 및 『수산』에 보고하였다.

1948년 6월 8일에는 독도 부근에서 폭격 연습을 하던 미군기의 실수로 이 해역에서 어로 활동을 하던 한국인 어민 30명 중 14명이 사망하고 6명이 중경상을 입는 참사가 발생하기도 하였다.[9]

한국 동란 중인 1952년 1월 18일 대한민국 정부는 영세한 한국 어민을 보호하기 위해 '인접 해양의 주권에 관한 대통령 선언' 을 하게 되었다. 이 선언에서 설정된 수역은 연안으로부터 200해리였다. 따라서 독도도 이 '평화선' 안에 포함되었다. 이에 대해 일본 정부는 1월 28일 "이 선언에서 대한민국은 다케시마(竹島 또는 리앙쿠르)로 알려진 일본해[동해—지은이]상의 도서에 대하여 영토권을 상정한 것처럼 보이나, 일본 정부는 일본의 영토임에 의문이 없는 이들 도서에 대한 대한민국의 어떠한 가정이나 청구도 인정하지 않는다"라며 강력하게 공식 항의해 왔다. 이 문제는 한일 간에 심각한 외교 마찰로 비화했고, 양국의 여론이 들끓었다.

해방 직후에 일어난 이와 같은 일련의 사건들이 보도되면서 '독도'라는 명칭이 한국의 일반에 널리 알려지게 되었다. 따라서 '독도'라는 명칭의 역사는 대단히 짧다고 할 수 있다.

서양의 자료에는 1850년대부터 '리앙쿠르'라는 명칭이 사용되어 오다가, 1920년대 말 무렵부터 '다케시마'라는 일본 명칭이 알려지자 수로지에서는 주로 '다케시마'가 쓰이고 '리앙쿠르'는 그 뒤나 괄호 속으로 들어갔다.

서양 지도에서 최초로 'Tok-do'라는 명칭이 사용된 것은 1959년에 발간된 『라루스 세계 지도첩』이 아닌가 한다. ([지도 133], 314쪽 도판 참조). 이 지도첩의 일본-한국 부분 지명의 감수자는 샤를르 아그노에르(Charles Haguenauer, 1896~1976) 교수였다. 그는 당대 프랑스 최대의 일본학-한국학 학자였고, 1956년부터 프랑스에 한국어 교육이 시작되도록 제도적인 기틀을 만든 사람이기도 하다. 그의 초청으로 1956년에 이옥(1928~2001) 전 파리7대학 교수가 한국어 강사로 프랑스에 와 있었다. 이런 이유로 '다케시마'라는 명칭 대신에 'Tok Do(R[ers] Liancourt)'라고만 표기된 듯하다.

서양에서 'Tok-do' 표기가 일반화되기 시작하는 것은 1970년대 초부터이다. 미국의 내셔널 지오그래픽은 '리앙쿠르 바위섬'(Liancourt Rocks)을 1933년부터 35년간 사용해 오다가 1971년도에 제작된 지도에서 처음으로 'Dok Do(Liancourt Rocks)'를 사용한 이후, 1999년 발간된 『세계지도책』(*Atlas of the World*) 제7판까지 그렇게 표기했다. ([지도 182], 323쪽 도판 참조). 그러나 2004년 말에 간행된 제8판에서는 한국의 요청을 수락하여 동해를 병기하는 대신, 일본의 요청을 수락하여 'Dokdo' 뒤 괄호 속에 '리앙쿠르 바위섬' 다음에 'Take Shima'를 추가했다. ([지도 183], 323쪽 도판 참조). 내셔널 지오그래픽 외에도 1970년대 중반에 브리태니커(Britannica), 랜드 맥널리(Rand McNally), 더 타임스(The Times)의 지도책 등에도 Tok-do 표기가 사용되기 시작하여, 현재는 'Tok-do'(앞으로는 새 표기법에 따라 Dokdo)가 우세하게 먼저 표기되고, 다케시마는 괄호 속에 넣는다. 거기에 리앙쿠르 바위섬을 괄호 속에 추가하는 경우도 많다.

어떤 지도책에는 '독도(다케시마)'라 표시해 놓고, 그 밑에 "한국과 일본이 영유를 주장함"(Claimed by S. Korea and Japan; Réclamé par la Corée et le Japon)이라는 문구를 표기해 놓은 경우도 있다. 분쟁을 의식한 지도 제작자들은 중립적인 '리앙쿠르'만 쓰기도 한다.

미국에서는 리앙쿠르 바위섬(Liancourt Rocks)이 독도에 관한 표준 명칭인 것으로 보인다. 따라서 지도나 해도에 이 명칭으로 표기되고 있다. 미국의 CIA 인터넷 연감(*World Factbook*)에 이 명칭이 사용되는 것은 그 때문이다.

이상에서 본 바와 같이 서양 지도에 한국 지명이 쓰이지 않게 된 점, '아르고노트'와 함께 '다케시마'라는 이름이 사라진 점, 울릉도가 '다줄레=마츠시마'로 되고, 독도가 '리앙쿠르'로 된 점 등은, 과거 한국과 일본의 고지도에 나타난 지도 제작상의 미숙 또는 오류, 그리고 육지에서 멀리 떨어진 작은 섬에 대한 지도 제작자들의 불충분한 지리 지식, 불명확한 인식으로 인한 혼동과 혼란 때문이었다. 또 구식 지도에서 과학적인 근대 지도로 넘어가는 과도기에 발생한 서양인들의 여러 가지 실수도 큰 이유 중의 하나이다.

지금까지의 논의를 요약하면, 울릉도와 독도는 오랫동안 외국 이름으로 표기되어 왔지만, 이 외국 명칭들은 식별 부호 정도의 의미밖에는 없다. 지명이 함축하는 민족적 · 역사적 · 어의적 의미는 강하지만 국적과는 무관하다.

울릉도와 독도 목격 이전에 프랑스의 당빌, 보공디, 벨랭 등이 제작한 조선 지도에 나타나 있는 '판링-타오'(Fanling-tao, Fang ling tau), '챤찬-타오'(Tchianchan-tao, Chiang san tau)는, 두 섬이 인접하여 대륙에 너무 가까이 나타나 있었기 때문에, 근대적이고 과학적인 지도나 해도가 제작되기 시작되었던 19세기 초엽에, 그 섬들이 각기 울릉도와 거기서 실제로 87km나 떨어져 있는 천산도(독도)를 나타내는 것으로 인식되지 못했을 것이다. 따라서 이 두 명칭이 과학적인 근대 지도로 연결되지 못했다.

그러다가 17세기 후반기의 『여지도』(輿地圖)([지도 3], 243쪽 도판 참조) 이후, 18세기 말 김수홍의 「조선전도」와 그 조금 후의 「해좌전도」([지도 27], 278쪽 도판 참조) 등에서 우산(천산, 독도)이 울릉도 오른쪽(동쪽)에 가까이 나타나게 되었다. 따라서 조선 지도들을 기본으로 하여 제작된 프랑스 천주교 신부들의 조선 전도에도 이와 같이 표시되었다. 그러나 서양의 현대 지도와 해도 제작자들은 울릉도 바로 옆에 조그맣게 나타난 '우산'을 독도로 이해하지 못했을 것이다. 이때는 이미 울릉도와 독도가 프랑스 선박에 의해 발견(목격)되어 이 두 섬의 좌표가 정확히 파악되었던 때이고, 명칭도 고정된 상태였다.

일본 지도도 1775년의 나가쿠보 세키스이(長久保赤水)의 지도 이후 19세기 중엽까지 조금도 발전이 없이 나가쿠보의 것을 그대로 답습하고 있었다. 이들 고지도에도 두 섬이 가까이 표시되어 있으며, 대개의 경우 마츠시마(松島, 독도)가 다케시마(竹島, 울릉도)의 오른쪽 조금 아래 나타나 있다. 어떤 지도에는 아래 왼쪽에 나타나 있기도 하다. 특기할 것은 이 두 섬의 크기가 거의 비슷하다는 점이다. 또 이런 요소들은 시대를 내려와도 달라지지 않는다.

1840년대 이전까지 서양에서 제작된 모든 일본 전도에는 울릉도와 독도로 보이는 섬이 어디에도 나타나 있지 않다. 이는 서양의 지도 제작자들이 일본에서 제작된 지도를 참고하였음에도 '마츠시마'(松島, 독도)를 일본의 섬으로 인식하지 않았다는 사실을 증명한다.

19세기 후반기에 일본에서 제작된 대부분의 근대적인 일본 지도에는 울릉도와 독도가 나타나 있지 않다. 오히려 일본에서 제작된 근대적인 조선 전도에 울릉도와 함께 독도가 명확히 표시되어 한국 영토에 포함되어 있다. 이는, 일본의 독도에 대한 영토 야욕이 표출되는 1905년 이전까지, 그리고 한국이 해방되기까지의 일제 강점기(1910년~1945년) 동안에도, 서양 여러 나라와 일본은 그 명칭은 서양 명칭 또는 일본 명칭을 사용했지만, 객관적이고 자연스럽게도, 울릉도는 말할 것도 없이 독도도 한국 영토로 인식·인정하고 있었음을 의미하는 것이다.

내셔널 지오그래픽 지도상의 독도와 동해 표기의 변화

1886년에 설립된 미국의 내셔널 지오그래픽 소사이어티(National Geographic Society, NG)는 지도책, 벽걸이 지도 등 각종 지도와 지리 전문 월간 매거진을 발간하는 세계 유수의 지리·지도 전문 회사다. 이 회사의 지도는 가히 세계 표준 지도라 할 만하며, 그 영향력이 대단히 크다. 월간 매거진은 영어 원판은 680만 부, 수십 개 국어 번역판은 210만 부가 팔린다고 한다.

내셔널 지오그래픽은 1999년 2월에 한국어판 매거진의 발간을 계기로 'Sea of Japan(East Sea)'(日本海〔東海〕) 병기 원칙을 공식적으로 정했다. 그 결정 이후, 그 원칙을 자사가 발간하는 지도책, 각종 벽걸이 지도 및 월간 매거진에 지속적·체계적·일관적으로 적용하고 있다.

내셔널 지오그래픽의 독도 및 동해 표기의 변화를 알아볼 수 있는 자료로 다음과 같은 것들이 있다.

- 『내셔널 지오그래픽 지도』(*National Geographic Maps, The Complete Collection*), CR-Rom 8매.
- 내셔널 지오그래픽 매거진 2003년 7월호, 한국의 비무장지대에 관한 특집에 딸린 '두 개의 코리아'(The Two Koreas)란 제목의 대형 한반도 전도와 뒷면의 한국동란(6·25전쟁) 화보.
- 『세계지도책』(*The Atlas of the World*) 제7판(1999)과 제8판(2005).

CR-Rom 8매로 구성된 『내셔널 지오그래픽 지도』는 2004년 8월에 출시되었는데, 여기에는 내셔널 지오그래픽이 1888년부터 1999년 사이에 발간한 500여 매의 각종 지도가 수록되어 있다. 이 가운데 한국이 나타나는 지도가 17종이다. 이 지도들에 나타난 제주도, 울릉도, 독도, 동해 표기의 변화를 도표로 작성하여 이 장의 끝에 넣었다.

'두 개의 코리아'(The Two Koreas)라는 제목의 한반도 전도는 NG 매거진 2003년 7월호에 실린 한국동란 50주년 기념, 비무장지대에 관한 특집에 딸린 한반도 지도이다. 54×78cm의 대형 지도이며, 그 뒷면과 기사 중에도 여러 개의 작은 지도들이 실렸다.

이 지도의 영문 원판(〔지도 181-A〕, 319쪽 도판 참조)은 한반도 오른쪽에 'East Sea(Sea of Japan)'라고 동해를 크게 쓰고 일본해는 작게 써서 괄호 속에 넣었다. 그 이유를 붉은 글씨로 이렇게 설명했다. "한국과 일본 사이의 바다를 한국인들은 '동해'라 부르고, 일본인들은 '일본해'라 부른다. 내셔널 지오그래픽은 이 바다 전체에 대해서는 '일본해(동해)'라 표기하지만, 이곳은 한국의 영해이므로 '동해'를 우선적으로 사용한다."

독도에 대해서는 울릉도 바로 아래 'Dokdo, 남동쪽으로 92Km→'로 기재했고, 그 아래 빨간 글씨로 "34개의 암서로 구성, 한국이 행정적으로 관리하며, 일본이 영유를 주장함"이라 기록했다. 대한해협에 대해서는 쓰시마 위쪽에 'Korea Strait'라 크게 쓰고, 쓰시마 아래쪽에 'Tsushima Strait'라 괄호 속에 작게 써 넣었다. 이 대형 지도 뒷면의 한국전쟁 관련 지도들 중 상단 우측의 동양 지도와 본문 중의 동양 지도에는 'Sea of Japan(East Sea)'로 되어 있다.

프랑스어판(〔지도 181-B〕, 320쪽 도판 참조), 독일어판, 이탈리아어판 등은 모두 영어 원판을 그대로 번역해서 실었다. 다만 프랑스어판은 커버스토리로 프랑스와 관련이 있는 쿠바(Cuba)를 다룬 것이 다르다.

일본어판(〔지도 181-C〕, 321쪽 도판 참조)은 대형 지도의 한반도 동쪽에는 물론, 두 동양 지도에 '日本海' 하나만을 사용했고, 울릉도는 표시했으나 독도에 관련된 부분은 다 삭제했으며, 대한해협은 '對馬海峽'(쓰시마해협)으로 되어 있다.

한국어판('둘로 나누어진 한반도', 〔지도 181-D〕, 322쪽 도판 참조)은 그와 반대로 위의 세 지도 모두에 '동해'로만 표기했고, 울릉도 아래 '독도(남동쪽으로 92Km→)'로 되어 있고, 영문 원판의 설명은 빠져 있다. 대한해협의 경우, 쓰시마 위는 '대한해협', 아래는 '쓰시마해협'으로 되어 있다.

이를 통하여, 내셔널 지오그래픽은 영어 원판을 기본으로 하되, 각국 지사가 세부 사항이나 현지 특수 사정을 감안하여 현지의 실정에 맞고 독자들의 감정을 자극하지 않는 방향으로 매거진을 편집할 수 있도록 각 지사에 큰 재량권을 부여하고 있음을 알 수 있다.

이 한반도 지도는 매거진에 따라가는 한 장의 지도였다. 이와 같은 최근의 표기상의 변화가 종합적으로 반영된 것은 『세계지도책』(*The Atlas of the World*)에서이다. 특히 『세계지도책』

제7판([지도 182], 323쪽 도판 참조) 및 제8판([지도 183], 323쪽 도판 참조)을 비교해 보면 잘 알 수 있다.

1999년에 발간된 제7판(32×47cm, 280쪽)까지는 동해를 'Sea of Japan(일본해)'으로, 독도는 'Tok-do(Liancourt Rocks)'로, 대한해협은 'Korea Strait'로 표기했다. 그로부터 5년 만에 발간된 제8판(32×47cm, 416쪽, 2005년판으로 2004년 11월에 간행)에서는 동해를 '일본해(동해)' (Sea of Japan [East Sea])로 병기하고, 독도는 '독도(다케시마, 리앙쿠르 바위섬)' (Dokdo [Take Shima, Liancourt Rocks])로 표기한 다음, "한국이 행정적으로 관할하고 있으나 일본이 영유(領有)를 주장함"(Administered by South Korea; claimed by Japan)이라고 붉은 글씨로 주를 달았다. 다시 말하자면, 독도를 먼저 쓰고 다케시마와 리앙쿠르 바위섬은 괄호 속에 넣었고, 한국이 실효적으로 지배하고 있음을 기술해 넣은 것이다.

하나 더 특기할 것은, 한국의 영문 지명들이 모두, 국립국어연구원이 제정하여 문화공보부가 2000년 7월 7일자로 고시한 새 한국어 로마자 표기법을 따라 표기되었다는 점이다. 세계적으로 권위 있고 영향력도 큰 정밀 세계지도책으로서 새 표기법에 따라 한국 지명을 표기한 것은 이 책이 처음이다. 즉 종래의 매큔-라이샤워(MacCune-Reischauer) 표기법에 따라 제7판까지 쓰였던 'Tokdo'가 'Dokdo'로, 'Pusan'이 'Busan'으로, 'Cheju-do'가 'Jeju-do', 'Kyongsang'이 'Gyeongsang'으로, 'Cholla'가 'Jeolla'로 표기된 것이다.

내셔널 지오그래픽은 1999년 2월에, 한반도, 일본 열도, 러시아가 공유하는 지리적 공간에 대하여 사용되고 있는 '일본해' 명칭에 이의가 있음을 인정하여, 일반적으로 알려진 '일본해'를 먼저 쓰고, 한국인들이 사용하는 '동해'는 괄호 속에 넣는 것을 원칙으로 정했다. 이 병기 원칙이 매거진은 물론 자사(自社)가 발간하는 각종 지도책이나 벽걸이 지도, 출판물의 영문 원판에는, 명칭을 표기할 공간이 아무리 작은 지도에도 그대로 철저하게 적용되므로 그 영향력이 막대하다. 따라서 『세계지도책』 제8판에 동해 부분의 명칭이 표기된 지도가 7장인데, 이들 모든 지도에 동일한 표기가 사용되었다. 그러나 매거진의 경우 외국의 여러 지사에서 본사의 자료를 받아 번역하여 다시 제작하는 자료에는 원판과 조금씩 다른 경우가 있다.('일본해'는 서양인들이 붙인 외래 명칭인 데 반해 '동해'는 현지어 고유 명칭이다. UN 지명표준화위원회는 지명에 대하여 외래어는 가급적 배제하고 현지어를 중심으로 지명을 표준화할 것을 권고 사항으로 결의해 이를 지키도록 권장하고 있다. 18세기에 서양에서 널리 사용된 '한국해'[Mer de Corée]도 외래 명칭일 뿐만 아니라, 한국에서 '동해'를 버리고 '한국해'로 명칭을 바꾸어 지도나 교과서 등에 한국해로 통일하여 사용하지 않는 한, 제3자에게 '동해'를 '한국해'로 표기해 달라고 요청하기는 어렵다.)

독도의 경우와 마찬가지로 이번의 제8판에서는, 일본이 마찰을 빚고 있는 다른 두 곳에 대해서도 97년판에는 없는 붉은색 주석을 달았다. 즉 홋카이도 바로 위, 쿠릴 열도의 네 개의 섬에 대해서는 "1945년 이후 러시아에 귀속되어 러시아가 행정 관할하고 있는 네 개의 섬에 대해 일본이 반환을 요구하고 있음"이라고 기록했고, 센카쿠(尖閣) 제도에 대해서는 "일본이 행정 관할하고 있으나 중국과 대만이 영유를 주장함"이라고 적어 넣었다.

대한해협(Korea Strait)은 부산에서 쓰시마를 거쳐 일본의 후쿠오카에 걸치는 전 해협을 말한다. 작은 지도에서는 쓰시마 앞뒤로 대한해협이라 크게 쓴다. 정밀 지도에서 이를 세분할 때는 쓰시마 앞뒤로 대한해협이라 크게 쓰고, 아래쪽에는 '동수도'(Eastern Channel), 위쪽에는 '서수도'(Western Channel)라 작게 써 넣는다. 이것이 세계적으로 일반화된 표기이다. 내셔널 지오그래픽의 1999년 『세계지도책』 제7판에는 그렇게 되어 있다. 그런데 제8판의 한국-일본 정밀 지도 한 장에 쓰시마 위에 '대한해협'이라 크게 쓰고, 아래에 '쓰시마해협'이라 작게 써 넣었다.

또 『세계지도책』 제8판 중 하나의 지도에는 울릉도를 '다줄레'(Dagelet)로 표기했다. 서양에서 오래 사용된 이 명칭을 상기시키기 위해서인가?

이런 사실들을 종합해 볼 때 제7판과 제8판의 차이점은, 한국의 요구를 수용하여 '동해'를 '일본해' 뒤 괄호 속에 넣어 병기했고, 또 한편으로는 일본의 요구를 수용하여 '다케시마'를 '독도' 뒤 괄호 속에 '리앙쿠르 록스' 다음에 넣고, 하나의 지도에서 '대한해협' 뒤에 작게 '쓰시마해협'을 추가한 것이다. 이런 점에서, 한국과 일본 양국의 요구를 균형 있고 가능하면 객관적으로 받아들이려는 내셔널 지오그래픽의 노력의 흔적을 엿볼 수 있다.

결론적으로, 내셔널 지오그래픽이 발간한 『세계지도책』 제8판(2005)를 통하여, 이들 표기가 국제적으로, 또 장기적으로 확정된 것으로 볼 수 있다. 따라서 제8판은 지명 표기에 획기적인 전환점을 기록했다고 할 수 있으며, 동해 병기에 있어서 타 지도 제작사들에 크게 영향을 미칠 수 있을 것으로 보여 주목된다.

1888~2005년 사이 내셔널 지오그래픽 발행 지도상의 울릉도, 독도, 대한해협, 제주도, 동해의 명칭 표기 변화표

내셔널 지오그래픽이 1888~1999년 사이에 발행한 지도 중 한반도가 나타나는 지도 17종에, 2000~2005년 사이에 발간된 4종의 지도와 지도책을 추가하여, 120년 동안 발행된 21종의 내셔널 지오그래픽 지도상의 울릉도, 독도, 대한해협, 제주도, 동해의 명칭 표기의 변화를 표로 만들어 보면 다음과 같다.

발행 연도	CD	지도 제목	울릉도 Ulleungdo	독도 Dokdo	대한해협 Korea Strait	제주도 Jejudo	동해 East Sea
1888~1999년 사이에 NG가 발행한 지도 500여 장을 담은 CD-Rom 8매 중 한반도가 나타나는 17종의 지도상의 표기							
1900 Janu.	7	The Philippine Islands as the Geographical Center of the Far East	-	-	Korea Strait	Quelpart	Sea of Japan
1904 March	8	Map of Korea and Manchuria	-	-	Id.	Id.	Japan Sea
1905 June	8	Kirin, Harbin, Vladivostok	-	-	-	-	Id.
1921 May	7	Map of Asia and Adjoining Europe	-	-	Chosen Strait	Quelpart	Sea of Japan
1933 Dec.	7	Asia and Adjacent Regions	Utsuryoto	Liancourt Iwa	Chosen Kaikyo	Saishuto (Quelpart)	Id.
1936 Dec.	8	Pacific Ocean	-	-	-	Id.	Id.
1942 Dec.	7	Asia and Adjacent Areas	Utsuryoto	Liancourt Iwa	Chosen Kaikyo	Saishuto	Id.
1944 Apr.	8	Japan and Adjacent Regions	Id.	Take Shima (Liancourt Rocks)	Id.	Saishuto (Quelpart)	Id.
1945 June	8	China	Id.	Id.	Id.	Id.	Id.
1945 Dec.	8	Japan and Korea*1	Utsuryo To (Ullung Do)	Id.	Korea Strait (Chosen Kaikyo, Tsushima Kaikyo)	Id.	Id.
1951 March	7	Asia and Adjacent Areas	Ullung Do (Dagelet)	Id.	Korea Strait	Cheju Do (Quelpart)	Id.
1952 Sept.	8	The Far East	Ullung Do (Dagelet)	Id.	Id.	Id.	Id.
1953 Oct.	8	China Coast and Korea	Id.	Id.	Id.	Id.	Id.
1959 Dec.	7	Asia and Adjacent Areas	Dagelet	Liancourt Rocks	-	Id.	Id.
1960 Dec.	8	Japan and Korea	Ullung Do (Dagelet)	Take Shima (Liancourt Rocks)	Korea Strait (Western Channel, Eastern Channel)	Id.	Id.

발행 연도	CD	지도 제목	울릉도 Ulleungdo	독도 Dokdo	대한해협 Korea Strait	제주도 Jejudo	동해 East Sea
1971 March	7	Asia	Id.	Tok Do (Liancourt Rocks)	Korea Strait	Id.	Id.
1989 Nov.	2	Asia Pacific	Ullung Do	-	-	Id.	Id.
1999~2005년 사이에 NG가 발행한 4종의 지도상의 표기							
1999		Atlas of the World, 7th Edition	Ullung Do (Dagelet)	Tok Do (Liancourt Rocks)	Korea Strait (Western Channel, Eastern Channel)	Cheju Do	Sea of Japan
2002		Family Reference Atlas of the World	Ullung Do (Dagelet)	-	Id.	(Quelpart) Cheju Do	Sea of Japan (East Sea)*4
2003 July		The Two Koreas	Ulleungdo	Dokdo*2	Korea Strait (Tsushima Strait)	Jeju-do	East Sea (Sea of Japan)
2003 juillet		Les Deux Corées	Id.	Dokdo*2	Détroit de Corée (Détroit de Tsushima)	Id.	Mer de l'Est (Mer du Japon)
2003 July		둘로 나누어진 한반도	울릉도	독도*2	대한해협/ 쓰시마해협	제주도	동해
2003 July		분단된 조선반도	鬱陵島	-	對馬海峽	Jeju-do	日本海
2004 Oct.		Atlas of the World, 8th Edition, 2005	Ulleungdo (Dagelet)	Dokdo (Takeshima, Liancourt Rocks)*3	Korea Strait (Tsushima Strait)	Id.	Sea of Japan(East Sea)*4

*1. 'Korea(Chosen)' 밑에 달린 붉은 색 주석: "1943년 카이로 선언에서, 미국, 영국, 중국은 한국이 적당한 경로를 거쳐 자유·독립할 것임을 약속했다."(By the Cairo declaration of 1943, the United States, Great Britain, and China promised that in due course Korea will shall become free and independent.)

*2. "독도, (울릉도에서) 남동쪽으로 57마일(92km). 34개의 암석으로 구성. 한국이 행정 관할하고 있는데, 일본이 영유를 주장함"(Administered by South Korea; claimed by Japan)이라고 기재.

*3. 붉은 색 주석: "한국이 행정 관할하고 있는데, 일본이 영유를 주장함"(Administered by South Korea; claimed by Japan).

*4.『세계 지도책』(*Atlas of the World*) 제8판, pp. 15, 17, 146, 147, 165, 214, 243, 253에 일률적으로 'Sea of Japan(East Sea)'로 표기.

6. 독도와 관련된 한국, 일본, 서양의 자료들

한국 및 일본 자료

다음의 자료는 시대순으로 분류되었으며, 자료 출처, 원문, 번역문의 순으로 배열하였다.

【자료 1】『삼국사기』, 「신라본기」(新羅本紀) 제4, '지증마립간 조' 및 「열전」, '이사부 조, 지증왕 13년조', 512년.

…신용하, 『독도의 민족영토사 연구』(서울, 지식산업사, 1996), 57~58쪽, 142쪽에 인용된 원문과 번역문.

지증마립간 조

十三年夏六月 于山國歸服歲以土宣爲貢. 于山國在溟州正東海島 或名鬱陵島 地方一百里 恃險不服 伊飡異斯夫 爲阿瑟羅州軍主.……

[지증왕] 13년(512년) 6월에 우산국이 귀복(歸服)하고 해마다 토산물을 바치게 되었다. 우산국은 명주의 정동에 있는 바다 가운데의 섬으로 혹은 울릉도라고도 이름하는데, 그 지방은 100리로 사람들이 험한 것만 믿고 굴복하지 않으므로 이손(李飡) 이사부(異斯夫)를 아슬라주(阿瑟羅州)의 군주로 삼아 이를 복속시키게 하였다.……

「열전」 이사부 조

異斯夫(或云苔宗). 姓金氏 奈勿王四世孫 智度路王時 爲沿邊官 襲居道權謀 以馬戱誤加耶(或云加羅)國取之 至十三年壬辰 爲阿瑟羅州軍主 謀幷于山國 謂其國人愚悍 難以威降 可以計

服 乃多造木偶獅子 分載戰舡 抵其國海岸. 詐告曰 汝若不服 則放此猛獸踏殺之 其人恐懼則降.

이사부는 신라 사람으로, 성은 김이고 내물왕의 4세손인데, 지증왕 때에 연변관이 되어 거도의 권모를 본떠 마숙놀이로 가야국(혹은 가라)을 속여 이를 빼앗았다. [지증왕] 13년에는 아슬라주의 군주가 되어 우산국을 병합하려 도모하면서, "그 나라 사람들은 어리석고 사나워서 위력으로는 항복시키기 어려우니 계교로 항복시키는 것이 가하다"고 말하였다. 이에 나무로 사자를 많이 만들어 전선(戰船)에 나누어 싣고 그 나라의 해안에 도착해서 속여 고하되, "너희들이 만약 항복하지 아니하면 이 맹수들을 풀어 놓아 너희들을 밟아 죽이게 하리라" 하니 우산국 사람들이 크게 두려워하여 항복하였다.

【자료 2】『세종실록』, 「지리지」(地理志), 1432년.

…호리 카즈오(堀和生), 「1905년 일본의 독도 영토 편입」, 『조선사연구회논문집』(朝鮮史研究會論文集), n°24 (東京, 1987), 한국 공보처 해외공보관, 자료 96-3, 1996 ; 신용하, 『독도의 민족영토사 연구』(서울, 지식산업사, 1996), 61쪽에 인용된 원문과 번역문.

于山. 武陵二島 在縣正東海中 二島相距不遠 風日淸明 則可望見 新羅時稱于山國.

우산(于山), 무릉(武陵) 두 섬이 울진현의 정동(正東) 해중(海中)에 있다. 두 섬은 서로 멀리 떨어져 있지 않아 날씨가 청명하면 바라볼 수 있다. 신라 시대에는 우산국(于山國)이라 불렀다.

【자료 3】『고려사』, 「지리지」, '강원도 울진현 조', 1451년.

…호리 카즈오, 「1905년 일본의 독도 영토 편입」에서 인용.

울릉도는 동해 한가운데 있으며, 신라 시대 호칭은 우산국이다. 무릉(武陵) 또는 우산(于山)이라고 하기도 한다. ……일설(一說)에 의하면 우산과 무릉이 본래 두 개의 섬으로 거리가 멀지 아니하여 청명한 날에는 서로 바라볼 수 있다.

【자료 4】『신증동국여지승람』(新增東國輿地勝覽), '강원도 울진현 조', 1531년

…호리 카즈오, 「1905년 일본의 독도 영토 편입」; 신경준(申景濬), 『강계고』(疆界考, 고려대학교 중앙도서관 소장), 1756.

우산도와 울릉도(무릉 또는 우릉) 두 섬이 동해 한가운데 있는데…… 일설에는 우산, 울릉이 같은 섬이라 하기도 한다.

【자료 5】 신경준(申景濬), 『강계고』(疆界考, 고려대학교 중앙도서관 소장), 1756.
…송병기, 『울릉도와 독도』, 1999, 177쪽에 인용된 원문과 번역문.

愚按輿地志云 一說于山鬱陵本一島 而考諸圖志二島也 一則倭所謂松島 而蓋二島 俱是于山國也.

내가 안험컨대 『여지지』(輿地志)〔1656년에 저술한 책으로 전하지 않음—지은이〕에 이르기를 "일설에는 우산과 울릉은 본래 한 섬이라고 하나 여러 도지(圖志)를 상고하면 두 섬이다. 하나는 왜(倭)가 이르는 바 송도(松島)〔독도를 말함—지은이〕인데, 대개 두 섬은 모두 다 우산국이다"라고 하였다.

【자료 6】 사이토 호센(齊藤豊仙), 『은주시청합기』(隱州視聽合記) 중의 독도 부분, 1667년. 이 책은 이즈모(出雲), 즉 온슈(隱州)의 관인(官人, 藩士) 사이토 호센(齊藤豊仙)이 번주(藩州, 大名)의 명을 받아 1667년 가을에 오키시마(隱岐島, 玉岐島)를 순시하고 관찰한 바와 들은 바를 채록하여 제출한 보고서이다.
…신용하,『독도의 민족영토사 연구』 60쪽에 인용된 원문과 번역문.

齊藤豊仙,『隱州視聽合記』, 券一, 「國代記部」:
隱州在北海中 故云隱岐島…… 戌亥間 行二日一夜有松島 又一日程有竹島. (俗言磯竹島 多竹漁海鹿 按神書所謂五十猛歟) 此二島無人之地 見高麗如自雲州望隱州 故日本之乾地 以此州爲限矣.

사이토 호센(齊藤豊仙), 『은주시청합기』(隱州視聽合記), 권1, 「국대기부」:
온슈(隱州)는 북해(北海) 가운데 있다. 그러므로 오키시마(隱岐島)라고 한다.…… 무해간(戊亥間)에 이틀 낮 하루 밤을 가면 마츠시마(松島)〔독도—지은이〕가 있다. 또 1일 거리에 다케시마(竹島)〔울릉도—지은이〕가 있다. (속언에 이조다케시마〔磯竹島〕라고 말하는데, 대나무와 물고기와 물개가 많다. 신서〔神書〕에 말한 소위 50맹〔猛〕일까?) 이 두 섬은 무인도인데 고려〔조선, 한국—지은이〕를 보는 것이 마치 운슈(雲州)에서 오키(隱岐)를 보는 것과 같다. 그러한즉 일본의 서북〔乾〕 경지(境地)는 이 주〔온슈(隱州), 즉 오키(隱岐)—지은이〕로써 한계를 삼는다.

〔호센의 이 책은 마츠시마(松島), 즉 독도에 관한 가장 오래된 일본 기록으로 알려져 있다. 이 자료는 오키 섬이 일본 경계의 끝이므로, 조선에 아주 가까운 마츠시마(松島, 독도)와 다케시마(竹島, 울릉도) 두 섬은 일본의 국경 밖에 있다고 단정하고 있다. 다시 말해 이 두 섬은 한국령이라는 의미이다.—지은이〕

【자료 7】『숙종실록』 권30, 안용복 사건에 관한 기록, 1728년.
…호리 카즈오, 「1905년 일본의 독도 영토 편입」에서 인용.

17세기 말 울릉도를 둘러싼 분쟁을 해결하기 위해 일본에 두 번 건너갔던 안용복이 "송도(松島)〔독도—지은이〕, 즉 자산도(子山島) 역시 아국 땅이다. 울릉도, 자산도는 조선 땅으로 정해져 있다"라고 발언했던 사실이 기록되어 있다.

【자료 8】 일본 외무성 관리의 독도 관련 보고서, 1870년. 이는 외무성 출사(出仕) 사다 하쿠가(시라메)(佐田白芽), 모리야마 시게루(森山茂), 사이토 사카에(齊藤榮)가 조선국 출장 시 외무성에 보낸 1870년 5월 15일자 보고서 중 다케시마(竹島)〔울릉도—지은이〕와 마츠시마(松島)〔독도—지은이〕 부분이다. 일본 외무성 편찬 『일본외교문서』(日本外交文書), 제3권, 1955년 간행.
…한국 외무부, 『독도 관계 자료집 II—학술 논문』, 1977년 8월 1일, 597쪽에 인용된 원문과 번역문.

竹島松島朝鮮附屬に相成候始末.

此儀は松縣は竹島の隣島にて松縣の儀に付是まで掲載せし書類も無之竹島の儀に付ては元祿度後え誓くの間朝鮮より居留の爲差遣し置候處當時は以前の如く無人と相成竹木又竹より太あしを產し人蔘等自然に生し其餘漁產も相應に有趣相聞へ候事.

右は朝鮮事情實地偵索いたし候處大略書面の通り御座候間一と先歸府仕候依之件件取調書類繪圖面とも相添此段申上候以上.

〔1870〕年四月
外務省出仕

佐田白芽
森山　茂
齊藤　榮
(朝鮮事務書)

註一,本內探書は第二卷(第三冊)五七四にて指令せられたる調査事項に對する復命書なり.

다케시마(竹島)〔울릉도—지은이〕 및 마츠시마(松島)〔독도—지은이〕가 조선에 부속하게 된 시말.

마츠시마(松島)는 다케시마(竹島)의 인근도로서 마츠시마 건(件)에 관하여는 지금까지 서지에 기록된 바 없고, 다케시마 건(件)에 관하여는 겐로쿠(元祿) 시대〔1688~1703—지은이〕 후에는 서시(誓時) 조선으로부터 거류를 위하여 사람을 파견한 일이 있었는데, 당시는 이전과 같이 무인 상태에 있었으며, 죽재(竹材) 또는 대나무(竹)보다 굵은 갈대가 생산되었고, 인삼 등이 자연적으로 생산되었으며, 기타 어산물도 상당히 있는 것으로 듣고 있습니다.

위는 조선 사정을 실지로 정색(偵索)하였던 바 대략 서면과 같으므로 일단 귀부(歸府)하여 하명(下命) 건에 대하여 취조서에 도면을 첨부하여 제출하겠습니다.

〔1870〕年 四 月
외무성출사(外 務 省 出 仕)
사다 하쿠가(시라메)(佐 田 白 芽)
모리야마 시게루(森 山 茂)
사이토 사카에(齊藤　榮)
(조선사무서)

주 1, 본 내탐서(內探書)는 제2권(제3책) 574〔호〕로서 지령된 조사 사항에 대한 복명서(復命書)임.

【자료 9】 일본 정부 공문록, 내무성지부(內務省之部) 1, 1877년(明治 10년) 3월 17일 조, '일본해 내 죽도 외 일도 지적 편찬 방사' (日本海內竹島外一島地籍編纂方伺), 일본국립공문서관 소장.

…호리 카즈오, 「1905년 일본의 독도 영토 편입」; 신용하, 『독도의 민족영토사 연구』, 128쪽, 165쪽과 167~168쪽에 인용된 원문과 번역문.

日本海內竹島外一島地籍編纂方伺

竹島所轄之儀ニ付島根縣ヨリ別紙伺出取調候處該島之儀元祿五年朝鮮人入島以來別紙書類ニ摘採スル如ク元祿九年正月第一號舊政府評議之旨意ニ依リ二號譯官ヘ達書三號該國來柬四號本邦回答及ヒ口上書等之如ク則元祿十二年ニ至リ夫夫往復相濟本邦關係無之相聞候得共版圖ノ取捨ハ重大之事件ニ付別紙書類相添爲念此段相伺候也.

明治十年三月十七日
內務卿 大久保利通 代理
內務少輔 前島 密
右大臣 岩倉具視 殿

일본해〔동해—지은이〕 내 다케시마(竹島)〔울릉도—지은이〕 외 일도(一島)〔독도—지은이〕의 지적 편찬에 관한 건.

다케시마 소할(所轄)의 건에 대하여 시마네 현으로부터 별지의 질품이 와서 조사한 바, 해도(該島)〔울릉도—지은이〕의 건은 겐로쿠(元祿) 5년〔1692, 조선 숙종 18년—지은이〕 조선인이 입도(入島)한 이래 별지 서류에 적채한 바와 같이 겐로쿠 9년〔1696년—지은이〕 정월 제1호 구정부(舊政府)의 평의(評議)의 지의(旨意)에 의하여, 제2호 역관에게 준 달서(達書), 제3호 해당국〔조선—지은이〕에서 온 공간(公簡), 제4호 본방(本邦)〔일본—지은이〕 회답 및 구상서(口上書) 등과 같은 바, 즉 겐로쿠 12년〔1699년—지은이〕에 이르러 각각 왕복이 끝났으며 본방은 관계가 없다고 들었지만, 판도(版圖)의 취사(取捨)는 중대한 사건이므로 별지 서류를 첨부하여 위념(爲念)해서 이에 품의하나이다.

메이지(明治) 10년〔1877년—지은이〕 3월 17일
내무경 오쿠보 토시미치(大久保利通) 대리
내무소보 마에시마 히소카(前島密)
우대신 이와쿠라 토모미(岩倉具視) 殿〔귀하〕

【자료 10】 일본 정부 공문록, 내무성지부(內務省之部) 1, 1877년(明治 10년) 3월 20일 조, 「태정관 지령 문서」(太政官指令文書), 일본국립공문서관 소장.

…호리 카즈오,「1905년 일본의 독도 영토 편입」; 신용하, 『독도의 민족영토사 연구』, 169~170쪽에 인용된 원문과 번역문.

明治十年三月二十日
大臣(印) 本局(印)(印)

參議(印)

卿輔(印)

別紙內務省伺日本海內竹島外一嶋地籍編纂之件. 右ハ元祿五年朝鮮人入嶋以來舊政府該國ト往復之末遂ニ本邦關係無之相アン聞候瑕申立候上ハ伺之趣御聞置左之通御指令相成可然哉 此瑕相伺候也.

御指令按

伺之趣竹島外一島之義本邦關係無之義ト 可相心得事.

메이지 10년〔1877년—지은이〕 3월 20일

대신(인) 본국(인)(인)

참의(인)

경보(인)

별지 내무성 품의 일본해〔동해—지은이〕 내 다케시마(竹島)〔울릉도—지은이〕 외 일도(一嶋)〔독도—지은이〕 지적 편찬의 건. 우(右)는 겐로쿠(元祿) 5년〔1692년—지은이〕 조선인이 입도(入嶋)한 이래 구정부와 해국(該國)〔조선—지은이〕과의 서신 왕복의 결과 마침내 본방〔일본—지은이〕은 관계가 없다는 것을 들어 상신한 품의의 취지를 듣고, 다음과 같이 지령을 작성함이 가한지 이에 품의합니다.

지령안

품의한 취지의 다케시마〔울릉도—지은이〕 외(外) 일도(一島)〔독도—지은이〕의 건에 대하여 본방〔일본—지은이〕은 관계가 없다는 것을 심득할 것.

【자료 11】 일본 해군 수로국, 『조선 수로지』, 제4편 「조선 동안(東岸)」, 1894년 초판, 1899년 제2판.

…신용하, 『독도의 민족 영토사 연구』, 176쪽에서 인용.

리앙코르드 열암(列岩):

이 열암은 서기 1849년 불란서(佛蘭西) '리앙코르드' 호(號)가 처음으로 이를 발견하여 선명(船名)을 취해서 리앙코르드 열암이라고 이름 붙였다. 그 후 1854년 노국(露國) 프레가트형(型) 함선 팔라스 호는 이 열암을 마날라이 및 오리우사 열암이라고 칭하였다. 1855년 영함(英艦) 호르넷드 호는 이 열암을 탐험하여 호르넷드 열암이라고 이름 붙였으며, 함장 홀시스노의 말에 의거하면 이 열암은 북위 37도 14분, 동경 131도 55분에 위치하는 두 개의 불모(不

毛) 암서(岩嶼)로서 새똥이 항상 섬 위에 퇴적하여 섬의 색이 이 때문에 하얗다. 북서미서(北西微西)로부터 남동미동(南東微東)에 이르는 길이는 약 1리(里)이고, 두 섬 간의 거리는 0.25리로서 보이는 곳에 하나의 초맥(礁脈)이 있어 이를 연결한다. 서서(西嶼, 서도)〔'동서(東嶼)', 즉 동도라야 맞음—지은이〕는 이에 비교해 낮고 평평한 정상으로 되어 있다. 이 열암 부근의 수심은 상당히 깊을지라도 그 위치는 하코다테(函館)를 향하여 일본해(동해)를 항해하는 선박의 직수도(直水道)에 당(當)하므로 상당히 위험한 것이다.

〔위는 일본 해군이 최초로 발간한 『조선 수로지』에 실린 독도에 관한 기술이다. 일본 수로지의 이 내용은 그때까지의 서양 수로지의 내용을 번역한 것으로, 서양 수로지에서와 마찬가지로 독도가 한국의 동해안에 분류되어 있다. 또 19세기 후반기에 프랑스나 영국 등 서양 해군이 공식적으로 발간한 수로지(항해지침), 해도에서는 독도에 대하여 어떤 동양 명칭도 사용하지 않았고, 일반적으로 '리앙쿠르 바위섬'이 사용되었으므로, 일본 해군이 공식적으로 발간한 『조선 수로지』에서도 이를 그대로 수용하여 '리앙코르드'란 명칭을 사용했다. 이는 당시 일본 해군이 독도를 한국 영토로 인식하고 있었음을 단적으로 반영하는 것이다. 일본 해군성 수로국이 1899년에 발간한 『조선 수로지』 제2판 255~256쪽, 263쪽의 내용도 초판과 같다.—지은이〕

【자료 12】 대한제국 칙령 제41호(1900년 10월 25일), 1900년 10월 27일자 대한제국 『관보』(官報)에 게재.

…이한기, 『한국의 영토』, 서울대학교출판부, 초판 1쇄 1969, 3쇄 1996, 250쪽; 송병기, 「독도—역사」, 『민족문화대백과사전』(정신문화연구원, 1991)에 인용된 원문.

大韓帝國(대한제국)
勅令(칙령) 第四十一號(제41호)

鬱陵島(울릉도)를 鬱島(울도)로 改稱(개칭)하고 島監(도감)을 郡守(군수)로 改正(개정)한 件(건).

第一條(제1조). 鬱陵島(울릉도)를 鬱島(울도)라 改稱(개칭)하여 江原道(강원도)에 附屬(부속)하고 島監(도감)을 郡守(군수)로 改正(개정)하여 官制(관제) 中(중)에 編入(편입)하고 郡等(군등)은 五等(오등)으로 할 事(사).

第二條(제2조). 郡廳(군청) 位置(위치)는 台霞洞(태하동)으로 定(정)하고 區域(구역)은 鬱陵(울릉) 全島(전도)와 竹島(죽도)〔울릉도 바로 옆의 작은 섬 죽서—지은이〕, 石島(석도)〔독도—지

은이]를 관할(管轄)할 事(사).

【자료 13】 일본 「내각 결정문」, 1905년 1월 28일.

… 송병기, 『울릉도와 독도』, 1999, 141~142쪽에 인용된 원문. 번역 지은이.

別紙內務大臣請議無人島所屬に關する件を審査するに右は北緯37度9分30秒,東經131度55分隱岐島を距る西北85浬に在る無人島は他國に於て之を占領したりと認むうへき形迹んく一昨三十六年本邦人中井養三郎なる者に於て漁舍を搆へ人夫を移し獵具を備へて海驢獵に着手し今回領土編入竝に貸下を出願せし所此際所屬及島名を確定するの必要あるを以て該島を竹島と名け自今 島根縣所屬隱岐島司の所管と爲さしとすと謂ふに在り依て審査するに明治三十六年以來中井養三郎なる者が該島に移住し漁業に從事することは關係書類に依り明なるは所國際法上占領の事實あるものと認め之を本邦所屬とし島根縣所屬隱岐島司の所管と爲し差支無之儀と思考す依て請議の通閣議決定相成可然と認む.

별지 내무대신 청의(請議) 무인도(無人島)의 소속에 관한 건(件)을 심사함에, 북위 37도 9분 30초, 동경 131도 55분, 오키시마(隱岐島)로부터 서북으로 85해리[157km—지은이] 떨어져 있는 무인도는 타국(他國)에 의해 점령되었다고 인정할 만한 형적이 없고, 지난 [메이지] 36년[1903—지은이] 우리나라[일본—지은이] 사람 나카이 요자부로(中井養三郎) 라는 자(者)가 고기잡이 막사를 짓고 인부를 데리고 사냥 도구를 갖추어 물개잡이에 착수하였는데, 이번에 영토 편입 및 임대를 출원한 바, 차제에 그 소속과 섬 이름을 확정할 필요가 있으므로, 그 섬을 다케시마(竹島)라 이름을 붙여 이제부터 시마네(島根) 현 소속 오키(隱岐) 도사(島司)의 소관으로 하려고 하는 바, 이에 따라 심사하건대 메이지 36년 이래 나카이 요자부로라는 자(者)가 그 섬에 이주(移住)하여 어업에 종사하는 것이 관계 서류에 의하면 분명하므로 국제법상 점령의 사실이 있는 것으로 인정하여 그것을 우리 나라 소속으로 하여 시마네(島根) 현 소속 오키(隱岐) 도사의 소관으로 삼아도 무방하다고 생각하여 이에 따라 청의와 같이 각의(閣議) 결정이 가(可)하다고 인정한다.

【자료 14】 일본 시마네 현 고시 제40호, 1905년 2월 22일.

…한국 외무부, 『독도 관계 자료집 II—학술 논문』, 1977년 8월 1일, 596쪽에 인용된 원문 및 지은이의 번역문.

日本 島根縣告示第40號(明治38年2月22日)

北緯37度9分30秒,東經131度55分隱岐島を距る西北85浬に在る島嶼を竹島と稱し自今本縣所屬隱岐島司の所管と定めらる.

일본 시마네 현 고시 제40호 (메이지 38년〔1905년—지은이〕 2월 22일)

북위 37도 9분 30초, 동경 131도 55분, 오키 도(島)로부터 서북(西北) 85해리〔157km—지은이〕 거리에 있는 도서(島嶼)를 '竹島'(다케시마)라 칭(稱)하고 이제부터 본〔시마네—지은이〕 현 소속 오키 도사(島司)의 소관으로 정한다.

【자료 15】 울릉 군수 심흥택의 보고서 전문, 1906년 3월 29일.

…이한기, 『한국의 영토』, 서울대학교출판부, 초판 1쇄 1969, 3쇄 1996, 261쪽; 한국 외무부, 『독도 관계 자료집 II—학술 논문』, 1977년 8월 1일, 589쪽에 인용된 원문.

本郡(본군) 所屬(소속) 獨島(독도)가 在於(재어) 本郡(본군) 外洋(외양) 百餘里(백여리) 許(허)이옵드니 本月(본월) 初四日(초사일)〔양력 3월 28일—지은이〕 辰時量(진시량)〔오전 7~9시—지은이〕에 輪船(수선) 一隻(일척)이 來泊(내박) 于島(우도) 內(내) 道洞浦(도동포) 而(이) 日本(일본) 官人(관인) 一行(일행) 到于(도우) 官舍(관사)하여 自云(자운) 獨島(독도)가 今爲(금위) 日本(일본) 領地(영지) 故(고)로 視察次(시찰차) 來島(내도)라 한 바, 其一行則(기일행즉) 日本(일본) 島根(시마네) 縣(현) 隱岐(오키) 島司(도사) 東文輔(히가시 분스케) 及(급) 事務官(사무관) 神西由太郎(칸니시 유타로) 稅務監督局長(세무감독국장) 吉田平吾(요시다 헤이고) 分署長(분서장) 警部(경부) 影山岩八郎(카게시마 이와하치로) 巡査(순사) 一人(일인) 會議員(회의원) 一人(일인) 醫師(의사) 技士(기사) 各一人(각일인) 其外(기외) 隨員(수원) 十餘人(십여인)이 先間(선간) 戶稔(호임) 人口(인구) 土地(토지) 生産(생산) 多少(다소)하고 次間(차간) 人員(인원) 及(급) 經費(경비) 幾許(기허) 諸般(제반) 事務(사무)를 以(이) 調査(조사) 樣(양)으로 錄去(녹거)이압기 玆以(자이) 報告(보고)하오니 照亮(조량)하심을 伏望(복망).

光武(광무) 十年(십년)(1906) 丙午(병오) 陰三月五日(음삼월오일)

〔심흥택의 이 보고서에서 처음으로, 공식적으로 '독도'라는 명칭이 사용된 것으로 알려져 있다.—지은이〕

【자료 16】 강원도 관찰사 서리 춘천 군수 이명래(李明來)의 보고서 호외, 1906년 4월 29

일, 의정부 외사국, 『각관찰도안』(各觀察道案) 1(규장각 도서관 소장).
…송병기, 『울릉도와 독도』, 1999, 154~155쪽에 인용된 원문.

鬱陵郡守(울릉군수) 沈興澤(심흥택) 報告書(보고서) 내개(內開)에 本郡(본군) 所屬(소속) 獨島(독도)가 在於(재어) 外洋(외양) 百餘里(백여리) 외(外)이살더니 本月(본월) 初四日(초사일) 辰時量(진시량)에 輪船(수선) 一隻(일척)이 來泊(내박) 于郡(우군) 內(내) 道洞(도동) 浦而(포이) 日本(일본) 官人(관인)……〔심흥택 보고서의 내용과 같으므로 생략—지은이〕……諸般(제반) 事務(사무)를 以(이) 調査(조사) 樣(양)으로 錄去(녹거)이압기 玆(자)에 報告(보고)하오니 照亮(조량)하심을 伏望(복망) 等. 因(인)으로 准此(준비) 報告(보고)하오니 照亮(조량)하심을 伏望(복망).

光武(광무) 十年(십년)(1906) 丙午(병오)
四月(사월) 二十九日(이십구일)
江原道(강원도) 觀察使(관찰사) 署理(서리)
春川(춘천) 郡守(군수) 이명래(李明來)
議政府(의정부) 參政大臣(참정대신) 閣下(각하)

위 보고서 호외에 대한 참정대신의 5월 20일자 지령 제3호.

來報(내보)는 閱悉(열신)이고, 獨島(독도) 領地之說(영지지설)은 全屬(전속) 無根(무근)하나 該島(해도) 形便(형편)과 日人(일인) 如何(여하) 行動(행동)을 更爲(경위) 査報(사보)할 事(사).

【자료 17】 일본 해군 수로부, 『조선 수로지』, 제2개정판, 1907년, 451~457쪽.
…호리 카즈오, 「1905년 일본의 독도 영토 편입」에서 인용.

다케시마(竹島)〔독도—지은이〕: 한국인은 이 섬을 독도(獨島)라고 쓰고, 일본 어부는 리앙쿠르 섬이라 한다. 1904년 11월 군함 쓰시마(對馬) 호가 이 섬을 조사했을 때 동도(東島)에 어부용 작은 집이 있었으나 풍랑에 파괴되었다고 한다. 매년 여름이 되면 물개잡이를 위해 울릉도로부터 도래하는 자(者)가 수십 명에 달한다. 이때는 섬 위에 초막을 짓고 매회 10여 일간 머문다고 한다.

마츠시마(松島)〔울릉도—지은이〕: 주로 고기를 잡고 매년 다량의 건어물(乾魚物)을 수출한다. 물개는 동남쪽에 있는 다케시마(竹島)〔독도—지은이〕에 서식하며, 1904년부터 울릉도민이 포획하기 시작했다. 물개 포획은 4월부터 9월에 이르는 6개월간이며 지금 이에 종사하는 어선 세 척이 있다. (1척당 평균 약 다섯 마리를 잡음.) 물개 이외에 일본인은 잠수기 2개와 기선 2척을 사용해서 하루 평균 1,130근(斤)의 해산물을 수확한다.

〔1907년에 발간된 이 일본 수로지의 내용은 일본 해군 함정 쓰시마(對馬)호가 1904년 11월 20일 조사하여 보고한 사항에 의거한 것이다. '다케시마'라 명명된 섬을 일본 영토에 편입한다고 한 1905년 2월 22일자 시마네 현 고시가 있기 전에, 일본 어부들은 이 섬을 '리앙쿠르 섬'이라 부르고 있었고, 한국인은 '독도'라고 쓴다고 기술하고 있다. 앞에서 본 바와 같이, 1906년 3월 29일자 보고서에서 울릉군수 심흥택은 '본군 소속 독도'라 하여 독도가 행정상 울릉도 소속임을 분명히 알고 있었다. 또, 물개잡이를 위해 사람들이 울릉도에서 건너온다는 사실은 울릉도와 독도의 불가분의 관계를 의미한다.

이때까지 일본 수로지는 서양 수로지의 내용을 번역하여 사용했으나, 이 이후는 거꾸로 서양 수로지가 일본 수로지의 내용을 받아 쓰게 된다. 따라서 서양 수로지에 독도에 대한 명칭, 묘사와 분류에 변화가 발생한다. 즉, 독도가 울릉도와 함께, 그리고 일본의 오키 섬과 함께 이중으로 분류되다가, 1970년대에 와서는 울릉도에서 완전히 분리되어 일본의 오키 섬과 함께 분류되기에 이른다. —지은이〕

【자료 18】『증보문헌비고』(增補文獻備考), 「여지고」(輿地考), 1908년.
…호리 카즈오, 「1905년 일본의 독도 영토 편입」에서 인용.

여기서 말하는 울릉, 우산(于山)〔독도—지은이〕 모두는 우산국 땅이고, 우산은 왜인들이 말하는 송도(松島, 마츠시마)〔독도—지은이〕이다.

【자료 19】 일본 해군, 『조선 연안 수로지』(朝鮮沿岸水路誌), 1933년.
…한국 외무부, 『독도 관계 자료집 II—학술 논문』, 1977년 8월 1일, 593~594쪽에서 인용된 원문 및 지은이의 번역문.

『朝鮮沿岸水路誌』 第一券
題目: 鬱陵島及竹島

· 鬱陵島(松島) 部分 省略.

· 竹島:

此の島は日本海上の一小群嶼にして島根縣隱岐島前より大略86浬, 鬱陵島より東南東方約50浬に位し幅1鏈餘の狹水道を隔てて東西に相對する2島と其の周圍に碁布する幾多の小嶼とより成る(第89項對面對景圖第25及25參照).

其の西方島は海面上高さ約157米にして棒糖形を成し東方島は少し低く其の頂上に平坦なる地あり又周圍の諸小嶼は概ね扁平の岩にして僅に水面に露出し其の大なるものは優に數十疊を敷くに足るべし.

二島共に全部せきそうのはげ岩にして海風に暴路し1株の樹木なく東方島に於て僅に野草が生ずるのみ,又島岸は斷崖絶壁にして軟質の石層より成り奇觀の洞窟多く殆どはんせいすべからず而して此等の洞窟及小嶼は海驢の群棲所たり.

此の島の附近は水深く軍艦對馬は東方島の南端より北西方約九鋒の處に於て106米の水深を測得せりと謂ふ, 然れとも此の島は其の位置,日本海を航上する船舶の航路に近くを以て夜間は危險なりとす.

島上の平地

島上平地に乏しく二島間の兩側に狹隘なる平坦の礫地二, 三箇所あるも皆海濤の侵襲を免れず東方島は其の頂に平坦なる地あるども之に登るの徑路なく唯島の南端に於て北西風を遮蔽する10乃至13平方米の小平地あるのみ西方島は期の東西に山崖あり其の上半部殆ど直立するども下半部は傾斜梢緩なるを以て其の半屹到達するを得べく其の附近の堅岩を開墾せば東風の外諸風を遮蔽すべき平地を得るならんか島上には前記の如く家屋を建築すべき至極めて乏しく明治37年11月軍艦對馬の此の島を實査せし際は東方島に漁夫用の菰葺小屋ありしも風浪の爲甚しく破壞してありしと謂う.

毎年夏季に至れば海驢獵の爲鬱陵島より渡來するもの數十名の多きに及ぶことあり彼等は島上に小屋を構え毎回約10日間暇居すと謂う.

淡水

西方島の南西隅に一洞窟あり其の天蓋を成せる岩石より摘出する水は其の量梢多けれども雨水の滴下に等しきを以て汲取に困難なり, 其の他山頂より山腹に沿ひて數箇所に滴瀝する水及湧泉あれども其の經路へ海驢の糞尿に屢汚染せられて一種の惡臭を放ち到底飮料に適せず,海驢獵の爲渡來する漁夫は島中の水を汲取して煮炊の用に供すれども茶水は他より得來するものを用ふと謂う.

位置

竹島の東方島の南端は明治41〔1908〕年の測定に據處北緯37度14分18秒, 東經131度52分33秒に在り.

『조선 연안 수로지』, 제1권 〔1933년 1월판—지은이〕

제목 : 울릉도 및 다케시마(竹島)

· 울릉도(松島, 마츠시마) 부분 생략.

· 다케시마(竹島)〔독도—지은이〕:

이 섬은 일본해〔동해—지은이〕상의 하나의 작은 섬들로, 시마네(島根) 현 오키시마(隱岐島) 앞으로부터 대략 86해리〔159km—지은이〕 거리, 울릉도로부터 동남동 방향으로 약 50해리〔93km—지은이〕에 위치하며, 폭 200여 미터의 좁은 수도(水道)를 사이에 두고 동서로 마주 보는 두 섬과 그 주위에 산재해 있는 많은 암초들로 구성된다. (제89항 정면으로 바라다 본 그림 제25 및 26 참조).

그중 서방도〔서도(西島)—지은이〕는 해면으로부터의 높이가 약 157m〔실제로 169m—지은이〕이며, 뾰족한 원추형이고, 동방도〔동도(東島)—지은이〕는 비교적 낮고〔높이 99m—지은이〕 정상이 평탄한 땅이며, 주위의 암초들은 편편한 바위인데, 약간 수면 위로 노출된 것도 있으며, 그중 큰 것은 넓이가 수십 평방미터에 달한다.

두 섬 다 벌거숭이 바위로 해풍에 노출되어 나무 한 그루도 없으며, 동방도에 약간의 잡초가 자라고, 섬의 둘레는 단애절벽으로, 질이 연한 석층에 의해 이루어진 기묘한 형상의 동굴이 많은데, 이 동굴과 바위에 물개〔강치 또는 해려—지은이〕들이 떼를 지어 산다.

이 섬들 부근의 수심은 깊다. 군함 쓰시마 호의 측정에 의하면 동방도 남단으로부터 북서 방향 멀지 않은 곳의 수심은 106m이다. 그러나 그 위치가 일본해〔동해—지은이〕를 항해하는 선박의 항로에 가까우므로 약간 항해에 위험하다.

섬 위의 평지

섬 위에는 평지가 거의 없고, 두 섬 사이의 양 측면에 좁은 평지가 2~3개소 있으나 파도의 침습을 피하기 어렵고, 동방도 정상에는 약간의 평지가 있으나 오르는 길이 없으며, 남단에 북서풍을 차단해 주는 10~13평방미터의 작은 평지가 있다. 서방도는 동서쪽에 절벽이 있고, 상반부 이상은 거의 직립하고 있으나, 하반부는 경사가 완만하다. 그 반쯤에 도달하여, 부근의 딱딱한 바위를 개간하면 동풍 외 모든 바람을 차단하는 평지를 얻을 수 있겠으나, 앞에서 말한 대로 그 섬 위에 가옥을 건축하는 것은 대단히 어려울 것으로 보인다. 메이지 37년〔1904년—지은이〕 11월 군함 쓰시마 호가 그 섬을 실사(實査)했을 때 동방도에 어부용의 작은 초막이 있었으나 심하게 파괴되어 있었다고 한다.

매년 여름 물개잡이를 위해 울릉도에서 도래하는 수십 명에 달하는 사람들이 그 섬에 작은 막사를 짓고, 매회 약 10여 일간 임시로 산다고 한다.

담수(淡水)

서방도 남서 귀퉁이의 한 동굴의 덮개를 이루는 암석으로부터 적출되는 물이, 흘러내리는 빗물처럼 양은 상당히 되지만 받기가 곤란하다. 그 외 산정으로부터 산의 표면을 따라 수 개소에 물이 흘러내려 물방울로 떨어지거나 또는 용천(湧泉)〔샘—지은이〕을 이루지만, 그 경로에서 물개의 똥으로 오염되어 일종의 악취가 나므로 도저히 음료에 적당하지 않다. 물개잡이를 위해 건너오는 어부들은 섬 중의 물을 받아서 음식을 끓이는데 사용하지만, 차를 끓이는 물은 다른 곳에서 얻어 와 사용한다고 한다.

위치

다케시마〔독도—지은이〕의 동방도 남단은 메이지 41년〔1908년—지은이〕의 측정에 의하면 북위 37도 14분 18초, 동경 131도 52분 33초에 위치한다.

〔이 당시는 한반도가 일제의 지배하에 있었다. 일본 해군이 발간한 수로지에는 독도가 『조선 연안 수로지』의 울릉도 아래와 『일본 수로지—혼슈 북서부 연안』의 오키 열도 아래에 이중으로 분류되고 있었다.

1904년 11월 20일 일본 군함 쓰시마 호가 독도를 조사한 후 작성한 보고서에 "여름에는 울릉도로부터 수십 명의 사람들이 건너와 물개잡이를 한다. 이때는 섬 위에 초막을 짓고 매회 10여 일간 머문다"고 하는 내용이 있다. 1933년판 『조선 연안 수로지』에도 같은 내용이 있다. 시마네 현 고시의 표면적인 구실이 되는 일본인 어업가 나카이의 독도 부근 어업 허가원은 1904년 9월에 제출되었다.

"수십 명이 울릉도로부터 건너온다"는 내용은 한국과 일본 학자들 간에 이 사람들이 한국 사람이냐, 아니면 일본 사람이냐, 아니면 일본 사람이 고용한 한국 사람이냐 하는 논쟁의 쟁점이 되고 있다.

그런데 당시 울릉도에는 수백 명의 일본 사람들이 살고 있었고, 본문 중 "차를 끓이는 물은 다른 곳에서 얻어 온다"라는 구절로 보아 일본 사람들과 그들이 고용한 한국 사람들이 섞여서 독도에서 물개잡이를 했던 것으로 볼 수 있다.

그런데 한 가지 분명한 것은, 독도에서 물개를 잡기 위해 사람들이 울릉도에서 온다는 사실은 울릉도와 독도의 불가분의 관계를 뜻하는 대목이라는 것이다.—지은이]

【자료 20】 연합군 최고 사령부 훈령 677호, 1946년 1월 29일자.

…한국 외무부, 『독도 관계 자료집 II—학술 논문』, 1977년 8월 1일, 590~592쪽에 인용된 원문 및 지은이의 번역문.

SCAPIN n° 677, 29 January 1946

General Headquarters Supreme Commander for The Allied Powers

AG 091 (29 Jan 46) GS 29 January 1946

(SCAPIN-677)

Memorandum

For : Imperial Japanese Government

Through : Central Liaison Office, Tokyo

Subject : Governmental and Administrative Separation of Certain Outlying Areas from Japan

1. The Imperial Japanese Government is directed to cease exercising, or attempting to exercise, governmental or administrative authority over any area outside of Japan, or over any government officials and employees or any other persons within such areas.

2. Except as authorized by this Headquarters, the Imperial Japanese Government will not communicate with government officials and employees or with any other persons outside of Japan for any purpose other than the routine operation of authorized shipping, communications and weather services.

3. For the purpose of this directive, Japan is defined to include the four main islands of

Japan (Hokkaido, Honshu, Kyushu and Shikoku) and the approximately 1,000 smaller adjacent islands, including the Tsushima Islands and the Ryukyu (Nansei) Islands north of 30° North Latitude (excluding Kuchinoshima Island); and excluding (a) Utsryo (Ullung) Island, Liancourt Rocks (Take Island) and Quelpart (Saishu or Cheju Island), (b) the Ryukyu (Nansei) Islands south of 30° North Latitude (including Kuchinoshima Island), the Izu, Nanpo, Bonin (Ogasawara) and Volcano (Kazan or Iwo) Island Groups, and all other outlying Pacific Islands, including the Daito (Ohigashi or Oagari) Island Group, and Parece Vela (Okinotori), Marcus (Minami-tori) and Ganges (Nakano-tori) Islands, and (c) the Kurile (Chishima) Islands, the Habomai (Hapomaze) Island Group (including Suisho, Yuri, Akiyuri, Shibotsu and Taraku Islands) and Shikotan Island.

4. Further areas specifically excluded from the governmental and administrative jurisdiction of the Imperial Japanese Government are the following : (a) all Pacific Islands seized or occupied under mandate or otherwise by Japan since the beginning of the World War in 1914, (b) Manchuria, Formosa and the Pescadores, (c) Korea, and (d) Karafuto.

5. The definition of Japan contained in this directive shall also apply to all future directives, memoranda and orders from this Headquarters unless otherwise specified therein.

6. Nothing in this directive shall be construed as an indication of Allied policy relating to the ultimate determination of the minor islands referred to in Article 8 of the Potsdam Declaration.

7. The Imperial Japanese Government will prepare and submit to this Headquarters a report of all governmental agencies in Japan the functions of which pertain to areas outside a statement as defined in this directive. Such report will include a statement of the functions, organization and personnel of each of the agencies concerned.

8. All records of the agencies referred to in paragraph 7 above will be preserved and kept available for inspection by this Headquarters.

For the Supreme Commander :
(sgd. H.W. Allen)
H.W. Allen
Colonel, AGD
Asst. Adjutant General

연합군 최고 사령부 훈령 제677호, 1946년 1월 29일
연합군 최고 사령부
AG 091 (46, 1, 29) 1946년 1월 29일
(SCAPIN-677)

메모랜덤(각서)
수신 : 일본 제국 정부
경유 : 중앙 연락 사무소, 도쿄
제목 : 일본으로부터 심해의 약간 지역의 정치적 행정적 분리

1. 일본 이외의 어느 지역에 대해서, 또는 당 지역 내의 어떤 정부 관리, 고용원 또는 어떤 개인에 대해서 정치적 또는 행정적 권한을 행사하거나 행사하려고 하는 시도를 중지할 것을 일본 제국 정부에 지시한다.

2. 본 사령부에 의해 허가된 사항을 제외하고, 일본 제국 정부는, 허가된 일상적인 선적, 통신 및 기상 업무 외에는, 어떤 목적으로든지 일본 이외의 지역의 정부 관리, 고용원 또는 어떤 개인과도 교섭하여서는 안 된다.

3. 본 지시에 해당하여, 일본〔영토—지은이〕은 4개의 주도(主島)(홋카이도, 혼슈, 큐슈, 시코쿠) 및 인접한 약 1,000여 개의 작은 섬으로 규정되며, 이에는 (쿠치노시마 섬을 제외한) 북위 30도 이북의 쓰시마〔대마도—지은이〕 열도 및 류큐(난세이) 열도를 포함하며 다음의 섬들은 이에서〔일본 영토에서—지은이〕 제외한다. : (a) 우츠료(울릉)도, 리앙쿠르 바위섬들(다케시마)〔독도—지은이〕 및 켈파르(사이슈 또는 제주도), (b) 북위 30도 이남의 류큐(난세이) 열도(쿠치노시마 섬 포함), 이즈, 난포, 보닌(오가사와라) 및 볼카노(카잔 또는 이오) 군도, 그리고 태평양 심해의 모든 기타 도서들. 이에는 다이토(오히가시 또는 오아가리) 군도, 그리고 파레체 벨

라(오키노-토리), 마르쿠수(미나미-토리), 그리고 간지스(나카노-토리) 열도가 포함됨. (c) 쿠릴(치시마) 열도, 하보마이(하포마제) 군도(스이쇼, 유리, 아키유리, 시보츠 및 다라쿠 열도 포함) 및 시코탄 섬.

4. 보다 멀리 떨어진 지역으로서, 일본 제국 정부의 정치적 및 행정적 관할로부터 특정적으로 제외되는 지역은 다음과 같다. : (a) 1914년 세계대전〔1차대전—지은이〕 발발 이후에 신탁통치 또는 기타 사유로 일본이 탈취 또는 점유한 태평양의 모든 도서들, (b) 만주, 대만 및 페스카도르 군도, (c) 한국, 그리고 (d) 카라후토.

5. 본 지시에 내포된 일본〔영토—지은이〕의 규정은, 이에 대한 별도의 특정 지시가 없는 한, 본 사령부가 발하는 향후의 모든 지시, 메모란다(각서) 및 기타에 적용된다.

6. 본 지시의 어떤 사항도 포츠담 선언 제8조에 의거한 군소 도서들에 대한 최종 결정에 관한 연합국 정책의 표시(암시)로 해석되어서는 안 된다.

7. 일본 제국 정부는 〔일본 영토 이외의—지은이〕 외부 지역에 관한 임무를 수행하는 일본 내의 모든 정부 부서에 대한 보고서를 작성하여 본 사령부에 제출해야 한다. 동 보고서는 각 관련 부서의 임무, 조직 및 인원 현황을 포함해야 한다.

8. 제7항에 의거한 부서들의 모든 기록은 보존되어야 하며, 본 사령부의 검열시 제출해야 한다.

최고 사령관을 대리하여:
(서명 H.W. 알렌)
H.W. 알렌
대령
참모장

〔연합군 최고 사령부는 1945년부터 1952년까지 일본을 지배한 최고 통치 기관이었다.—지은이〕
(〔지도 105〕 참조)

【자료 21】 연합군 최고 사령부 훈령 제1033호, 1946년 6월 22일.

…김병렬, 『독도 자료 총람』, 다다미디어, 1998, 418쪽에 인용된 원문 및 지은이의 번역문.

b. Japanese vessels and crews shall not come within the are nearer than 12 miles of Takeshima situated at 37° 15' N., 131° 53' E., nor shall they have any access to the islands.

b. 일본의 선박 및 승무원은 금후 북위 37도 15분, 동경 131도 53분에 있는 다케시마〔독도—지은이〕 12해리 이내에 들어올 수 없으며, 또한 이 섬에 어떠한 접근도 하지 못한다.

〔일본을 통치하던 연합군 사령부는 1946년 1월 29일자 훈령 제677호로 독도를 일본의 정치적 · 행정적 관할 구역에서 제외했고, 그 5개월 후인 6월 22일자 훈령 제1033호로 다시 한번 독도를 일본의 포경선 및 어선의 조업 가능 구역 밖에 둠으로써 독도를 확고히 한국 영토로 인정했다. 훈령 제1033호로 설정한 선을 맥아더 라인(MacArthur Line)이라고도 한다.—지은이〕

【자료 22】 대한민국 인접 해양의 주권에 관한 대통령 선언(1952년 1월 18일)
…신용하, 『한국과 일본의 독도영유권 논쟁』, 한양대학교 출판부, 2003, 303 ~ 305쪽에 인용된 원문.

대한민국 인접해양의 주권에 대한 대통령의 선언
(1952년 1월 18일 국무원고시 제14호)

국무회의의 의결을 거쳐 인접해양에 대한 주권에 관하여 다음과 같이 선언한다.

1952년 1월 18일

대통령 이 승 만
국무위원 국무총리서리 허 정
국무위원 국방부 장관 이 기 붕
국무위원 외무부 장관 변 영 태
국무위원 상공부 장관 김 훈

확정한 국제적 선례에 의거하고 국가의 복지와 방어를 영원히 보장하지 않으면 안 될 요구에 의하여 대한민국 대통령은 다음과 같이 선언한다.

1. 대한민국정부는 국가의 영토인 한반도 및 도서의 해안에 인접한 해붕〔海棚, 대륙붕—지은이〕의 상하(上下)에 기지〔旣知, 이미 알려진—지은이〕되고 또는 장래에 발견될 모든 자연자원, 광물 및 수단물을 국가에 가장 이롭게 보호, 보존 및 이용하기 위하여 기심도〔其深度, 그 깊이—지은이〕 여하를 불문하고 인접 해붕에 대한 국가주권을 보존하며 또 행사한다.
2. 대한민국정부는 국가의 영토인 한반도 및 도서의 해안에 인접한 해양의 상하 및 내(內)에 존재하는 모든 자연자원 및 재부(財富)를 보유, 보호, 보존 및 이용하는 데 필요한 좌(左)와〔다음과〕 여(如)히〔같이〕 한정한 연장해안에 하여 기심도 여하를 불문하고 인접 해붕에 대한 국가의 주권을 보존하며 또 행사한다. 특히 어족과 같은 감소될 우려가 있는 아원 및 재부가 한국재민(在民)에게 손해가 되도록 개발되거나 또는 국가의 손상이 되도록 감소 혹은 고갈되지 않게 하기 위하여 수산업과 어획업을 정부의 감독하에 둔다.
3. 대한민국정부는 이로써 대한민국정부의 관할권과 지배권이 있는 상술한 해안의 상하 및 내에 존재하는 자연자원 및 부재를 감독하며 보호할 수역(水域)을 한정할 좌에 명시된 경계선을 언언하며 또 유지한다.

   이 경계선은 장래에 구명될 새로운 발견, 연구 또는 이익의 출현에 인(因)하여 발생하는 신정세에 맞추어 수정할 수 있음을 겸(兼)하여 선언한다. 대한민국의 주권과 보호하에 있는 수역은 한반도 및 기〔其, 그—지은이〕부속도서의 해안과 좌의 제선〔諸線, 모든 선—지은이〕을 연결함으로써 조성되는 경계선 간의 해양(海洋)이다.

ㄱ. 함경북도 경흥군 우암령 고정으로부터 북위 42도 15분,
경도 130도 45분의 점에 이르는 선

ㄴ. 북위 42도 15분, 경도 130도 45분의 점으로부터
북위 38도 00분, 경도 132도 50분의 점에 이르는 선

ㄷ. 북위 38도 00분, 경도 132도 50분의 점으로부터
북위 35도 00분, 경도 130도 00분의 점에 이르는 선

ㄹ. 북위 35도 00분, 경도 132도 00분의 점으로부터
북위 34도 40분, 경도 129도 10분의 점에 이르는 선

ㅁ. 북위 34도 40분, 경도 129도 10분의 점으로부터

ㅁ. 북위 32도 00분, 경도 127도 00분의 점에 이르는 선

ㅂ. 북위 32도 00분, 경도 127도 00분의 점으로부터
북위 32도 00분, 경도 124도 00분의 점에 이르는 선

ㅅ. 북위 32도 00분, 경도 124도 00분의 점으로부터
북위 39도 45분, 경도 124도 00분의 점에 이르는 선

ㅇ. 북위 39도 45분, 경도 124도 00분의 점(평안북도 용천군 신도 열도)으로부터 마안도(馬鞍島) 서단(西端)에 이르는 선

ㅈ. 마안도 서단으로부터 북으로 한만(韓滿)국경의 서단과 교차되는 직선

4. 인접 해안에 대한 본주권의 선언은 공해상(公海上)의 자유항행권(自由航行權)을 방해하지 않는다.

〔이 선을 평화선 또는 이승만 라인이라고도 부른다. 독도가 이 평화선 안쪽에 들어 있다.—지은이〕(〔지도 120〕, 307쪽 도판 참조)

【자료 23】 대한민국 인접 해양의 주권에 관한 대통령 선언(1952년 1월 18일)에 항의하는 일본 외무성 외교 문서, 1952년 1월 28일.

…양태진, 『독도 연구 문헌집』, 경인문화사, 1998, 264쪽에 인용된 원문 및 지은이의 번역문.

……The Japanese Government considers that the contents of the proclamation of the President of the Republic of Korea of January 18, 1952 not only are entirely incompatible with the long internationally established principle of the freedom of high seas, but also run counter to the basic principle of international cooperation for the development and protection on an equal footing of the marine resources of the high seas…….

……Furthermore, in the proclamation of the Republic of Korea appears to assume territorial rights over the islets in the Japan Sea known as Takeshima (otherwise known as Liancourt Rocks). The Japanese Government does not recognize any such assumption or claim by the Republic of Korea concerning these islets which are without question Japanese territory.

……일본 정부는, 1952년 1월 18일자 대한민국 대통령의 선언문의 내용은 오랜 기간에 걸쳐 국제적으로 확립된 심해(深海)의 자유의 원칙에 위배됨은 물론, 심해의 해양 자원의 개발과 보호에 있어서 평등의 기본 원칙에도 배치되는 것으로 간주한다.……

……더욱이 이 선언에서 대한민국은 다케시마(또는 리앙쿠르 바위섬)〔독도—지은이〕로 알려진 일본해〔동해—지은이〕상의 도서에 대하여 영토권을 상정한 것처럼 보인다. 일본 정부는 일본의 영토임에 의문이 없는 이들 도서에 대한 대한민국의 어떠한 가정이나 청구도 인정하지 않는다.

〔이 문건이 독도를 둘러싼 한-일 간의 외교적 마찰의 발단이다.—지은이〕

서양 자료

【자료 24】 라페루즈(La Pérouse), 『세계탐험기』(*Voyage autour du monde*), vol. 2, 390~392쪽, 1797년.

Je fis signal, le 27 [mai 1787], d'arriver à l'est. Bientot, j'aperçus dans le nord-nord-est une île qui n'était portée sur aucune carte, et qui paraissait éloignée de la côte de Corée d'environ vingt lieues. Je cherchai à la rapprocher, mais elle était exactement dans le lit du vent ; il changea heureusement pendant la nuit, et je fis route à la pointe du jour pour reconnaitre cette île, que je nommai île Dagelet [Ulleungdo], du nom de cet astronome [Lepaute Dagelet] qui la découvrit le premier. Elle n'a guère que trois lieues de circonférence : je la prolongeai et j'en fis presque le tour à un tiers de lieue de distance, sans trouver fond ; je pris alors le parti de mettre un canot à la mer, commandé par M. Boutin, avec ordre de sonder jusqu'à terre. Il ne trouva fond, par vingt brasses, qu'au commencement des lames qui déployaient sur la côte, et à cent toises environ de l'île, dont la pointe nord-est gît par 37° 25′ de latitude nord et 129° 2′ [+ 2° 20′ pour le méridien de Greenwich] de longitude orientale. Elle est très escarpée, mais couverte, depuis la cime jusqu'au bord de la mer, des plus beaux arbres. Un rempart de roc vif, et presque aussi à pic qu'une muraille, la cerne dans tout son contour, à l'exception de sept petites anses de sable sur lesquelles il est possible de débarquer ; c'est dans ces anses que nous aperçûmes sur le chantier des bateaux d'une forme tout à fait chinoise. La vue de nos vaisseaux, qui passaient à une petite portée de canon, avait sans doute effrayé les ouvriers et ils avaient fui dans le bois dont leur chantier n'était pas éloigné de cinquante pas ; nous ne vîmes d'ailleurs que quelques cabanes, sans village ni culture ; ainsi il est très vraisemblable que des charpentiers coréens, qui ne sont éloignés de l'île Dagelet [Ulleungdo] que d' une vingtaine de lieues, passent en été avec des provisions dans cette île pour y construire des bateaux qu'ils vendent sur le continent. Cette opinion est presque une certitude ; car, après que nous eûmes doublé sa pointe occidentale, les ouvriers d'un autre chantier qui n'avaient pas pu voir venir le vaisseau, caché par cette pointe, furent surpris par nous auprès de leurs pièces de bois, travaillant à leurs bateaux ; et nous les vîmes s'enfuir dans les forêts, à l'exception de deux ou trois auxquels nous ne parûmes inspirer aucune crainte. Je désirais trouver un mouillage pour persuader à ces peuples, par des bienfaits, que nous n'étions pas leurs ennemis ; mais des courants assez violents nous éloignaient de terre. La nuit approchait ; et la crainte où j'étais d'être porté sous le vent, et de ne pouvoir être rejoint par le canot que j'avais expédié sous le commandement de M. Boutin, m'obligea de lui ordonner par un signal de revenir à bord au moment où il allait débarquer sur le rivage. Je ralliai l'*Astrolabe* qui était beaucoup dans l'ouest, où elle avait été entraînée par les courants, et nous passâmes la nuit dans un calme occasionné par la hauteur des montagnes de l'île Dagelet [Ulleungdo] qui interceptaient la brise du large.

〔1787년 5월—지은이〕 27일, 나는 동쪽〔동해—지은이〕에 도달했다는 신호를 했다. 그 조금 후 북북동에 어떤 지도에도 나타나 있지 않은 섬〔울릉도—지은이〕 하나를 발견했다. 이 섬은 조선의 해안으로부터 약 110km〔실제로 137km—지은이〕 떨어진 것으로 보였다. 나는 이 섬에 접근하려고 했으나, 섬은 바람의 방향과 꼭 같은 방향에 있어 어려웠다. 다행히도 밤사이에 바람의 방향이 바뀌었다.

〔5월 28일—지은이〕 해가 뜰 무렵 섬을 측정하기 위해 섬 쪽으로 향했다. 나는 이 섬을 제일 먼저 발견한 천문학자 르포트 다줄레(Lepaute Dagelet)의 이름을 따서 이 섬을 '다줄레'〔울릉도—지은이〕라 명명(命名)했다. 섬의 둘레는 17km〔실제 울릉도의 둘레는 33km—지은이〕밖에 안되었다. 우리는 섬에서 1.9km 떨어져서 섬을 거의 한 바퀴 돌았지만 수심이 깊은 곳을 찾지 못했다.

그래서 나는 보트를 바다에 내리기로 결정하고, 부탱(Boutin) 씨에게 지휘를 맡기면서 육지까지 수심을 측정하라는 명령을 내렸다. 그는 해안이 펼쳐지는, 곧 물결이 시작하는 곳의 수심이 약 140m라는 것을 알아내었다. 그곳은 섬에서 약 200m 거리였다. 섬의 북동 첨단부는 북위 37도 25분, 동경 129도 2분〔이 수치는 파리 자오선을 기준으로 한 것이므로 여기에 2도 20분을 더해야 한다. 울릉도 전체의 정확한 좌표는 북위 37도 14분~37도 33분, 동경 130도 48분~130도 52분—지은이〕이었다.

섬은 깎아지른 듯한 절벽으로 되어 있었으나, 정상에서 바닷가까지 대단히 아름다운 나무들로 덮여 있었다. 상륙이 가능한 7개의 작은 만을 제외하고는, 깎아지른 성벽과도 같이 장엄한 바위 절벽이 섬 전체를 두르고 있었다. 우리는 이 작은 만에서 중국 배와 똑같은 모양으로 건조되고 있는 배들을 보았다. 포의 사정 거리 정도에 있는 우리 함정이 이 배를 건조하는 일꾼들을 놀라게 한 듯했다. 그들은 작업장에서 50보 정도 떨어진 숲 속으로 달아났다. 그런데 우리가 본 것은 몇 채의 움막집뿐이고, 촌락과 경작물은 없었다.

다줄레 섬에서 불과 110km밖에 안 되는 육지에 사는 조선인 목수들이 식량을 가지고 와서 여름 동안 배를 건조한 뒤 육지에 가져다 파는 것으로 보였다. 이 생각은 거의 틀림없는 사실일 것이다. 우리가 섬의 서쪽 첨단부로 돌아왔을 때, 이 첨단부에 가려서 우리 선박이 오는 것을 보지 못했던 다른 한 작업장의 일꾼들 역시 선박 건조 작업을 하고 있는 중이었다. 나무 등걸 곁에 있던 그들은 우리를 보자 놀란 듯했다. 그들 중 우리를 조금도 겁내지 않는 것처럼 보이는 두세 명을 제외하고는, 모두 숲으로 도망하는 것을 보았다. 우리는 선량한 사람들이며 그들의 적이 아니라는 사실을 설득할 필요가 있어, 나는 배를 댈 만한 장소를 찾았다.

그러나 강한 조류가 우리를 육지에서 멀리 밀어냈다. 밤이 다가왔다. 우리가 그때까지 바람에 밀려났던 것처럼 다시 계속 밀려나지나 않을까 하는 걱정도 들고, 부탱 씨 지휘 아래 파견한 보트가 함정으로 되돌아오지 못하면 어쩌나 하는 염려도 들어서, 나는 그때 막 해안에 상륙하려던 부탱 씨에게 신호를 보내 귀환하라고 명령하였다. 나는, 해류에 밀려 서쪽에 멀리 떨어져 있던 아스트롤라브 호를 부탱 씨 일행에게 가까이 접근시켰다. 바닷바람을 중간에서 막아 주는 다줄레 섬〔울릉도, 최고봉 984m—지은이〕의 높은 산들 덕분에 우리는 조용한 밤을 보낼 수 있었다.

〔아직도 울릉도에 대한 공도 정책(1416~1881)이 실시되고 있었음에도 불구하고 적어도 2개 집단의 조선 사람들이 바닷가에서 배를 건조하고 있었다는 라페루즈의 실증적인 증언은 울릉도가 한국 주민이 거주하는 한국의 고유 영토라는 사실을 입증한다.

라페루즈는 대만 북쪽 첨단부의 동쪽에 '화 핀수'(Hoa Pinsu)와 '탸오유 수'(Tiaoyu Su)라는 섬이 있는데, 프랑스 신부 고빌(Gaubil)이 이 명칭을 붙였으므로 그 이름을 그대로 유지한다고 기술했다. 그중 '탸오유 수'의 일본 명칭은 센카쿠(尖閣)인데, 이의 영유를 둘러싸고 일본과 중국 간에 분쟁이 계속되고 있다.—지은이〕

【자료 25】 프랑스 국립고문서관(Archives Nationales), 프랑스 해군성 해도국(Dépôt des cartes et plans de la Marine) 고문서, MAR 3 JJ 366, vol. 96, n°1 à 33, 중국 해역(Mers de Chine), 1850년.

E=n° 3146
Ministère de la Marine et des Colonies,
Direction du Personnel,
Bureau de l'Inspection Maritime
et de la Police de la Navigation.
N° 2615
Observation hydrographique du Capitaine du Liancourt

N° 84 de l'entree 1851

République Française

Paris, le 5 septembre 1850
Carton 96, n° 22

Monsieur le Contre-Amiral, j'extrais à titre de renseignement, le passage suivant d'un rapport de mer rédigé le 19 avril 1850, à son retour d'une campagne de pêche de baleine par le sieur Lasset 〔il faut lire "Lopez" car "Lasset" est dû à la lecture erronée de la signature de Souza Galorte, dit Jean Lopez〕, matelot de 3e cl. inscrit au Havre n° 1527, commandant le baleinier le *Liancourt* de ce port.

"Le 24 janvier 1849 (dit le navigateur) je passai au nord de l'île Tsushima, qui se trouve au milieu du détroit de Corée. Je fis alors route pour l'île Dagelet [Ulleungdo] : le 27 janvier elle me restait au N.O.1/2N. Au même instant une roche restait à l'est. Cette roche [Dokdo] n'est pas portée sur les cartes et les livres n'en font pas mention : sa position est par 37° 2′ lat. N et par 129° 26′ [+2° 20′ pour le méridien de Greenwich] long. E."

Recevez, Monsieur le Contre-Amiral, l'assurance de ma considération très distinguée.

Pour le C.A. Ministre de la Marine
et des Colonies et par son ordre,
Le Directeur du Personnel

M. le Contre-Amiral, Directeur du Dépôt des Cartes et Plans

E=n° 3146
해군 식민지성
인사국
해양 감시 및 항해 경찰과
n° 2615
리앙쿠르 호 선장의 수로 관찰

1851년 접수 번호 84

프랑스 공화국

파리, 1850년 9월 5일
서류함 번호 22번

제독님, 르 아브르 항에 1527번 3등 항해사로 등록된 포경선 리앙쿠르 호 선장 라쎄['로페즈'의 서명을 잘못 읽어서 라쎄로 되었음—지은이] 씨가 고래잡이를 마치고 귀항하여 1850년 4월 19일 작성한 항해 보고서[일지—지은이] 중에서 다음 부분을 발췌하여 알려 드리니 참고하시기 바랍니다.

"1849년[조선조 철종 1년—지은이] 1월 24일(항해가의 말을 인용함) 나는, 대한해협 한가운데 있는 쓰시마[대마도—지은이] 북쪽을 통과한 후, 다줄레 섬[울릉도—지은이]으로 향했다. 1월 27일, 나는 다줄레 섬이 북동 1/2 북 방향으로 바라보이는 위치에 있었다. 그때 동쪽에 큰 암석(roche)[독도—지은이] 하나가 있었다. 이 암석은 어떤 지도와 책자에도 나타나 있지 않았다. 이 암석의 위치는 북위 37도 2분, 동경 129도 26분[파리 자오선을 기준으로 한 수치이므로 여기에 2도 20분을 더해야 그리니치 표준 자오선 기준 수치가 된다. 즉 131도 46분—지은이]였다."

해군-식민지성 장관, 해군 소장 명으로
장관을 대리하여
인사 국장

해도국장, 해군 소장님께

〔이 문서는 바로 독도에 대한 최초의 서양 명칭 '리앙쿠르 바위섬'의 출생 증명서와도 같은 것이다. 이 내용이 『수로지』 1850년판(제4권, 1851년 발간)에 그대로 실리고, 해도국이 1851년에 발간하는 해도에 독도는 이 명칭이 붙어 최초로 서양의 과학적인 해도의 정확한 좌표에 오르게 된다.—지은이〕(〔지도 39〕, 264쪽 도판 참조)

【자료 26】 프랑스 해군성 해도국 (Dépôt général de la Marine, France), 『수로지』 (*Annales hydrographiques*), 제4권, 17쪽, 1850년 하반기(1851년 발간). (BNF, DCP, Ge FF 78 c. n° 142)

Mer du Japon [Mer de l'Est] (p. 17)

Roche vue par le navire baleinier le Liancourt

D'après un rapport de M. Lasset [lire 'Lopez'], commandant le baleinier le *Liancourt* du Havre, ce navire, en faisant route dans la mer du Japon [Mer de l'Est], a découvert, le 27 janvier 1849, aux environs de l'île Dagelet (Matsusima) [Ulleungdo], une roche [Dokdo] qui n'est pas portée sur les cartes et n'est mentionnée dans aucun livre d' instructions nautiques. L'île Dagelet [Ulleungdo] restant au N.O.1/2N., on relevait cette roche à l'Est. Sa position est : latitude, 37° 2′ N. ; longitude, 129° 26′ [+ 2° 20′ pour le méridien de Greenwich] E.

일본해〔동해—지은이〕(17쪽)

포경선 리앙쿠르 호가 목격한 암석

프랑스 르 아브르 항에 선적을 둔 포경선 선장 라쎄〔로페즈의 잘못—지은이〕 씨의 보고서에 의하면, 이 선박이 일본해〔동해—지은이〕를 항해하던 중, 1849년 1월 27일 다줄레 섬(마츠시마)〔울릉도—지은이〕 부근에서, 어떤 지도와 항해지침서에도 표시되어 있지 않은 암석〔독도—지은이〕을 발견했다고 한다. 다줄레 섬을 북동 1/2 북 방향으로 바라보는 지점에서 이 암석을 측정했다. 이 암석의 위치는 북위 37도 2분, 동경 129도 26분〔파리 자오선 기준치이므로 여기에 2도 20분을 더한 131도 46분이 그리니치 표준 자오선 수치임—지은이〕이다.

〔프랑스 해군성 인사국장은 포경선 리앙쿠르 호에 의한 독도 발견 사실을 공문으로 해도국장에게 알리고, 해도국은 이 사실을 『수로지』 1850년판(제4권, 1851년 간행)에 싣고, 1851년에 발간된 『태평양해도』에도 '리앙쿠르 바위섬'을 정확한 위치에 표시했다. 이로써 '울릉도 부근'에 있는 '암

석' 독도의 존재가 '리앙쿠르 바위섬'이란 이름으로 세계 최초로 프랑스의 정부 간행물을 통해 널리 알려지게 되었고, 서양의 지도, 해도, 수로지에는 현재까지도 이 명칭이 사용되고 있다.

서양인에 의한 독도의 목격은, 박구병 전 부경대 교수에 의하면(『영남일보』 1999년 4월 30일자, 『중앙일보』 1999년 5월 8일자), 리앙쿠르 호보다 8개월 전, 미국인 포경선 선장 체로키의 1848년 4월 16일자 항해 일지에 "남풍이 부는 흐린 날씨에 북위 37도 25분, 동경 132도의 위치에서 우리의 해도에 실리지 않은 2개의 작은 섬을 보았다"는 기록이 있다고 한다. 그 후에도 미국의 포경선들이 독도를 목격하고, 울릉도를 가리키는 '다줄레 섬' (Dagelet Island)을 따서 독도를 '다줄레 바위섬' (Dagelet Rock)이라 명명(命名)하기도 했다고 한다.

리앙쿠르 호가 독도를 목격한 1849년 1월 27일의 이전이 되는 1847년이나 1848년에도 프랑스, 영국, 미국의 포경선들이, 동해상에 가공의 섬 아르고노트, 울릉도 및 오키시마만 표시된 해도를 가지고 다니면서 동해에서 고래잡이를 하였으므로, 체로키 선장이나 리앙쿠르 호의 선장 이전이나 이후에도 독도를 목격하고 '새로운 섬의 발견(목격)' 사실을 항해 일지에 기록했을 수 있다. 다만 이런 사실이 해군과 같은 국가 당국의 간행물 또는 저서 등을 통해 널리 알려지지 못하고 묻혀져 버렸기 때문에 프랑스 해군성 당국이 주목한 포경선 리앙쿠르 호에 의한 발견이나, 영국 군함 호넷, 러시아 군함 팔라스의 보고와 같은 영향력을 미칠 수 없었던 것이다.

독도박물관에 소장되어 있는 미국 포경선들의 항해 일지 복사본들의 내용 중 중요한 것은 미국의 포경선 선장들도 모두 독도를 울릉도의 부속 도서로 인식하고 있었다는 점이다.—지은이]

【자료 27】 프랑스 해군성 해도국(Dépôt général de la Marine, France),『수로지』(*Annales hydrographiques*), 제11권, 20~21쪽, 1856년. (BNF, DCP, Ge FF 78 c)

Mer du Japon [Mer de l'Est] (p. 20~21)

L'extrait suivant d'une lettre du Pacifique signale l'existence de deux îles qui ne sont pas marquées sur les cartes.

Le 25 août [lire 'avril'] [1855], la division anglaise a passé auprès de deux petites îles [Dokdo] qui ne sont pas marquées sur les cartes ; leurs positions ont été déterminées avec exactitude à bord de tous les bâtiments, et surtout à bord du *Hornet*, qui a pu en passer à une très petite distance ; comme ces îles gisent sur la route des navires qui traversent ordinairement la mer du Japon [mer de l'Est], nous croyons utile de faire connaitre leur position.

Ile N.O. observée à bord

de la *Sybille* ······ lat. N. 37° 12′ 0″, long. E. 131° 50′ 50″

de la *Hornet* ······ lat. N. 37° 17′ 9″, long. E. 131° 54′ 14″

de la *Bittern* ······ lat. N. 37° 16′ 0″, long. E. 131° 59′ 50″

Moyenne des observations ······ lat. N. 37° 15′ 3″, long. E. 131° 54′ 58″

"Tout d'abord, on a pensé, à bord des bâtiments de la division, que l'île Dagelet [Ulleungdo], qui git à 48 milles dans l'O.N.O., aurait été mal placée sur les cartes, et que c'était cette terre que l'on avait vue. L'île Dagelet [Ulleungdo], selon La Pérouse, a une circonférence de 9 milles ; elle est boisée et habitée ; ces deux îles, au contraire, qui semblent presque se toucher, sont plus petites et inhabitées. On n' y voit pas de bois, et ce sont deux rochers accores qui s'élèvent à une hauteur considérable, ainsi qu'il résulte du rapport suivant du commandant Forsyth."

"J'ai trouvé l'île du N.O., située par latitude N. 37° 17′ 9″, et par longitude E. 131° 54′ 14″. Sa hauteur au-dessus du niveau de la mer est de 124 mètres."

"Les deux îles réunies embrassent un espace de 1 mille en longueur, et elles courent du N.O.q.O. au S.E.q.E. ; elles gisent à 1/4 de mille l'une de l'autre, et elles paraissent être réunies ensemble par un récif de roches."

"J'ai pu en approcher à moins de 3 milles, et je n'ai vu aucun danger ; la mer m'a paru très profonde auprès des îles ; elles sont absolument arides, on y voit seulement quelques bouquets d'arbres dans les fentes de rochers. Je crois qu'il serait difficile de descendre dessus, à moins qu'il ne fît un temps tout à fait calme." (*Nautical Magazine*)

일본해〔동해—지은이〕 (20~21쪽)

다음은 태평양으로부터 온 서신에서 발췌한 것인데, 이 서신은 지도에 표시되어 있지 않은 섬 두 개가 존재한다는 사실을 알리고 있다.

〔1855년—지은이〕 8월〔4월이 맞음—지은이〕 25일 영국 함대가 두 개의 작은 섬 가까이 지나갔는데, 이 두 섬은 지도에 나타나 있지 않은 것이었다. 이 섬들의 위치를 모든 함정에서 정확히 측정했으며, 특히 이 섬들 아주 가까이 지나가던 호넷(Hornet) 호로부터 정확히 측정했다. 이 섬들은 통상 일본해〔동해—지은이〕를 통과하는 선박의 항로상에 누워 있으므로 그 위치를 알리는 것이 유용하다고 생각한다.

함상에서 측정한 북서 방향의 섬

시빌(Sybille) 호에서	……	북위 37도 12분 0초, 동경 131도 50분 50초
호넷(Hornet) 호에서	……	북위 37도 17분 9초, 동경 131도 54분 14초
비턴(Bittern) 호에서	……	북위 37도 16분 0초, 동경 131도 59분 50초
세 함정 측정치 평균	……	북위 37도 15분 3초, 동경 131도 54분 58초

"먼저, 함상에서 우리는 서북서 방향 89km 거리에 있는 다줄레 섬〔울릉도—지은이〕이 지도들에 잘못 표시되어 있는 것이나 아닌가 하고 여겨 다줄레 섬을 목격하고 있는 것으로 착각했다. 그런데 다줄레 섬은, 라페루즈에 의하면, 둘레가 17km〔실제로 33km—지은이〕이고 나무가 울창하며, 사람이 산다고 했다. 그와는 반대로 이 두 섬은 거의 붙어 있으며, 더 작고, 사람이 살지 않는다. 나무도 없는 깎아지른 바위섬 두 개인데 상당히 높이 솟아 있다."

"이에 대한 호넷 호의 포시드(Charles Cobrington Forsyth) 함장의 보고는 이렇다. '나는 북서 방향에 있는 섬〔독도—지은이〕을 발견했는데, 그 위치는 북위 37도 17분 9초, 동경 131도 54분 14초이다. 해면으로부터 정상까지의 높이는 124m〔실제로 169m—지은이〕이다.'"

"두 섬을 합친 길이는 약 1.8km이고, 놓인 방향은 북서 1/4 서에서 남동 1/4 동이며, 두 섬 사이의 거리는 약 460m〔실제로 151m—지은이〕이고, 두 섬은 암초에 의하여 연결되어 있는 듯하다."

"나는 이 섬에서 약 5.5km까지 접근해 보았는데, 어떠한 위험도 발견하지 못했다. 섬 주위의 바다는 매우 깊은 것으로 보였으며 섬은 완전 불모였고, 바위 틈 사이에 몇 개의 잡초더미만 보였다. 날씨가 대단히 고요하지 않고서는, 이 섬에 상륙하는 것은 어려울 것으로 보인다."

〔이것은 1855년 4월 25일 영국의 호넷(Hornet) 호에 의한 독도 발견(목격)에 관한 기록이다. 이로써 독도에 영어 명칭 '호넷'이 붙게 되어 19세기 후반기 서양에서 상당히 사용되었으나 차츰 리앙쿠르로 통일되었다.—지은이〕

【자료 28】 프랑스 해군성 해도국(Dépôt des cartes et plans de la Marine, France), 『수로지』(*Annales hydrographiques*), 제15권, 178~181쪽, 1858년. (BNF, DCP, Ge FF 78 c).

Vents et courants (p. 178~180) : ……Les seules îles et dangers signalés jusqu'à présent dans le milieu de la mer du Japon [mer de l'Est] sont :

L'île Matsu-sima ou Dagelet [Ulleungdo] (p. 180), située par latitude N. 37° 30′, longitude 130° 53′ E. (Roquemaurel) (note : Sur la carte russe du voyage de la *Pallas*, elle est située par 37° 22′ N., et 130° 56′ E. Elévation, 608 mètres.) ; c'est une grosse masse de rochers escarpés, élevée de 1,262 mètres et que l'on peut voir à une distance de plus de 45 milles avec un temps clair, sa partie nord présente un morne incliné sous forme de corne très remarquable. (p. 180)

Rochers Liancourt (Hornet) [Dokdo] (p. 180) - Ces îlots, situés par latitude N. 37° 14′, longitude E. 131° 55′ (note : Rochers Liancourt, 37° 14′ N. et 131° 57′, *Pallas-Morskoi* sbornik), ont été vus par le *Liancourt*, le 27 janvier 1849, et par une division anglaise, le 25 avril 1855. Ce sont des rochers arides qui ont environ 1 mille d'étendue du N.O.q.O. au S.E.q.E., et qui gisent à 1/4 de mille de distance environ l'un de l'autre ; ils paraissent réunis ensemble par un récif. Le plus à l'O. a 124 mètres d'élévation environ ; sa forme est celle d'un pain de sucre, et il est le plus haut. Le plus à l'E. est plat au sommet et plus bas. Il paraissait y avoir du fond auprès de ces îlots, mais ils sont dangereux par leur position, car ils gisent sur la route des bâtiments qui traversent la mer du Japon [mer de l'Est] pour aller à Hakodate.

Tako-sima ou île Argonaute (Une île fictive) - Cette île, portée douteuse sur les cartes, n'existe pas dans la position qui lui a été assignée, latitude N 37° 52′, longitude E. 129° 53′. En 1852, la *Capricieuse* passait deux fois sur cette position sans apercevoir aucune apparence de terre.

Le port Chusan ou Pu-san-kai (p. 181), le cap Clonard (p. 182)······.

Iles du Japon (p. 202 et suivantes)

L'empire du Japon [mer de l'Est] est composé de quatre grandes îles entourées par un nombre considérable d'îles plus petites et de rochers qui gisent ······

풍향과 조류(178~180쪽) : ······현재까지 일본해〔동해—지은이〕 가운데 있는 것으로, 알려진 유일한 섬들과 위험들은 이렇다.

마츠시마 또는 다줄레〔울릉도—지은이〕. 위치, 북위 37도 30분, 동경 130도 53분(로크모렐). (팔라스〔Pallas〕 호의 탐험기에 수록된 러시아 해도에 나타난 위치는 북위 37도 22분, 동경 130도 56분이고, 최고봉의 높이는 608m임—원주). 깎아지른 거대한 암석으로 이루어져 있으며, 정상의 높이는 1,262m〔실제로 984m—지은이〕이고, 날씨가 맑으면 83km 거리에서도 보인다.

섬의 북부는 현저한 뿔〔棒糖〕 형태의 경사진 구릉으로 나타난다.

리앙쿠르 열암(호넷)〔독도—지은이〕. 이 작은 섬들의 위치는 북위 37도 14분, 동경 131도 55분(리앙쿠르 열암, 북위 37도 14분, 동경 131도 57분, 팔라스-모르스코이 스보르닉—원주)이며, 1849년 1월 27일 리앙쿠르 호에 의해 목격되었고, 1855년 4월 25일 영국 함대에 의해 목격되었다. 이 두 섬의 길이는 북서 1/4 서에서 남동 1/4 동 방향으로 약 1마일〔1.852km—지은이〕이고, 1/4마일〔460m, 실제로 151m—지은이〕 간격을 두고 서로 떨어져 있으며, 겉으로 보기에는 암초에 의해 연결되어 있는 듯하다. 서쪽 섬의 높이는 약 124m〔실제로 169m—지은이〕로, 원추〔棒糖〕형이고 가장 높다. 동쪽 섬의 정상〔99m—지은이〕은 평탄하며, 낮다. 근처의 수심은 깊은 듯하지만, 이 섬들은, 동해를 거쳐 일본 홋카이도(北海道) 하코다테로 향하는 선박의 항로상에 누워 있기 때문에, 그 위치로 인하여 위험하다.

다코시마 또는 아르고노트 섬(이 섬은 존재하지 않음—원주). 여러 지도에 나타나 있는, 의심스러운 이 섬은 그 위치인 북위 37도 52분, 동경 129도 53분에 존재하지 않는다. 1852년에 프랑스 함정 카프리시유즈(Capricieuse) 호가 이 위치를 두 번이나 통과했는데 육지의 자취를 보지 못했다.

초산항 또는 부산해(181쪽), 케이프 클로나르〔영일만—지은이〕(182쪽) ……

일본 열도(202쪽 이하)

일본 제국은 4개의 큰 섬으로 구성되며, 이 섬들 주위에는 보다 작은 섬들과 바위섬들이 대단히 많은데, 이들은……

〔프랑스 해군 『수로지』 1858년판에서 처음으로 '동해(일본해), 울릉도, 독도, 다코시마(가공의 섬), 초산(부산) 또는 부산해' 순으로 한국에 분류하여 종합적으로 기술했다. 영국 해군의 수로지는 1861년판에서야 프랑스 수로지에서와 동일하게 앞의 항목들을 한국에 분류하여 묘사했다. 내용은 비슷하다. 오키시마는 일본 열도 가운데 분류되어 있다. 이는 프랑스와 영국 해군이 울릉도와 독도를 발견 당시부터 자연스럽게 한국 영토로 인식했다는 것을 뜻한다. 러시아 해군은 보다 확고하게 울릉도와 독도를 한국 영토로 인식했다.—지은이〕

【자료 29】 영국 해군 수로국 (Hydrographic Office, Admiralty, UK), 『중국 수로지—중국 및 타타르 해안, 광동강에서 오호츠크 해까지, 인접 해안 포함』(*The China Pilot, The Coasts of China and Tartary from Canton River to the Sea of Okhotsk; with the adjacent Islands*), 제2판, 1858년. (BNF, DCP, Ge ff 36 x-1).

Chapter VIII. Pratas Island and Shoal; North Coast of Luzon; and Babuyan, Bashi, Formoza, Loo-Choo, Bonin, Japan, and Kuril Islands. (p. 222-287)

· Oki Islands (p. 274)

Chapter IX. Korea Strait, Sea of Japan [East Sea], La Pérouse Strait, Gulf of Tartary, Sea of Okhotsk, and South-East Coast of Kamchatka. (p. 288~312)

· Korea Strait (11 lines) (p. 288)

· Chosan harbour (7 lines) (p. 288)

· Sea of Japan [East Sea] : Hornet Islands [Dokdo] (8 lines) (p. 288~289). These two barren rocky islets, in lat. 37° 14′ N. long. 131° 55′ E., were discovered by H.M.S. squadron, 25th April 1855. They are about a mile in extent, about a quarter of a mile apart, and apparently joined together by a reef. The westernmost islet, about 410 feet high, has a sugar-loaf form and is the highest; the easternmost is flatopped and much lower. The water appeared deep close to, but they are dangerous from their position, being directly in the track of vessels steering up the Sea of Japan [East Sea] for Hakodadi.

· Victoria Bay (Tartary) (p. 289)

제8장. 프라타스 섬과 쇼알; 루손 북쪽 해안; 그리고 바부얀, 바시, 대만, 류큐, 보닌, 일본 그리고 쿠릴 열도 (222~287쪽)

· 오키 열도 (274쪽)

제9장. 대한해협, 일본해〔동해—지은이〕, 라페루즈 해협〔소야 해협—지은이〕, 타타르 해협, 그리고 캄차카 남동 해안 (288~311쪽)

· 대한해협(11줄) (288쪽)

· 초산(부산)항(7줄) (288쪽)

· 일본해〔동해—지은이〕: 호넷 섬들〔독도—지은이〕(8줄)(288~289쪽). 불모의 이 두 바위섬의 위치는 북위 37도 14분, 동경 131도 55분이며, 영국 함정이 1855년 4월 25일 발견했다. 이 섬들의 길이는 약 1마일〔1.852km—지은이〕이고, 460m〔실제로 151m—지은이〕 간격을 두고 서로 떨어져 있으며, 겉으로 보기에는 암초에 의해 연결되어 있는 것 같다. 서쪽 섬〔서도—지은이〕의 높이는 약 410피트〔124m, 실제로 169m—지은이〕로, 원추〔棒糖〕형이고 가장 높다. 동쪽 섬〔동도—지은이〕의 정상〔99m—지은이〕은 평탄하며 낮다. 근처의 수심은 깊은 듯하지

만, 이 섬들은 일본해〔동해—지은이〕를 거쳐 일본 홋카이도의 하코다테로 향하는 선박의 직항로상에 누워 있기 때문에, 그 위치로 인하여 위험하다.

· 빅토리아 만(타타르) (289쪽)

〔영국 해군의 『중국 수로지』 1858년판에 처음으로 동해의 섬으로 호넷 호가 발견한 독도만 위와 같이 기술되어 있다. 울릉도에 대한 언급은 아직도 없다. 일본의 오키시마는 제8장에, 대한해협, 일본해(동해), 라페루즈 해협(소야 해협) 등은 제9장에 분류되어 있다. 영국 해군도 독도를 자연스럽게 한국령으로 인식하여 한국의 동해에 분류했다.—지은이〕

【자료 30】 프랑스 해군성 해도국(Dépôt des cartes et plans de la Marine, France), 『수로지』(*Annales hydrographiques*), 제20권, 1861년. (BNF, DCP, Ge FF 78 c).

Côte orientale de la Corée (p. 41~64) : Description hydrographique de la côte orientale de la presqu'île de Corée, depuis le parallèle de la baie Tchosan (35° 2′ latitude N.) jusque par 42° 31′ N., description accompagne la carte russe levée en 1854 par la frégate russe *Pallas*, traduite en français par M.H. de la Planche, lieutenant de vaisseau.……

Parmi les îles de la mer du Japon [Mer de l'Est] se trouvant près de la côte que nous avons levée, l'île Dajelet [Ulleungdo] et l'île Argonaut attirèrent surtout notre attention ; mais notre projet principal de fixer plus précisément la position de la première et de nous assurer de l'existence de la seconde ne put être accompli. (p. 62)

L'île Dajelet [Ulleungdo] (p. 62) a été décrite par la goelette *Vostok*, et sa position avait été fixée par latitude N. 37° 22′ et longitude E. 130° 56′ 05″ ; elle est de forme circulaire, ayant environ 20 milles de circonférence et des bords escarpés presque inaccessibles. La hauteur du pic Dajelet [Ulleungdo], qui s'élève au milieu de l'île, est de 640 mètres.

Ile Argonaut (p. 62) - La position de l'île Argonaut est restée douteuse comme elle était auparavant ; ni nous, ni la goelette ne la vîmes. (note : Cette île n'existe pas.)

Rochers Ménélai et Olivoutza (note : Rochers Liancourt de la carte française) [Dokdo] (p. 62) - Deux rochers élevés, couverts de guano blanc et à cause de cela reconnaissables à une distance considérable, ont été découverts par la corvette *Olivoutza*, par latitude N. 37° 14′ et longitude E. 131° 57′ 05″, et nommés Ménélai et Olivoutza. La découverte de ces deux rochers a été importante pour les navigateurs. Ils sont placés à une distance assez grande des îles les plus voisines et sur le passage des navires allant au N. par la mer du Japon [mer de l'Est].

조선 동해안 (41~64쪽): 한반도 동해안 수로 서술, 초산(북위 35도 2분)에서 북위 42도 31분까지, 동 서술에는 1854년 팔라스 함이 측정하여 제작한 해도가 따르며, 드 라 플랑슈(De La Planche) 중령이 러시아어에서 프랑스어로 번역……

일본해〔동해—지은이〕의 섬 중 조선 해안에 가까운 것으로, 다줄레와 아르고노트〔실존하지 않는 섬—지은이〕가 특히 우리의 주의를 끌었다. 우리〔팔라스 함—지은이〕의 주 임무는 첫 번째 섬〔다줄레—지은이〕의 정확한 위치 확정과 두 번째 섬〔아르고노트—지은이〕의 존재 여부를 확인하는 것이었는데, 이는 팔라스 함 자체에 의해서는 수행되지 못했다. 〔팔라스 함의 보조함들이 수행했다.—지은이〕 (62쪽)

다줄레 섬〔울릉도—지은이〕: 보스톡(Vostok) 스쿠너(scooner) 선에 의해 관찰되었으며, 그 위치는 북위 37도 22분, 동경 130도 56분 05초에 확정되었다. 형태는 원형이고, 둘레는 37km이며, 외곽은 깎아지른 절벽으로 되어 있어 접근하기가 어렵다. 다줄레의 정상은 섬 가운데 솟아 있으며, 그 높이는 640m〔실제로 984m—지은이〕이다.

아르고노트(Argonaut) 섬: 전에도 언급되었던 아르고노트 섬의 위치는 의심스럽다. 모함 팔라스 호는 물론, 보조함인 스쿠너 선도 이 섬을 보지 못했다. (이 섬은 존재하지 않음.—원주)

메넬라이(Menelai)와 올리부차(Olivoutza) 바위섬(프랑스 해도의 리앙쿠르 바위섬—원주)〔독도—지은이〕: 높이 솟은 두 개의 바위이며, 흰 새똥으로 덮여 있어 상당히 멀리서도 알아볼 수 있다. 코르벳〔소형 군함—지은이〕 올리부차(Olivoutza) 호에 의해 발견되었고, 위치는 북위 37도 14분, 동경 131도 57분 05초이다. 이 바위섬들을 메넬라이〔동도—지은이〕와 올리부차〔서도—지은이〕로 명명했다. 이 바위섬들의 발견은 항해가를 위해 중요하다. 이 바위섬들은 가장 가까운 큰 섬들에서 멀리 떨어져 있으며, 일본해〔동해—지은이〕를 거쳐 북항하는 선박들이 통과하는 지점에 있다.

〔이는 프랑스 『수로지』(1861)에 실린 팔라스 함의 보고서(1857) 번역문이다. 러시아의 팔라스(Pallas) 함의 함장은 푸차친(Putyatin) 제독이었으며, 이들은 독도를 영국의 호넷 호보다 1년 먼저인 1854년 4월 6일 목격했다. 팔라스 함의 보고서에서 처음으로 독도는 새똥으로 덮여 희기 때문에 멀리서도 알아볼 수 있다고 했다. 이 내용은 이후 발간되는 서양 여러 나라의 수로지에 오랫동안 인용되었고, 나중에 일본 수로지도 인용한다. 이때 독도를 실측하여 세 점의 그림을 그렸는데, 이 그림이 1857

년에 제작되는 「조선동해안도」에 실린다. 이 해도는 수정되어 1882년에 재판된다.—지은이〕 (〔지도 43〕, 268~269쪽 도판 참조)

【자료 31】 영국 해군 수로국(Hydrographic Office, Admiralty, UK), 『중국 수로지—중국, 한국, 타타르 해안; 일본해〔동해—지은이〕, 타타르 만과 아무르 만, 오호츠크 해, 바부얀, 바시, 대만, 미야코시마, 류큐, 라드론, 보닌, 일본, 사할린, 쿠릴 열도』(*The China Pilot—The Coasts of China, Korea, and Tartary; The Sea of Japan, Gulfs of Tartary and Amur, and Sea of Okhotsk, and the Babuyan, Bashi, Formosa, Meiaco-sima, Lu-chu, Ladrones, Bonin, Japan, Saghalin, and Kuril Islands*), 제3판, 1861년. (BNF, DCP, Ge ff 36 x-1).

Chapter X. Japan and Kuril islands, and S-E Coast of Kamchatka (p. 333~375)

· Oki and Mino islands (p. 349~350)

Chapter XI. Sea of Japan [East Sea] (p. 376~379): Sentinel island [Geojedo], Tsu Sima, Matu Sima (Dagelet [Ulleungdo]), Liancourt (Menelai & Olivutsa, Hornet) [Dokdo], Tako sima(or Argonaut Island) and Waywoda rocks; East coast of Korea: Chosan harbour ……

· Winds and currents (p. 376~378)

· Matu Sima (Dagelet island of the French and Dajette of the Russian charts) [Ulleungdo] (p. 379) is by the Russian frigate *Pallas* in lat. 37° 22′ N., long. 130° 56′ E.* It is of circular form, about 20 miles in circumference, and its peak, rising from the centre of the island, is 2,100 feet above the sea level. Its shores are cliffy and almost inaccessible. (* M. Roquemaurel places it in lat. 37° 30′ N., long. 130° 53′ E., and gives its height as 4,000 feet.)

· Liancourt Rocks [Dokdo] (p. 379) are named after the French ship *Liancourt*, which discovered them in 1849; they were also named Menelai and Olivutsa rocks by the Russian frigate *Pallas* in 1854, and *Hornet* islands by H.M.S. Hornet in 1855. Captain Forsyth, of the latter vessel, gives their position as lat. 37° 14′ N., long. 131° 55′ E., and describes them as being two barren rocky islets, about a mile in extent N.W. by W. and S.E. by E., and a quarter of a mile, and apparently joined together by a reef. The western islet, elevated about 410 feet above the sea, has a sugar-loaf form ; the easternmost is much lower and flat-topped. The water appeared deep close-to, but they are dangerous from their position, being directly in the track of vessels steering up the sea of Japan for Hakodadi.

· Tako sima or Argonaut island (p. 379), marked doubtful on the charts, does not exist in the position assigned to it, in 37° 52′ N., and 129° 53′ E. In the year 1852, the French corvette *Capricieuse* twice crossed this position without perceiving any land.

제10장. 일본 및 쿠릴 열도, 그리고 캄차카 남동 해안 (333~375쪽)

· 오키 및 미노 열도 (349~350쪽)

제11장. 일본해〔동해—지은이〕(376~379쪽): 센티넬 섬〔거제도—지은이〕, 쓰시마〔대마도—지은이〕, 마투시마(다줄레)〔울릉도—지은이〕, 리앙쿠르(메넬라이/올리부차, 호넷)〔독도—지은이〕, 다코시마(또는 아르고노트 섬)〔가공의 섬—지은이〕 및 와이오다 바위섬; 한국 동해안: 초산항 〔부산항—지은이〕 ……

· 풍향과 조류 (376~378쪽)

· 마투시마(프랑스어로 다줄레 섬, 러시아 해도상의 다제트)〔울릉도—지은이〕는 러시아 프리깃함 팔라스(Pallas) 호에 의하면 그 위치가 북위 37도 22분, 동경 130도 56분이다. 원형이며 둘레의 길이는 약 37km이고, 섬의 중앙에 솟아 있는 봉우리의 높이는 해발 640m〔실제로 984m—지은이〕이다. 해변은 절벽이며, 접근이 거의 불가능하다. (프랑스의 인도차이나 함대 사령관 로크모렐〔Roquemaurel〕 씨에 의하면 이 섬의 위치는 북위 37도 30분, 동경 130도 53분이며, 정상의 높이는 약 1,220m〔실제로 984m—지은이〕이다.—원주)

· 리앙쿠르 바위섬(Liancourt Rocks)〔독도—지은이〕(379쪽)은 1849년에 이 섬들을 발견한 프랑스 선박 리앙쿠르의 이름을 따서 붙인 것이다. 또 러시아 프리깃함 팔라스는 1854년에 메넬라이(Menelai)와 올리부차(Olivutsa)라 명명했고, 1855년 영국 함정 호넷은 호넷이라는 이름을 붙였다. 호넷 함의 포시드(Forsyth) 함장에 따르면 그 위치는 북위 37도 14분, 동경 131도 55분이며, 이들은 불모의 두 개의 작은 섬으로, 그 길이는 북서서에서 남동동으로 1마일〔1.852km—지은이〕이고, 460m〔실제로 151m—지은이〕 간격을 두고 서로 떨어져 있으며, 겉으로 보기에는 암초에 의해 연결되어 있는 것 같다. 서쪽 섬〔서도—지은이〕의 높이는 약 410피트〔124m, 실제로 169m—지은이〕로, 원추〔棒糖〕형이고 가장 높다. 동쪽 섬〔동도—지은이〕의 정상〔99m—지은이〕은 평탄하며 낮다. 근처의 수심은 깊은 듯하지만, 이 섬들은 동해를 거쳐 일본 홋카이도의 하코다테로 향하는 선박의 직항로상에 누워 있기 때문에, 그 위치로 인하여 위험하다.

· 다코시마 또는 아르고노트 섬은 해도상에 의심이 있는 것으로 표시되어 있는데, 그 섬의

위치로 알려진 북위 37도 52분, 동경 129도 53분에 존재하지 않는다. 1852년 프랑스의 코르벳 함 카프리시유즈(Capricieuse) 호가 두 번에 걸쳐 이 위치를 지나갔으나 땅의 흔적을 보지 못했다.

〔영국 수로지에서는 이때 비로소 울릉도가 처음으로 기술되었으며, 울릉도와 독도는 함께 묶여 한국의 동해에 분류되어 있다. 내용은 그때까지 발간된 프랑스 수로지의 것과 거의 같다. 여기서도 오키 및 미노 열도는 「제10장 일본 및 쿠릴 열도……」에 분류되어 있고, 울릉도, 독도, 다코시마는 「제11장 일본해〔동해〕」에 분류되어 있다. 영국 수로지는 이때부터 독도에 대하여 호넷(Hornet)이란 명칭 대신에 리앙쿠르 바위섬(Liancourt Rocks)을 제목으로 채용한다.—지은이〕

【자료 32】 영국 해군 수로국(Hydrographic Office, Admiralty, UK), 『중국 수로지—중국, 한국, 만주 해안; 동해, 타타르 및 아무르 해안, 그리고 오호츠크 해 포함』(*The China Pilot—comprising Coasts of China, Korea, and Manchuria; The Sea of Japan, Gulfs of Tartary and Amur, and the Sea of Okhotsk*), 제4판, 1864년. (BNF, DCP, Ge ff 36 x-1).

Chapter XV.

· Liancourt rocks [Dokdo] (p. 563).

· Matu sima or Dagelet island [Ulleungdo] (p. 563~564), is a collection of sharp conical hills, well clothed with wood, supporting an imposing peak in the centre, in lat. 37° 30′ N., long. 130° 53′ E. It is 18 miles in circumference, and in shape approximates a semicircle, the northern side, its diameter, running nearly E. by N. and W. by S. 6.25 miles. From each end the coast trends rather abruptly to the southward, curving gradually to the east and west, with several slight sinuosities until meeting at Seal point, the south extreme of the island, off which is a small rock.

There are several detached rocks along its shores, principally, however, on the north and east sides, some reaching an élévation of 400 to 500 feet. They are all, like the island, steep-to, and the lead affords no warning, but none of them are more than a quarter of a mile from the cliffs, except the Boussole rock, the largest, which is 7 cables from the east shore of the island. Hole rock on the north is remarkable, from having a large hole, or rather a natural archway through it, while nearly abreast it on the shore is a smooth but very steep sugar-loaf, apparently of bare granite, about 800 feet high.

The sides of the island are so steep, that soundings could only be obtained by the Actoeon' s boasts, almost at the base of the cliffs, while in the ship at 4 miles to the southward no bottom could be found at 400 fathoms, and 2.25 miles north none at 366 fathoms. Landing may be effected in fine weather, with difficulty, on some small shingly beaches, which occur at intervals, but the greater part of the island is quite inaccessible.

During the spring and summer months some Koreans reside on the island, and build junks which they take across to the mainland; they also collect and dry large quantities of shell-fish. Except a few iron clamps, their boats are all wood-fastened, and they do not appear to appreciate the value of seasoned timbers, as they were using quite green wood.

· Argonaut island (p. 564) - H.M.S. Actoeon in June 1859 passed over the position given to Argonaut as nearly as, from the want of observations, it was possible to judge; the weather was rather thick, but a radius of 5 miles, at least, could be commanded, and nothing was seen. This island has been searched for by both French and Russian ships of war, but has not been found; whalers also ignore its existence; it may therefore with confidence be expunged from the charts. Its supposed discoverers, probably, owing to current, were much out in their reckoning, and sighting Dagelet [Ulleungdo] re-named it.

The Actoeon experienced a weak current setting to the northward. A Russian gunboat at an earlier period of the year visited Dagelet [Ulleungdo], and after obtaining observations left, under sail, in a light breeze, to pass over the supposed position of Argonaut. A dense fog ensued, and about the time when, if Argonaut existed, it might have been expected to be seen, land was made; fortunately an opportunity offered of obtaining observations, when it was discovered that the island was still Dagelet [Ulleungdo], a proof of her having experienced a strong south-westerly current.

· Chosan (p. 564)

제15장.

· 리앙쿠르 바위섬[독도—지은이] (563쪽) [내용은 전과 같음—지은이].

· 마투시마 또는 다줄레 섬[울릉도—지은이](563~564쪽) - 일련의 좁은 원추형 구릉들로 구성되어 있으며, 수목으로 짙게 덮여 있다. 섬의 중앙에 장엄한 봉우리가 있고, 위치는 북위 37도 30분, 동경 130도 53분이다. 주위의 둘레는 33.3km, 모양은 반원에 가깝다. 각 첨단으

로부터 남쪽 방향으로 경사가 더 급하며, 동쪽과 서쪽은 점진적으로 곡선을 그으며, 남쪽 첨단부인 씰 포인트(Seal Point)까지 가벼운 지그재그를 여러 번 이룬다. 이 첨단부에서 조금 떨어진 곳에 작은 바위섬이 하나 있다.

섬의 해변을 따라 땅에서 떨어진 여러 개의 바위가 있는데, 그중에서도 북쪽과 동쪽에 있는 바위섬들의 높이는 122m에서 152m에 달한다. 다줄레와 마찬가지로 이 바위섬들은 가파른 경사를 이루며, 모두 본 섬[울릉도—지은이]의 절벽에서 500m 이내의 거리에 있다. 단지 그중에서 가장 큰 부솔(Boussole) 암[죽서—지은이]만 섬의 동쪽 해안으로부터 약 2km 거리에 있다. 부솔 암의 북쪽 해안에 있는 구멍 바위는 멋진데, 큰 구멍 또는 자연히 이루어진 아치형이다. 화강암으로 된 듯한 이 암서의 정상은 원추형이고, 높이는 240m이며, 부드러운 경사를 이루며 해안으로 내려온다.

섬 주위의 바다는 깊다. 악테온(Actoeon) 호의 여러 척의 보트로 절벽 아래의 수심을 측정할 수 있었다. 함정이 정박한 곳은 섬에서 남쪽으로 7.4km 지점인데, 이곳의 수심은 730m 이상이었고, 북쪽 4.2km 지점의 수심은 670m 이상이었다. 섬에의 상륙은 날씨가 좋을 때, 일정 간격으로 있는 몇 개의 협만을 통해, 어렵지만 가능할 것으로 보인다. 그러나 섬의 대부분은 접근이 불가능하다.

봄과 여름에 여러 달 동안 약간 수의 조선 사람들이 섬[울릉도—지은이]에 살면서 배를 건조하여 육지로 가져간다. 또 그들은 다량의 조개를 채취하여 말린다. 배 건조에는 쇠로 만든 U자형 못 몇 개를 제외하고는 주로 나무쐐기를 사용한다. 그들은 마른 나무의 가치를 알지 못하는 것으로 보인다. 그래서 생나무를 사용한다.

· 아르고노트 섬[가공의 섬—지은이](564쪽) - 1859년 6월 악테온 함은 이 섬을 관측하여 판단하기 위해, 아르고노트 섬의 위치로 알려진 해역을 최대한 가까이 통과했다. 안개가 짙게 낀 일기였으나 적어도 반경 5해리[9.3km—지은이]까지는 확인할 수 있었는데, 아무 것도 보지 못했다. 프랑스 함정[1852년, 카프리시유즈 함—지은이]과 러시아 함정[1854년, 팔라스 함—지은이]도 이 섬을 찾았으나 찾지 못했다. 포경선들도 이 섬의 존재를 알지 못한다. 따라서 이 섬은 확신을 가지고 해도에서 지워도 좋을 것이다. 이 섬[실존하지 않는 섬 아르고노트—지은이]의 발견자들은 다줄레[울릉도—지은이]를 확인, 목격하고 이에 다시 새로운 이름을 붙였으나 해류의 영향 때문에 잘못된 것으로 생각된다.

악테온 함은 북쪽으로 일어나는 가벼운 해류를 경험했다. 러시아 전함이 다줄레[울릉도—지은이]를 방문한 그해 초에, 이 섬을 측정한 후 미풍을 받으면서 항행하여 아르고노트 섬이 있다고 가정된 해역(海域)을 통과했다. 그때 두꺼운 안개가 끼어 있었지만, 아르고노트가 실제로 존재했다면 충분히 목격할 수 있는 상황이었고, 상륙할 수도 있었을 것이다. 다행히 무엇인가 관측할 수가 있어서 관측했는데, 알고 보니 그것은 여전히 다줄레였다. 이는 러시아 함정도 강한 남서 방향의 해류를 경험했다는 증거이다.

〔영국 수로지에서는 여기서 비로소 울릉도에 대한 자세한 묘사가 등장한다. 이는 1859년 6월 울릉도를 방문한 영국 악테온 함의 워드(Ward) 함장의 보고에 의한 것이다. 라페루즈 이후 울릉도에 관한 가장 상세한 보고이다. 워드 함장은, 아직도 울릉도에 대한 조선 정부의 공도정책(1416~1881)이 실시되고 있던 1859년 당시 조선 사람들이 울릉도에서 배도 건조하고, 조개도 채취하여 말리고 있었다는 사실을 실증적으로 증언하고 있다. 악테온 함의 이 보고서 내용은 프랑스 『항해지침』 1867년판에도 그대로 수록되며, 양국의 수로지에 수정 없이 오랫동안 반복된다.—지은이〕

【자료 33】 미국 정부 국방지도제작소(Defence Mapping Agency, US Government), 『항해지침, 한국 및 중국 해안』(*Sailing Directions [Enroute], Coasts of Korea and China*), PUB.157, 제7판, 1995년.

SECTOR 2 KOREA - EAST COAST

PLAN

GENERAL REMARKS

Winds - Weather - Tides - Currents - Caution.

……

2.02 Liancourt Rocks (Dok To, Take Shima, 37° 15′ N, 131° 52′ E.) (p. 25), about 118 miles off the Korean coast, consists of two barren, rocky islets, about 183m apart and surrounded by numerous rocks. A depth of 19m was reported, 2 miles NW of Liancourt Rocks. The W islet has a sharp peak, 157m high, with the E islet being lower and flatter. A light is shown from the E islet.

(2 views of Liancourt Rocks) (p. 25)

Ullung (Ulleung) Do (37° 30′ N, 130° 50′ E.) (p. 25) ……

BUSAN HANG TO ULSAN MAN (P. 26)

제2구역 한국–동해안

도면

일반 사항

풍향 - 기후 - 조류 - 해류 - 주의

……

2.02 리앙쿠르 바위섬(독도, 다케시마, 북위 37도 15분, 동경 131도 52분) (25쪽), 한국 해변으로부터 118마일〔218km—지은이〕이며, 불모의 두 개의 바위섬으로 구성되어 있고, 두 섬 사이의 거리는 183m이고 주변에 많은 바위들이 있다. 서도의 정상은 뾰족하며 높이는 157m〔실제로 169m—지은이〕이고, 동도는 그보다 낮고 편편하다. 동도로부터 등대 불빛이 보인다.

(독도 그림 2점) (25쪽)

울릉도 (북위 37도 30분, 동경 130도 50분) (25쪽) ……

부산항에서 울산만 (26쪽)

〔미국 해군은 독도, 울릉도를 일관되게 한국 동해안의 다른 한국 지명들 사이에 분류하여 오고 있다. 이는 독도를 확고하게 한국 영토로 인정하고 있다는 것을 의미한다.—지은이〕

서양 저서에 묘사된 울릉도와 독도

【자료 34】 라루스 (Larousse), 『19세기 세계대백과사전』(*Grand dictionnaire universel du XIXe siècle*), 전 34권, 1868~1896년.

제6권(1870년대): "다줄레(Dagelet)〔울릉도—지은이〕 - 일본해〔동해—지은이〕 중의 섬, 아르고노트(Argonaute) 섬으로부터 약 150km 동쪽, 조선 해안으로부터 동쪽으로 200km, 북위 37도 25분, 동경 131도 20분에 위치함. 이 섬은 좋은 건축용 목재를 공급함. 라페루즈가 1787년에 발견."

【자료 35】 오페르트 (Ernest Oppert), 『금단의 나라 조선』(*A Forbidden Land, Voyages to the Corea*), New York, G.P. Putnam's Sons, 1880년.

"이 많은 섬 중에 세 개는 크기도 하거니와 주민의 수도 많고 중요하므로 특별히 언급하여 묘사할 필요가 있다. 이 세 섬은 서부 해안의 강화도, 남부 해안의 켈파트 또는 켈패트(제주도), 그리고 동해의 울릉도이다." (17쪽)

"세 번째 넓은 섬은 일본해〔동해—지은이〕에 있는데, 본토로부터 약 45마일(62km)〔실제로

137km—지은이〕 떨어져 있으며, 북위 37도 25분, 동경 131도 16분에 위치하며, 원주민들은 이를 울릉도라고 부른다. 여러 지도에는 잘못 낮게 그려져 마치 일본에 속하는 것처럼 되어 있으나 그렇지 않다. 일반적으로 마츠시마(松島)로 기재되어 있고, 프랑스 사람들은 다줄레(Dagelet 〔Ulleungdo〕), 러시아 사람들은 다제(게)트(Dagette)라 이름 붙였다. 이 섬은 거의 둥글고, 둘레가 약 25마일(40km)이지만, 가파른 바위로 되어 있고 접근하기가 어려워 그 내부 사정은 잘 알려지지 않았다. 울릉도는 대단히 기름진 것으로 조선에 알려져 있다. 모든 산물이 질적으로 우수하고, 상식을 초월할 만큼 커서 거대하다고 할 수 있을 정도라고들 말한다. 그래서 본토의 원주민들은, 이러한 예외적인 산물을 생산하는 이 섬에 보통 사람은 살 수 없고, 산물이 큰 것처럼 키가 거대한 인종밖에는 살 수 없는 것으로 믿고 있다. 이 허무맹랑한 이야기에 덧붙이기라도 하듯, 조선 정부는 현재, 이런 거인 인종이 가까이 있음으로 말미암아 본토에서 발생할 수 있는 위험을 막기 위해, 본토 사람들이 섬에 이주하지 못하도록 엄중한 금지령을 내렸다. 이따금씩 관리 한 명이 수행원을 대동하고 울릉도에 파견되어, 사람들이 정부의 명을 어기지 않았는지를 확인하고, 그의 짧은 체류 기간 중 수집할 수 있는 최대한의 산물을 수집하여 가지고 돌아온다. 그런데 이런 허무맹랑한 이야기를 믿지 않는 조선 사람들은 금지령에도 불구하고 그들 나름의 이유로 이 섬에 건너와 살고 있다. 순찰대가 접근하면 숲 속에 숨어 버린다. 순찰사는 널리 알려진 거인에 관한 소문 때문에 겁이 나서, 도망자들을 설득하고 체포하려는 모험은 하지 않는다." (17~19쪽)

〔이 책에는 울릉도가 'Ollong-to'로 표기되어 있다. 이 글은 조선 정부가 울릉도에 대해 펴고 있었던 공도정책(1416~1881)에 대해 시사하고 있다. 그러나 공도정책도 통치 행위다. 또 중앙 정부의 도항 금지 정책에도 불구하고 많은 수의 조선 사람들이 울릉도에 건너가 살고 있었음을 잘 나타냈다.—지은이〕

【자료 36】 쌩-마르탱(Vivien de Saint-Martin, 파리 지리학회 명예 회장), 『신세계지리학사전』(*Nouveau dictionnaire de géographie universelle*), 전 7권, Paris, Lib. Hachette, 1879~1894년.

제2권(D-J), 1884년: "다줄레 섬〔울릉도—지은이〕 - 큰 니폰 섬〔혼슈—지은이〕과 조선 사이, 일본해〔동해—지은이〕에 있는 작은 섬. 라페루즈에 의해 1787년에 처음으로 발견되었고, 그가 붙인 이름이 사용되고 있으며, 그가 위치를 확정했다. (그 후 경도가 약간 수정되었음). 섬은 깎아지른 듯 가파르고, 해안부터 정상까지 섬 전체가 나무로 덮여 있다. 북위 37도 25분, 동경

130도 56분(라페루즈 131도 22분), 일본 명칭은 마츠시마(松島)."

제3권(K-M), 1884년: "리앙쿠르 바위섬〔독도—지은이〕 - 영국 지도의 호넷(Hornet). 일본해〔동해—지은이〕의 작은 섬들. 마츠시마〔울릉도—지은이〕에서 동남쪽으로 약 80km〔실제로 87km—지은이〕, 오키시마에서 북서쪽으로 약 175km〔실제로 157km—지은이〕에 위치한다. 정점은 고도 125m〔실제로 169m—지은이〕."

제3권(K-M), 1887년: "마츠시마(松島)〔울릉도—지은이〕 - 해도의 이름은 다줄레(Dagelet〔Ulleungdo〕). 일본해〔동해—지은이〕의 섬, 최고봉 1,219m〔실제로 984m—지은이〕. 원래 화산도인 이 섬은 '울릉도'(Ollongto)라는 이름도 가지고 있으며, 해저의 깊이가 700m인 바다에 솟은 원추형이다. 조선의 전설에 의하면, 일본해〔동해—지은이〕 중에 떨어져 있는 이 섬에 사는 나무와 짐승과 사람은 모두 거대하다고 한다. 서울 정부는 조선인들이 '마츠시마'〔울릉도—지은이〕에 가는 것을 금지하고 있다. 그럼에도 불구하고, 또 거인을 만나게 될 위험을 무릅쓰고, 이주민들이 이 섬에 건너가 계곡을 경작한다. (오페르트, 『금단의 나라 조선』에서 인용). 이 섬의 삼림은 조선 해안의 원산에 있는 일본인 거주지의 집을 짓는데 필요한 나무의 대부분을 공급했다. 나무는 이 섬의 바위를 덮고 있는 소나무인데, 이로 인하여 이 섬을 일본 이름으로 '마츠시마'(소나무 섬)라고 한다. '다줄레'〔울릉도—지은이〕 항목 참조."

【자료 37】 그리피스(William Elliot Griffis), 『은자의 나라 한국』(*Corea, The Hermit Nation*), New York, Charles Scribner's Sons, 1882년.

"조선 해안에서 경도상으로 약 1.5도 떨어진 바다에 한 섬이 있는데, 일본인들은 마츠시마 즉 소나무 섬, 조선인들은 울릉도, 유럽 사람들은 다줄레(Dagelet〔Ulleungdo〕)라고 부른다. 이 섬은 1787년 6월〔사실은 5월 27일—지은이〕 프랑스의 항해가 라페루즈가 처음으로 발견했다. 천문학자에게 영예를 주기 위해 '다줄레 섬'이라 이름 붙였다. 섬은 매우 가파르고 해안에서 정상까지 좋은 나무들로 덮여 있다. 사람이 접근할 수 있는 7개의 작은 내포(內浦)를 제외하고는 섬 전체가 벽처럼 거의 수직으로 깎아지른 듯 노출된 바위 성채로 완전히 둘러싸여 있다. 〔라페루즈의 『세계탐험기』의 내용과 같음—지은이〕. 중앙의 거대한 정상은 4,000피트〔1,200m, 실제로 984m—지은이〕까지 치솟아 있다. 전나무, 플라타너스, 그리고 노간주나무 들이 풍부하다. 바다에는 물개와 바다표범 들이 서식하고, 이 섬에 사는 약간의 가난한 조선인들은 장(場)이나 본토에 내다 팔기 위해, 다량의 바다표범, 바다제비, 전복 등을 말린다. 섬 부근의 바다에 고래가 많으므로 이 섬에는 일본인들의 배나 외국의 포경선들이 들른다. 일본인들은 원산의 개항지에 짓는 그들의 공공건물 또는 개인 주택 건축에 사용하는 목재를 이 섬에서 얻는다." (206쪽)

〔이 책에 수록된 「조선전도」는 30×42cm이며, 지명은 한국식 발음의 영문 표기로 되어 있고, 다줄레 섬(울릉도)까지만 나와 있다.—지은이〕

【자료 38】 르클뤼(Elisée Reclus), 『신세계지리, 대지와 인간』(*Nouvelle géographie universelle, la terre et les hommes*), 제7권, 「동아시아」(Asie orientale), Paris, Lib. Hachette et Cie., 1882년.

"조선 정부가 유배지로 만든 섬 켈패르〔제주도—지은이〕는 남서로 뻗은 작은 산맥을 형성하는데, 멀리서 보이는 아울라(Aoula)〔한라—지은이〕 또는 '한카산' (Hanka san, 영국 해군이 말하는 오클랜드)〔한라산—지은이〕의 흰색 바위로써 알 수 있으며, 그 높이는 해발 2,029m〔실제로 1,950m—지은이)이다. 해안선 가까이 있는 몇 개의 섬들은 화산암이다." (660쪽)

"마츠시마라는 일본 명칭과 다줄레(Dagelet 〔Ulleungdo〕)라는 유럽 명칭도 가지고 있는 '울릉도' (Ollongto)는 원추형이며, 그 정상은 1,200m〔실제로 984m—지은이〕이고, 그 경사면은 해저 700m 바다 속으로 잠긴다. 조선의 전설에 의하면, 이 섬의 식물, 동물, 사람은 모두 거대하다고 한다. 마투알린(Matoualin)이 '여인 왕국' 과 '두 개의 얼굴을 가진 인간의 왕국' 의 위치를 이 부근으로 잡고 있다. (에르베 드 쌩-드니〔Hervé de Saint-Denis〕, 『중국 이방 민족 인종학』). 서울 정부는 거인들을 만날 위험이 있으므로 백성들이 마츠시마에 건너가는 것을 금지하고 있다. 그럼에도 용감한 개척자들은 거인을 만날 위험을 무릅쓰고, 이 섬에 건너가 계곡을 경작하는 것을 두려워 하지 않는다. (어네스트 오페르트, 『금단의 나라 조선』). 일본인들은 한국의 해안 원산에 건물을 짓는 데 필요한 목재의 대부분을 이 섬의 숲에서 얻는다." (660~662쪽)

제2부

동서양의 지도 및 해도에 나타난 울릉도와 독도

7. 지도 및 해도 설명

여기에 소개하는 지도 가운데 한국, 일본, 중국에서 제작된 고지도는 프랑스국립도서관에 소장되어 있는 것들이다. 서양 지도와 해도는 국립도서관에 소장되어 있는 것도 있고, 일반 지도책, 저서, 논문, 글, 정기 간행물 속에 포함되어 있는 것도 있다. 해도는 국립도서관이나 해군성 자료관에도 있다. 낱장으로 된 것도 있고, 하나의 제목 아래 여러 장으로 구성되어 있는 것도 있다. 최근의 지도와 지도책은 시판 중인 것들이다.

서양의 해도와 항해지침, 수로지에는 울릉도와 독도에 대하여 명칭은 한국명이 아닌 외국의 것을 사용했지만, 이 두 섬이 불가분의 관계에 있음을 잘 보여 주고 있다. 서양 지도로서 이 두 섬을 나타낸 경우는 한국에 포함시킨 데 반해, 대부분의 일본 지도에는 이 두 섬이 나타나 있지 않다. 이는 일반적으로 일본의 지도 제작자들이 이 두 섬을 일본 영토로 인식하고 있지 않았음을 입증하는 것이다.

몇 점 고지도를 제외하고는 모두 1850년 이후에 제작된 과학적인 근대 지도이며, 1905년 이전 것은 일본의 독도에 대한 영토 야욕의 영향이 배제된 객관적인 지도라 할 수 있다. 이 지도들에는 독도가 정확한 위치에 표시되어 있고, 분명하고 확고하게 한국 영토로 나타나 있다.

지도와 해도는 크기가 각기 다르다. 큰 것은 한 변이 2m 가량 되는 초대형도 있는데, 보통은 1.5m 내지 1m 정도이다. 저서 속에 첨부되어 있는 것은 20~30cm 미만의 작은 것들이다. 컬러로 되어 있는 것도 있고, 흑백으로 된 것도 있으며, 원래의 상태가 좋지 않아 검게 보이는 것도 있다. 목판본이나 동판 인쇄본도 있고, 필사본도 있다. 또 필사본은 잉크나 먹물의 빛이 바래서 내용과 글씨를 알아보기 어려운 것도 있다.

여기에 인용된 지도와 해도 가운데 프랑스국립도서관에 소장되어 있는 것들은 그 분류 번호(청구 기호)를 기재했다. 분류 번호가 없는 것은 해당 지도가 들어 있는 지도첩이나 저서와 저자를 명기했다. 고지도나 현대 지도로 출처가 명기되어 있지 않은 것은, 쉽게 접할 수 있거나 일반 도서관이나 자료실에서 열람할 수 있는 것들이다. 또 시판 중인 것도 있다.

이렇게 출처가 각기 다르고 생김새도 다양한 동서양의 고지도와 근 · 현대 지도, 해도 가운데서 울릉도 및 독도와 관련이 있는 것들을, 시대별로, 또 제작된 나라별로, 그리고 종류(지도와 해도)별로 분류하였다. 이 가운데 중요한 것들은 다음 8장에 축소 복사한 사진으로 담아 따로 묶었다.

아울러 울릉도와 독도에 대한 지도상의 표기와 관련하여, 표기가 여럿일 경우 세미콜론(;)으로 나누어 해당 표기를 병렬하였으며, 필요한 경우는 대괄호 안에 한글음 또는 설명문을 집어넣었음을 밝혀 둔다.

약자 :

· BNF (Bibliothèque Nationale de France) : 프랑스국립도서관

· DCP (Département des Cartes et Plans) : BNF의 지도-도면부

· DMsOr (Département des Manuscrits Orientaux) : BNF의 동양필사본부

· BNF, DCP, Ge DD……: BNF 지도-도면부의 도서 분류 번호

· BNF, DMsOr, Coreen……: BNF 동양필사본부의 도서 분류 번호

서양에서 제작되었거나 소장된 한국 및 일본 고지도

【지도 1】 17세기 초, 「조선본 동아시아 지도」, 195×185cm, 비단에 채색. 왕반(王泮, Wang P'an)의 「천하여지도」(天下輿地圖, Carte de la Chine, de la Corée et du Japon)를 바탕으로 1603~1650년경 조선에서 수정을 가하여 새로 제작한 조선본(朝鮮本). 귀중본(貴重本)으로 분류되어 있음. (BNF, DCP, Rés Ge A 1120) 〔도판 238~240쪽〕

「왕반 천하여지도」로도 알려져 있는 이 지도는 17세기 초엽의 동양 3국을 나타내고 있으며, 대단히 정밀하고 색채가 찬란하다. 동서양의 학자들은 이 지도를 당시의 지리 지식에 비추어 획기적인 지도로서뿐만 아니라, 하나의 예술품으로서 높이 평가하고 있다. 이 지도는 프랑스국립도서관에 소장되어 있는데, 1866년 11월 병인양요 때 프랑스 해군이 강화읍 외규장각에서 임금이 보는 어람용 의궤 297권, 인쇄본 책 43권, 천체도 탁본 1점, 비문 탁본 7점과 함께 약탈해 와, 1867년 1월에 프랑스국립도서관에 넘겨 준 것이다.

이 지도는 중국 광동성 조경부(肇慶府) 지부(知府) 왕반(王泮)이 1594년에 제작한 「천하여지도」를 기본으로 하여, 조선 부분을 세밀하고 크게 그려 넣고 일본은 작게 추가하여 조선에서 다시 제작한 것이다. 왕반은 중국에 와 있던 마테오 리치(Matteo Ricci, 1552~1601) 신부와 깊은 교분을 가지고 서양의 신지식에 바탕을 둔 지도를 여러 점 판각(板刻)했다. 왕반의

「천하여지도」 사본이 조선의 사신들에 의해 1603년경 조선에 유입되어, 이 「조선본 왕반 천하여지도」의 제작에 사용된 것으로 보인다. 왕반의 「천하여지도」 원본은 전하지 않는 것으로 알려져 있다. 숭실대학교 박물관에 소장되어 있는 「천하여지도」가 BNF 소장 「조선본 왕반 천하여지도」와 관련이 있을지도 모르겠다.

조선 고지도에서 독도를 가리키는 '于山'(우산)의 '于'(우)는 붓글씨로 지명을 써 넣은 필사본 지도에 획이 잘못 그어졌거나, 읽는 사람이 잘못 읽으면 '于'(우)와 비슷한 '千'(천), '子'(자), '丁'(정), '干'(간)으로 읽히기도 했다. 그래서 지도에 따라 '우산'이 '천산', '자산', '정산' 또는 '간산'으로도 나타나게 되었는데, 프랑스국립도서관 소장의 이 「동아시아 지도」에는 독도가 '정산도'(丁山島)로 되어 있다.

또 우산은 울릉도 오른쪽에 좀 멀리 떨어져 나타나야 하지만, 조선의 지도 제작자들의 실수로 오랫동안 울릉도 왼쪽(서쪽)에 나타나게 되며, 두 섬이 대륙 바로 곁에 서로 가까이 표시되어 있다. 이 지도는 독도가 나타난 가장 오래된 지도 중의 하나이며, 당시까지 한국(조선)에서 제작된 지도 중 가장 정밀한 지도이다.

· 울릉도 → 울릉도 〔鬱陵島〕
· 독도 → 정산도 〔丁山島, Tingshan-tao, 울릉도 왼쪽에 위치〕

【지도 2】 1550~1600, 제목이 없는 조선 전도(Carte de la Corée, sans titre), 28.5×43cm. (BNF, DMsOr, Coréen 91, Bte 2 C2187) 〔도판 241쪽〕

제작 연대가 미상이나 1550년~1600년경에 제작된 것으로 보이는 이 지도는 우산(독도)이 나타나는 이른 시기의 컬러 필사본 조선 전도이다. 외규장각 전적 이외에 프랑스국립도서관 동양필사본부가 소장하고 있는 한국 고서와 고지도들은 초대 주한 프랑스 공사 콜랭 드 플랑시(Collin de Plancy)가 수집하여 소장하고 있다가, 1911년 파리의 드루오(Drouot) 경매장에서 그의 컬렉션 경매가 있었을 때 프랑스국립도서관이 구입한 것이다.

이 지도는 울릉도와 독도가 나타나는 대단히 이른 시기의 지도 중의 하나이다. 당시의 조선 지도에서와 마찬가지로 이 지도에도 우산(독도)이 울릉도 왼쪽(서쪽)에 있고, 두 섬이 인접하여 나타나 있다. 이 점은 두 섬 사이의 떨어질 수 없는 관계를 의미한다. 두 섬을 육지 가까이 표시한 것도, 이 섬들이 한국의 영토임을 나타내기 위한 것이다.

【지도 3】 1644년 이후, 『여지도』(輿地圖, *Atlas, cartes du monde, de la Chine et des huit provinces de la Corée avec légendes*), 지도첩, 컬러 필사본, 18×26cm, 컬러 도판 12쪽 (「천

하도」, 「중국도」, 「팔도총도」, 「한양전도」 및 8도 분도 8매), 플랑시 컬렉션. (BNF, DMsOr, Coréen 74) 〔도판 242~243쪽〕

작자와 연기(年紀)가 없으나 17세기 후반(1644년 이후)에 제작된 지도이다. 【지도 2】와 마찬가지로 초대 주한 프랑스 공사 콜랭 드 플랑시가 소장하고 있다가 1911년 플랑시 소장품 경매 때 프랑스국립도서관이 구입한 것이다.

【지도 3-A】「팔도총도」(八道總圖): 울릉도(鬱陵島), 그 동쪽(오른쪽)에 우산도(于山島). 우산도가 울릉도 동쪽에 등장하는 고지도 중 가장 오래된 지도 중의 하나이다. 한국 국립중앙도서관 소장 『여지도』(輿地圖, 컬러, 작자와 연대 미상) 중의 「팔도총도」에는 우산도가 울릉도 서쪽(왼쪽)에 나타나 있다.

【지도 3-B】「경상총도」(慶尙總圖): 해안선 바깥 바다에 '동해'(東海)라 표기되어 있다. 동양의 고지도에서는 대개 바다 이름을 표기하지 않았던 점을 감안한다면 특기할 만하다.

【지도 3-C】「강원총도」(江原總圖): 울릉도와 그 오른쪽(동쪽)에 우산도가 바르게 표시되어 있다.

【지도 4】 1720년경, 당빌(d'Anville), 「조선왕국전도」(Carte du Royaume de Corée), 모사지에 필사, 52×75cm, 당빌 컬렉션. (BNF, DCP, Ge DD 2987 B, n° 7325) 〔도판 245쪽〕

이 지도는 1735년에 출판된 뒤알드(du Halde)의 『지나제국전지』(支那帝國全誌)에 실렸다. 당빌은 『황여전람도』 부본(副本)을 기본으로 하여 중국 전도, 조선 전도를 그렸다. 『황여전람도』 중의 「조선전도」에 울릉도(鬱陵島)가 '반릉도'(礬陵島)로 표기되어 있는 바와 같이, 당빌의 「조선왕국전도」에 '반릉도'의 중국식 발음 'Fanling tao'가 처음으로 사용되었다. 독도를 가리키는 우산도(于山島)는 '천산도'(千山島)로 잘못 읽어 천산도의 중국식 발음인 'Tchian-chan-tao'(챤-챤-타오)로 표기했다. 또한, 당시의 조선 지도에서처럼 울릉도와 독도의 위치가 뒤바뀌어 있다.

당빌의 지도는 획기적이고 정밀하여 당시 유럽의 지도 제작자들에게 대단한 영향력을 행사했다. 따라서 당빌 지도의 표기 '판링타오'(울릉도)와 '챤챤타오'(천산도, 즉 우산도)가 19세기 초엽까지 서양 여러 나라의 지도에 사용되었으나, 그 위치가 대륙에 너무 가까워 서양의 근대적이고 과학적인 지도 제작자들에게 울릉도와 독도로 인식되지 못하고 19세기 초엽에 서양 지도에서 사라지게 된다.

· 울릉도 → Fan-ling-tao 〔판-링-타오〕

· 독도 → Tchian-chan-tao 〔챤-찬-타오, 천산도(千山島), 울릉도 왼쪽〕

【지도 5】 1721, 『황여전람도』(皇輿全覽圖) 중의 「조선전도」(Map of Korea from the Huangyu Quanlan tu), 필사본, 58×43cm. (British Library, Maps C 11 d 15) 〔도판 244쪽〕

중국은 그 자체로서 하나의 방대한 대륙이다. 그래서 그런지 중국 지도에는 한반도가 포함되어 있는 경우가 드물다. 한반도는 서양 지도에서도 마찬가지이지만 일본과 함께 그려진 경우가 많다.

그런데 『황여전람도』에는 한반도가 포함되어 있다. 이 지도는 중국의 건륭 황제가 서양 선교사들의 건의를 받아들여 과학적인 중국 전도를 제작할 목적으로, 선교사들이 중심이 되고 중국 전역에 수천 명의 인원이 동원되어 1707년부터 1717년에 이르는 10여 년간 중국 최대의 측량 사업의 결과로 완성된 지도이다. 이와 같은 대대적인 측량 사업은 그 이전에도 그 이후에도 없었다고 한다.

조선 숙종 때인 1713년에 조선에서, 북경의 순천부를 기준으로 하여 측량 사업을 벌인 것도 이 사업의 일환인 것으로 보인다. 이때 작성된 조선 전도가 『황여전람도』에 반영된 것으로 짐작된다. 따라서 이 조선 전도가 1707~1717년경의 시점에서는 가장 정확한 조선 전도였던 것으로 이해할 수 있다. 이 『황여전람도』의 원본은 현재 전하지 않는다고 한다.

이 『황여전람도』 중의 「조선전도」(1721년판)가 한문 그대로 모사되어 영국도서관(British Library)에 보존되어 있다. 영국도서관에 소장된 이 지도의 지명은 한자로 되어 있다.

한편 『황여전람도』의 부본이 프랑스에 전달되어 프랑스 당대 최고의 지리학자였던 당빌이 이를 바탕으로, 당시로서는 놀라울 만큼 자세한 중국, 조선, 만주 지도를 그렸다. 앞에서 본 바와 같이, 당빌의 지도의 불어 지명은 한자의 중국식 발음의 로마자 표기이다. 당빌이 그린 필사본 프랑스어 「조선전도」(1720년경)와 영국도서관의 「조선전도」(1721년)는 꼭 닮았다.

영국도서관의 「조선전도」에는 동해에 울릉도가 '반릉도'(礬陵島), 그 왼쪽에 독도가 '우산도'(于山島)로 표기되어 본토 바로 곁에 표시되어 있다. 울릉도의 '울'(鬱)자는 조선 고지도에 '菀' 또는 '蔚'로도 표기되었다.

이 두 섬은 서로 가까이 나타나 있다. 지리 지식이 아직 발달되지 않았던 시대에 제작된 고지도에서는 지도의 형체, 거리, 방향 등이 분명하지 않다. 단지 대략적인 윤곽에, 이들 섬들이 조선에 속한다는 사실과 이들의 방향(위치)만 표시하면 족한 것으로 여기고 있었다. 비단 울릉도나 독도뿐만 아니라, 남해나 황해의 다른 섬들도 모두 본토 아주 가까이 표시되어 있는 바와 같다. 이 조선 전도에 한반도를 둘러싼 바다는 고유 명칭이 없고, 다만 '海'(바다)라고만 표시되어 있다. 동양의 고지도에는 일반적으로 바다에 명칭을 표시하지 않았다.

· 울릉도→礬陵島 〔반릉도〕

· 독도→于山島 〔우산도, 울릉도 왼쪽에 위치〕

【지도 6】 1735, 뒤알드(Père Jean-Baptiste du Halde, 신부), 『중국 및 달단의 지리, 역사, 연대기, 정치 서술』(*Description géographique, historique, chronologique, politique et physique de l'Empire de Chine et de la Tartarie chinoise*, 支那帝國全誌), Paris, Le Mercier, 4 vol., in-fol. 〔도판 246쪽〕

이 저서는 중국에 있던 마르티니(Martin Martini), 뒤 베르비에스트(Ferdinand Du Verbiest), 쿠플레(Philippe Couplet) 신부들이 쓴 기록을 토대로 저술된 것이다. 이 책의 제4권 423~430쪽에 「레지스 신부의 기록에서 발췌한 조선 왕국의 지리적 고찰」(Observations géographiques sur le Royaume de Corée, tirées des mémoires du père Régis), 431~451쪽에 「조선약사」(Histoire abrégée de la Corée)가 기술되어 있다. 이 책에 조선(한국)이 나타난 지도 3매가 실려 있다.

【지도 6-A】 1734, T. 1, 당빌(d'Anville), 「중국, 달단, 티베트 지도」(Carte la plus generale et qui comprend la Chine, la Tartarie chinoise et le Tibet), 68×48cm. 당빌이 1734년에 선교사들의 지도를 기초로 하여 그린 이 지도에 한반도도 나타나 있다. 이 지도에는 울릉도와 독도를 나타낸 것으로 보이는 두 섬이 점으로만 나타나 있다.

【지도 6-B】 1732, T. 4, 당빌(d'Anville), 「조선왕국전도」(Carte du Royaume de Corée), 37×51cm. 위의 1720년경 지도를 동판(銅版)에 판각하여 인쇄한 것이다.

· 울릉도→Fan-ling-tao 〔판-링-타오〕

· 독도→Tchian-chan-tao 〔챤-찬-타오, 千山島, 울릉도 왼쪽에 위치〕

【지도 6-C】 1732, T. 4, 당빌(d'Anville), 「달단전도」(Carte générale de la Tartarie chinoise), 80×51cm. 일본까지 표시되어 있다.

· 울릉도→Fan ling tao 〔판 링 타오〕

· 독도→Tchian chan tao 〔챤 찬 타오, 울릉도 왼쪽에 위치〕

【지도 7】 1736, 샤를르보아(Père de Charlevoix, 신부), 『일본 역사 및 일반 서술』(*Histoire et description générale du Japon*), Paris, 19×26cm, 1736, 제1권 668쪽, 제2권 748쪽. 〔도판 247~248쪽〕

일본사를 기술한 대저서이다. 이 책의 제1권에는 『하멜 표류기』 중의 제2부에 해당하는 「조선사」가 전재되어 있다. 『하멜 표류기』는 1668년 네덜란드어로 저술되었고, 외국어로서는 최초로 프랑스어로 번역되어 1670년에 조그만 단행본으로 출판되었다.

【지도 7-A】 1735, 벨랭(Jacques Bellin), 「일본제국전도」(Carte de l'Empire du Japon), 52×40cm, 1735. 이 책의 제1권 앞머리에, 1735년 프랑스 해군성 해도과 기사 벨랭이 그린 「일본제국전도」가 실려 있다. 벨랭의 이 지도는 일본 학자들, 네덜란드 및 포르투갈 사람들, 특히 예수회 선교사들의 기록을 기초로 하여 작성한 것이다. 이 「일본제국전도」의 동해 부분에는 오키 섬까지만 나와 있고 동해는 'Mer de Corée' (조선해)로 표시되어 있다.

【지도 7-B】 1735, 벨랭(Bellin), 「조선전도」(Carte de la Corée), 16×29cm, 1735. 이 책의 제1권 중간에 역시 벨랭(Bellin)이 1735년에 그린 「조선전도」가 실려 있다. 이 지도를 보면 현재의 경북 안동 조금 위 동해상의 북위 37도에, 육지에 바로 접하여 섬 두 개가 그려져 있다. 육지에서 가까운 작은 섬은 'Tchianchantao' (천산도=독도), 조금 더 멀고 큰 섬은 'Fanlingtao' (울릉도)로 기재되어 있다. 이는 당빌의 지도와 같다.

· 울릉도→Fanlingtao 〔판링타오〕
· 독도→Tchianchantao 〔찬찬타오, 千山島, 울릉도 왼쪽에 위치〕

【지도 7-C】 18세기 초엽, 「중국, 조선, 타타르 지도」(Carte de la Chine avec la Corée et les parties de la Tartarie les plus voisines), 31×28cm. 1707~1717년 사이에 예수회 선교사들이 제작한 지도를 바탕으로 그린 네덜란드 지도이다. 이 시대의 다른 지도들과 마찬가지로 판링-타오 및 찬찬-타오로 보이는 두 섬이 나타나 있으나 명칭은 표시되어 있지 않다.

【지도 8】 18세기 중엽, 보공디(Robert de Vaugondy), 「중국제국전도」(Carte de l'Empire de la Chine), 51×46cm.

이 지도는 당빌의 『중국지도첩』을 기본으로 하여 그린 것으로, 앞의 다른 지도들과 마찬가지로 판링-타오, 찬찬-타오가 나타나 있다.

· 울릉도→Fanling-tao 〔판링-타오〕
· 독도→Tchianchan-tao 〔찬찬-타오, 千山島, 울릉도 왼쪽에 위치〕

【지도 9】 1746, 「광동 또는 요동 및 고려 또는 조선 전도」(Carte de la Province de Quan-tong ou Lyau-tong et du Royaume de Kau-li ou Corée), 21×26cm. 영국 지도를 모사한 것. 〔도판 249쪽〕

· 울릉도 →Fang ling tau 〔팡 링 타오〕
· 독도 →Chiang san tau 〔창 산 타오, 천산도(千山島), 울릉도 왼쪽에 위치〕
· 동해 →Mer de Corée 〔조선해〕

【지도 10】 1748, 르 루주(Le Rouge), 「일본 및 조선 지도」(Carte du Japon et de la Corée), 28×21cm. 〔도판 250쪽〕

동해의 한반도 바로 곁에, 다른 지도에서와 마찬가지로 두 개의 섬이 나타나 있는데, 이름은 기재하지 않았고, 일본 쪽에는 오키 섬까지만 나타나 있다.

【지도 11】 1772, 조제프 들릴(Joseph de Lisle), 「아시아 전도」(Carte d'Asie), 64×69cm.

1732년에 지리학자 들릴(Guillaume de Lisle)이 그린 지도를 보완하여, 1772년에 그의 아들 조제프 들릴이 그렸다.

· 동해 →Mer de Corée 〔조선해〕

18세기 서양에서 제작된 모든 일본 전도 또는 조선 및 일본 지도에 일본은 오키 섬까지만 나타나 있다.

18세기 말~19세기 초 과도기의 서양 지도

【지도 12】 1797, 라페루즈(Jean-François Galaup de La Pérouse, 백작), 『라페루즈의 세계 탐험기, 1785~1788』(*Voyage de La Pérouse autour du monde, 1785~ 1788*), 본문 전 4권 및 『지도첩』(Atlas). 〔도판 251~253쪽〕

이 책의 지도첩 중, 도면 1, 3, 13, 15, 39, 43, 44, 46 번의 해도에는 한반도, 제주도, 울릉도, 남해안의 도서들이 나타나 있고, 도면 45번에는 제주도와 울릉도의 실측 지도가 실려 있다. 도면 46번에는 그때까지의 재래식 지도에 나타나 있던 '챵찬'(천산, 즉 독도)과 '판링'(울릉도)은 그대로 둔 채, 새로 발견한 다줄레 섬(울릉도)을 정확히 제 위치에 올렸다.

【지도 13】 18세기 말 영국 지도, 페레핏트(Alain Peyrefitte), 『부동(不動)의 제국—두 세계의 충돌, 역사 서술』(*L'Empire immobile ou le choc des deux mondes, récit historique*), Fayard, 1989, 556쪽. 이 책에 복사 되어 실린 세계 지도.

18세기 말, 대영제국 국왕 조지 3세(George III)의 특사 조지 맥카트니(Lord George Macarteny) 경이 부특사 조지-토머스 사운톤(Lord George-Thomas Saunton) 경과 수행원 일행을 대동하고, 1793년 증기 범선으로 청나라 건륭 황제에게 영국 국왕의 서신을 전하기 위해 파견되었을 때 사용한 지도이다.

· 동해 →Mer de Corée 〔조선해〕

【지도 14】 1804, 브루톤(W.R. Broughton), 『북태평양 탐험기, 1795～1798』(*A Voyage of discovery to the North Pacific Ocean*, 1795～1798), London ; 프랑스어 번역본, 전 2권, Paris, 1807. (BNF, DCP, Ge FF 7421～7422)

이 책의 제1권에 실린 지도에는 동해에 아무 섬도 나타나 있지 않다.

【지도 15】 1809～1813, 크루젠슈테른(Adam-Hohan von Krusenstern), 『동해 및 태평양 탐험기, 1803～1806』(*Puteschescbestviiu Vokrug Svieta Kapitana Kruzenshterna, 1803～1806*), St-Petersbourg, 3 vol., in-4, 본문 및 111쪽의 도면과 지도. 〔도판 267쪽〕

이 가운데 러시아 함정이 측정한 동해안 해안선이 표시된 해도가 들어 있다. 이 해안선은 1854년에 팔라스(Pallas) 함이 다시 측정하여 수정했다.

일본 및 중국 고지도

【지도 16】 1775, 나가쿠보 세키스이(長久保赤水), 「일본여지노정전도」(日本輿地路程全

圖), 목판본, 컬러, 130×84cm, 귀중본. (BNF, DCP, Rés Ge FF 395) 〔도판 254쪽〕

일본 최초로 위도와 경도를 표시한 지도이며, 당시로서는 가장 정확하고 혁신적인 지도였다. 이후의 19세기 중엽까지 제작된 많은 일본 고지도들이 나가쿠보의 이 지도를 기본으로 했다.

이 지도의 '다케시마'(竹島)〔울릉도를 가리킴〕, '마츠시마'(松島)〔독도를 가리킴〕 옆에 "견고려유운주망은주"(見高麗猶雲州望隱州, 고려를 보는 것이 마치 운슈에서 온슈〔즉 오키 — 지은이〕를 보는 것과 같다)라는 문구가 있다. 여기서 말하는 고려는 조선, 즉 한국을 말한다. 이 문구의 뜻은 울릉도와 독도가 조선에서 아주 가깝다는 것이다. 이 문구는 1667년에 사이토 호센(齊藤豊仙)이 저술한 『은주시청합기』(隱州視聽合記) 권1, 「국대기부」에 있는 내용과 동일한 점으로 미루어 보아 거기서 따온 것으로 보인다. 『은주시청합기』는 마츠시마(松島), 즉 독도에 관한 일본 최초의 기록이다. 그 책의 독도 및 울릉도 관련 부분은 이렇다.

> ……松島 又一日程有竹島. (俗言磯竹島……) …… 此二島無人之地 見高麗如自雲州望隱州 故日本之乾地 以此州爲限矣.
>
> ……마츠시마(松島)〔독도 — 지은이〕가 있다. 또 1日 거리에 竹島(다케시마)〔울릉도 — 지은이〕가 있다.(속언에 이조다케시마〔磯竹島〕라고 말하는데……) …… 이 두 섬〔松島와 竹島, 즉 독도와 울릉도 — 지은이〕은 무인도인데 고려〔조선, 한국 — 지은이〕를 보는 것이 마치 운슈(雲州)에서 오키(隱岐)를 보는 것과 같다. 그러한즉 일본의 서북〔乾〕 경지(境地)는 이 주〔온슈隱州, 즉 오키隱岐〕로써 한계를 삼는다.

다시 말해 울릉도와 독도는 조선에 아주 가까우며, 일본의 경계(국경) 밖에 있다는 의미이다.

이 지도는 목판본이다. 일반적으로 목판본은 인쇄할 때마다 목판에 색깔을 칠한 다음 종이를 놓고 눌러 인쇄한다. 한 번 인쇄한 후, 시간이 흐른 다음 다시 인쇄하는 경우는 먼저 것과 색깔이 아주 다를 수도 있다. 즉 목판본 지도의 경우, 지도에 따라 색깔이 다르다. 또 작은 섬인 경우 잊고 색깔을 넣지 않은 경우도 있을 수 있다. 색깔의 있고 없음, 같고 다름만 가지고 어느 도서의 귀속을 단정하기는 어렵다.

이 지도에 동해상의 두 섬이 서로 인접하여 나타나 있다. 이는 이 두 섬, 즉 竹島(다케시마, 즉 울릉도)와 松島(마츠시마, 즉 독도)가 서로 떨어질 수 없는 불가분(不可分)의 관계에 있음을 뜻한다.

· 울릉도 → 竹島 一云 磯竹島 〔다케시마 일명 이조다케시마〕

· 독도 → 松島 〔마츠시마, 울릉도 아래 오른쪽에 위치〕

【지도 17】 1785, 하야시 시헤이(林子平), 「조선팔도지도」(朝鮮八道之圖), 에도(江戶, 현재의 도쿄), 85×62cm, 같은 지도 2점, 귀중본. (BNF, DCP, Rés Ge C 5346 ; Inv. Gen. 1612) 〔도판 255쪽〕

동해에 큰 섬 하나를 그려 넣고, 그 속에 '鬱陵島(울릉도), 千山國(천산국), 弓嵩(궁숭), イソダケ(이조다케)' 라고 써 넣었다. 이는 하야시가 울릉도와 독도(천산도)에 대하여 혼동을 일으키고 있음을 나타낸다.

【지도 18】 1785, 하야시 시헤이(林子平), 『삼국통람도설』(三國通覽圖說) 중의 「삼국통람여지노정전도」(三國通覽 輿地路程全圖, Carte du Japon et des trois pays), 72×51cm, 지도 5매 중의 하나. (BNF, DMsOr, Japonais 316) 〔도판 256쪽〕

하야시(1738~1793)는 에도(지금의 도쿄) 사람으로, 여러 지방을 돌아다니며 많은 식자들과 교분을 가지고 있었고, 나가사키(長崎)에서 중국 당나라 사람과 네덜란드 사람들을 만나 해외 사정에 밝았다. 1785년에 『삼국통람도설』을 저술하고, 그 다음 해에 홋카이도에 갔다가 『해국병담』(海國兵談)을 썼다. 이 소책자에서, 그는 러시아인들이 침입해 올 위험이 있으니 바다를 방위할 필요가 있다고 주장하였다. 자기의 주장을 너무 과감히 표출한 탓에, 귀족 계급과 무사 계급들은 그가 민심을 유혹시킨다고 생각하여, 그를 구금하고 그 책의 인쇄에 사용되었던 목판과 책을 몽땅 몰수하였다.

『삼국통람도설』에 수록된 지도 5매 중 한국과 관련이 있는 지도는 2점인데, 그중 한 점은 앞의 「조선팔도지도」이다. 이 지도는 조선 지도를 바탕으로 그린 것이다. 다른 한 점은 「삼국통람도」(三國通覽圖) 또는 「삼국접양지도」(三國接壤地圖, Carte des Trois Royaumes)이다. 「삼국통람도」의 동해 부분에는 한반도 가까이 북위 38~39도 사이에 이름 없는 큰 섬이 하나 그려져 있다. 그 섬에서 멀리 떨어진 동해 한가운데 큰 섬 하나와 작은 섬 하나, 즉 두 개의 섬이 서로 가까이 붙어 있는데, 그 두 섬을 아울러 "朝鮮の持"(조선의 소유)라 쓰여 있다. 또한, 하야시의 이 지도보다 10년 앞서 제작된 나가쿠보의 지도에 기재되어 있는 바와 같이 "여기서 고려(조선)를 보는 것이 운슈에서 隱洲(온슈, 즉 오키)를 보는 것과 같이 가깝다"는 문구도 쓰여 있지만, 나가쿠보의 지도에 나타나 있는 松島(마츠시마, 즉 독도)는 하야시의 지도에 기록되어 있지 않다. 다만 동해상의 이 섬들 모두가 한반도와 같은 색깔로 표시되어 있고, '조선의 소유' 라는 문구까지 있기 때문에 한국령임을 의미한다. 그러나 하야시 이전과 이후에도 일본에서는 울릉도를 다케시마로 부르고 있었으므로, 여기서 말하는 '다케노시마' 는 울릉도를 가리키는 것이 분명하지만, '다케노시마' 가 독도, 즉 하야시 당대(當代)의 마츠시마(松島)를 포함하는지는 애매하다.

【지도 19】 클라프로트(Klaproth), 「삼국통람도」(Carte des Trois Royaumes). 〔도판 257쪽〕

하야시가 저술한 『삼국통람도설』은 클라프로트(Jules Klaproth)에 의해 프랑스어로 번역되어 1832년에 *Aperçu général des Trois Royaumes* (2 vol., BNF, Imp, 4° O° o19)란 제목으로 출판되었다. 이 책에 「삼국통람도」가 실려 있다.

앞의 하야시의 원본 지도와 같이 한반도 바로 곁에 이름 없는 섬이 하나 나타나 있고, 좀 멀리 동해 한가운데 두 개의 섬이 아주 가까이 그려져 있다. 하나는 크고, 그 옆에 바로 붙어 있는 섬은 길쭉하고 작다. 그 두 섬을 아울러 "다케노시마는 조선에"(Takenosima a la Corée)라고 쓰여 있다. 하야시 이전과 이후, 19세기 말까지도 일본에서는 울릉도를 다케시마로 부르고 있었던 점을 감안한다면, 이 지도의 '다케노시마' 가 과연 독도, 즉 마츠시마를 포함하는지는 분명하지 않다. 다만 일본의 오키 섬을 제외한 동해상의 모든 섬들이 한반도와 같은 색으로 되어 있으므로 하야시가 독도를 한국령으로 인식하고 있었다는 해석이 가능하다.

【지도 20】 1809, 코야노 요시하루(古屋野意春), 「만국일람도」(萬國一覽圖, Carte du monde).

이 지도는, 난바 마츠타로(南波松太郎)가 지은 『일본의 고지도』(오사카, 創元社, 1969, BNF, DMsOr, Japonais 4889) 23쪽에 실려 있다. 1809년에 제작된 이 세계 지도에 '울릉'(鬱陵)이 나타나 있고, 독도는 그 동쪽에 좀 멀리 두 개의 점으로 나와 있으며, 명칭은 표시되지 않았다.

【지도 21】 1832, 「황조여지총도」(皇朝輿地總圖, Carte de l'Empire chinois), 병풍(또는 아코디언)식으로 접은 지도 8매로 구성. 22×218cm, 귀중본. (BNF, DCP, Rés Ge A 357; BNF, DMsOr, Chinois 1964~1971)

5번째 지도의 첫 도면인 조선 전도 가운데, 울릉도와 그 왼쪽에 독도가 천산도(千山島)로 나타나 있다.

· 울릉도 → 鬱陵島 〔울릉도〕

· 독도 → 千山島 〔천산도, 울릉도 왼쪽에 위치〕

【지도 22】 1835, 청태원(靑苔園), 「청조일통지도」(淸朝一統之圖, Map of China and the surrounding countries).

이 지도는, 난바 마츠타로(南波 松太郎)의 책 『일본의 고지도』(創元社, 1969, 오사카) 17쪽에 실려 있다. 1835년에 중국인 청태원이 제작한 이 지도에 우산도가 울릉도 위에 나타나 있고, 이 두 섬을 한반도와 같은 색인 노란색으로 나타내 한국령임을 분명히 했다.

· 울릉도 → 鬱陵島 〔울릉도〕

· 독도 → 于山島 〔우산도, 울릉도 위쪽에 위치〕

【지도 23】 1849, 타카시마 시사오, 「가영 신증 대일본국 군 여지전도」(嘉永 新增 大日本國 郡 輿地全圖), 144×73cm, 코베(神戶), 귀중본. (BNF, DCP, Rés Ge FF 14528)

· 울릉도 → 竹島 〔다케시마〕

· 독도 → 松島 〔마츠시마〕

【지도 24】 1852, 1871, 「신증 대일본국 군 여지노정전도」(新增 大日本國 郡 輿地路程全圖), 나가쿠보 세키스이(長久保 赤水) 원도(原圖), 100×28cm. (BNF, DCP, Ge FF 1086)

"견고려유운주망은주"(見高麗猶雲州望隱州, 고려를 보는 것이 마치 운슈에서 온슈(즉 오키)를 보는 것과 같이 가깝다)라는 글귀가 들어 있다.

· 울릉도 → 竹島 〔다케시마〕

· 독도 → 松島 〔마츠시마〕

【지도 25】 1840, 1871, 「개정 일본국 여지노정전도」(改正 日本國 輿地路程全圖), 130×84cm, Tokyo. (BNF, DCP, Ge FF 2154 ; Ge FF 15120)

"견고려유운주망은주"(見高麗猶雲州望隱州)라는 글귀가 들어 있다.

· 울릉도 → 竹島 〔다케시마〕
· 독도 → 松島 〔마츠시마〕

【지도 26】 1871, 「명치 개정 대일본국 여지전도」(明治 改正 大日本國 輿地 全圖), 80×42cm, Tokyo. (BNF, DCP, Ge FF 3561)

"견고려유운주망은주"(見高麗猶雲州望隱州)라는 글귀가 들어 있다.
· 울릉도 → 竹島 一云 磯竹島 〔다케시마 일명 이조다케시마〕
· 독도 → 松島 〔마츠시마〕

한국 고지도

【지도 27】 1820년경, 「해좌전도」(海左全圖), 54×97cm. (BNF, DCP, Ge B 257) 〔도판 278쪽〕

19세기 초엽에 제작된 이 지도는 한국에도 여러 점 있고, 프랑스에도 국립도서관 지도-도면부, 동양어대학교 도서관 등에 있는 것으로 보아 당시 상당히 유포되었던 것으로 생각된다.
· 울릉도 → 鬱陵島 〔울릉도〕; 中峯 〔중봉〕
· 독도 → 于山 〔우산, 울릉도 오른쪽에 위치〕

【지도 28】 19세기 중엽, 「순 한글 조선전도」, 필사, 60×97cm. (BNF, DCP, Ge C 9317) 〔도판 279쪽〕

해좌전도를 모사한 듯한 순 한글 지도이다. 한국 고지도가 모두 한자와 한문으로 작성되었는데, 이 지도는 한자(漢字)가 한 자도 없는 순 한글 지도로 매우 특이하다. 순 한글 고지도는 이것뿐인 것으로 짐작된다. 이 지도는 한국(조선)인 천주교인이 그려 한글로 지명을 표기한 다음, 프랑스인 신부(아마도 리델〔Ridel〕 신부)가 프랑스어로 지명을 써 넣은 것으로 보인다. 이 「순 한글 조선전도」는 「해좌전도」와 함께 프랑스국립도서관에 기증된 듯하다.
· 울릉도 → Oul neung to 〔울릉도〕; Tjoung bong 〔즁봉〕
· 독도 → Ousan 〔우산, 울릉도 오른쪽에 위치〕

【지도 29】 16세기, 「팔도총도」(八道摠圖), 23×18cm, 로세티(Carlo Rossetti), 『조선과 조선인』(*Corea e Coreani*), Bergamo Istituto Italiano d'Arti Grafiche, Roma, Italia, 1904.

이 지도는 1904년에 출판된 이탈리아 사람 로세티가 쓴 『조선과 조선인』(*Corea e Coreani*)이라는 저서 가운데 실려 있다. 제작 연대는 미상이다.

이 책은 로세티가 1903년 조선을 여행하고 쓴 여행기이다. 이 책에는 203컷에 달하는 그림, 사진, 지도가 실려 있다. 그중에 「팔도총도」가 복사되어 실려 있다. 원본을 복사한 외에도, 그것을 이탈리아어로 번역하여 투명한 종이에 인쇄하여 원본 위에 덮이게 되어 있다. 즉 이탈리아어 번역이 실린 얇은 투명한 종이를 통하여 투영되는 원본도 함께 볼 수 있게 되어 있다. 한자 지명의 중국식 발음의 로마자 표기는 정확하고, '두만산'으로 잘못된 곳은 'Tu-Man-kang'으로 바로 잡기까지 했다. 이 「팔도총도」의 출처, 연대 등은 밝혀져 있지 않다.

지금까지 알려진 팔도총도는 「동국여지승람」 책머리에 실려 있는 것으로, 1530년에 제작된 것으로 알려져 있다. 로세티의 저서의 「팔도총도」의 연대는 알 수 없다. 이 지도는 이찬 소장의 「팔도총도」(1530)와 그 전체적인 형체와 윤곽은 같으나, 글씨가 좀더 세련되고 내용 중에도 몇 군데 차이점이 있다. 산과 섬의 형상, 바다의 물결무늬 모양 등도 다르고, 8도의 이름이 검은 바탕의 타원 속에 희게 나타나 있는 점도 다르다.

이 지도에는 우산도와 울릉도가 크고 선명하게, 또 대륙에서 상당히 떨어져 나타나 있다. 또 당시의 다른 조선의 지도와 같이 독도를 가리키는 우산도가 울릉도 서쪽(왼쪽)에 나타나 있다.

- 울릉도 → 鬱陵島
- 독도 → 于山島 〔울릉도 서쪽, 즉 왼쪽에 위치〕

19세기 전반 서양의 근대 지도

【지도 30】 1802, 1807, 1812, 애로우스미스(Aaron Arrowsmith), 「일본」(Japan), London.

영국의 지리학자 애로우스미스의 지도에 동해는 'Sea of Japan'(일본해), 대한해협은 'Strait of Corea', 태평양은 'Pacific Ocean'으로 표기되어 있다.

그러나 그의 지도에는 북위 38도 정도의 한반도 가까이에 실존하지 않는 가공의 섬 '아르고노트'(Argonaut)가 나타나 있지 않다. 가공(架空)의 섬 아르고노트는 1813년에 존스

(Jones)가 제작한 지도에 비로소 처음으로 등장한다.

반면에 1720년대 당빌(d'Anville)의 지도에 처음으로 표시되어 18세기 내내 서양 지도에 나타나던 'Fanling-tao' (울릉도)와 그 왼쪽의 'Tchianchan-tao' (천산도, 즉 독도)는 이 지도에도 표시되어 있다.

부산에서 쓰시마(對馬島)를 거쳐 큐슈의 후쿠오카(福岡) 사이에 이르는 전 해협에 대하여 '대한해협' (Strait of Corea)이라는 명칭이 1797년 간행된 프랑스의 라페루즈 지도책에 사용된 후, 일반 지도에서는 최초로 1802년에 제작된 애로우스미스의 지도에서 사용된 것으로 보인다.

- 울릉도 → Fanling-tao 〔판링-타오〕
- 독도 → Tchianchan-tao 〔챤찬-타오, 천산도, 울릉도 왼쪽에 위치〕
- 대한해협 → Strait of Corea 〔대한해협〕

【지도 31】 1813, 존스(E. Jones), 「일본 열도」(Islands of Japan), London. 〔도판 258쪽〕

서양의 일반 지도에 동해상의 가공(架空)의 섬 아르고노트(Argonaut)가 등장하는 것은 영국 지리학자 존스가 1813년에 제작한 이 지도에서 최초인 것으로 보인다. 아르고노트는 영국의 콜넷(Colnett) 제독의 어로 자원 탐사선이 1791년 동해를 다녀간 후 서양의 해도와 지도에 나타나게 되는데, 그 위치가 강원도 고성 앞바다쯤 된다. 이는 콜넷이 울릉도를 목격은 했으나 위도와 경도를 잘못 측정하여 그렇게 된 것으로 짐작된다.

울릉도에 대해서는 이미 프랑스의 라페루즈 『세계탐험기』 부속 지도첩(1797년 파리에서 간행)에 다줄레(Dagelet)라는 이름으로 정확한 좌표에 나타나 있었는데, 영국에서 제작된 지도에 다줄레 섬(울릉도)이 나타난 것도 이 지도가 최초인 것으로 짐작된다. 이 지도에는 또 '판링-타오' (Fanling-tao)와 '챤찬-타오' (Tchianchan-tao)가 나타나 있지 않다. 이런 여러 가지 점에서 존스의 이 지도는 과학적인 최신 정보를 반영한 획기적인 것이라 할 만하다.

그러나 존스의 도면은 지도라기보다는 해도라고 하는 것이 타당할 것이다. 왜냐하면 육지 내부의 지형이 없고, 지명도 해안에 국한되어 있기 때문이다.

- 가공(架空)의 섬 → Argonaut I. 〔아르고노트 섬〕
- 울릉도 → Dagelet I. 〔다줄레 섬〕
- 대한해협 → Strait of Corea 〔대한해협〕

【지도 32】 1815, 톰슨(John Thomson), 「조선 및 일본」(Corea and Japan), 에든버러.

이 지도에는 가공의 섬 아르고노트, 정확한 좌표에 올려진 다줄레(울릉도)뿐만 아니라 그때까지의 서양 고지도에 표시되어 오던 판링-타오와 챤찬-타오도 그대로 나타나 있다. 이 지도의 동해 부분의 내용은 1813년에 간행된 존스의 지도에 뒤떨어져 있다. 그러나 한반도 및 일본의 내부 지형과 지명은 대단히 상세하다.

톰슨의 이 지도는 카와카미 켄조(川上健三)의 저서 『竹島(다케시마)의 역사지리학적 연구』(1966)에 실려 있다. 연대는 1825년으로 되어 있는데, 1815년의 오자(誤字)가 아니면, 동일한 톰슨의 지도 1825년판일 것이다.

· 가공(架空)의 섬 →Argonaut I. 〔아르고노트 섬〕
· 울릉도 →Dagelet I. 〔다줄레 섬〕
· 울릉도 →Fanling-tao 〔판링-타오〕
· 독도 →Tchianchan-tao 〔챤찬-타오, 천산도, 울릉도 왼쪽에 위치〕
· 대한해협 →Strait of Corea 〔대한해협〕

【지도 33】 1820, 1821, 브뤼에(A.H. Brué), 「중국 및 일본 전도」(Carte générale de l'Empire chinois et du Japon), 52×37cm. 〔도판 259쪽〕

동해상에 실제로 존재하지 않는 섬 아르고노트 및 다줄레〔울릉도〕를 가장 일찍 나타낸 프랑스 지도다.

· 가공의 섬 →I. Argonaute 〔아르고노트 섬〕
· 울릉도 →I. Dagelet 〔다줄레 섬〕

【지도 34】 1827, 독일 해도, 「일본 전도, 바이마르 대공(大公)께 삼가 바침」(Carte de l'Empire du Japon, respectueusement dédiée à Son Altesse Royale le Grand-Duc de Weymar). (BNF, DCP, Carte hydro., Portefeuille 178, D-1, n° 17).

· 가공의 섬 →I. Argonaut 〔아르고노트 섬〕
· 울릉도 →I. Dagelet 〔다줄레 섬〕

【지도 35】 1837, 1839, 모냉(C.V. Monin), 「중국 및 일본 지도」(Chine et Japon), Paris, Ed. Armand Aubrée, 65×45cm. 〔도판 260쪽〕

이 지도에는 18세기 지도에 나타나 있었던 판링-타오, 챤찬-타오, 아르고노트, 다줄레 등 네 섬이 모두 나타나 있다.

- 가공의 섬 →I. Argonaute 〔아르고노트 섬〕
- 울릉도 →I. Dagelet 〔다줄레 섬〕
- 울릉도 →Fan-ling-tao 〔판-링-타오〕
- 독도 →Thsian-chan-tao 〔챤-찬-타오, 천산도, 울릉도 왼쪽에 위치〕

【지도 36】 1840, 1854, 뒤푸르(A.H. Dufour), 「중국 및 그 조공국 지도」(Carte de la Chine et les Etats Tributaires), 35×26cm. 〔도판 261쪽〕

이 지도에는 모냉의 지도에까지도 나타나 있던 'Fan-ling-tao' (판-링-타오)와 'Thsian-chan-tao' (챤-찬-타오, 천산도, 즉 독도, 울릉도 왼쪽에 위치)는 사라졌고, 실존하지 않는 섬 아르고노트와 다줄레(울릉도)만 표시되어 있다. 독도는 아직도 서양인에 의해 목격되지 않은 시기였다.

- 가공의 섬 →I. Argonaute 〔아르고노트 섬〕
- 울릉도 →I. Dagelet 〔다줄레 섬〕

【지도 37】 1840, 1851, 시볼트(Phillip Franz von Siebold), 『일본지도첩』(*Cartes du Japon*), 34x22cm. (BNF, DCP, Carte hydro., Portefeuille 178, D-1, n° 21-D) 〔도판 262~263쪽〕

시볼트(Siebold)는 일본에 관해, 『일본』(*Nippon*), Leyden, beidem Verfasser, 1832, in fol., 도면과 지도(BNF, Imp, Fol O° 213); 『일본 여행 1823~1830—일본 제국, 에조(홋카이도), 남부 쿠릴 열도, 카라후토, 조선, 류큐의 지리 및 역사 서술』(*Voyage au Japon exécuté pendant les années 1823 à 1830, ou Description physique, géographique et historique de l'Empire japonais, de Jezo, des îles Kuriles méridionales, de Krafto, de la Corée, des îles Liukiu, etc.*) (프랑스어 번역본, Paris, Arthus Bertrand, 1838, in-8, fac-similé, 제I권 및 제V권 〔BNF, Imp, 8-O2° 21〕) 등 많은 저술을 남겼다.

1840년에 그린 「일본전도」와 다른 지도들은 그의 저서에 실리거나, 독립된 지도첩으로 재판되었다.

1851년에는 14매의 지도로 구성된 지도첩을 간행했는데, 이 지도첩의 표지는 「일본변계약도」(日本邊界略圖)이다. 이 지도는 시볼트가 작성한 것이 아니라, 그에 의하여 소개된 지도다. 그는 「일본변계약도」의 간행 경위에 대해, "이 지도의 원본은 15년 전 에도(江戶, 현재의 도쿄)의 어느 어용 천문학자가 일본, 중국, 조선 및 2~3개의 러시아 지도와 옛 포르투갈 지도를 참조해서 작성한 것을, 양학을 연구하는 동지인 한 일본인이 동판에 붙여 제작한 것이다"라고 기록하고 있다. (방동인, 『한국의 지도』, 교양국사총서 17, 세종대왕기념사업회, 1975, 221~222쪽).

시볼트는 1820년부터 1828년까지 일본에 체류하면서 일본의 난학자들과 교분을 가지고 방대한 일본 자료를 수집했다. 1828년에는 일본 국법으로 금지된 일본 지도를 다카하시 카게야스(高橋景保)에게서 입수한 것이 발각되어, 시볼트는 국외로 추방되고 다카하시는 투옥되어 옥사했다.

이 지도첩의 지도 14매 중에 「조선전도」 한 점도 포함되어 있는데, 이는 조선 지도가 일본을 통해서 외국으로 소개된 예다. 이 「조선전도」에는 울릉도까지만 나와 있다.

【지도 37-A】「일본변계약도」(日本邊界略圖), 34×22cm. 여기에는 '탁-시마'가 '마츠시마' 바로 아래 왼쪽에 나타나 있다. 또 이 두 섬이 한반도(Korai 또는 Tsjo-sjon) 아주 가까이 표시되어 있다.

· 울릉도 → Tak-sima 〔탁-시마〕
· 독도 → Mats-sima 〔마츠-시마, 탁-시마 오른쪽 위에 위치〕
· 대한해협 → Kanal Korai 〔카날 코라이〕, 대한해협의 윗부분인 서수도의 명칭은 'Broughton Strasse' (브루톤 수도), 아랫부분인 동수도는 'Krusenschtern Strasse' (크루젠슈테른 수도)로 표기되어 있다.

【지도 37-B】「일본전도」(日本全圖), 68×92cm. 여기에는 "다카시마(아르고노트 섬) 북위 37도 52분, 동경 129도 30분(브루톤), 마츠시마(다줄레 섬) 북위 37도 52분, 동경 129도 30분(라페루즈)"이라고 적혀 있다. 즉 당시 일본에서 울릉도를 가리키는데 사용되고 있던 '다케시마'가 서양 지도상에 나타나 있던 실존하지 않는 가공의 섬 '아르고노트'(Argonaut)에 맞추어진 것이다. 그런데 1850년대에 아르고노트 섬이 그 좌표에 존재하지 않음이 확인되면서 이 아르고노트는 서양의 해도와 지도에서 사라지게 되는데, 이때 '다케시마'라는 명칭도 함께 없어진다. 반면에 일본에서 독도를 지칭하던 마츠시마를, 라페루즈 탐험대가 발견하여 다줄레(Dagelet) 섬이라 명명된 울릉도에 맞추었다. 시볼트 지도의 영향으로, 이후 서양 지도에서는 울릉도에 대하여 '마츠시마' 또는 '다줄레'라는 명칭이 20세기 중엽까지 사용된다. 일본에서도 이를 수용하여 과거에 '다케시마'(竹島)라고 불렀던 울릉도를 '마츠시마'(松島)로 부르게 되었다. 즉 그때까지 일본에서 독도를 가리키던 '마츠시마'가 울릉도로 옮아간 것처럼 된 것이다. 시볼트의 지도가

제작될 당시에는 아직도 독도가 서양인에 의해 목격되지 않았으므로 알려져 있지 않았다.

· 가공의 섬 →Takasima (I. Argonaut) 〔다카시마=아르고노트〕

· 울릉도 →Matsusima (I. Dagelet) 〔마츠시마=다줄레 섬〕

· 대한해협 →〔위의 「일본변계약도」와 같다.〕

프랑스, 영국, 러시아 해군이 간행한 해도

【지도 38】 1845, 1848, 프랑스 해군성 해도국(Dépôt général des cartes et plans de la Marine, France) 해도, 「태평양」(Océan Pacifique), n° 117, SH Port 174쪽, 18(Pl. 1). (BNF, DCP, Cliché 84 C 168872)

· 가공의 섬 →Argonaute 〔아르고노트〕

· 울릉도 →Dagelet 〔다줄레〕

【지도 39】 1851, 프랑스 해군 해도, 「태평양전도」(Carte générale de l' Océan Pacifique), n° 1264, 1851. (BNF, DCP, Ge BB 3) 〔도판 264쪽〕

프랑스 해군이 1851년에 제작한 「태평양전도」에 사상 최초로 독도가 '리앙쿠르 바위섬'(Rocher du Liancourt)이란 명칭으로 정확한 좌표에 올려졌다. 그런데 그때까지 서양의 모든 지도에 나타나 있던 가공의 섬 다카시마(아르고노트)도 마츠시마(다줄레, 울릉도)와 함께 나타나 있다. 즉, 근대적이고 과학적인 서양 해도의 동해상에 처음으로 3개의 섬이 나타난 것이다. 이 해도에 아르고노트가 다카시마로, 다줄레(울릉도)가 마츠시마로 표시된 것은 시볼트의 지도와 같다. 서양의 해도에 울릉도가 마츠시마로 표기되기는 이것이 처음이다.

· 가공의 섬 →Takasima 〔다카시마=아르고노트〕

· 울릉도 →Matsusima 〔마츠시마=다줄레〕

· 독도 →Rocher du Liancourt 〔리앙쿠르 바위섬〕

【지도 40】 1852, 프랑스 해군 해도국 해도, 「인도차이나 함대 사령관 겸 카프리시유즈 함장 로크모렐 대령이 탐사한 조선 동해안 및 타타르 일부」(Côte Est de la Corée et partie de la Tartarie, reconnues par la corvette la *Capricieuse*, commandée par M. Roquemaurel, cap. de vaisseau, commandant la station navale de l'Indo-Chine, carte levée et dressée par M. Mouchez, lieutenant de vaisseau, août 1852). (BNF, DCP, Carte hydro., portefeuille 177, D-2, n° 26) 〔도판 265쪽〕

이 필사본 지도는 조선 동해안도이며, 다줄레 섬(울릉도)이 나타나 있다. 로크모렐 대령의 함정은 아르고노트 섬이 존재한다고 하는 해상을 두 번이나 통과하여, 섬이 존재하지 않는다는 사실을 확인했다. 로크모렐 대령은 1849년 프랑스 포경선 리앙쿠르 호에 의해 독도가 발견(목격)된 사실을 모르고 있었기 때문에 이 지도에 독도는 나타나 있지 않다.

- 가공의 섬 → Argonaute 〔아르고노트〕
- 울릉도 → Dagelet 〔다줄레〕

【지도 41】 1855, 영국 해군성 수로국(Hydrographic Office, Admiralty, UK) 해도, 「일본—니폰, 큐슈, 시코쿠 및 한국 연안 일부」(Japan—Nipon, Kiusiu and Sikok and part of the Korea), 95×65cm, London. (BNF, DCP, Carte hydro., Portefeuille 178, D-1, n° 18)

- 가공의 섬 → Argonaut I. 〔아르고노트 섬〕
- 울릉도 → Dagelet I. 〔다줄레 섬〕
- 독도 → Hornet Ids(410ft) 〔호넷 섬들〕

【지도 42】 1856, 프랑스 해군 해도, 『수로지』(*Annales hydrographiques*), 1854~1955년판, vol. 10. (BNF, DCP, Ge FF 78 c) 〔도판 68쪽〕

이 책에는 사상 최초의 '독도 그림' (Vue de la Roche Liancourt)이 실려 있다. 프랑스 해군의 콩스탕틴(Constantine) 호가 1855년에 독도를 목격하고 그린 우표만 한 크기의 독도 그림이다. 이 그림이 사상 최초로 간행물에 발표된 독도 그림인 것으로 보인다. 그러나 그림이 작으며 선명하지 않다. 일기가 불순한 가운데 독도에서 28km 떨어진 지점에서 보고 그렸기 때문에 그렇게 된 것으로 보인다. 그 다음해에 발표되는 러시아 팔라스 함이 그린 독도 그림 세 점은 이보다 크고 선명하다.

【지도 43】 1857, 1882, 러시아 해군 해도, 「조선동해안도」(Côte Est de la Corée), 94×63cm. (BNF, DCP, Portefeuille 177, D-2, n° 25) 〔도판 268~269쪽〕

1854년 러시아의 푸차친(Putyatin) 함대가 측정한 자료를 토대로 러시아 해군이 1857년 발간한 「조선동해안도」(94×63cm)에 울릉도와 독도가 포함되어 있으며, 동 함대가 1854년에 목격하고 그린 독도 그림 3점도 독도 밑에 나와 있다. 독도를 3.5마일(6.5km), 5마일(9.3km), 14마일(25.9km) 거리에서 실측하여 그린 것이다.

이 해도에 울릉도가 '마츠시마'(Matsu-shima)로 표기되어 있는 것은 시볼트의 지도 및 프랑스 해군의 1851년 「태평양전도」 1264번과 같다. 독도의 서도는 올리부차(Olivutsa), 동도는 메넬라이(Menelai)라고 러시아어로 표기되어 있다.

수정 · 보완되어 1882년에 재판된 「조선동해안도」에는 한국의 여러 항구와 만의 부분도가 박스 속에 들어 있다. 러시아 해군이 제작한 이 해도는 울릉도와 독도가 한국 영토임을 가장 명시적으로 나타낸 최초의 서양 지도다.

1857년에 발표된 러시아 팔라스 함의 독도 그림은 프랑스 해군성이 발간하는 『항해지침, 수로 정보, 대만, 류큐, 한국, 일본해〔동해〕, 일본 열도—하코다테, 나가사키, 시모다 및 에도』 1861년판(BNF, DCP, Ge FF 78, n° 329)에도 실려 있다. 〔도판 69쪽〕

일본 해군은 러시아 해군의 「조선동해안도」를 수정 없이 그대로 일본어로 번역하여 1876년에 발간했다. 이는 일본 해군도 독도를 한국령으로 인식하고 있었다는 것을 입증한다.

· 울릉도→Matsusima 〔마츠시마=다줄레〕

· 독도→Olivutsa 〔올리부차, 西島〕, Menelai 〔메넬라이, 東島〕

【지도 44】 1858, 독일 해도, 류골드 및 로저스(Riuggold und Rogers), 『탐험기』(*Die Expedition*), 제1권에 실린 「한국-일본 해도」.

페리 제독이 사용한 해도를 기본으로 1858년에 작성한 것이다.

· 가공의 섬→Argonaut 〔아르고노트〕

· 울릉도→Dagelet 〔다줄레〕; Matsusima 〔마츠시마〕

· 독도→SMS Hornet 〔호넷〕, 1855

【지도 45】 1859, 영국 해군 해도, 와일드(James Wyld, geographer to the Queen & HRH The Prince Consort), 「일본열도」(The Islands of Japan), 63×82cm, Charing Cross East, London, 1859. (BNF, DCP, Ge C 1315) 〔도판 270쪽〕

· 가공의 섬→Argonaut I. 1789, Argonaut lost her Rudder 〔"아르고노트 섬, 1789년 아

르고노트가 여기서 방향타를 잃었다"라고 되어 있으나, 실제로 콜넷이 동해를 탐사한 연도는 1789년이 아니고 1791년이다. —지은이〕

· 울릉도 → Matsu-shima 〔마츠-시마〕; I. Dagelet 〔다줄레 섬〕
· 독도 → Hornet I. 〔호넷 섬〕

【지도 46】 1859, 네덜란드 해도, 「일본 지도」(Kaart van Japan), P.C. Tegelberg. (BNF, DCP, Portefeuille 178, D-1, n° 18) 〔도판 271쪽〕

· 가공의 섬 → Argonaut etland 〔아르고노트 섬〕
· 울릉도 → Matsu-sima 〔마츠-시마〕
· 독도 → Hornet rotsen 〔호넷 바위섬〕

【지도 47】 1859, 미국 해도, 존 로저스 중령(Lieut. John Rodgers), 「일본, 1854~1855년 미국 해군의 북태평양 파견기에서」(Japan from the surveys of the US North Pacific Surveying Expedition in 1854~1855), 67×102cm. (BNF, DCP, Ge AA 2747, n° 65)

· 가공의 섬 → Tako sima or Argonaut P.D. 〔다코 시마 또는 아르고노트, 확인 요〕 (점선으로 표시)
· 울릉도 → Matu sima(Dagelet I., 4000ft) 〔마투 시마, 다줄레 섬〕; Lopez Rk 〔로페즈 바위〕; inhabited 〔사람이 살지 않음〕
· 독도 → Hornet I. 〔호넷 섬〕; Liancourt Rks. 〔리앙쿠르 바위섬〕; Menelai & Olivutsa 〔메넬라이 및 올리부차〕

【지도 48】 1863, 1869, 영국 해군 해도, 「일본—니폰, 큐슈, 시코쿠 및 한국 일부」(Japan—Nipon, Kiusiu & Sikok, and part of the Korea), 95×65cm, London. (BNF, DCP, Carte hydro., Portefeuille 178, D-1, n° 16; BB 2 II (2347); AN, 3 JJ 381) 〔도판 272~273쪽〕

· 가공의 섬 → Tako sima or Argonaut P.D. 〔다코 시마 또는 아르고노트, 확인 요〕
· 울릉도 → Matu sima (Dagelet I., 4000ft) 〔마투 시마, 다줄레 섬〕; Boussole Rk. 〔부솔 바위, 울릉도 옆의 죽서에 맞추어져 있음—부솔은 1787년 서양인으로는 최초로 울릉도를 목격한 프랑스 라페루즈 함대의 프리깃함 두 척 중 한 척의 이름임〕, 남쪽 돌출부는 Seal Pt.

〔씰 포인트〕

· 독도 → Liancourt Rks discovered by French(1849), in English Hornet I., in Russian Menelai & Olivutsa 〔프랑스인들이 발견한 리앙쿠르 바위섬(1849), 영어로 호넷 섬, 러시아어로 메넬라이와 올리부차〕

【지도 49】 1864, 1884, 프랑스 해군 해도, 『해도첩』(*Cartes hydrographiques*), vol. XXXIV, 2e supplément, 「아시아 동안(東岸)—일본, 시베리아, 중국, 인도차이나, 일본해〔동해〕, 한반도, 남부 일본」(Asie, côtes orientales: Japon, Sibérie, Chine, Indo-Chine, mer du Japon, presqu'île de Corée, Japon méridional), vol. 68, pl 2 (n° 2150). (BNF, DCP, Ge BB 3; clichés 96 C 216751, 96 C 216752) 〔도판 276~277쪽〕

· 가공의 섬 →Take shima; Argonaute 〔1884년판에는 사라지고 없음〕
· 울릉도 →Matu-sima; Dagelet; Boussole 〔죽서〕
· 독도 → Rochers Liancourt, découverts par les Français en 1849, en anglais I. Hornet, en russe Menelai et Olivutsa 〔1849년 프랑스인들이 발견한 리앙쿠르 바위섬, 영어로 호넷 섬, 러시아어로 메넬라이와 올리부차〕

【지도 50】 1876, 영국 해군 해도, 「일본—니폰, 큐슈, 시코쿠 및 한국 연안 일부」(Japan—Nipon, Kiusiu & Sikok and part of the Korea), London, 95×65cm. (BNF, DCP, Carte hydro., Portefeuille 178, D-1, n° 15) 〔도판 274~275쪽〕

· 울릉도 →Matu sima (Dagelet I., 4000ft); Boussole Rk 〔죽서〕; Seal Pt.
· 독도 →Liancourt Rks.

【지도 51】 1882, 스페인 해군 수로국(Direccion de Hidrographia, Espagna), 「일본해〔동해〕, 일본 열도, 큐슈, 시코쿠, 한반도」(Mar del Japon, Islas Nipon Kiusiu y Sikok con la Peninsula de Korea), Madrid. (BNF, DCP, Carte hydro., Portefeuille 178, D-1, n° 22; Ge BB 13, n° 617A)

· 울릉도 →Matu sima; Dagelet(1,218m); Boussole Rk 〔죽서〕; Seal Pt.
· 독도 →Liancourt Rks.

프랑스 천주교 신부들이 작성한 근대적인 조선 전도

【지도 52】 1846, 김대건 신부가 그린 지도를 바탕으로 다시 그려 몽티니(Montigny) 영사가 가져온 「조선전도」(Carte de la Corée, d'après l'original dressé par André Kim), 57×112cm. (BNF, DCP, Ge C 10622) 〔도판 280쪽〕

주 북경 프랑스 영사 몽티니가 1849년에 이 지도를 가져와 1851년에 프랑스국립도서관(BNF)에 기증했다. BNF의 지도-도면부에 있는 이 지도는 김대건 신부의 친필 지도가 아닌 것으로 보인다. 필사본이며, 둘레만 컬러이다.

이 김대건 신부의 지도에는 영일만 바로 위에 이름이 없는 섬이 4개 있고, 양양 앞 바다에 섬이 두 개 그려져 있는데 모두 이름은 없다. 동해에 'Oulangto' (울릉도), 그 오른쪽, 즉 동쪽에 'Ousan' (우산=독도)이 크게 그려져 있다. 서양에서 제작된 조선 전도에 '우산' 이 울릉도 오른쪽에 나타나기는 이것이 처음이다.

· 울릉도 → Oulangto
· 독도 → Ousan 〔우산, 울릉도 오른쪽에 위치〕

【지도 53】 1855, 위 김대건 신부의 지도를 지리학자 말트-브렁(Malte-Brun)이 축소하여 『파리지리학회지』(*Bulletin de la Société géographique de Paris*) 1855년판에 게재했다. 영흥만까지는 2분의 1로 축소했고, 그 윗부분은 4분의 1로 축소하여 박스 속에 넣었다. 27×38cm. 〔도판 281쪽〕

· 울릉도 → Oulangto
· 독도 → Ousan 〔우산, 울릉도 오른쪽에 위치〕

【지도 54】 1874, 달레(Père Charles Dallet, 신부), 『조선천주교회사』(*Histoire de l'Eglise de Corée*), Paris, Lib. Victor Palmé, 전 2권. 〔도판 282쪽〕

달레 신부가 쓴 『조선천주교회사』에 「조선전도」(24×31cm) 한 점이 첨부되어 있다. 'Is Dagelet' (다줄레 섬들)이라는 표시가 'Oul-leng-to' 와 'Ou-san' 두 섬에 어울러 표기되어 있고, 이 두 섬이 거의 붙어 있어서 마치 울릉도와 그 옆의 죽서처럼 인식될 수 있게 나타나 있다. 이는 당시 조선에서 제작된 지도와 같다. 그러나 이는 지도 제작의 미숙과 인식 부족으로 그렇게 된 것이다. '우산' 이란 명칭이 '죽서' 에 대응해서 사용된 적이 없으므로, 여기 나타난 '우산' 은 '독도' 를 가리킨다고 보아야 한다. 달레 신부는 자신의 책에 실린 「조선전도」에 대하여 다음과 같이 기술했다.

"16세기까지 서양에 알려지지 않은 이 나라는, 최초의 네덜란드 지도[블래오(Blaeu)의 지도—지은이]에 섬처럼 나타난다. 17세기경 중국의 강희 황제가, 북경에서 선교사들이 작성하고 있던 중국 제국의 지도를 보완하기 위해 필요한 지리 자료를 조선 왕으로부터 얻고자 하였으나 허사였다. 중국에 온 조선 사절은 성대한 접대를 받았다. 그들에게 항의도 많이 하고, 서비스도 제공하겠다고 제의하였으나, 그들은 서울의 왕궁에서 그들이 본 대단히 불완전한 도면(지도) 한 장만 가지고 왔다. 이 지도, 그리고 불완전할 수밖에 없는 중국의 서적에 의해 레지스(Régis) 신부와 그의 동료들이 그린 조선 지도가 뒤알드(Du Halde) 신부의 저서에 수록되어 있으며, 그 이후의 서적들은 이 지도를 축소하거나 복사하는 것으로 만족했다." (제1권, 11쪽)

"1845년, 존경하는 한국인 신부 앙드레 김(대건) 순교자가 서울의 정부 고문서 중에 보존되어 있는 공식적인 지도들을 바탕으로 지도 한 장을 복사했다. 저자가 이 책의 서두에 실은 지도는, 해안선은 (프랑스) 해군성 해도국의 해도를 이용했고, 이 나라(조선)의 내부는, 조선 교구장인 리델(Ridel) 신부가 번역한 최근의 원주민(조선) 지도를 사용했다." (제1권, 11쪽)

· 울릉도 → Oul-leng-to

· 독도 → Ou-san [우산, 울릉도 오른쪽에 위치]

【지도 55】 1880, 파리외방전교회(Société des Missions étrangères de Paris), 「됴션(朝鮮)전도」(Carte de la Corée, Tyosyen), 31×48cm. [도판 283쪽]

1880년에 간행된 『한불자뎐』(*Dictionnaire Coréen-Français*)에 첨부되어 있는 이 지도는 위 달레 신부의 『조선천주교회사』에 첨부된 지도를 약간 수정한 것으로 보인다. 이 지도에 나타난 지명의 표기는 좀 다르지만, 지도의 형체는 『조선천주교회사』의 것과 비슷하다. 이 사전은 한국 최초의 한국어-외국어 사전으로서 일본 요코하마에서 인쇄되었는데, 여기에 사용된 한글 활자체는 최지혁체라는 획기적인 활자체다.

· 울릉도 → Oul-neung-to

· 독도 → Ou-san [우산, 울릉도 오른쪽에 위치]

일본에서 제작된 근대적인 일본 지도와 해륙도

【지도 56】 1876, 요시나가 카시하라(堅原義長), 「장중일본전도」(掌中日本全圖), 48×35cm. (BNF, DCP, Ge FF 15152) 〔도판 286~287쪽〕

· 울릉도 → 日本にては竹島 朝鮮にては鬱陵島 〔일본에서는 다케시마, 조선에서는 울릉도〕
· 독도 → ミユルサキ 松島 〔미유루사키 마츠시마〕

【지도 57】 1876, 「대일본 해륙전도 조선전도 병 화태」(大日本 海陸全圖 朝鮮全圖 竝 華太), 136×168cm. (BNF, DCP, Ge C 15445)

일본의 관허(官許) 대형 해륙도이다. 러시아, 영국 등의 해도와 조선 및 일본에서 발간된 지도 등을 참고하여 제작된 것으로 보인다. 특히 1857년에 러시아 해군이 제작한 「조선동해안도」(朝鮮東海岸圖)와 같이 울릉도를 '松島' (마츠시마)로, 독도는 러시아 명칭 'オリウツ瀬' (오리우츠 뢰)〔Olivutsa, 西島〕와 'メネライ瀬' (메넬라이 뢰)〔Menelai, 東島〕로 기록했다. 국경 표시는 없으나, 러시아 해도에서 독도를 명확히 한국 영토에 포함시켜 나타냈으므로 일본의 지도 제작자들도 독도를 한국 영토로 인식하고 있었을 것이다.

· 울릉도 → 松島 〔마츠시마〕
· 독도 → オリウツ瀬 〔오리우츠 뢰, Olivutsa, 西島, 南島, 오시마〕; メネライ瀬 〔메넬라이 뢰, Menelai, 東島, 女島, 메시마〕

1860~1900년 사이의 근대 일본 지도 중 독도가 나타나지 않은 지도

1860년에서 1910년 사이에 제작된 과학적이고 정밀한 근대 일본 지도에서는 대부분의 경우 독도를 표시하지 않았다. 다시 말해, 이 지도들에는 오키 섬까지만 나와 있다. 이는 일본에서는 독도를 일본 영토로 인식하고 있지 않았다는 증거이다. 오키시마까지만 표시되어 있는 것으로, 프랑스국립도서관(BNF)의 지도-도면부(DCP)에 소장되어 있는 일본 지도 중 가장 정밀하고 대표적인 것은 다음과 같다.

【지도 58】 1850, 1867, 「관판실측일본도」(官板實測日本圖), 미나모토 이에시게 쇼군(將

軍)의 명으로 제작, 140×92cm, 152×202cm, 157×225cm, 205×83cm. (BNF, DCP, Ge DD 3015; DMsOr, Japonais 88, Japonais 123)

초대형 정밀 지도 4매로 구성되어 있는데, 그중 2매가 홋카이도 지도이고 나머지 2매는 일본 열도 지도이다. 이 지도에는 오키 섬까지만 나와 있고, 독도는 나타나 있지 않다.

【지도 59】 1865, 하시모토 교쿠란사이(橋本玉蘭齋), 「대일본여지전도」(大日本輿地全圖), 173×71cm. (BNF, DCP, Ge FF 15119)

【지도 60】 1868, 후치오미 후지, 「대일본수해전도」(大日本壽海全圖), 전4권 중 제1권, 귀중본. (BNF, DCP, Rés Ge FF 409)

【지도 61】 1876, 마츠다 교쿠, 「대일본여지신도」(大日本輿地新圖), 146×105cm. (BNF, DCP, Ge FF 15131)

【지도 62】 1877, 일본 문부성, 「일본지도」(日本地圖), 225×65cm, 225×65cm. (BNF, DMsOr, Japonais 97)

초대형 정밀 지도 2매로 구성되어 있다. 일본이 메이지유신(1868)을 한 후, 한창 서양 문물을 받아들이면서 현대화해 가는 초기에 제작한 정밀 지도다. 그중 한반도와 동해 부분이 나타난 지도에, 한반도는 형체만 그리고, 그 바로 옆의 장방형의 섬은 '다케시마'(竹島)로, 좀더 동쪽에 있는 타원형 큰 섬은 '마츠시마'(松島)로 표기했다. 이 두 섬은 울릉도와 독도가 아니다. 여기에 표시된 두 섬은 당시 서양 지도에 나타나 있던 가공의 섬 '아르고노트'와 울릉도('다줄레' 또는 '마츠시마')이다. 이 부분은 1810~1850년경의 서양 지도의 내용을 뒤늦게 그대로 수용했기 때문에 그렇게 된 것으로 보인다.

【지도 63】 1880, 1881, 일본 내무성 지리국 지지과, 「대일본전도」(大日本全圖), 157×145cm, 1880년판(BNF, DCP, Ge FF 15121), 1881년판(BNF, DCP, Ge B 1481).

이 지도는 1876~1877년 일본 내무성이 사상 최초로 근대적인 지적을 조사한 후 편찬한 관찬 지도이다. 이 지도에 독도가 나타나 있지 않다. 이 사실은, 그 당시 태정과(우대신, 현 총리에 해당)과 내무성이, "일본해〔동해—지은이〕 내(內)의 다케시마〔竹島, 즉 울릉도—지은이〕 외 일도〔一島, 즉 마츠시마(松島), 독도〕가 본방〔本邦, 즉 일본—지은이〕과 관계가 없다"고 결정하여 시마네 현에 내려 보내 최종 종결한 바와 일치한다.

19세기 후반의 근대적인 서양 지도

독도는 서양에서 19세기 후반기에 제작된 근대적인 일본 전도에는 나타나지 않고 동아시아 지도에는 나타나는데, 그 경우 대개는 국경 표시가 없다. 서양에서 제작된 조선 전도에는 울릉도는 물론 독도도 자주 나타난다.

【지도 64】 1850, 뒤보아(Jancigny de Dubois), 『일본, 인도차이나』(*Japon, Indo-Chine*), Paris, Firmin Didot Frères Editeurs.

18세기 서양 고지도에 나타나 있던 'Fanling-tao'와 'Tchian-chan-tao'의 위치에 섬을 표시했는데 이름은 'I. Tshi san-dô' (치산도)로 나타나 있다.

· 가공의 섬 →I. Taka
· 울릉도 →I. Matsu ou Dagelet
· 대한해협 →Can. de Corée ou Koraï 〔조선 또는 코라이(고려) 해협〕

【지도 65】 1861, 미종(Migeon), 「중국 및 한국 전도」(Chine et Corée), 43×32cm. 〔도판 285쪽〕

이 지도에 울릉도는 '마추시마 (Matsou sima) 또는 다줄레 섬 (I. Dagelet)' 으로, 독도는 '리앙쿠르 섬 (Is Liancourt)' (복수)으로 표기되어 있다.

· 울릉도 →Matsou sima ; I. Dagelet
· 독도 →Is Liancourt

【지도 66】 1860, 모주(marquis dė Moges, 후작), 「중국 및 일본 여행」(Voyage en Chine et au Japon, 1858), 『세계일주』 (*Le Tour du Monde*)에 실려 있는 「일본 및 그 부속 도서 지도」(Carte du Japon et des îles qui en dépendent), 16×22cm.

『세계일주』(*Le Tour du Monde*)는 세계 각지의 탐험기와 여행담만을 풍부한 화보(필화)를 곁들여 게재하는 정기 간행물이었다. 1860년에 이 잡지에 「중국 및 일본 여행」을 쓴 모주(Moges)는 그로(baron Gros, 남작) 프랑스 특사의 수행원 자격으로 1858년에 일본에 가서, 프랑스와 일본 사이의 통상 조약 체결에 참가했던 외교관이다. 이 지도에는 쿠릴 열도의 우루프까지가 일본 영토에 포함되어 있다. 1855년 2월 7일 러시아의 푸차친 제독이 일본의 막부 정부와 체결한 화친통호조약상의 영토 조항의 내용이 반영되어 홋카이도 위의 북방 4개 도서가 일본 영토로 나타나 게 된 것이다. 그로(Gros) 특사 일행이 중국과 일본에 파견되었을 때, 이들은 당시로서는 가장 정확한 해도를 사용했던 것으로 짐작된다.

지도의 작성자는 뷔유맹(A. Vuillemin)이다. 동해상에 가공의 섬 아르고노트는 없고, 울릉도(마츠시마, 다줄레)와 독도(리앙쿠르 섬들) 두 섬만 정확한 위치에 나타난 최초의 일반 지도인 것으로 보인다. 국경 표시는 없지만 울릉도가 일본 이름으로 표시 되어 있기 때문에 울릉도까지 일본령으로 인식될 소지가 있는 지도이다.

· 울릉도 → Matsushima
· 독도 → Rers du Liancourt
· 대한해협 → Détroit de Corée

【지도 67】 19세기 중엽(연대 미상), 「일본, 탐험 1786~1805」(Japon, voyages 1786~1805), 필사본, 독일어 지도. (BNF, DCP, Ge D 16359) 〔도판 266쪽〕

필사본이며 독일어로 표기된 이 지도에는 동해를 탐사한 라페루즈(1787), 콜넷(1789)〔1791이 맞음—지은이〕, 브루톤(1797), 크루젠슈테른(1804~1805)의 항로가 표시되어 있다. 이 지도는 【지도 40】과 유사하다.

【지도 68】 1883, 「한국-일본 지도」(Corée et Japon). (BNF, DCP, Ge F carte 6774; Cliché 78 C 90571)

· 울릉도 → Matsu Shima; I. Dagelet; Rocher Boussole 〔축서〕
· 독도 → Scala Olivutsa, Scala Menelai; Roche Liancourt; I. Hornet.

【지도 69】 1885, 핫센슈타인(Bruno Hassenstein), 『일본지도첩』(*Atlas von Japan*), 1 vol., 47×55cm, Leipzig, Halle und Jena. (BNF, DCP, Ge DD 163)

이 지도첩의 「한국 및 일본 지도」에는 Matsu Sima(I. Dagelet), Liancourt I.(Hornet)가 나타나 있다. 그러나 일본의 각 지역을 나타내는 부분도 중 오키 섬 부분에는 독도가 표시되어 있지 않다.

【지도 70】 1894, 「한국, 북부 중국 및 남부 일본」(Korea, Nordost-China und Sud-Japan), 46×37cm, (BNF, DCP, Ge D 1940; Cliché 106571)

· 울릉도→Matsu schima (Dagelet I.)
· 독도→Liancourt (Hornet I.); Scala Olivutsa, Scala Menelai.

【지도 71】 1894, 바르톨로무(Bartholomew, 지도 제작사), 「중국, 일본 및 한국 지도」(Special Map of China, Japan and Korea), 63×50cm. (BNF, DCP-C 2098)

· 울릉도→Matsu Shima (Dagelet)
· 독도→Liancourt Rocks (Hornet Is)

【지도 72】 1895, 니오 및 다르시(Niox et Darsy), 「아시아, 중국과 일본」(Asie, Chine et Japon), 『지도첩』(*Atlas de géographie*), 파리지리학회(Institut Géographique de Paris), 26×31cm, Ed. Ch. Delgrave.

· 울릉도→Matsou Shima (I. Dagelet)
· 독도→I. Liancourt / I. Hornet

【지도 73】 1900, 주스투스 페르테스(Justus Perthes, 지도 제작사), 「동아시아 정치-군사 지도」(Politisch-militarische Karte von Ost-Asien), 70×60cm. (BNF, DCP, Ge 2716) 〔도판 288쪽〕

· 울릉도→Matsu sima (Dagelet I.)
· 독도→Liancourt Is; Hornet

독도와 울릉도까지 일본에 포함시킨 잘못된 서양 지도

【지도 74】 1904, 슈라데르(Schrader, F.), 「일본—한국 지도」(Japon—Corée), 『포켓 지도첩』(*Atlas de Poche*), 12×19cm, Paris, Librairie Hachette et Cie.

독일 계통인 이 지도에서 울릉도와 독도는 명칭 옆에 'Japan' (일본)의 약자인 'J.' 자까지 써 넣어 일본 영토로 표시했다. 당시 서양에 울릉도가 다줄레 또는 마츠시마로 알려져 있었기 때문에 이름만 보고 일본 영토로 취급해 버린 것으로 보인다. 이는 지도 제작에 임하여 사실 확인 없이 범한 오류이므로, 잘못된 지도이다.

· 울릉도→I. Dagelet (Matsou Sima)(J.)
· 독도→Is Liancourt ou Hornet (J.)

【지도 75】 1878, 주스투스 페르테스(Justus Perthes, 출판사), 「중국, 한국 및 일본」(China [Östel, Théil], Korea und Japan), 『스틸러스 핸드 아틀라스』(*Stieler's Hand Atlas*), n° 65, 40×34cm.

울릉도와 독도가 일본과 같은 색으로 되어 있고 국경선도 울릉도 왼쪽(서쪽)에 그어서 이 두 섬이 일본 영토에 포함되어 있다. 이는 이 두 섬이 서양에서 일본 명칭 또는 서양 명칭으로만 불리던 시대에, 일본어 이름만 보고 확인 없이 울릉도까지도 일본에 분류한 것으로 명백히 잘못된 것이다. 이는 마치 쓰시마(對馬島)를 한국에 포함시킨 것과 같은 오류이다. 대다수의 당시 서양 지도가 국경을 표시하지 않았는데, 국경선을 잘못 그었거나, 국경선은 없어도 색깔이나 국적을 글씨로 명시한 일부 서양 지도들도 한국이 1945년 해방될 때까지 계속 발간되었다.

이 지도에는 또 센카쿠 열도도 표기는 중국 명칭인 '화핀수' (Hoa pin su, 1181ft.)와 '탸오수' (Tiao su, 400ft.)로 되어 있으나 일본 국경선 안에 들어 있다. 센카쿠 열도가 일본에 영토편입된 것은 이 지도가 제작된 지 20여 년 후인 1895년이다.

이런 일련의 지도들은 당시 서양인들의 동양에 대한 지리 지식의 부족을 드러내는 것이다.

· 울릉도→Matsu Shima (Dagelet I.), 4000ft.
· 독도→Roche Liancourt (프랑스어로), Hornet(영어로), 400ft.

독도를 한국에 포함시킨 서양인 제작 조선 전도

【지도 76】 1886, 로니(Léon de Rosny), 『한국인, 인류학적 역사적 고찰』(*Les Coréens, aperçu ethnographique et historique*), Paris, Maisonneuve Frères et Ch. Leclerc, éditeurs, 85쪽, 10×16cm. 〔도판 284쪽〕

로니는 1864년에 프랑스 동양어학교 최초의 일본어 강사가 되었고, 1868년에 일본어 교육이 정규 강좌로 되면서 역시 최초의 일본어 교수가 되었다. 1907년까지 재임하였으며, 프랑스 동양학회 및 인류학회 회원이기도 했다.

이 책의 80쪽, 81쪽, 85쪽에 한국 역사 지도가 나와 있다. 동해의 섬 울릉도와 독도를 표시하지 않아도 될 정도로 작은 한반도 지도인데, 이 두 섬과 그 명칭 'Ul leng to' (울릉도) 및 'U san' (우산)을 표시했다.

· 울릉도→Ul leng to

· 독도→U san 〔울릉도 오른쪽에 위치〕

【지도 77】 1895, 포지오(Pogio), 「조선전도」(Karte von Tio-Sionj oder Korea), 30×43cm. (BNF, DCP, Ge FF 3254) 〔도판 289쪽〕

러시아 사람 포지오(Mikhail Alexksandrovic. von Pogio 또는 Podzio)가 러시아 어로 저술하여 1892년에 펴낸 저서를 독일어로 번역하여 1895년 빈과 라이프치히에서 출판한 『한국』(*Korea*)에 첨부된 지도이다.

이 지도의 강원도 바로 옆에, 이미 존재하지 않는 것으로 확인된 '아르고노트 섬'(Argonauten I.)이 두 개의 섬으로 표시되어 있다. 울릉도를 나타내는 큰 섬과 주변의 암초 4개 옆에는 울릉도는 'Olan-to I.(Dajelet)' 로, 독도는 러시아 명칭 'Oliwuc Felsen' (올리부차 바위섬)/'Menelaus Felsen' (메넬라이 바위섬)이라고 써 넣었다. 이 섬들은 서양 명칭으로 표시되어 있지만, 「조선전도」에 포함시켜 한국 영토임을 분명히 하고 있다.

· 가공의 섬 →Argonauten I.

· 울릉도→Olan-to I. (Dajelet).

· 독도→Oliwuc Felsen〔서도〕, Menelaus Felsen〔동도〕.

【지도 78】 1900, 「동아시아」(Asie orientale), 독일 지도. (BNF, DCP, Ge D 2924)

왼편 박스 속의 조선 전도에 울릉도, 그 오른쪽에 독도가 점으로만 나타나 있고, 독도 오른쪽에 국경선을 그었다. 따라서 독도가 분명하게 한국에 포함되어 있다.

【지도 79】 1898, 비숍 여사(Mrs. Bishop), 「한국과 인접국 지도」(General Map of Korea and Neighbouring Countries), 『한국과 그 이웃 나라들』(*Korea & Her Neighbours*), 1898.

· 울릉도→Matsu Shima (Dagelet I.)
· 독도→Liancourt Rocks (Hornet I.)
두 섬이 한국 전도에 포함되어 있다.

【지도 80】 1906, 갈리(H. Galli), 「조선전도」(Carte de la Corée), 『극동의 전쟁〔러일전쟁〕』(*La Guerre en Extrême-Orient*), Paris, Ed. Garnier Frères. 〔도판 290쪽〕

· 울릉도→I. Dagelet
· 독도→I. Hornet
이 지도에서 두 섬이 한국에 포함되어 있다.

독도를 한국에 포함시킨 일본인 제작 조선 전도

【지도 81】 1875, 사다 하쿠테이(佐田白第) 및 키시다 긴코(岸田吟香), 「개정 신찬 조선전도」(改正 新鑽 朝鮮全圖), 수정 재판, 마츠다 아츠모토(松田敦朝) 간행, 42×48cm.(BNF, DCP, Ge D 23827) 〔도판 291쪽〕

동해에 울릉도를 나타낸 큰 섬과, 그 왼쪽에 작은 섬이 나타나 있으나, 둘 다 명칭은 표시하지 않았다. 명칭은 없으나 울릉도와 독도로 보이는 이 두 섬을 한국에 포함시켜 한국령임을 명시했다.

【지도 82】 1886, 모리 킨세키(森琴石), 「대일본 해륙전도 부 조선 유구 전도」(大日本 海陸全圖 附 朝鮮 琉球 全圖) 143×68cm, 1877년 초판, 1886년 재판. (BNF, DCP, Ge FF 15130) 〔도판 292~293쪽〕

다른 일본 지도들과 마찬가지로 관의 면허를 받아 발행한, 과학적이고 근대적이며 정밀한 해륙 전도다. 이 지도에 「조선국전도」(朝鮮國全圖)를 박스에 넣어 왼편 상단에 따로 실었다. 이 「조선국전도」 속에 '竹島'(다케시마=울릉도)와 '松島'(마츠시마=독도)가 정확한 위치에 선명히 표시되어, 이 두 섬이 한국 영토임을 명백하게 나타냈다.

· 울릉도 → 竹島 〔다케시마〕

· 독도 → 松島 〔마츠시마〕

【지도 83】 1894, 「Corea 조선여지도」(朝鮮輿地圖), 62×90cm, 상하이. (BNF, DCP, Ge C 2055) 〔도판 298쪽〕

일본인 시미즈 미츠노리(淸水光憲)가 작성하여 1884년 오사카에서 발간한 지도를, 영문으로 번역하고 약간 수정하여 1894년 9월 중국 상해에서 제작한 대형 정밀 지도이다. 잘 알려진 대도시만 한자의 일본식 발음을 로마자로 표기했고, 다른 지명들은 한자의 한국식 발음을 로마자로 표기했다.

이 지도에 울릉도는 '竹島(猪田川) Dagelet Island (Syong I. 〔松島, 마츠시마—지은이〕)', 독도는 '松島 Jiuk island'로 지명은 혼란스럽게 표기되어 있으나, 우단선(右斷線)을 자르면서까지 독도를 표시하여 한국 영토에 포함시켰다.

· 울릉도 → 竹島; Syong I.; Dagelet.

· 독도 → 松島; Jiuk I.

영남대학교 박물관 소장 일본 고지도

영남대학교 박물관 소장 지도 가운데, 울릉도를 '다케시마'(竹島), 독도를 '마츠시마'(松島)로 표기하여 조선(한국)에 포함시킨 일본인 제작 지도는 다음과 같다.

【지도 84】 1875, 세키구치 토모마사(關口備正), 「조선여지전도」(朝鮮輿地全圖), 62×35cm.

【지도 85】 1876, 카시와라 요시나가(樫原義長), 「조선팔도지도」(朝鮮八道地圖), 48×35cm.

【지도 86】 1882, 오오무라 츠네시치(大村恒七), 「조선전도」(朝鮮全圖), 47×34cm.

【지도 87】 1884년, 시미즈 미츠노리(淸水光憲), 「조선여지도」(朝鮮輿地圖), 107×77cm.

【지도 88】 1894, 「Corea 조선여지도」(朝鮮輿地圖), 62×90cm, 상하이, 1894년 9월. 앞의 프랑스국립도서관 소장 【지도 83】과 동일함.

【지도 89】 1894, 일본 육군 참모국, 「조선전도」(朝鮮全圖), 127×94cm.

【지도 90】 1894, 고바시 스케히토(小橋助人), 「조선해륙전도」(朝鮮海陸全圖), 137×92cm.

조선(한국)에서 제작된 근대적인 조선 전도

【지도 91】 1890년대, 제목 없는 조선 지도첩(Atlas Coréen, sans titre), 18×26cm, 작자 미상, 목판본, 채색 담채, 「대조선국전도」(大朝鮮國全圖), 「한양경성도」(漢陽京城圖), 「경성부근지도」(京城府近之圖) 외 8도 분도(分圖) 등 11쪽. (BNF, DMsOr, Coréen 75) 〔도판 294~295쪽〕

1890년대에 제작된, 가자미 형의 근대 조선 전도이다. 선이 정교하며, 바다는 가로 파도 무늬로 되어 있다. 프랑스국립도서관(BNF)에는 같은 지도첩이 2부 소장되어 있는데, 그중 채색 담채 지도첩(DMsOr Coréen 75)은 색깔이 신선하고 산뜻하며, 지도 자체도 깨끗하다. 글씨와 선만 나타난 다른 지도첩(DMsOr Coréen 77, 78)은 2권으로 구성되어 있다. 제1권인 조선 부분(11쪽)은 위의 컬러 지도첩과 같고, 제2권은 각 대륙을 나타낸 7쪽의 세계지도첩이다.

이 지도첩들은 초대 주한 프랑스 공사 콜랭 드 플랑시(Collin de Plancy) 컬렉션으로부터 온 것이다. 1911년 플랑시의 컬렉션이 드루오(Drouot) 경매장에서 경매되었을 때 프랑스국립도서관이, 채색 지도첩은 당시 금액으로 32프랑에, 채색이 안 된 2권으로 된 지도첩은 28프랑에 구입했다. 채색 지도첩은 새것처럼 깨끗한 점으로 미루어 보아, 플랑시가 서울에 있을 당시 목판이 아직도 남아 있어, 플랑시의 요청으로 색깔을 넣어 특별히 제작했을 가능성도 있다.

같은 지도첩이 한국 국립중앙도서관과 영남대학교 박물관에도 소장되어 있으나 채색이 안 된 것들이다.

이 지도첩 가운데 있는 「대조선국전도」 및 「강원도도」에 울릉도와 중봉, 그 동쪽(오른쪽)에 우산, 즉 독도가 선명히 나타나 있다.

· 울릉도 → 鬱陵島

· 독도 → 于山 〔울릉도 오른쪽에 위치〕

1910~1940년대의 동서양 지도와 해도

1910~1945년의 35년간은 한반도가 일본에 합병되어 일본의 일부처럼 되어 있던 시기였다. 따라서 이 당시에 제작된 모든 지도에는 한국, 일본, 대만이 '일본'으로 나타나 있었다. 따라서 한국과 일본이 함께 나타나는 동아시아 지도에서 한반도와 일본 사이에 국경을 그을 필요가 없었다.

이 시기의 일반 지도에는 19세기 후반기와 같이 울릉도에 대해서는 '마츠시마'(Matu sima) 또는 '다줄레'(Dagelet)로, 독도에 대해서는 '리앙쿠르 바위섬'(Rers Liancourt)이 사용되었다. 일반 지도에 다케시마가 사용되는 것은 제2차대전 종전 후인 1945년 이후 미국 지도부터이다.

【지도 92】 1908년 초판, 1910년 제5판, 이토 세이조(伊藤政三, 저자 겸 발행자), 『대일본분현지도』(大日本分縣地圖), 도쿄(東京), 하쿠아이칸(博愛館) 발행. 54×59cm, 컬러. (BNF, DMsOr, Japonais 562) 〔도판 296~297쪽〕

이 지도 세트는 개정된 청(廳), 정(町), 촌(村)을 반영한 '최신 조사'에 의거한 것으로, 「대일본분현총도」, 「조선전도」, 「대만전도」 외에 47매의 각 현 지도(분도)를 포함한, 총 50매의 지도로 구성되어 있다. 각 지도를 봉투에 넣어 낱장으로 판매하도록 된 근대적 지도이다.

이 지도 세트 중의 「대일본분현총도」및 「시마네(島根) 현 전도」(1911년판)에는 오키(隱岐) 섬까지만 나타나 있다.

「조선전도」는 1908년 초판이 간행된 후 1910년 10월에 제5판이 나왔다. 1910년 10월은 시마네 현 고시가 있은 지 5년 후이고, 조선이 이미 일본에 합방된 직후였다. 하쿠아이칸(博愛館)이 발행한 이 「조선전도」에 울릉도는 '울릉도(鬱陵島)(마츠시마〔松島〕)'로, 독도는 '다케시마'(竹島)로 표기되어 명확하게 조선(한국)에 포함되어 있다. 독도, 즉 다케시마가 경도상으로는 바르게 되어 있고, 위도상으로는 실제 위치보다 약간 북쪽에 놓여 있다.

울릉도는 1860년대 이후 서양 지도의 영향으로 마츠시마(松島)로 불리게 되었다. 일본에서 그때까지 독도를 가리킬 때 사용해 온 '마츠시마'가 울릉도로 옮아간 것처럼 된 것이다. 일본은 서양 지도상에 나타난 이 사실을 기정사실로 받아들였다. 따라서 독도에 대해서는 일본 명칭이 없어서 독도의 프랑스 명칭 리앙쿠르(Liancourt)의 변형된 일본식 발음 '랑고', '랑코르도', 또는 과거대로 '마츠시마'(松島) 등으로 불러오다가, 1905년 2월 시마네 현 고시 제40호라는 것을 하면서 '다케시마'(竹島)라 새로이 이름을 붙였다.

이 「조선전도」상의 독도의 명칭은 5년 전에 있었던 시마네 현 고시의 내용과 일치한다. 그럼에도 일본의 권위 있는 지도 제작자는 독도를 확고하게 한국 영토로 인정하여 조선령에 포함시켰다. 독도는 「대일본분현총도」에는 물론이고, 소위 시마네 현 고시로 '다케시마'(독도)의 소관을 맡게 된 「시마네(島根) 현 전도」에도 나타나 있지 않다.

· 울릉도 →鬱陵島(松島) 〔조선령으로 인식하여 조선 전도에 포함〕
· 독도 →竹島 〔조선령으로 인식하여 조선 전도에 포함〕

【지도 93】 1906, 1930, 1938, 1949, 1956, 1975, 프랑스 해군성 수로-해양국(Service Hydrographique et Océanographique de la Marine, SHOM, France) 해도, 「아시아 동안(東岸), 일본 열도 및 그 해역, 황해」(Côte Est d' Asie, Iles et Mers du Japon, Mer Jaune), 98×67cm. (BNF, DCP, Ge BB 3, n° 5268)

· 울릉도 →Matu sima (I. Dagelet, 984m); R. Boussole 〔축서〕.
· 독도 →Rers Liancourt (157m).

【지도 94】 1910, 독일어 관광 가이드 부속 지도, 64×44cm. (BNF, DCP, Ge FF 11824)

· 울릉도 →Matsu Schima
· 독도 →Gornet Ins. 〔Hornet의 오기(誤記)〕

【지도 95】 1910, 필립(George Philip & Son), 「중국과 일본」(China & Japan), 61×51cm, London.

· 울릉도 →Dagelet I. or Matsusima
· 독도 →Hornet Is or Liancourt Rks
· 대한해협 →Korea Strait

【지도 96】 1925, 쌩-마르탱(Vivien de Saint-Martin), 『세계지도첩』(*Atlas universel de géographie*). 1919~1922년에 체결된 평화 조약과 협정에 부합하는 신판, Lib. Hachette.

· 울릉도 → Matsu chima (I. Dagelet)
· 독도 → Liancourt

【지도 97】 1929, 『브리태니커 백과사전』(*The Encyclopaedia Britanica*), 1768년 초판 이래 제24판, 제24권, 「지도첩 및 색인」, London, New York.

· 울릉도 → Matsu Shima (Dagelet)
· 독도 → Liancourt Rock (Hornet Is) 〔섬 두 개 표시〕.

【지도 98】 1930~1931, 하악(Haak, Prof. Dr.), 『스틸러스 핸드 아틀라스』 (*Stieler's Hand Atlas*).

· 울릉도 → Uryujo (Matsu I.)
· 독도 → Hornet I. (Liancourt Felsen) 〔섬 두 개 표시〕.

【지도 99】 1931, 체레스첸코(Térestchenko, Serge, Lt.), 『러일 해전(海戰)』(*La Guerre navale russo-japonaise*), Paris, Payot.

1931년 러시아 해군 장교가 쓴 이 책을 프랑스어로 번역한 것이다. 이 책에 1905년 3월 러일전쟁 당시 일본 해군과 러시아 해군 간의 해전을 나타낸 러시아 지도가 실려 있다. 1905년 2월 28일 시마네 현 고시가 있은 지 20여 년 후에 쓴 러일 간의 해전에 관한 저서이므로 독도가 다케시마로 되어 있다. 울릉도는 1860년대 이후부터 서양 지도에서 사용되는 일본 이름 마츠시마로 나와 있다.

· 울릉도 → Ile Matzouchima
· 독도 → Ile Takessima

【지도 100】 1938, Armand Colin, 『비달-라블라슈 지도첩』(*Atlas général Vidal-Lablache*), 21×29cm, Paris, 1938.

일본과 한반도가 모두 같은 색으로 채색되어 있다. 지명도 19세기에 사용되던 것을 그대로 사용하고 있다. '조선' (Corée, Tcho-sien), '브루톤 해협' (Détroit de Broughton) 〔대한해협의 서수로〕, '크루젠슈테른 해협' (Détroit de Krusenstern) 〔대한해협의 동수로〕, '켈패르 섬' (I. Quelpaert)〔제주도〕, '브루톤 만' 〔영흥만〕……

· 울릉도→Matsou sima – Is Dagelet, 1200 (J.)
· 독도→Is Liancourt ou Hornet, 125

【지도 101】 1941, 바르톨로무(John Bartholomew & Son, 지도 제작사), 「중국」(China), 71×53cm. Edinburgh(UK). (BNF, DCP, Ge C 15663)

· 울릉도→Matsu Shima (Dagelet)
· 독도→Liancourt Rock (Hornet I.)
· 대한해협→Korea Strait 〔서수도〕, Tsushima Strait 〔동수도〕

【지도 102】 1943, 라 부저리(Blondel La Bougery), 「중국과 일본」(Chine & Japon), 50×63cm, Paris. (BNF, DCP, Ge D 9313)

· 울릉도→Matsu Shima
· 독도→Recif Liancourt 〔리앙쿠르 암초〕

【지도 103】 1945, 라 부저리(Blondel La Bougery), 「일본」(Japon), 47×61cm, Paris. (BNF, DCP, Ge D 20021)

· 울릉도→Matsu Shima
· 독도→I. Liancourt

【지도 104】 1945, 미국 내셔널 지오그래픽 소사이어티 지도 제작부(Cartographic Section of the National Geographic Society), 『내셔널 지오그래픽 매거진』(*National Geographic Magazine*), 「일본 및 한국」(Japan and Korea), Gilbert Grosvenor Editor, Washington, 90×65cm, 1945년 12월 간행. (BNF, DCP, Ge C 16702) 〔도판 299쪽〕

이 지도는 일본 지도를 기본으로 하여 제작된 것이다. 여기에 울릉도는 'Utsuryo-to(Ullung-do)'로, 독도는 'Take Shima(Liancourt Rocks)'로 표시되어 있다. 특기할 것은 'Korea(Chosen)'란 제목 오른쪽에 "1943년 카이로 선언에 의하여, 미국, 영국 및 중국은, 한국이 정당한 경로를 거쳐 자유 독립할 것을 약속했다"(By the Cairo Declaration of 1943, the United States, Great Britain and China promised that in due course Korea shall become free and independent)라는 붉은 색 문구가 기록되어 있다. 이 지도는 "……울릉도, 리앙쿠르 록스[독도—지은이], 켈파르 섬[제주도—지은이]…… 등은 일본의 정치적, 행정적 관할 구역에서 제외한다"는 1946년 1월 29일 연합군 최고사령부 훈령(SCAPIN) 제677호가 발표되기 한 달 전인 1945년 12월에 발간되었으므로, 독도를 한국령으로 인정한 SCAPIN 677호를 작성할 당시 관계자들이 참고하였을 가능성이 높다.

일본의 패전, 한국의 독립과 동시(1945년 8월 15일)에 한국의 영토 제주도, 울릉도, 독도는 한반도 본토와 더불어 자동적으로 주권이 회복되었다. 연합국 최고 사령부의 이 훈령은 다만 제반 행정 조치를 실시하는 가운데 혼동이 일어날 수 있는 일본 열도 부근의 많은 도서의 소속(국적)을 명시적으로 구분하여 재확인한 것이다. 한국의 고유 영토인 제주도, 울릉도, 독도가 이 훈령으로 주권을 회복한 것은 아니다.

연합군 최고사령부(사령관 맥아더)는 일본이 패전한 1945년부터 샌프란시스코 조약이 조인되는 1952년까지 일본을 지배한 최고 통치 기구였다.

- 울릉도 → Utsuryo To (Ullung Do)
- 독도 → Take Shima (Liancourt Rocks)

【지도 105】 1946, SCAP(Supreme Commander of the Allied Powers, 일본 점령군 최고 사령관) 훈령 제677호(1946년 1월 29일)에 따른 일본 행정 관할 지역(Administrative Areas) 지도.

리앙쿠르 록스(Liancourt Rocks, Take Island, 즉 독도)가 일본 영토에서 제외되어 있다. 이는 일본을 통치하고 있던 연합군 최고사령부가 확고하게 독도를 한국령으로 인정했음을 의미한다.

【지도 106】 1946, 프랑스 국립지리원(Institut Géographique National, IGN), 「일본 지도」(Carte générale du Japon), 70×90cm. (BNF, DCP, Ge C 16149)

· 울릉도 →Matsu (Utsuryo to)
· 독도 →Rochers Liancourt ; I. Hornet.

【지도 107】 1946, 「일본」(Japon), 『끼에 세계 지도첩』(*Atlas universel Quillet*), 38×38cm. 일본, 한국, 대만이 한 나라로 표시되어 있다.

· 울릉도 →Matsou shima (I. Dagelet)
· 독도 →I. Liancourt

【지도 108】 1947, 미국 군사지도국(Army Map Service), 「일본 및 한국 지도」(Japan & Korea), Washington, 103×123cm. (BNF, DCP, Ge B 7682)

· 울릉도 →Ullung-do
· 독도 →Take-shima.

현재 사용 중인 해도

1. 프랑스 해군 해도

국제수로국(IHB, International Hydrographic Bureau, Monaco), 프랑스 해군 수로해양국(SHOM, Service Hydrographique et Océanographique de la Marine, France), 일본 해상보안청(영문 명칭이 JMSA, Japan Maritime Safety Agency였으나 JCG, Japan Coast Guard로 개칭)이 공동으로 사용하는 국제 해도(Cartes internationales), 101×65cm.

프랑스용 국제 해도는, 일본어 표기도 있는 것으로 보아 일본 해상보안청(JCG)이 제작에서 인쇄까지 담당하는 것으로 짐작된다. 따라서 프랑스용 국제 해도는, 일본 해상보안청 자료를 바탕으로 영국 해군 수로국이 수정하여 영국에서 인쇄하는 영국용 국제 해도와 상당히 다르다.

프랑스용 국제 해도에는 제목은 프랑스어로 되어 있고, 지명은 프랑스어와 일본어로 표기되어 있다. 이들 프랑스용 국제 해도 모두에 독도는 'Take Shima(竹島)'로만 표기되어 있고, 대한해협은 'Tsushima Kaikyo(對馬海峽)'〔쓰시마해협〕으로 되어 있다.

현재 사용 중인 프랑스용 국제 해도는 다음과 같다.

【지도 109】 INT.52(SHOM 7021), 「북태평양—남서부」(Océan Pacifique Nord—Partie Sud-Ouest). 일본 해상보안청이 1983년에 초판 간행 후 현재까지 수정, 재판해 오고 있다.

【지도 110】 INT.53(SHOM 6977), 「북태평양—북서부」(Océan Pacifique Nord — Partie Nord-Ouest). 일본 해상보안청이 1979년에 초판 간행 후 현재까지 수정, 재판해 오고 있다.

【지도 111】 INT.509(SHOM 6762), 「북태평양—일본 열도—한국 서부에서 필리핀까지」(Océan Pacifique Nord — Iles du Japon — Partie Ouest de la Corée aux îles Philippines). 일본 해상보안청이 1974년에 초판 간행 후 현재까지 수정, 재판해 오고 있다. 〔도판 300쪽〕

【지도 112】 INT.511(SHOM 6764), 「북태평양—일본 열도—북부, 일본해〔동해〕와 오호츠크 해」(Océan Pacifique Nord—Iles du Japon—Partie Nord, Mer du Japon et mer d'Okhotsk). 일본 해상보안청이 1978년에 초판 간행 후 현재까지 수정, 재판해 오고 있다. 〔도판 302쪽〕

2. 영국 해군 해도

국제수로국(IHB, International Hydrographic Bureau, Monaco), 영국 해군 수로국(HO, Hydrographic Office, Admiralty, UK), 일본 해상보안청(JCG, Japan Coast Guard)이 공동으로 사용하는 국제 해도, 101×69cm.

이 영국용 국제 해도는 일본 해상보안청(JCG)이 수립한 기본 자료를 바탕으로 영국 해군 수로국이 수정을 가하여 영국에서 인쇄하므로, 전부 영어로 되어 있고, 독도나 대한해협의 표기에 있어서도 프랑스용 국제 해도와 상당히 다르다.

독도에 대해서, INT. 52, 53, 509에는 'Take Shima(Tok-do)'로, INT. 511에는 'Tok To(Take shima)'로 표기하였다. 대한해협은 일률적으로 'Korea Strait'로 표기되어 있다.

【지도 113】 INT.52(HO 4502), 「북태평양—남서부」(North Pacific Ocean—Southwestern

Part). 일본 해상보안청이 1983년에 초판 간행한 것을 기본으로 하여 영국 해군 수로국이 현재까지 수정, 재판해 오고 있다.

【지도 114】 INT.53(HO 4503), 「북태평양—북서부」(North Pacific Ocean—Northwestern Part). 일본 해상보안청이 1979년에 초판 간행한 것을 기본으로 하여 영국 해군 수로국이 현재까지 수정, 재판해 오고 있다.

【지도 115】 INT.509(HO 4509), 「일본 서부」(Western Portion of Japan). 일본 해상보안청이 1974년에 초판 간행한 것을 기본으로 하여 영국 해군 수로국이 현재까지 수정, 재판해 오고 있다. 〔도판 301쪽〕

이 해도에 표시되어 있는 소코트라 록(Socotra Rock)은 이어도(離於島)를 가리킨다. 세계 각국의 해도에 '소코트라 바위'(Socotra Rock)로 알려진 이어도의 위치는 북위 32도 07분, 동경 125도 11분, 제주도 남방 149km 지점이다. 이 바위는 해면에서 4.6미터 물밑에 있다. 이 전설의 섬은 1900년 영국 상선 소코트라 호가 여기서 좌초함으로서 그 실체가 알려졌다.

이 바위 위에 한국의 해양수산부가 수면 위 36m 높이의 철구조물을 세우고, 그 위에 헬리콥터 착륙장을 갖춘 해양과학기지를 건설하여 2003년 6월 11일 준공했다. 주변 해역은 어업 자원이 풍부하다. 대부분의 태풍이 이 해역을 통과하므로 기상 관측에도 유리하다. 〔도판 303쪽〕

【지도 116】 INT.511(HO 4511), 「일본 북부」(Northern Portion of Japan).

동해 및 태평양에 관한 다른 국제 해도와 마찬가지로 일본 해상보안청(JCG)이 1975년에 초판 간행한 것을 기본으로 하여 영국 해군 수로국이 현재까지 수정, 재판해 오고 있다. 인쇄도 영국에서 한다. 이 해도에는 독도를 'Tok To(Take Shima)'로 표기했다. 즉 다케시마가 괄호 속에 들어 있다.

3. 영국 해군 수로국(Hydrographic Department, Navy, Ministry of Defence, United Kingdom) 자체 제작 해도.

【지도 117】 2347, 「한국-일본, 일본 남부 및 인접 해역」(Korea-Japan, Southern Japan and adjacent seas), 101×69cm. 영국 해군 수로국이 자체적으로 제작한 해도로 1987년 초판 발

간 이래 수정, 재판해 오고 있다.

· 울릉도→Ullung Do
· 독도→Take Shima(Dok To)

【지도 118】『영국 해군 해도 목록』(*Catalogue of Admiralty Charts*, UK), 1996~2005, 59×42cm. 〔도판 304쪽〕

시판되는 영국 해군의 각종 해도 및 간행물 목록인 이 책자에 독도가 'Tok To'로 표기되어 있고, 'Take Shima'는 괄호 속에 들어 있다. 이 해도 목록에 1996년판까지는 한반도와 일본 열도 사이의 바다 명칭으로 '일본해' 하나만을 사용해 왔으나, 1997년판부터는 이 해역에만 바다 명칭을 표기하지 않고 공백으로 두고 있다. 대한해협은 'Korea Strait'로 표기하고 있다.

· 울릉도→Ullung Do
· 독도→Tok To(Take Shima)

4. 미국 정부 국방지도제작소(Defence Mapping Agency, US Government) 제작 해도.

【지도 119】 해도 95016, 「중국, 일본, 북한, 남한, 러시아-일본해(동해)」(China, Japan, North Korea, South Korea, Russia-Sea of Japan 〔East Sea〕), 114×82cm, 1997년 4월 발간. 〔도판 305쪽〕

· 울릉도→Ullung-do(South Korea)
· 독도→Liancourt Rocks

현대 일본 자료

【지도 120】 1965, 「이승만 라인」(평화선), 마츠모토 히로카즈(松本博一), 『격동하는 한국』(激動する韓國), 岩波新書, n° 488. 〔도판 307쪽〕

6·25전쟁이 한창이던 1952년 1월 18일 대한민국 정부는 영세한 어민을 보호하기 위해 '인접 해양의 주권에 관한 대통령 선언'을 하게 되었다. 이를 '평화선' 또는 '이승만 라인'이라고도 한다. 해안에서 200해리(370km)에 달하는 해역이 평화선 안에 포함된다. 따라서 독도도 평화선 안에 포함되어 있다. 이에 대하여 일본은 "일본의 영토임에 의문이 없는 다케시마에 대하여 대한민국이 영토권을 설정했다"고 하면서 강력히 항의해 왔다. 이것이 독도에 관한 한국과 일본의 마찰의 발단이다. 이 지도는 일본 저서에 실린 지도이므로 독도가 '竹島'(다케시마)로 표시되어 있다.

【지도 121】 1996, 일본 해상보안청, 『해상보안백서』(海上保安白書), 「일본의 직선기선도」 〔도판 308쪽〕

해안선의 첨단 및 각 도서의 첨단부를 직선으로 이은 선을 '직선기선'(直線基線)이라 한다. 이 선은 영해, 인접수역, 어업수역(배타적 경제수역, EEZ)을 설정하는 기준선이다. 이 기선 내의 수역을 내수(內水)라 한다.

【지도 122】 1996, 일본 해상보안청, 『해상보안백서』(海上保安白書), 「일본의 접속수역도」. 〔도판 308쪽〕

영해는 직선기선으로부터 12해리(22km) 안쪽의 수역을 말한다. 연안국의 주권이 미치는 수역이다. 외국 선박은 연안국의 주권에 해를 끼치지 않는 범위 내에서 이 수역을 통항(通航)할 수 있는 권리를 갖는다.

접속수역(接續水域)은 직선기선으로부터 24해리(44km) 안쪽의 수역이다. 영토 및 영해 내의 통관상, 재정상, 출입국 관리상, 위생상 법령 위반의 방지 및 처벌에 필요한 규제를 할 수 있는 수역이다.

이 수역도에 독도〔한국령—지은이〕와 홋카이도 위의 '북방 4도'〔러시아령—지은이〕가 영해 및 접속수역을 가지는 일본 영토로 표시되어 있다.

【지도 123】 1996, 일본 해상보안청, 『해상보안백서』(海上保安白書), 「일본의 배타적 경제수역(EEZ)」. 〔도판 309쪽〕

이 수역은 직선기선으로부터 200해리에 달하며, 어업수역이라고도 한다. 이 수역에서, ①

연안국은 천연 자원 개발 등에 관하여 주권적 권리를 누리며, ② 인공도(人工島), 설비, 구조물의 설치 및 이용에 대한 관할권, ③ 해양의 과학적 조사에 대한 관할권, ④ 해양 환경의 보호 및 보전에 대한 관할권을 가진다. 독도는 일본의 영해 및 접속수역에도 포함되어 있으므로, 이 수역에도 물론 포함되어 있다. 이 수역이 일본 해상보안청(JCG, Japan Coast Guard, 해양경찰)의 관할 수역이다.

이 수역도에 독도〔한국령—지은이〕, 홋카이도 위의 '북방 4도' 〔러시아령—지은이〕가 일본 영토로 표시되어 있다. 독도 주변에는 아직 EEZ가 설정되어 있지 않지만, '북방 4도' 주변에는 일본의 EEZ까지 설정되어 있다.

【지도 124】 2004, 일본 해상보안청, 『해상보안 레포트 2004』, 「(일본) 영해 및 200해리 어업수역의 개략도」, 「(일본의) 새로운 대륙붕 및 가능성이 있는 해역」. 〔도판 310~311쪽〕

1996년판에 들어 있던 일본의 직선기선도, 접속수역도, 배타적 경제수역도는 1997년판부터 빠져 있고, 2004년판에는 「이승만 라인 설정 해역 개략」 지도, 「(일본) 영해 및 200해리 어업수역의 개략도」 및 「(일본의) 새로운 대륙붕 및 가능성이 있는 해역」 지도가 실려 있다. 그러나 이 자료에 실린 일본의 수역도와 대륙붕 지도는, 쿠릴 열도, 즉 일본이 러시아에 반환을 요구하는 '북방 4도' 와 한국이 실효적으로 지배하고 있는 독도를 포함하고 있기 때문에, 현실과는 맞지 않는 지도들이다. 1999년에 이미 한-일, 한-중, 일-중 간에 어업협정이 체결되어 EEZ가 확정되었는데 불구하고, 이것이 반영되지 않았다.

1982년 유엔의 신 해양법(일명 몬테고 베이〔Montego Bay〕—자메이카—협정)에 의해 200해리의 EEZ 설정이 가능해짐에 따라, 일본은 임의로 일본 열도 주변은 물론 태평양상에 멀리 떨어져 있는 무인도들에 대해서도 일방적으로 200해리 EEZ를 설정하고, EEZ에 접한 대륙붕 주변 해역까지도 수역도에 표시했다.

무인도 또는 바다의 수면 위에 겨우 솟아 있는 높이 4미터 폭 5미터 정도의 바위를 중심으로 반경 200해리(370km)의 EEZ를 설정하면, EEZ의 면적이 한반도 면적의 두 배인 430,000km²가 된다.

원의 넓이 $= \pi(\text{반경})^2 = 3.14 \times (200\text{마일})^2 = 3.14 \times (370\text{km})^2$
$= 3.14 \times (370\text{km} \times 370\text{km}) = 3.14 \times 136{,}900\text{km}^2$
$= 429{,}866\text{km}^2$ = 한반도 면적($220{,}000\text{km}^2$)의 약 2배

일본의 최남단의 섬이라고 하는 오키노토리시마(沖の鳥島), 최동단의 미나토리시마(南鳥島)는 인간이 거주하며 사회 생활을 영위할 수 없는 조그만 바위이거나 무인도인데, 이 두 섬을 중심으로 각 430,000km²의 EEZ도 설정되어 있다. 일본이 무인도를 중심으로 일방적으로 설정한 EEZ는 국제 해양법상 인정을 받을 수 있는 것인가? 그렇지 않다면, 이를 표시하는 이 지도들은 일본의 희망의 표현일 뿐이다. 여기에는 수산 자원이나 앞으로 개발될 해저 자원에 대한 선점의 의도도 있을 것이다.

중국은 태평양상의 무인도들을 중심으로 일본이 임의로 설정한 EEZ에 이의를 제기하고 있다. 이 해역들이 일본의 독점 수역으로 공인될 수 없는 것이라면 공해(公海)로 남아 있어야 마땅하지 않은가?

【지도 125】 프랑스 TV 방송 아르테(Arte)가 2005년 3월 2일 「지도의 이면—일본편」을 방송하면서 사용한 일본의 EEZ 지도. 이 지도는 일본이 일방적 EEZ를 표시한 일본 지도를 기본으로 하여 제작한 것이다.

【지도 126】 영국의 경제 주간지 *The Economist* 2005년 3월 26일자에 게재된 일본의 EEZ 지도. 이것도 실제와 맞지 않는 일본 자료를 비판과 확인 없이 사용하여 제작한 것이다.

【지도 127】 『중앙일보』 2005년 3월 27일자에 실린, 1998년에 체결된 일-중 어업협정상의 중간수역도. 여기서는 중국과 일본 사이에 영유권 분쟁이 일고 있는 센카쿠(尖閣)제도/댜오위다오(釣魚島)가 중간 수역의 남쪽 출발점에 있기 때문에, 이 섬들을 어느 한쪽의 EEZ에 들어오게 하는 것이 어렵게 되어 있다. 이 센카쿠 제도는 현재 일본이 점유하고 있다.

【지도 128】 1998년에 체결된 한-일 어업협정상의 중간수역(잠정수역)도. 이 수역을 공동 관리 수역이라고도 한다. 이 중간수역에 독도가 들어 있기 때문에 독도의 지위가 훼손된 것이 사실이다. 한국의 영토로서 독도의 지위를 확고히 하기 위해, 어업협정을 파기하고 재협상을 해야 한다는 주장이 한편에서 끈질기게 제기되고 있다. 다른 한편에서는, 현시점에서 재협상을 해도 결과는 마찬가지일 것이고, 어민들만 타격을 입을 것이 틀림없기 때문에 이 협정을 파기하지 말아야 한다는 입장이다. 10년, 20여 년 후에 재협상을 할 때는 동해상의 중간수역을 이등분하여 독도가 자연히 한국의 EEZ에 들어오도록 해야 할 것이다. 〔도판 312~313쪽〕

1950년대 이후 서양 지도에 나타난 울릉도와 독도

1950년대 이래 한국의 모든 지도에는 당연히 독도가 한국령에 포함되어 있고, 그 오른쪽(동쪽)에 국경선이 그어져 있다. 아니면 울릉도와 독도를 박스 속에 넣고, 독도 동쪽(오른쪽)에 국경선이 그어져 있기도 하다.

1950년대 이래 일본에서 제작된 모든 지도에는 빠짐없이, 판에 박은 듯 독도를 '다케시마'(竹島)로 표기하고, 울릉도와 독도 사이에 국경을 그어 독도를 일본 영토에 포함시켜 놓고 있다. 분도(分圖)일 경우, '다케시마'를 오키 열도 곁에 박스 속에 넣고, '다케시마' 옆에는 오키섬의 한 마을 이름인 '고카무라'(五箇村)를 기재하고 있다.

일본에서 제작되는 지도상의 대한해협(大韓海峽)의 표기는 지도마다 조금씩 다르다. 서수도 부분을 대한해협이라 하고, 동수도 부분을 쓰시마해협(對馬海峽)이라 하기도 한다. 또, 전체를 쓰시마해협이라 하고, 쓰시마 윗부분을 '대한해협' 또는 '서수도'로 표기하기도 한다. 하지만 일반적인 경향은 부산에서 큐슈(九州)의 후쿠오카(福岡)에 달하는 대한해협을 쓰시마해협으로 고쳐가는 것이다. 이와 같은 일본의 표기를 소수의 서양 지도뿐만 아니라, 한국의 지도도 따르고 있다. 이는 적절하지 못한 표기이므로 시정되어, 대한해협(Korea Strait, Détroit de Corée) 하나로 표기되도록 해야 한다.

1950년부터 2005년 사이의 지도상의 독도의 표기나 분류에 대해서는 한국 지도나 일본 지도는 볼 필요가 없다. 왜냐하면 앞에서 본 바와 같이 일률적으로 통일되었기 때문이다.

현대 서양 지도 및 지도첩에서는 오늘날에도, 울릉도에 대해서는 'Ullung-do', 'Dagelet', 'Matsu-shima', 독도에 대해서는 'Tok-do', 'Take-shima', 'Rochers Liancourt/Liancourt Rocks' 등의 표기를 사용하고 있다. 여기서는 1950년 이후 현재까지, 제3자라 할 수 있는 서양 지도상에 독도의 표기가 어떻게 변해 왔는지를 시대별로 알아보기로 한다.

다음의 목록은 지도나 지도첩의 간행 연대순이다. 지도에 국경 표시가 있는 경우는 그 위치에 '국경'이라 표시했다. 지도의 수가 많으므로 지면 관계상, 저자명의 한국어 표기, 저서나 지도의 제목 번역을 생략하고 원어(原語) 그대로 기록한다. 익히 알려진 명칭의 로마자 표기인 경우는 앞에서처럼 하나하나 '울릉도→Ulleungdo', '독도→Dokdo(Liancourt Rocks)' 등으로 표시하지 않는다.

1. 1950년대 서양 지도상의 독도 표기

【지도 129】 태평양 전쟁에서 일본이 패배하고 그 사후 처리를 위한 샌프란시스코 강화 회

담 당시 영국이 제안한 조약 초안에 실린 지도.

· 독도가 'Take Shima' 로 표기되기는 하였으나 일본의 영토에서 제외되어 있다.

【지도 130】 1952, George Philip & Son Ltd., *Mercantile (The) Marine Atlas*, 14e éd, London.

· Matsu Shima 〔울릉도〕, Liancourt 〔독도〕

【지도 131】 1952, Oxford Press, *The Oxford Atlas*, London.

· Ullung - 국경 - Take(Liancourt Rks.) 〔독도—지은이〕

【지도 132】 1957, Larousse, *Atlas international Larousse, politique et économique général*, Paris.

· "URSS" : Matusima/Utsuryo to〔울릉도〕; Liancourt Rks ; Tsushima kaikyo〔쓰시마 해협〕

· "China & Japan" : Matusima, Liancourt Rks, Tu sima kaikyo

이 대형 지도첩은 프랑스의 라루스 출판사가 발간한 것으로, 내용 설명은 불어, 영어, 스페인어의 3개 언어로 되어 있다. 지도첩의 한국 부분 지명은 모두 일본식 발음으로 되어 있다. 한국이 해방된 지 12년이 지났는데도 고쳐지지 않고 일제 시대의 표기를 그대로 사용하고 있다. 한국의 명칭은 'République de Corée 〔대한민국〕, Koryo 〔고려〕', 서울은 'Keijo', 부산은 'Fusan', 제주도는 'Saishu To', 대한해협은 'Tsushima kaikyo' 등으로 표기되어 있다. 그런데 그 2년 후에 발간된 지도에서는 완전히 한국식 발음으로 바뀌었다.

【지도 133】 1959, Larousse, *Atlas général*, 20×29cm, Paris. 〔도판 314쪽〕

· Ul Reng Do, Tok Do(Rers Liancourt), Chedju Do, Détroit de Corée(Tae Han Hae Hyop)

1957년도에 간행된 지도첩과는 판이하게 다르다. 1959년판 지도첩 작성 당시 한국 및 일본 지명의 감수자는 소르본느 대학교 아그노엘(Charles Haguenauer, 1896~1976) 교수였다. 그는 당대 최대의 일본학-한국학 학자로서, 프랑스 한국어 교육의 제도적인 기틀을 만든 분이다. 소르본느에 신설된 한국어 강좌를 위해 이옥(李玉, 1928~2001) 전 파리7대학 교수가 강사로 프랑스에 와 있었다. 이런 이유로 한국의 지명들이 처음으로 한국어 발음대로 정확히 표기될 수 있었다. 표기에는 아그노엘 교수 자신이 만든 한국어의 로마자 표기법이 사용되었다. 또 이로 인해서 'Tok Do' 라는 명칭이 사상 최초로 서양 지도에 사용되게 되었다.

【지도 134】 1959, The Times, *The Times Atlas of the world*, London.

· Ullung-do, Sa-dong – 국경 – Take-shima (Liancourt Rocks)

【지도 135】 1959, Touring Club Italiano, *Del Atlante internationale*, Roma.

· Ullung Do, Take Shima

2. 1960년대 서양 지도상의 독도 표기

【지도 136】 1962, Sélection du Reader's Digest, *Grand Atlas mondial*, Paris, Montréal.

· "URSS" : Ullung do, Takeshima

· "Ext.-Orient" : I. Matsu – 국경 – Rochers Liancourt

· "Japon" : Ullung do – 국경 – Take shima

【지도 137】 1963, National Geographic, *National Geographic Atlas of the world.*, USA.

· Dagelet 〔울릉도〕, Liancourt

【지도 138】 1964, Britannica, Encyclopaedia, *Britannica World Atlas, unabridged*, Chicago, London, Toronto, Sydney.

· Ullung, Take, Korea Strait

【지도 139】 1967, Britannica, Encyclopaedia, *Britannica World Atlas, international*, Chicago, London, Toronto, Geneva, Sydney, Tokyo, Manila.

· Ullung-do, Takeshima (Liancourt Rocks)

· 〔대한해협은 둘로 나누어〕 Korea Strait, Tsushima Strait

【지도 140】 1968, The Times, *The Times Atlas of the World.*, London.

· Ullung do – 국경 – Take Shima (Liancourt Rocks)

【지도 141】 1968, Touring Club Italiano, *Del Atlante internationale*, Roma.

· Ullung-do, Takeshima

【지도 142】 1969, Britannica, Encyclopaedia, *Britannica Atlas*.

· Ullung-do (S. Korea) – Tok-do (S. Korea) – 국경

3. 1970년대 서양 지도상의 독도 표기

【지도 143】 1974, Britannica, Encyclopaedia, *Britanica Atlas*.

· Ullung-do (S. Korea) – Tok-do (S. Korea) – 국경

【지도 144】 1977, *Encyclopedia Europea*, Roma.

· "Corea" : 울릉도까지만 나와 있고, 대한해협은 'Stretto di Corea' 로 표기

· "Giappone" : 울릉도와 독도가 점으로 나타나 있고, 그 중간에 국경선

· 〔대한해협은 둘로 나누어〕 'Stretto di Corea' 〔대한해협〕과 'Stretto di Tsushima' 〔쓰시마 해협〕

【지도 145】 1977, 1979, The Times, *Atlas of the world*, London.

· Ullung-do, Taeha-dong ; Tok-do (Take-shima) (Liancourt Rocks)

【지도 146】 1978, Rand McNally, The Explorer World Atlas, 23.5×28.5cm, Chicago - New York - San Francisco.

· Ullung, Dokdo, Korea Strait

【지도 147】 1978, Rand McNally, Westermann, Kummerly+Frey, *International Atlas*, 28.5x37.5cm, USA.

· Ullung-do (S. Korea), Tok-do (S. Korea), Korea Strait

【지도 148】 1979, Britannica, Encyclopaedia, *Britannica World Atlas, international*,

Chicago, London, Toronto, Geneva, Sydney, Tokyo, Manila, Seoul, Cartography Rand McNally.

· Ullung-do(S. Korea), Tok-do(S. Korea), Korea Strait

4. 1980년대 서양 지도상의 독도 표기

【지도 149】 1982, Atlas(Editions), *Grand Atlas géographique et encyclopedique*, Paris.

· Ullung-do, Tok-do / Take-shima

【지도 150】 1982, Le Monde, Sélection du Reader' s Digest, *Atlas universel*, Paris.

· Ullung do, Taeha-dong; Tok-do(Rochers Liancourt)

【지도 151】 1980, 1984, Encyclopaedia Universalis, *Le Grand atlas de géographie*, by Rand McNally & Company.

· Ullung do(S. Korea), Tok-to / Take-shima(Claimed by S. Korea and Japan)

· Korea Strait 〔쓰시마 양쪽에 크게 표기〕 – Western Channel 〔서수도〕, Eastern Channel /Tsushima-kaikyo 〔동수도〕

【지도 152】 1986, Quillet, *Atlas mondial*, Paris.

· Ullung-do, Is. Take

【지도 153】 1987, Institut Géographique National & Hachette, *Atlas IGN Hachette*, Paris, cartographie Hachette, Bartholomew, GT Gabelli.

· "Japan" : Ullung Do (Corée), 984; Liancourt Rocks(Réclamés par la Corée et le Japon) 〔한국과 일본이 영유를 주장〕, Korea Strait

【지도 154】 1988, Webster, Merriam, *Webster's New Geographical Dictionary*.

· "Japan" : Ullung(Dagelet), Takeshima(Tok-do), Korea Strait

· "Korea" : Ullung(Dagelet I.), Tok-do(Takeshima)(Claimed by S. Korea & Japan)

· 〔대한해협은 둘로 나누어〕 Korea Strait, Tsushima Strait

5. 1990년대 이후 서양 지도상의 독도 표기(출판사 이름의 알파벳 순)

【지도 155】 Atlas(Editions), Paris.

【지도 155-A】 1995, *Le Grand atlas du monde*, Paris.

· Ullung-do, Tok-do/Takeshima

【지도 155-B】 1996, *Atlas géographique du monde/Le Grand atlas du monde*, cartography by Instituto Geografico De Agostini.

· Ullung-do (Corée du Sud), Tok-do/Take-shima

· Détroit de Corée〔크게 표기〕-Taehan-Haehyop/Nishi-Suido〔서수도〕, Tsushima-Kaikyo 〔쓰시마해협〕.

【지도 156】 1994, Bartholomew, "Japan, World Travel Map", London.

· Ullung-do, Tok-do(Take-shima)(Liancourt Rocks)

【지도 157】 Bordas, Paris.

【지도 157-A】 1994, *Atlas universel*.

· Ullung-do, Is. Take

【지도 157-B】 1994, 1995, 1997, *Grand Atlas Bordas*.

· "Corée" : Ullung-do - 국경 - 독도는 형체만 표시

· "Asie" : Ullungdo - 국경 - Take

· "Extreme-Orient" : Ullungdo, I. Take, 〔대한해협은 둘로 나누어〕 Detr. de Corée 〔대한해협〕, Detr. du Japon 〔일본해협〕

【지도 157-C】 1996, *Grand atlas mondial / Grand Atlas Bordas*, GeoData (Stuttgart), Verlag (Munich).

· Ullung Do, Ullung, 984 ; Dok-to / Take Shima

【지도 157-D】 1996, *Grand atlas mondial Bordas*.

· Ullung-do, Tok-do / Take shima

· Détroit de Corée 〔대한해협〕 - Nishi suido/Détroit de Corée 〔서수도〕, Higashi suido 〔동수도〕

【지도 157-E】 1996, *Atlas Bordas géographique et historique*.

· Ullung-do, Tok-to (Take) (Liancourt)

【지도 157-F】 1998, Bordas, *Atlas Bordas géographique et historique*.

· Ullung-do, Is Take

· 〔대한해협은 둘로 나누어〕 Détroit de Corée, Détroit de Tsushima

【지도 158】 Britannica, Encyclopaedia, London, 1995, *The New Encyclopaedia Britannica*, Vol. 22.

· "Japan": Tok Islands(Take Islands)(Occupied by South Korea, claimed by Japan)〔독도 (다케시마) (한국이 점유, 일본이 영유를 주장함)〕.

【지도 159】 Cavendish (Ed. Marshall), London.

【지도 159-A】 1998, *Grand atlas mondial*.

· Ullung Do, Tok Do/Take-shima

【지도 159-B】 *Encylopedia of World Geography*, Vol. 22.

· "Japan and Korea": Ullung, Tok 〔섬 두 개 위에〕, Korea Strait

【지도 160】 CIA(Central Intelligence Agency), USA, 2002~2005, *World Factbook*.

· 미국 CIA 인터넷 연감 2002년판부터 독도를 'Liancourt Rocks'로 표기하여 남한 지도 및 일본 지도에 표시.

【지도 161】 Connaissance, Ed. de la, Paris.

【지도 161-A】 1996, 『대세계지도첩』(*Le Grand Atlas du monde*), 「한국 및 일본 지도」. 〔도판 316쪽〕

대표적인 최신 서양 지도로 울릉도와 독도의 표기가 각각 'Ullung Do, Tok Do/Take-shima'로 되어 있다. 대한해협은 바르게 표시되어 있다. 즉 부산에서 후쿠오카(福岡)에 달하는 해협에 대하여 '대한해협'(Détroit de Corée)이라고 프랑스어로 쓰시마(對馬島) 앞뒤에 걸쳐 크게 씌어 있다. 서양의 모든 지도에는 19세기 이후 모두 그렇게 되어 있다. 그런데 부산에서 쓰시마 사이는 '니시 스이도'(西水道), 쓰시마에서 후쿠오카 사이는 '히가시 스이도'(東水道)로 세분되어 일본어 발음의 로마자 표기로 작게 표시되어 있다. 이는 일본 지도의 영향 때문이다. 국경선은 부산과 쓰시마 사이에 그어져 있다.

북경의 중국지도출판사가 발간한 1993년판 「조선-한국 전도」(47×70cm)와 1990년판 「일본 전도」(47×70cm)에도 대마도 앞뒤로 '조선해협'이라 크게 쓴 다음, 이 해협을 둘로 나누어 부산에서 대마도 사이는 '부산해협', 대마도에서 후쿠오카까지는 '對馬海峽'(쓰시마해협)이라 작게 써 넣었다. 작게 써 넣은 '해협'은 '수도'(水道), 영어로 'Channel'과 같은 의미일 것이다. 중국에서 제작된 이 두 점의 지도에 독도는 점으로 나타나 있고, 명칭은 표기되어 있지 않다.

한국에서 제작된 지도 중, 국립지리원이 제작한 영문 한국 전도 및 최근에 발간된 한국 문교부 검정 고등학교용 지리부도에는 1990년대 이전의 지리부도와는 달리, 쓰시마 앞뒤로 '대한해협'이라고 크게 씌어 있다. 완벽하지는 않지만 대개 제대로 고쳐져 있다. 그러나 옹색하기 짝이 없게 부산과 쓰시마 사이의 국경선까지를, 즉 부산 앞바다만을 '대한해협'이라 표기하고, 국경선 아래 부분 전부를 '쓰시마해협'이라 표기하고 있는 지도도 일부 있다. 이는 한국의 지도 제작자들이 일본 지도를 보고 그대로 베끼기 때문에 그렇게 된 것으로 보인다.

【지도 161-B】 1998, *Le Grand Atlas du monde*, Paris.

· Ullung Do, Tok Do / Take-shima

【지도 162】 Euro-carte, Paris, 1993, 1998, *Grand Atlas mondial illustré*.

· Ullung-do, To dong; Takeshima

【지도 163】 *Géo*(지리 전문 월간지), Paris. 〔도판 317쪽〕

· 2002년 한-일 월드컵 개최를 계기로 게재한 한국 특집 기사에 딸린 남한 지도에 울릉도는 'île(섬) Ullung', 독도는 'île(섬) Dok'으로 표기하고, 동해는 'Mer de l'Est'(동해)로 표기했다.

【지도 164】 Hachette, Paris.

【지도 164-A】 2004, *Grand Atlas Hachette*, 33×25cm.

· 울릉도는 'Ullung-do(Corée du Sud)', 독도는 'Tok-do' 하나로만 표기하고, 동해는 'Mer du Japon(Mer Orientale)'〔일본해(동양해)〕로 병기했다.

【지도 164-B】 2004, *Atlas Hachette*, 31×25cm.

· 울릉도는 'Ullung-do (Corée du Sud)', 독도는 'Tok-do' 하나로만 표기하고, 동해는 'Mer du Japon(Mer Orientale)' [일본해(동양해)]로 병기했다.

【지도 165】 Hammond & Larousse, Paris, 1998, *Grand Atlas Larousse*.

· Ullung-do, Rochers de Liancourt, Détroit de Corée

【지도 166】 Hallwag Verlag AG, Bern(Suisse) und Stuttgart(Germany), 1996, 2001, "China, Far East"(대형 벽걸이 지도). [도판 318쪽]

· 'Ullyngdo', 'Tokdo' 로 표기하고 그 오른쪽에 국경선을 그어, 두 섬이 한국 영토임을 분명히 표시했다. 2001년판부터는 동해를 'Sea of Japan/East Sea' 로 병기하고 있다.

【지도 167】 Institut Géographique National(IGN, 프랑스 국립지리원), Paris, 1994, "Japon", cartographie Mairs Geographical Verlag, Coll. Marco Polo 'Pays et villes du monde' (세계의 국가와 도시).

· Ullung-do - 국경 - Take-Shima

【지도 168】 Larousse, Paris.

【지도 168-A】 1992, *Grand atlas géographique du monde*.

· Ullung-do, Tokto/Takeshima/Rochers de Liancourt

【지도 168-B】 1994, *Atlas mondial*.

· Ile Ullung (Corée du S.), Rochers de Liancourt

【지도 168-C】 1995, 1996, 1997, *Atlas mondial*.

· Ullungdo, Todong; Tok(Take-shima)(Liancourt Rocks)

【지도 168-D】 1996, *Grand atlas géographique du monde*.

· Ullung-do (Corée du Sud), Rochers de Liancourt

【지도 168-E】 1996, *Atlas mondial*, Bartholomew, éditeur cartographique du Groupe Harper Collins.

· "Europe orientale et Asie du Sud" : Ullung, Tok-do

· "Extrême-Orient" : Ullung, Tok-do, Dt de Corée

· "Japon central et Corée du Sud" : Todong, Ullung do; Tok-do(Take-shima)(Liancourt Rocks)

【지도 168-F】 1997, *Grand Atlas*.

· Ullûng-do, Rochers Liancourt

【지도 168-G】 1993, 1997, Larousse Poche, *Atlas du monde*, 11×18cm, Larousse - Bordas, édition originale *World Pocket Atlas/Atlas du monde Poche*, Bartholomew (éditeur cartographique du Groupe Harper Collins).

· "Extrême-Orient" : Ullung do, Tok do

· "Japon central" : Ullung, Todong; Tok(Take-shima)(Liancourt Rocks)

최신판 불어 포켓판 초소형(11×18cm) 세계 지도첩이다. 독도가 'Tok do' 하나로만 표기되어 있고, "일본 중부" 부분에는 독도 다음에 다케시마와 리앙쿠르를 괄호 속에 넣어 함께 표기했다.

특기할 것은 이 책의 지명 '색인'(인덱스) 부분에, 'Take shima = Tok'이라 되어 있다는 점이다. 'Tok'을 찾아보면, '(île) Corée du Sud'〔(섬) 한국〕이라고 국적이 분명히 명기되어 있다. 이와 같은 현상은 독도의 표기가 'Tok-do' 하나로 통일되어 가고 있는 추세를 반영한다.

【지도 169】 Le Monde & Sélection du Reader's Digest, Paris, 1990, 1993, 1997, *Atlas universel*.

· "Asie" : Ullung-do, Dok-to = Takeshima(claimed by S. Korea and Japan)

· "Asie" : Ullung-do, Tok-do

· "Corée": Ullung do, Taeha-dong; Tok-do(Rochers Liancourt)

【지도 170】 2000, Microsoft, *Expedia Travel Map*.

· Ullung-do, Liancourt Rocks(disputed), Sea of Japan(East Sea)

【지도 171】 1996, Nelles Verlag, Munchen, Germany, "Korea"(관광 지도).

· Ullung Island, Tok I.

【지도 172】 1994, 1996, Planete Cable & Fontaine (Editions), *Le Grand atlas du monde*, by Libot Kartor AB, Stockholm, Sweden.

· Ullung-do – Tok-do – 국경

굵은 국경선 표시가 독도 동쪽(오른쪽)에 되어 있어, 독도가 한국 영토임을 분명히 나타냈다. 대한해협은 'Détroit de Corée' 로 되어 있다.

【지도 173】 Rand McNally & Sélection du Reader's Digest, Paris.

【지도 173-A】 1993, *Atlas du Monde*.

· "Corée" : Ullungdo(Corée du Sud), Tok-to(Take-shima)(Revendiqué par la Corée du S. et le Japon) 〔한국과 일본이 영유를 주장함〕

· "Ext.-Orient" : Matsu 〔울릉도〕, Rochers Liancourt

【지도 173-B】 1995, *Atlas of the World*.

· Ullung-do, Tokdo/Takeshima(claimed by South Korea/Japan)

【지도 174】 Selection du Reader's Digest, Paris.

【지도 174-A】 1997, *Atlas mondial*.

· Ullung-do, Tok to/Take Shima(Revendiqué par la Corée et le Japon) 〔한국과 일본이 영유를 주장함〕

【지도 174-B】 1998, *Nouvel atlas universel*, Rand McNally.

· Ullung-do, Rochers Liancourt/Tok to/Take Shima(Revendiqué par la Corée du Sud et le Japon) 〔한국과 일본이 영유를 주장함〕

· Detroit de Corée 〔크게 표기〕 - Nishi suido 〔서수도〕, Higashi suido 〔동수도〕.

【지도 175】 Solar, Paris.

【지도 175-A】 1994, 1997, *Grand atlas mondial*.

· Ullung-do, To-dong; Take shima

【지도 175-B】 1998, *Grand atlas du monde*.

· Ullung-do, Tok do - Take shima, Détroit de Corée

【지도 176】 Times Books, London.

【지도 176-A】 1993, *Mercantile (The) Marine Atlas*, comprehensive edition.

· "Korea & Japan": Ullung-do(Taeha-dong); Tok-to(Takeshima) (Liancourt Rocks)

· "Extreme-Orient" : Ullungdo, Tok to

【지도 176-B】 1995, 1996, *The Times Atlas of the World*, Mini edition, 11×16cm, Times Books and Bartholomew.

· "East Asia" : Ullung do, Tok do

· "Central Japan" : Ullung, Todong; Tok to(Take-shima)(Liancourt Rocks)

앞의 라루스 포켓판 세계 지도책보다 더 작은 책인데 내용은 라루스 포켓판과 같다. 이 두 불어판 및 영어판 포켓 세계 지도책이 지도 전문 제작사 바르톨로무(Bartholomew)의 기본 자료를 사용하기 때문이다.

이 영어판에도 독도가 'Tok do'를 기준으로 표기되어 있고, '일본 중부'(Central Japan) 부분에는 독도 다음에 다케시마와 리앙쿠르를 괄호 속에 넣어 함께 표기했다.

라루스판과 마찬가지로, 이 책의 지명 '색인'(인덱스) 부분에 'Take shima = Tok-do'라 되어 있다. 독도를 찾아보면, 'Tok-do/S Korea'(독도/한국)이라고 국적이 명기되어 있다. 이와 같은 현상은 독도의 표기가 'Tok-do' 하나로 통일되어 가고 있는 추세를 반영하는 것이다.

【지도 177】 *Quid* (연감), Paris, 2003, "Corée du Sud"

· I Ullung, Tokdo (두 섬을 원 속에 넣어 강원도 오른쪽에 표시), 동해는 'Mer du Japon (Mer de l'Est)'로 병기.

【지도 178】 Universalis, Encyclopaedia, Paris.

【지도 178-A】 1992, *Le Grand atlas de géographie*.

· Ullung-do, Dok-to - Takeshima

【지도 178-B】 1993, *Le Grand atlas de géographie*, cartographie Rand McNally & Co.

· Ullung-do(S. Korea), Dok-to - Takeshima(Claimed by S. Korea and Japan), Korea Strait

【지도 179】 1994, Westermann, Germany, *Weltatlas*.

· Ullung-do, Dokdo, 〔대한해협은 둘로 나누어〕 Koreastrasse, Tsushimastrasse

【지도 180】 2004, 『내셔널 지오그래픽 지도』(*National Geographic Maps, The Complete Collection*), CR-Rom 8매. 〔도판 315쪽〕

NG는 2004년 8월에, 자사가 1888년부터 1999년 사이에 발간한 500여 종의 지도를 8매의 CD-Rom에 수록하여 발간했다. 이 가운데 한국이 나타나는 지도가 17 종이다.

【지도 181】 내셔널 지오그래픽(National Geographic, 이하 NG) 매거진 2003년 7월호, 한국의 비무장지대에 관한 특집 기사에 딸린 「두 개의 한국」(The Two Koreas)이란 제목의 대형 한반도 전도와 뒷면의 한국동란(6 · 25전쟁) 화보. 〔도판 319~322쪽〕

【지도 181-A】 영문 원판 「두 개의 코리아」(The Two Koreas): 동해를 'East Sea(Sea of Japan)' 로 표기하여 '동해' 를 기본으로 하고, '일본해' 는 괄호 속에 넣었다. 독도(獨島)는 'Dokdo' 로 표기하고, 울릉도 바로 아래 "남동쪽으로 92km→" 로 기재한 다음, 그 아래 빨간 글씨로 "34개의 암서로 구성, 한국이 행정적으로 관할하며, 일본이 영유를 주장함" 이라 기록했다. 대한해협은 쓰시마 위쪽에 'Korea Strait' 라 크게 쓰고, 쓰시마 아래쪽에 'Tsushima Strait' 라 괄호 속에 작게 기재했다. 특기할 것은, 서양에서는 처음으로 이 지도에서, 모든 한국 지명을, 국립국어연구원이 제정하여 문화공보부가 2000년 7월 7일 고시한 한국어의 새 로마자 표기법에 따라서, 종래의 'Cheju-do', 'Ullung-do', 'Pusan' 대신 'Jejudo', 'Ulleungdo', Busan' 으로 표기했다.

【지도 181-B】 프랑스어판 「두 개의 코레」(Les deux Corées): 영어 원판을 그대로 불역한 것이다. 독일어, 스페인어 등도 영어 원판을 번역한 것이다.

【지도 181-C】 일본어판 「分断された朝鮮半島」(분단된 조선 반도): 모든 지도에 '일본해' (日本海) 하나만을 사용했고, 울릉도는 표시했으나 독도에 관련된 부분은 모두 삭제했으며, 대한해협은 '對馬海峽' (쓰시마해협)으로 되어 있다.

【지도 181-D】 한국어판 「둘로 나누어진 한반도」: 모든 지도에 '동해' 로 표기했고, 울릉도 아래 '독도(남동쪽으로 92km→)' 로 되어 있고, 영문 원판의 설명은 빠져 있다. 대한해협의 경우, 쓰시마 위는 '대한해협', 아래는 '쓰시마해협' 으로 표기했다.

【지도 182】 National Geographic, 『세계지도책』(*The Atlas of the World*) 제7판, 1999, 32×47cm, 280쪽. 〔도판 323쪽〕

세계적으로 권위를 인정받으며 영향력도 대단히 큰 이 지도책의 제7판까지 동해는 '일본해'(Sea of Japan), 독도는 'Tok-do(Liancourt Rocks)', 대한해협은 'Korea Strait'로 표기해 왔다.

【지도 183】 National Geographic, 『세계지도책』(*The Atlas of the World*) 제8판, 2005, 32×47cm, 416쪽. 〔도판 323쪽〕

이 지도책에서는 처음으로 제8판에서 '일본해(동해)'(Sea of Japan 〔East Sea〕) 병기 원칙을 동해 부분이 나오는 지도 7장 모두에 체계적으로 적용하여 '일본해(동해)'(Sea of Japan 〔East Sea〕)로 병기했다. 독도는 '독도(다케시마, 리앙쿠르 바위섬)'(Dokdo 〔Take Shima, Liancourt Rocks〕)으로 표기한 다음, "한국이 행정적으로 관할하고 있으나 일본이 영유(領有)를 주장함"(Administered by South Korea; claimed by Japan)이라고 붉은 글씨로 주를 달았다.

이 책의 지도 중 한 장에 대한해협에 대하여 'Korea Strait' 밑에 괄호 속에 작게 '쓰시마해협'(Tsushima Strait)이 처음으로 들어갔다.

제8판에서 달라진 것은, 한국의 요구를 수용하여 '일본해' 뒤에 동해를 괄호 속에 넣어 추가했으며, 일본의 요구를 수용하여 '독도' 뒤의 괄호 속에 '리앙쿠르 록스'와 함께 '다케시마'를 표기한 것이다.

제8판에서 또 하나 특기할 것은 2000년 7월 7일 이후 실시하고 있는 한국어의 새 로마자 표기법에 따라 지명을 표기한 점이다. 서양의 지도책에서 한국의 새 로마자 표기법에 따라 한국의 지명을 표기한 것은 이 책이 최초인 것으로 보인다.

6. 서양 언론에 비친 독도

BBC 및 프랑스의 일간지들은 '동해'를 '일본해', 또는 '동해', 또는 '동해/일본해' 등으로 표기하다가, 요즈음은 동해 부분만 아무 명칭도 표시하지 않는 추세로 가고 있다. 그리하면 한국 측이나 일본 측으로부터 이의를 제기받지 않기 때문이다.

【지도 184】 BBC, 한-일 간의 독도 분란에 관한 기사에 실린 지도.

· Tok-do/Take Shima

【지도 185】『쿠리에 앵테르나쇼날』(*Courrier International*), 「지도 도록」(Atlas des atlas), 2005년 3월 발간. [도판 324쪽]

이 주간지는 세계 여러 나라의 신문 기사 중 이슈가 되는 것을 불어로 번역하여 싣는데, 2005년 3월에 세계 영토 분쟁 지역에 관한 별책 특집호를 냈다.

이 책에 실린 여러 지도 중 한 지도에서, 일본이 설정한 EEZ에 포함된 영토 분쟁 지역에 대해, 해당 각국의 지도를 곁들여 서로 상반된 견해를 비교했다. 다른 한 장의 지도에서는 세계적으로 쓰이고 있는 '일본해' 명칭에 대해 한국은 '동해'를 주장한다는 사실도 크게 부각시켰다.

【지도 186】 Le Monde, 『르 몽드 연감』(*Bilan du Monde*), 2004년 2월 6일 발간.

남한 지도에 '일본해(동해)'라 병기하고, 'Ullung'이 나타나 있고, 독도는 형체가 표시되어 있으나 이름은 없다.

【지도 187】『더 타임스』(*The Times*), 한-일 간의 독도 분란을 보도하는 2005년 3월 15일자 신문.

· 'Sea of Japan' 아래 'Tokto(Takeshima)'

* * *

한국(남한과 북한)에서 제작된 모든 한국 지도에 독도는 당연히 한국 영토에 포함되어 있고, 따라서 국경선도 독도 동쪽(오른쪽)에 그어져 있다. 독도가 한국의 고유 영토이므로 당연하다.

그에 반해 현재 일본에서 제작된 모든 일본 지도에 독도는 다케시마(竹島)라는 이름으로 일본 영토에 들어 있고, 국경선은 울릉도와 독도 사이에 그어져 있다. 한국의 고유 영토인 독도에 대한 일본의 이와 같은 인식은 그릇된 것이므로 반드시 시정되어야 하겠지만, 현실적으로 이의 시정을 기대하기는 어려울 것이다.

일본이 영유를 주장하며 되찾으려고 노력하는, 홋카이도 바로 위의 네 개의 섬 하보마이(齒舞諸島), 시코탄(色丹島), 쿠나시리(國後島), 에트로프(擇捉島)는 태평양전쟁(1941~1945)이 끝날 무렵인 1945년 8월 10일 구 소련군이 점령한 이래 현재까지 러시아의 통치하에 있다. 그럼에도 모든 일본 지도는 이들 '북방 4도'를 일본 영토에 포함시켜 표시하고 있다.

'북방 4도'를 반환받는 것이 일본의 간절한 희망 사항은 될지언정, 현실은 아니다.

센카쿠(尖閣) 제도(諸島)는 일본이 점유하고 있는데, 중국이 댜오위다오(釣魚島)라는 이름으로 영유를 주장하고 있다.

실제 사정이 이러한데도 불구하고, 일본에서 제작된 지도들이 하나같이 이 모든 섬들을 일본에 포함시켜 일본 영토인 것처럼 표시하는 것은 객관성을 결여하고 허구적이며, 자기중심적, 국수주의적인 성격이 강하다는 것을 의미한다. 이런 일본 지도들이 외국에 널리 유포되어, 지각 없는 제3자들이 확인과 검증 없이 그대로 받아 사용하면 문제는 더욱 심각해진다.

자국의 영토라고 믿는 땅이나 도서에 대한 이와 비슷한 사례는 세계 각처에 수도 없이 많지만, 이는 사실을 객관적으로 보지 않는 것이라는 점에서 경계해야 할 것이다.

8. 지도 및 해도 — 전도 및 부분도

앞에 열거된 지도와 해도 중 중요하다고 생각되는 것들의 도면을 전도 또는 부분도로 실어 다음에 소개한다. 대형 지도를 이 책의 규격에 맞게 축소한 경우는 형체나 윤곽만 겨우 알아볼 수 있을 뿐이다.

그런 것들은 한반도 또는 울릉도와 독도 부분의 부분도를 함께 실었다. 또 비슷한 지도는 서로 비교할 수 있게 배열했으므로, 앞 설명 부분의 순서와 반드시 일치하지는 않는다.

원래 컬러가 있는 지도와 해도는 컬러로 실었으나, 사정상 컬러 지도가 흑백으로 된 것도 있다. 도면에 대한 설명문은 되도록 간략하게 했다. 설명이 길어져 지면을 많이 차지하게 되면, 도면이 그만큼 축소되기 때문이다. 따라서 자세한 내용은 7장 「지도 및 해도 설명」 부분을 참조하도록 지도 번호를 표시하여 두었다.

17세기 초, 「조선본 동아시아 지도」〔일명 「왕반 천하여지도」(王泮 天下輿地圖)〕. 〔지도 1〕 참조.

조선 고지도에서 독도를 가리키는 '우산'(于山)의 '우'(于)는 획이 잘못 그어졌거나, 읽는 사람이 잘못 읽었거나 하여 '우'(于)와 비슷한 '천'(千) 또는 '자'(子)로 읽히기도 했다. 왕반의 지도에는 '정산도'(丁山島)로 되어 있다. 또 우산은 울릉도 오른쪽에 좀 멀리 떨어져 나타나야 하지만, 조선의 지도 제작자들의 실수로 오랫동안 울릉도 왼쪽에 나타나게 되며, 두 섬이 대륙 바로 곁에 가까이 있다. 제주도를 비롯한 조선 부속 도서들이 모두 육지에 인접하여 나타나 있는 것은 울릉도나 천산도(독도)와 마찬가지다.

독도가 나타난 가장 오래된 지도 중의 하나인 이 지도에는 한반도의 형상이 거의 실체에 가깝게 나타나 있다. 이 지도는 강화읍 외규장각에 보존되어 있었으나 병인양요(1866) 때 프랑스 해군이 다른 전적들과 함께 약탈해 가져가 현재는 프랑스국립도서관 지도-도면부에 소장되어 있다. 195×185cm의 초대형 정밀 동아시아 지도로서 당시로서는 놀라울 정도로 상세한 지리 정보를 제공하며, 대단히 아름다워 예술적 가치도 크다.

甲午仲夏山陰王泮識

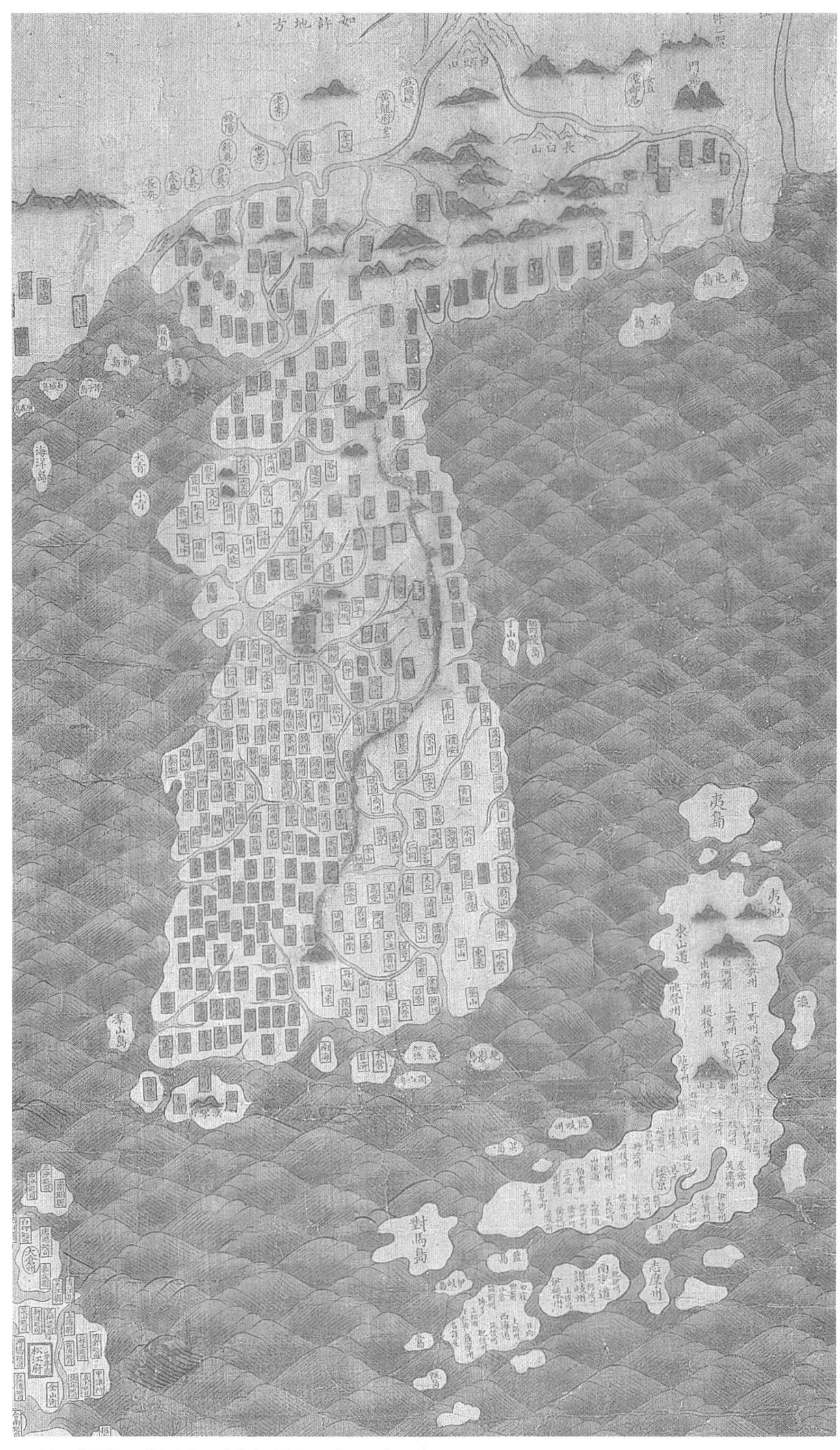

17세기 초, 「조선본 동아시아 지도」의 한반도 부분도. 〔지도 1〕 참조.

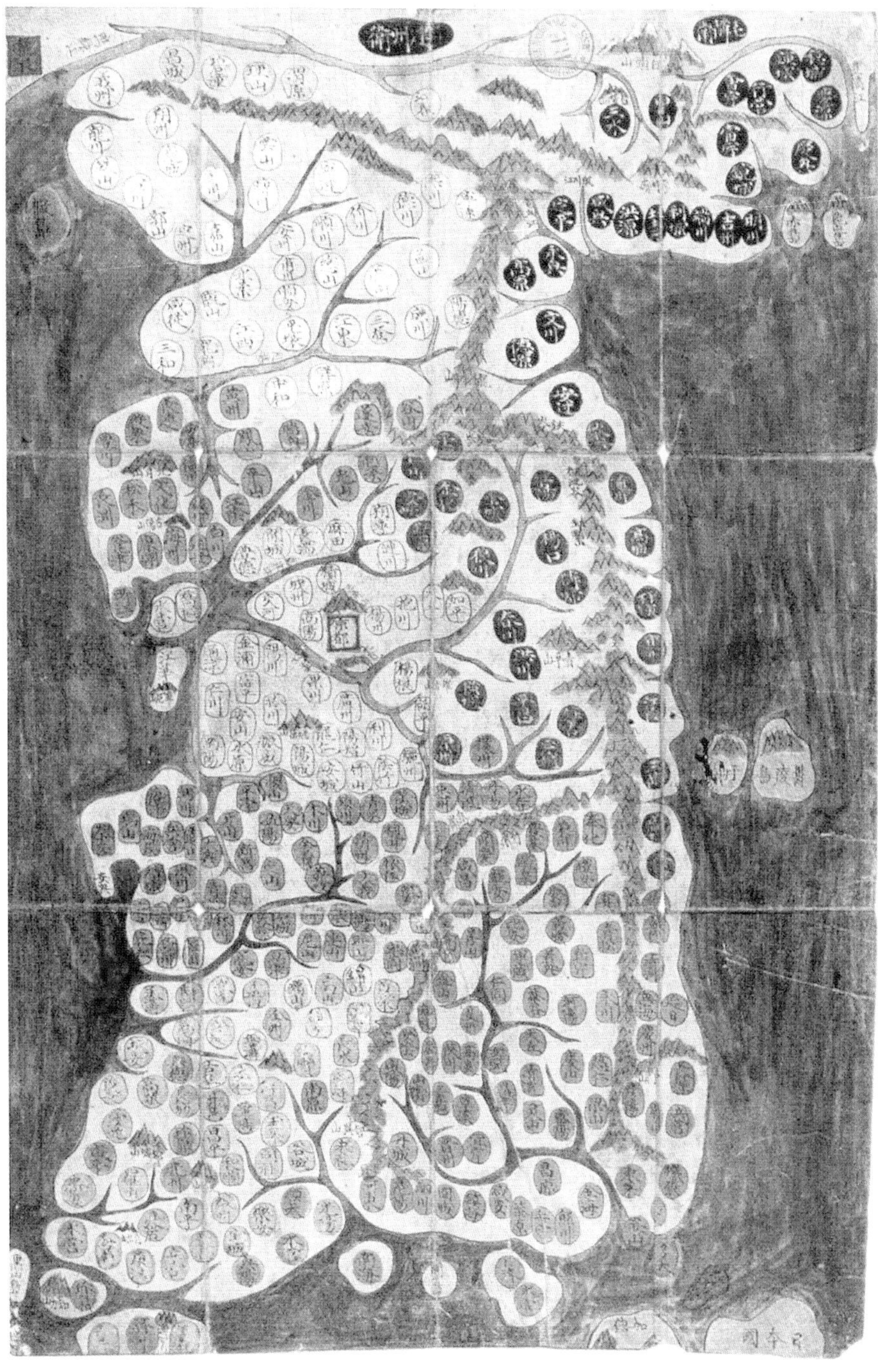

1550~1600년, 제목이 없는 「조선전도」(Carte de la Corée). **〔지도 2〕 참조.**
초대 주한 프랑스 공사 콜랭 드 플랑시(Collin de Plancy)의 수집품인데 1911년 경매 때 프랑스국립도서관(BNF)이 구입하여 동양필사본부에 소장되어 있다. 울릉도와 독도가 나타나는 대단히 이른 시기의 지도 중의 하나이다.
당시의 다른 조선 지도와 마찬가지로 이 지도에도 우산(독도)이 울릉도 왼쪽(서쪽)에 있고, 두 섬이 인접하여 나타나 있다. 이는 두 섬 사이의 떨어질 수 없는 관계를 의미한다. 두 섬을 육지 가까이 표시한 것도, 이 섬들이 한국의 영토임을 나타내기 위한 것이다.

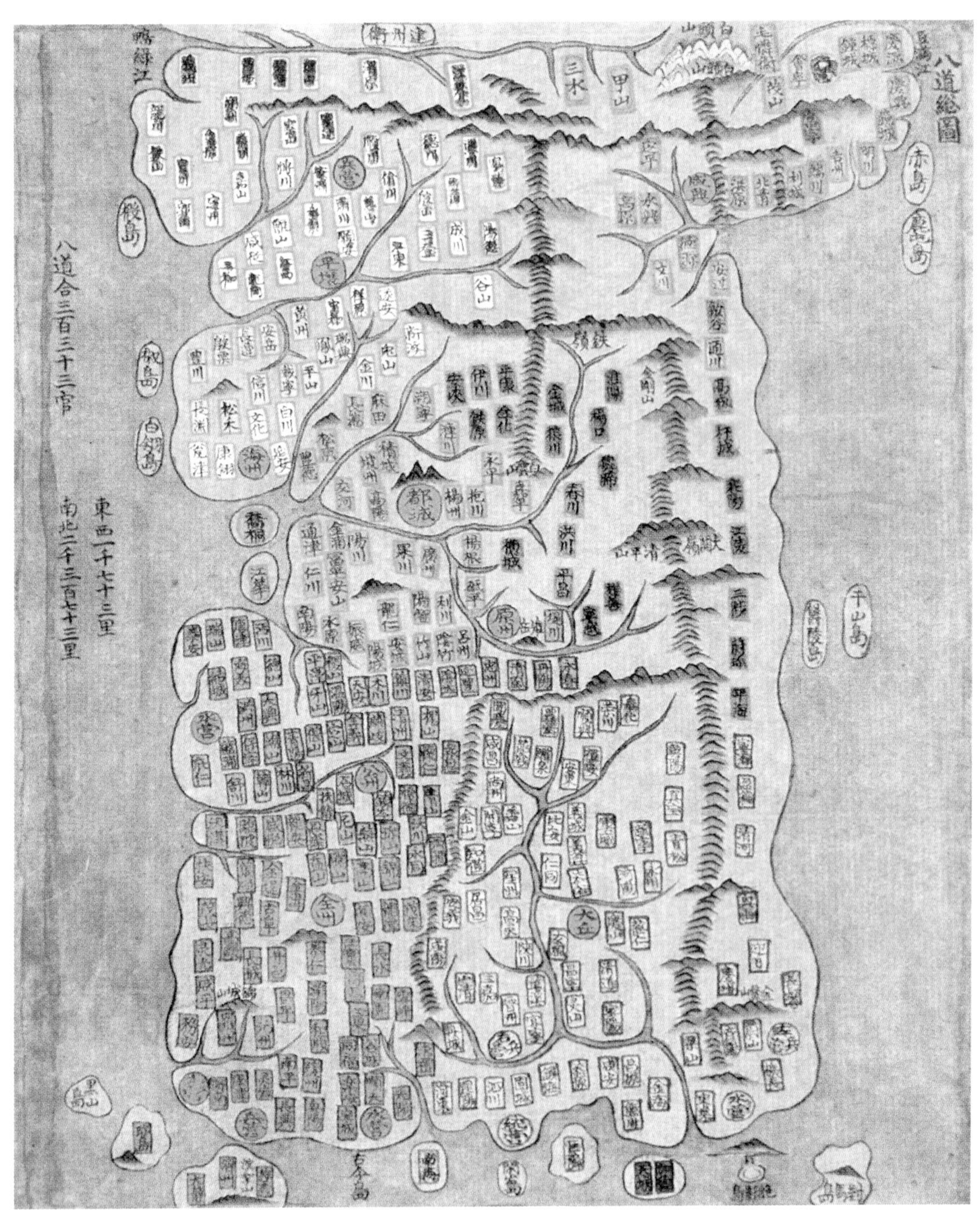

1644년 이후, 『여지도』(輿地圖) 중의 「팔도총도」. 〔지도 3〕 참조.

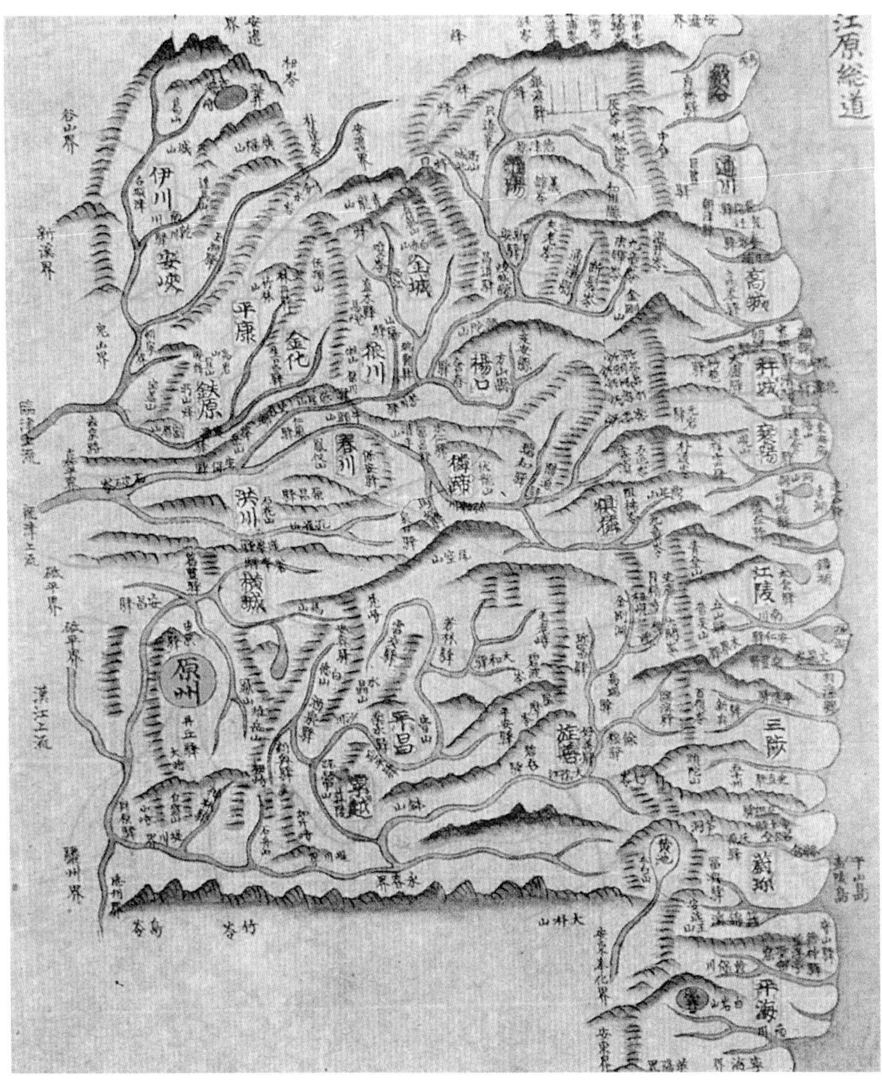

1644년 이후, 『여지도』(輿地圖) 중의 「강원총도」. 〔지도 3〕 참조.

초대 주한 프랑스 공사 콜랭 드 플랑시의 수집품으로 1911년 경매 때 프랑스국립도서관이 구입한 것이다. 12장의 지도로 구성된 지도첩인데, 그중 「팔도총도」(왼쪽 페이지)와 「강원총도」(위)에 울릉도, 그리고 우산(독도)을 울릉도 동쪽(오른쪽)에 바르게 나타냈다. 이 지도는 울릉도와 우산(독도)의 위치를 바르게 표시한 가장 이른 시기의 지도인 것으로 짐작된다. 이 지도첩의 「경상총도」의 오른쪽 바다에는 동해(東海)라 표시되어 있다.

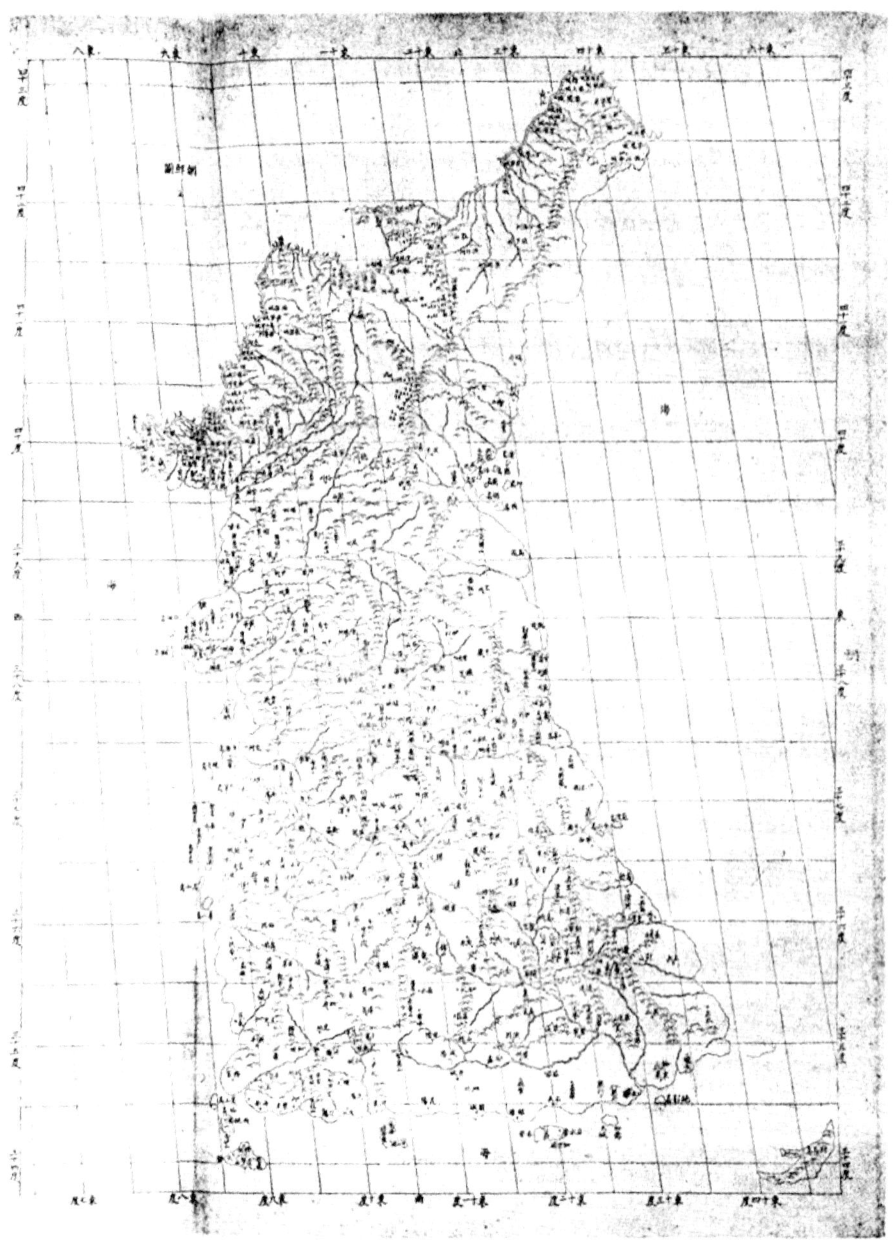

1721년, 『황여전람도』(皇輿全覽圖) 중의 「조선전도」. 〔지도 5〕 참조.

『황여전람도』는 중국 최대의 측량 사업을 벌려 서양 선교사들이 제작한 지도이다. 『황여전람도』의 원본은 전하지 않고, 그 부본이 프랑스국립도서관에 소장되어 있다. 모사된 이 조선 전도는 영국도서관(British Library)에 소장되어 있다.

이 지도에 울릉도가 '반릉도'(礬陵島), 그리고 그 왼쪽에 독도가 '우산도'(于山島)로 표기되어 본토 바로 곁에 표시되어 있다. 또 이 두 섬이 서로 가까이 붙어서 대륙 가까이 나타나 있다. 울릉도의 '울'(鬱)자는 조선 고지도에 '菀'(울), '蔚'(울)로도 표기되었다.

1720년경, 당빌(d' Anville)이 그린 「조선왕국전도」(朝鮮王國全圖), 모사지에 필사, 52x75cm. 〔지도 4〕 참조.
이 필사본 지도에 울릉도는 'Fan-ling-tao'(판-링-타오), 독도는 'Tchian-chan-tao'(千山島, 울릉도 왼쪽)로 표기되었다. 당빌의 조선 전도는 대단한 영향력을 행사하여, 18세기에 서양에서 제작되는 지도들은 모두 이와 같은 당빌의 표기를 따랐다.
이 지도에는 당시의 조선 지도와 마찬가지로 'Fan-ling-tao' 와 'Tchian-chan-tao'가 위치가 뒤바뀌어 나타나 있고, 두 섬이 인접하여 대륙 가까이 있다. 그 때문에, 서양인으로는 처음으로 1787년에 프랑스의 라페루즈 탐험대가 울릉도를 목격하고 다줄레(Dagelet)라 이름을 붙여 과학적인 해도에 표시할 때 이 명칭이 반영되지 못하고, 19세기 초엽 이후에는 서양 지도에서 사라졌다.

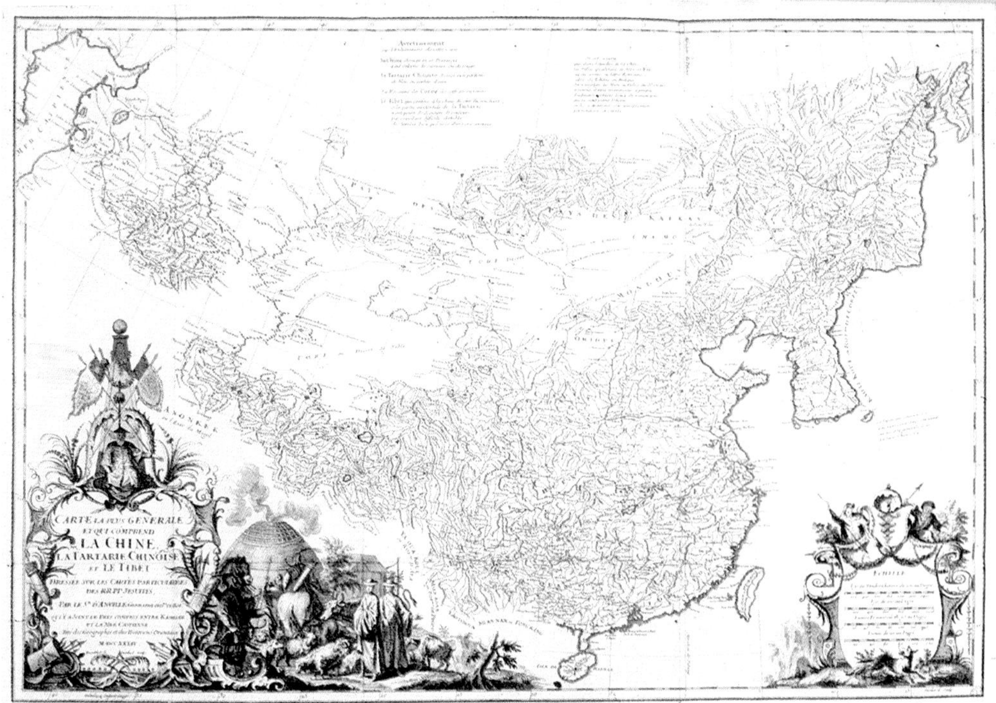

1732년, 당빌(d'Anville)이 그린 「중국, 달단, 티베트 지도」, 68x48cm. 〔지도 6-A〕 참조.

1732년, 당빌(d'Anville)이 그린 「조선왕국전도」(朝鮮王國全圖), 37x51cm. 〔지도 6-B〕 참조.

1720년경 지도〔지도 4〕를 그대로 동판에 긁어 1735년에 출판된 뒤알드(du Halde)의 『지나제국전지』(支那帝國全誌)에 인쇄하여 실은 것이다. 울릉도는 'Fan-ling-tao', 독도는 'Tchian-chan-tao'로 표기되어 있다.

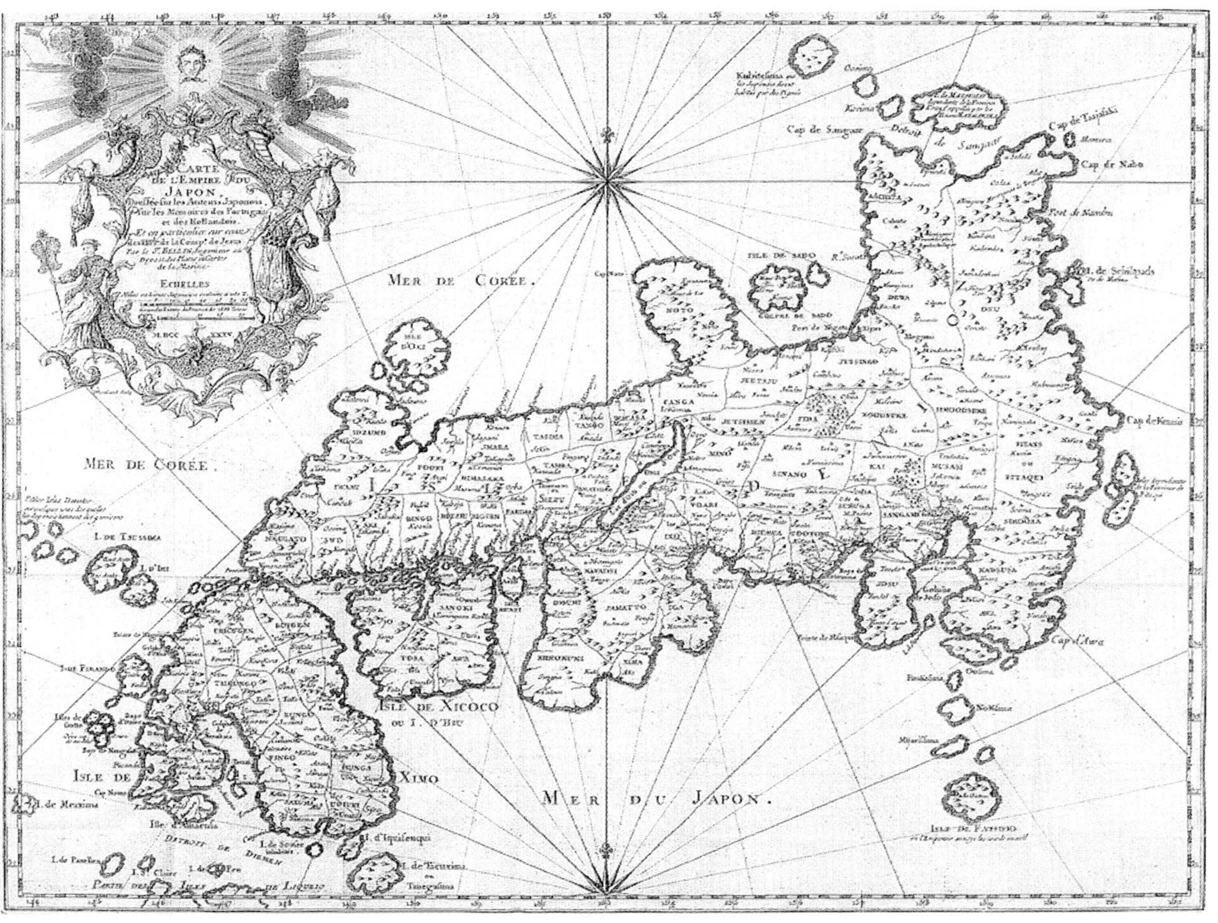

1735년, 프랑스 해군성 해도과 기사 벨랭(J. Bellin)이 그린 「일본제국전도」, 52x40cm. 〔지도 7-A〕 참조.

일본 학자들, 네덜란드 및 포르투갈 사람들, 특히 예수회 선교사들의 기록을 기초로 하여 작성된 것이다.

동해 부분에는 오키 섬까지만 나와 있고, 울릉도와 독도는 나타나 있지 않다. 동해는 'Mer de Corée' (조선해)로 두 번이나 표시되어 있다. 'Mer du Japon' (일본해)는 태평양 쪽에 나타나 있다.

1735년, 벨랭(J. Bellin)이 그린 「조선전도」, 16x29cm. 〔지도 7-B〕 참조.

현재의 경북 안동 조금 위 동해상의 북위 37도에, 육지 가까이 섬이 두 개 그려져 있다. 육지에서 가까운 작은 섬은 'Tchianchantao' (천산도, 곧 독도), 조금 더 멀고 큰 섬은 'Fanlingtao' (울릉도)로 기재되어 있다. 이는 당빌의 지도와 같다.

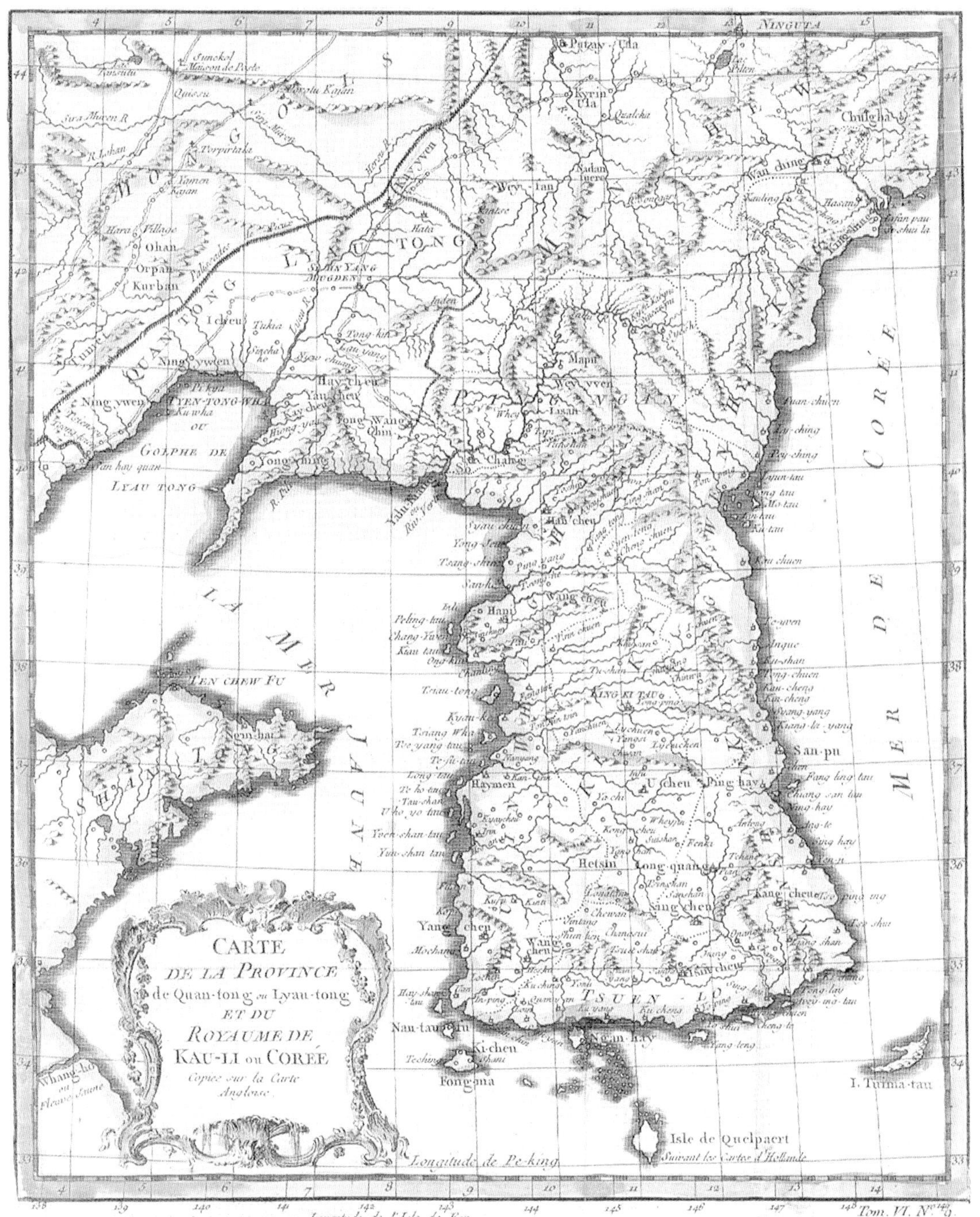

1746년, 「광동 또는 요동 및 고려 또는 조선 전도」, 21x26cm. 〔지도 9〕 참조.

영국 지도를 모사한 것이다. 울릉도는 'Fang ling tau', 독도는 'Chiang san tau' (천산도, 울릉도 왼쪽), 동해는 'Mer de Corée' (조선해)로 표기되어 있다. 이는 당빌이나 벨랭의 지도와 같다.

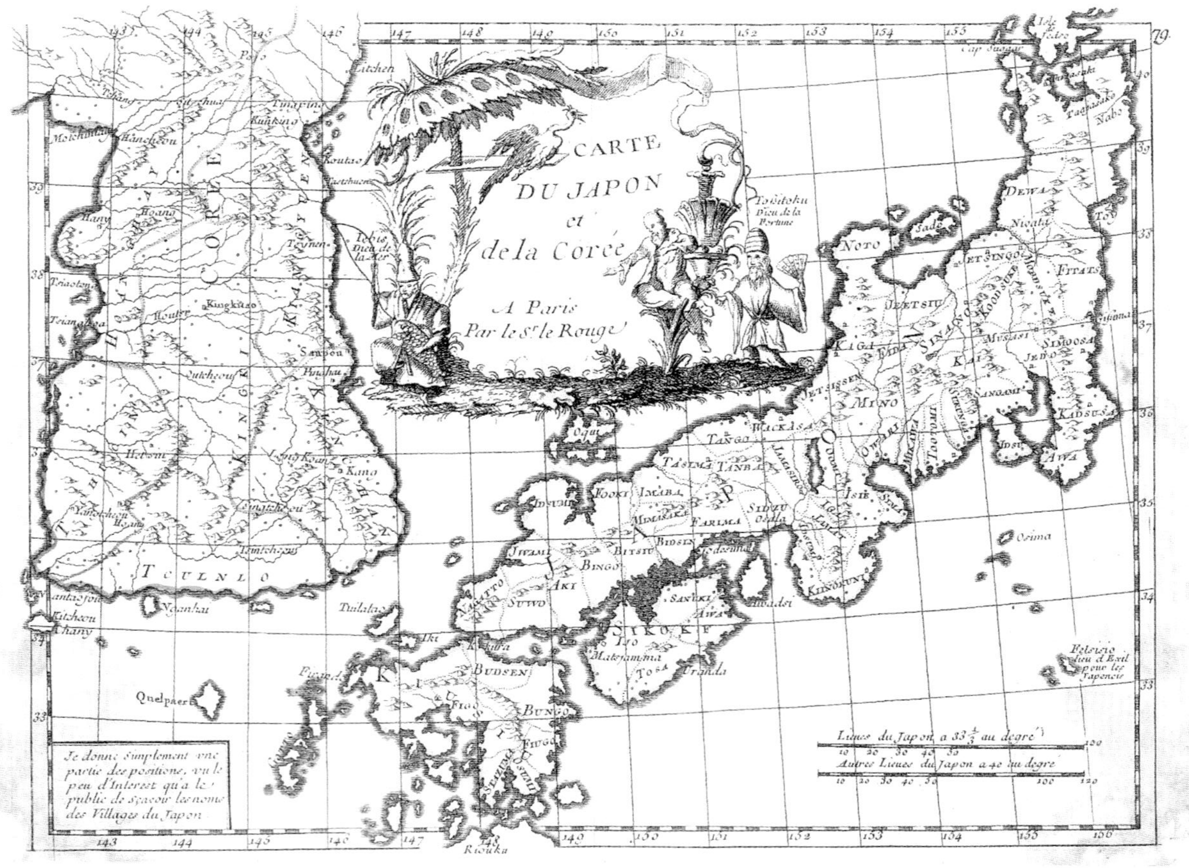

1748년, 르 루주(Le Rouge)의 「일본 및 조선 지도」, 28x21cm. 〔지도 10〕 참조.

다른 지도에서와 마찬가지로 한반도 바로 곁 동해상에 두 개의 섬이 나타나 있는데, 이름은 기재되어 있지 않다. 일본 쪽에는 오키 섬까지만 나타나 있다.

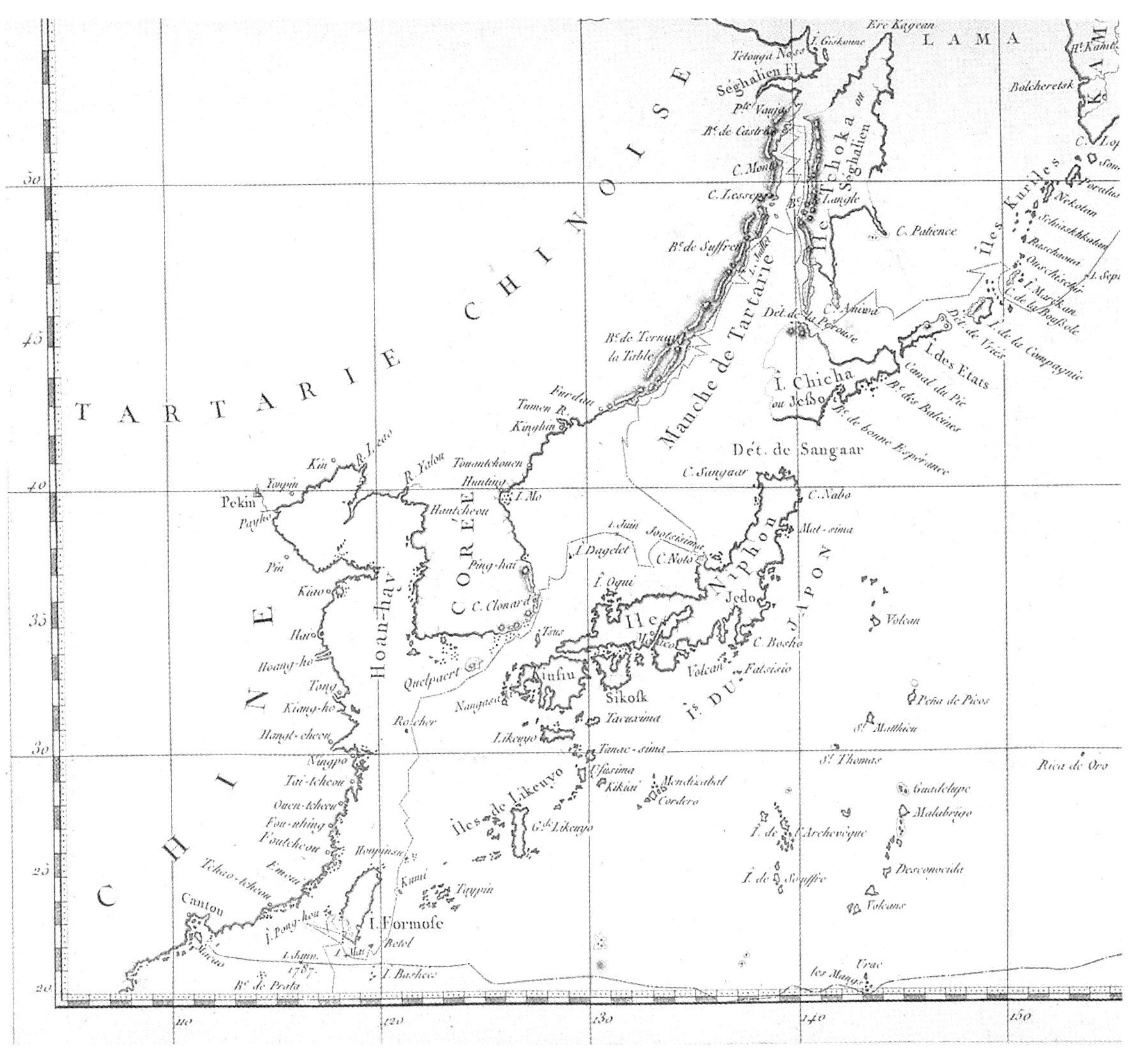

1797년, 라페루즈 『세계탐험기』의 지도첩 중 도면 15, 「아메리카 및 아시아 해안」 부분도. 〔지도 12〕 참조.
탐험대의 항로가 나타나 있고, 제주도는 네덜란드 명칭인 'Quelpaert'(켈패르)로, 울릉도는 정확한 좌표에 'Dagelet'(다줄레)로 표시되어 있다.

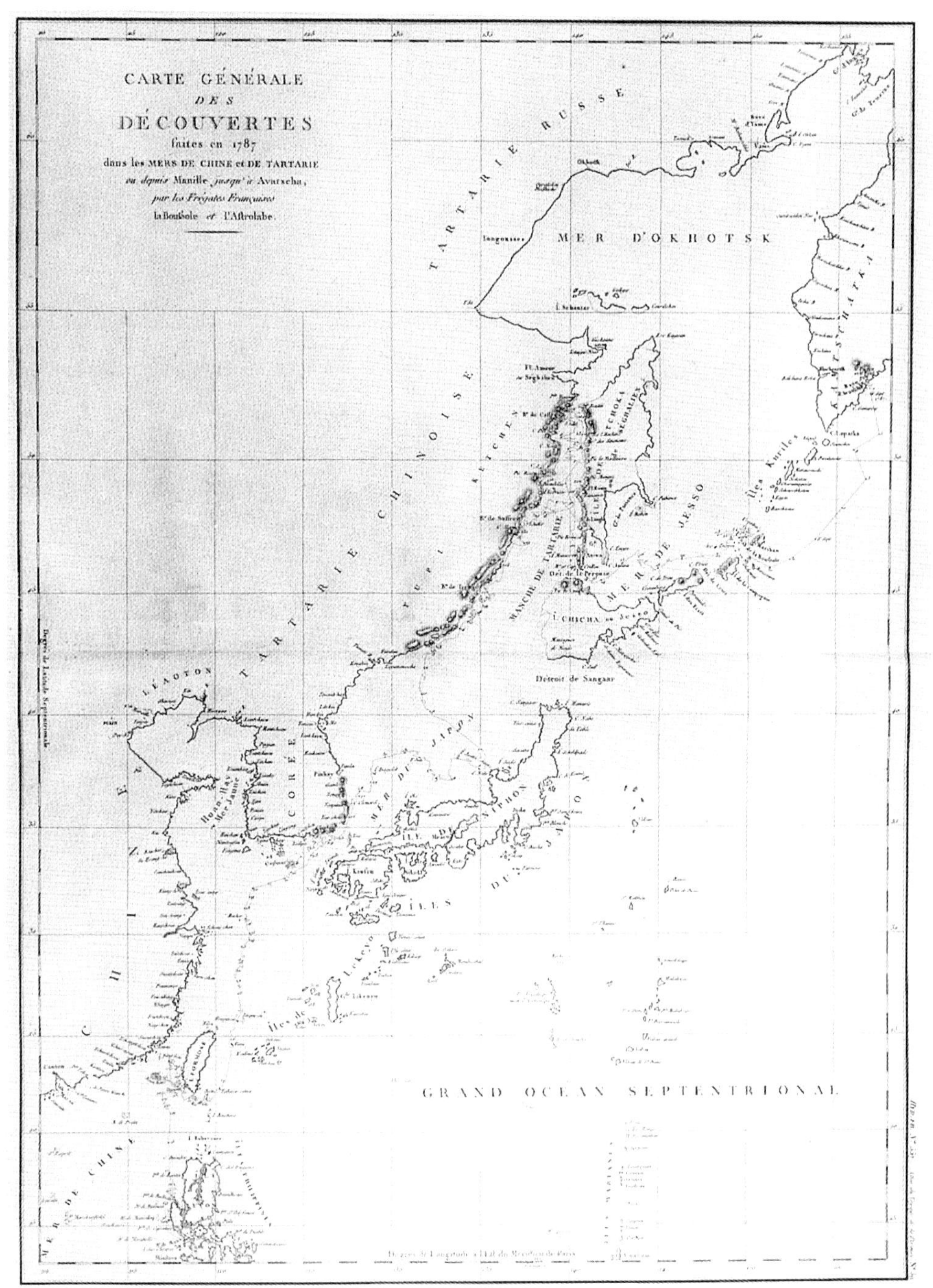

1797년, 라페루즈 『세계탐험기』의 지도첩 중 도면 39, 「중국 및 타타르해, 마닐라에서 아밧차까지」. 〔지도 12〕 참조.
한반도와 동해(일본해로 표시)를 중심으로 한 해도로, 라페루즈 탐험대의 항로, 제주도(Quelpaert)와 울릉도(Dagelet)가 표시되어 있다.

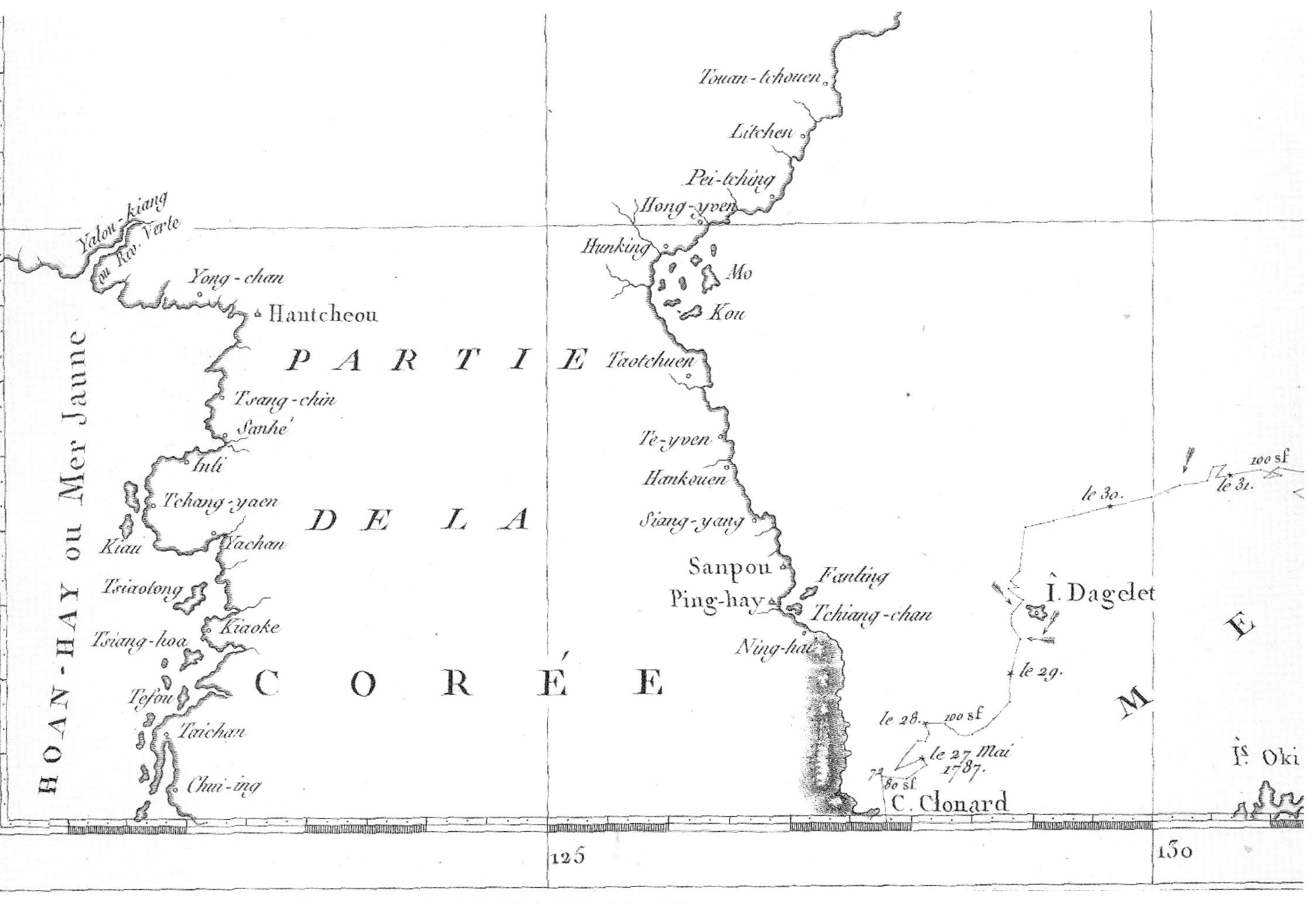

1797년, 라페루즈 『세계탐험기』의 지도첩 중 도면 46, 「중국해 및 타타르해, 마닐라에서 캄차카까지」 부분도. (지도 12) 참조.
영일만 이북의 한반도와 동해가 상세히 나타나 있다. 그때까지 서양의 재래식 지도에 나타나 있던 'Fanling' (울릉도)과 'Tchiang-chan' (독도)은 그대로 둔 채, 새로 발견한 다줄레 섬(울릉도)을 정확히 제 위치에 올렸다. '창찬' 은 다줄레 동쪽에 좀 멀리 나타나야 한다. 또 '판링' 이 자신들이 목격한 다줄레 섬을 가리킨다는 사실을 라페루즈 일행은 알지 못했다.

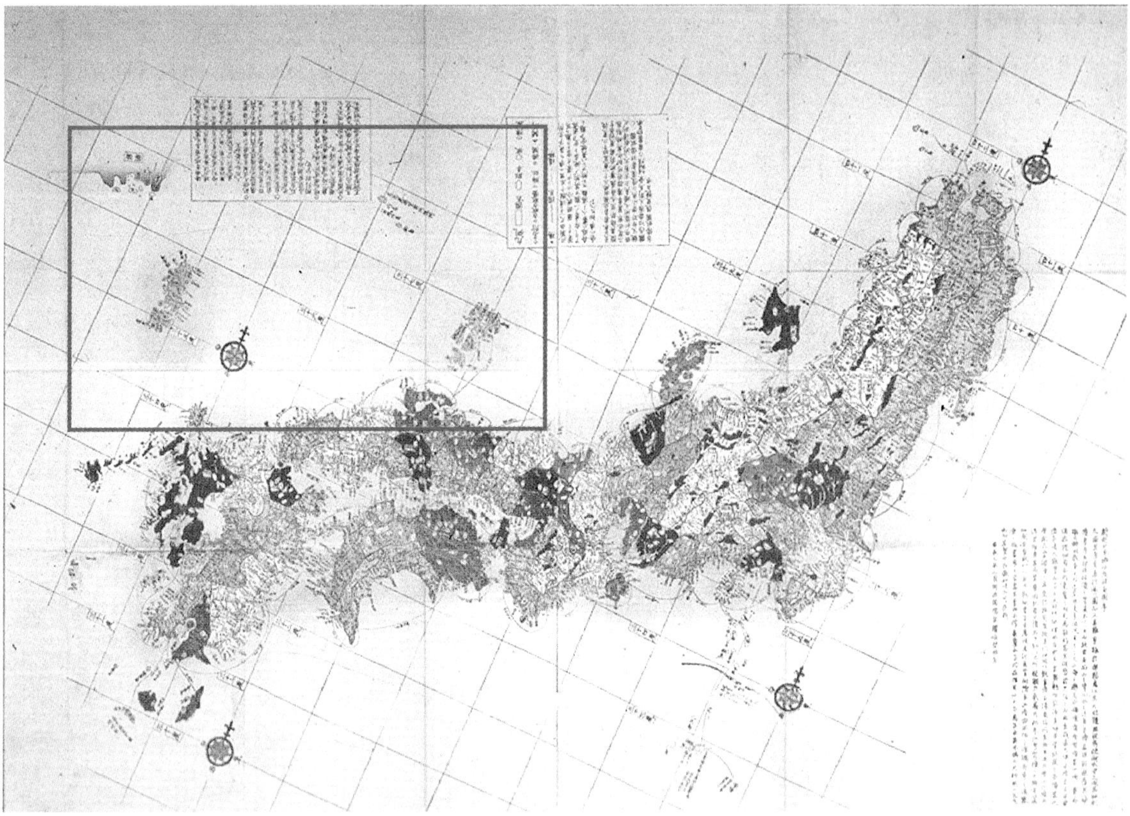

1775년, 나가쿠보 세키스이(長久保赤水), 「일본여지노정전도」(日本輿地路程全圖), 130x84cm. 〔지도 16〕 참조.

일본 최초로 위도와 경도를 표시한 지도이며, 당시로서는 가장 정확하고 혁신적인 지도였다. 이후의 일본 고지도들은 19세기 중엽까지 이 지도를 기본으로 했다.

지도 가운데 울릉도와 독도가 조선에서 아주 가까움을 나타내는 구절이 들어 있다. 울릉도는 '竹島 一云 磯竹島'(다케시마 일명 이조다케시마)로, 독도는 '松島'(마츠시마)로 표기되어 있다.

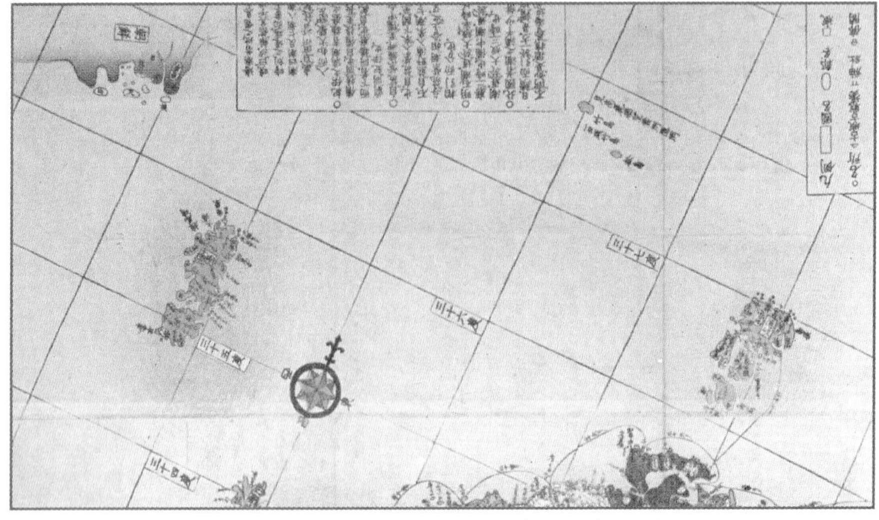

1775년, 나가쿠보 세키스이(長久保赤水), 「일본여지노정전도」(日本輿地路程全圖)의 부분도. 〔지도 16〕 참조.

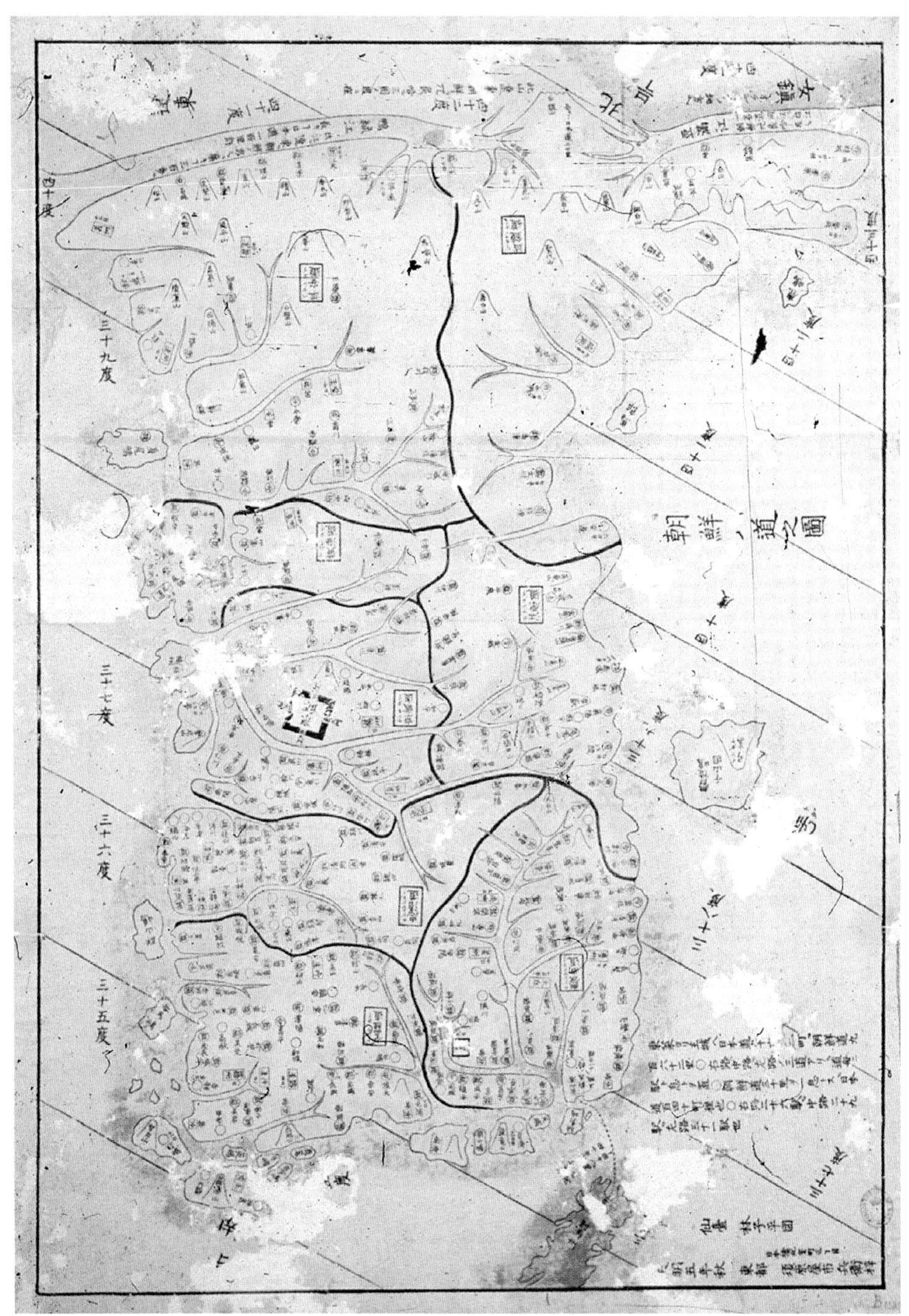

1785년, 하야시 시헤이(林子平)의 『삼국통람도설』(三國通覽圖說) 중의 「조선팔도지도」(朝鮮八道之圖), 50x73cm. 〔지도 17〕 참조.
하나의 섬 안에 '鬱陵島 千山島 弓嵩 イソダケ'(울릉도, 천산도, 궁숭, 이조다케)라고 표기되어 있다. 이는 울릉도와 독도(천산도)에 대하여 혼동을 일으켰기 때문이다.

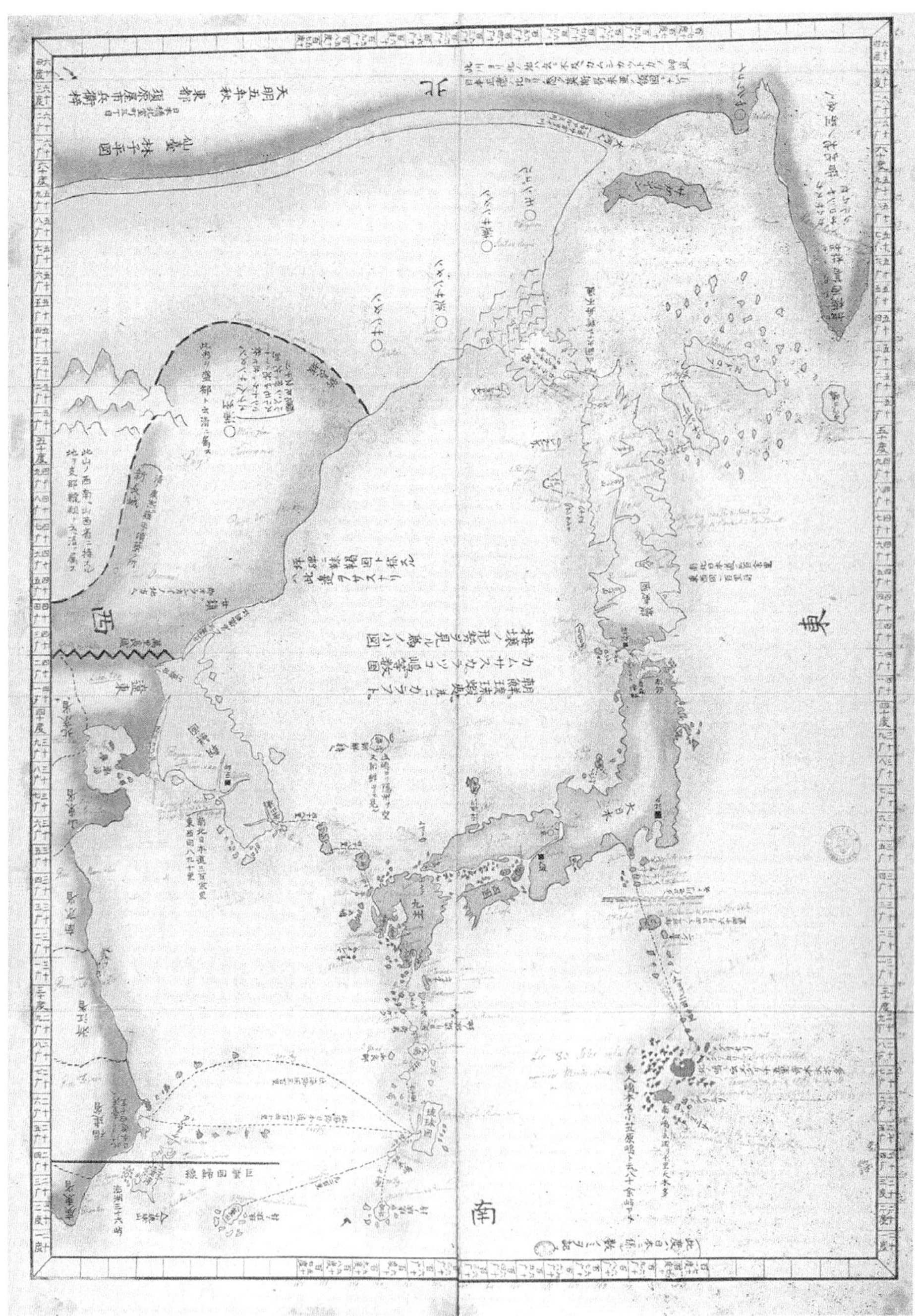

1785, 하야시 시헤이의 『삼국통람도설』 중의 「삼국통람여지노정전도」(三國通覽輿地路程全圖), 72x51cm. 〔지도 18〕 참조.

하야시의 책에 실려 있는 지도 5매 중의 하나이며, 이 지도는 프랑스국립도서관 동양필사본부 소장본이다.

동해 부분에는 한반도 가까이 북위 38~39도 사이에 이름 없는 큰 섬이 하나 그려져 있다. 그 섬에서 멀리 떨어진 동해 한가운데 큰 섬 하나와 작은 섬 하나, 즉 두 개의 섬이 서로 가까이 붙어 있는데, 그 두 섬을 아울러 "朝鮮の持"(조선의 소유)라 쓰여 있다. 또한, 하야시의 이 지도보다 10년 앞서 제작된 나가쿠보의 지도에 기재 되어 있는 바와 같이 "여기서 고려(조선)를 보는 것이 운슈에서 隱州(온슈, 곧 오키)를 보는 것과 같이 가깝다"는 문구도 쓰여 있다. 그러나 하야시 이전에도 이후에도 일본에서는 울릉도를 다케시마로, 독도를 마츠시마(松島)로 부르고 있었다는 점을 상기한다면, 이 섬들 가운데 독도가 포함되어 있는 지는 애매하다 . 단지 동해상의 섬들이 모두 한반도와 같은 색깔로 표시되어 한국령임을 나타내고 있다.

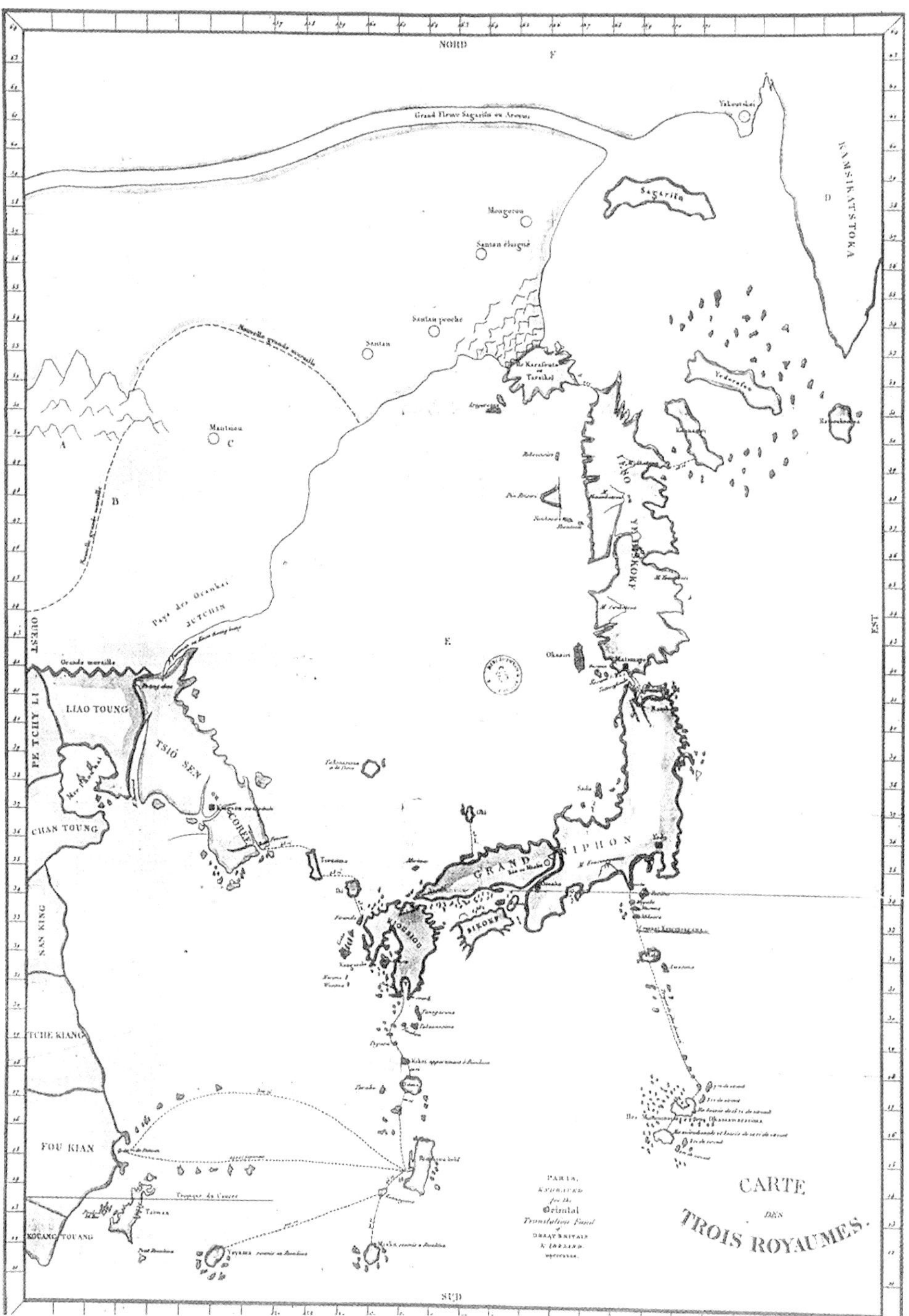

1832년, 클라프로트(Klaproth)가 번역한 하야시 시헤이의 『삼국통람도설』(1785)의 불역판에 실린 「삼국통람도」(三國通覽圖, 三國接壤地圖). 〔지도 19〕 참조.

하야시 이전과 이후에도 일본에서는 울릉도를 '다케시마'로 부르고 있었다. 따라서 이 지도상의 '다케노시마'(Takenosima)는 '독도'가 아니라 울릉도를 가리킨다. 그 오른쪽의 작은 섬이 독도를 가리키는 지는 확실하지 않다.(이 사진은 흑백으로 되어 있어 잘 눈에 띄지 않지만) 다만 이 섬들이 한반도와 같은 색으로 되어 한국령임을 나타낸다.

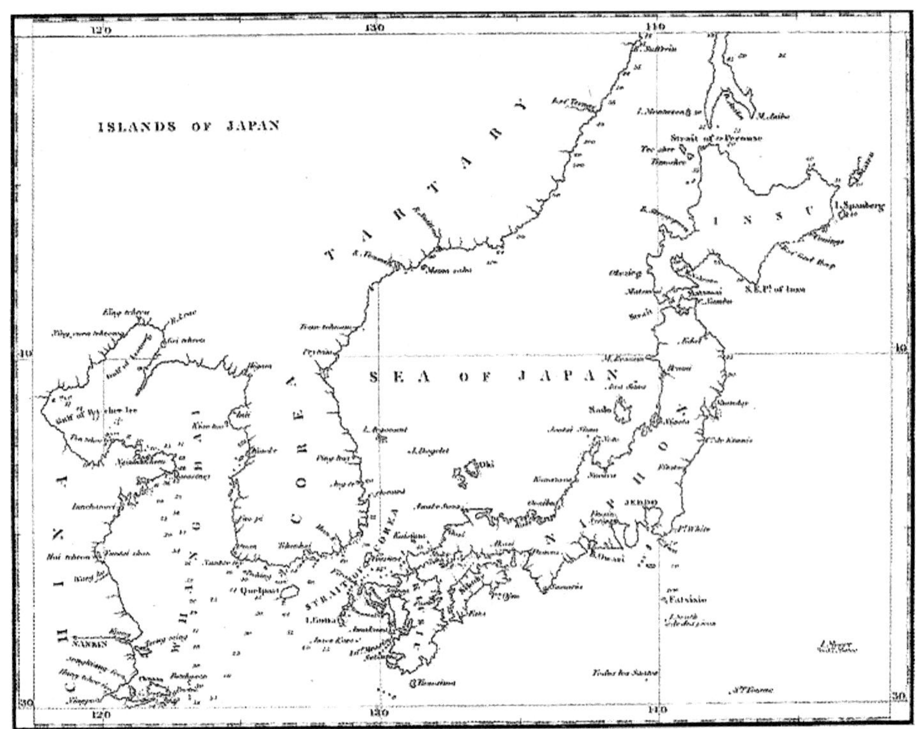

1813, 존스(E. Jones), 「일본 열도」(Islands of Japan). [지도 31] 참조

서양의 일반 지도에 동해상의 가공(架空)의 섬 아르고노트(Argonaut)가 등장하는 것은 영국 지리학자 존스가 1813년에 제작한 이 지도에서 최초인 것으로 보인다. 울릉도에 대해서는 이미 프랑스의 라페루즈 『세계탐험기』 부속 지도첩(1797년 파리에서 간행)에 다줄레(Dagelet)라는 이름으로 정확한 좌표에 나타나 있었는데, 영국에서 제작된 지도에 다줄레 섬(울릉도)이 나타난 것도 이 지도가 최초인 것으로 짐작된다. 이 지도에 대한해협은 'Strait of Corea'로 표기되어 있다. 라페루즈 이후 일반 지도에 대한해협 명칭이 사용된 것도 이 지도가 가장 이른 것으로 짐작된다. 이 지도에는 또 '판링-타오'(Fanling-tao)와 '찬찬-타오'(Tchianchan-tao)가 나타나 있지 않다. 이런 여러 가지 점에서 볼 때 존스의 이 지도는 과학적인 최신 정보를 반영한 획기적인 것이라 할 만하다.

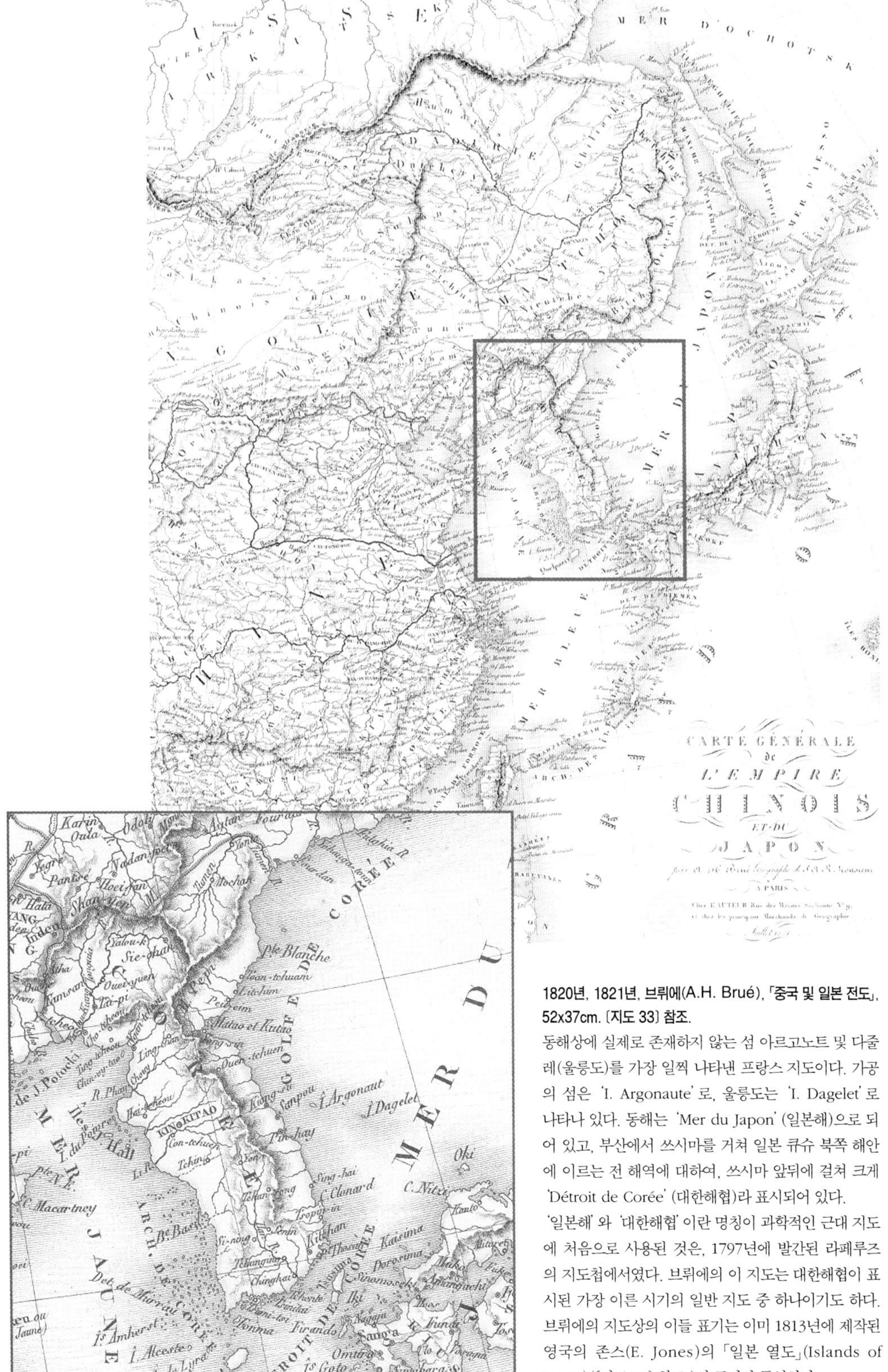

1820년, 1821년, 브뤼에(A.H. Brué), 「중국 및 일본 전도」, 52x37cm. 〔지도 33〕 참조.

동해상에 실제로 존재하지 않는 섬 아르고노트 및 다줄레(울릉도)를 가장 일찍 나타낸 프랑스 지도이다. 가공의 섬은 'I. Argonaute'로, 울릉도는 'I. Dagelet'로 나타나 있다. 동해는 'Mer du Japon'(일본해)으로 되어 있고, 부산에서 쓰시마를 거쳐 일본 큐슈 북쪽 해안에 이르는 전 해역에 대하여, 쓰시마 앞뒤에 걸쳐 크게 'Détroit de Corée'(대한해협)라 표시되어 있다.

'일본해'와 '대한해협'이란 명칭이 과학적인 근대 지도에 처음으로 사용된 것은, 1797년에 발간된 라페루즈의 지도첩에서였다. 브뤼에의 이 지도는 대한해협이 표시된 가장 이른 시기의 일반 지도 중 하나이기도 하다. 브뤼에의 지도상의 이들 표기는 이미 1813년에 제작된 영국의 존스(E. Jones)의 「일본 열도」(Islands of Japan)(〔지도 31〕 참조.)의 표기와 동일하다.

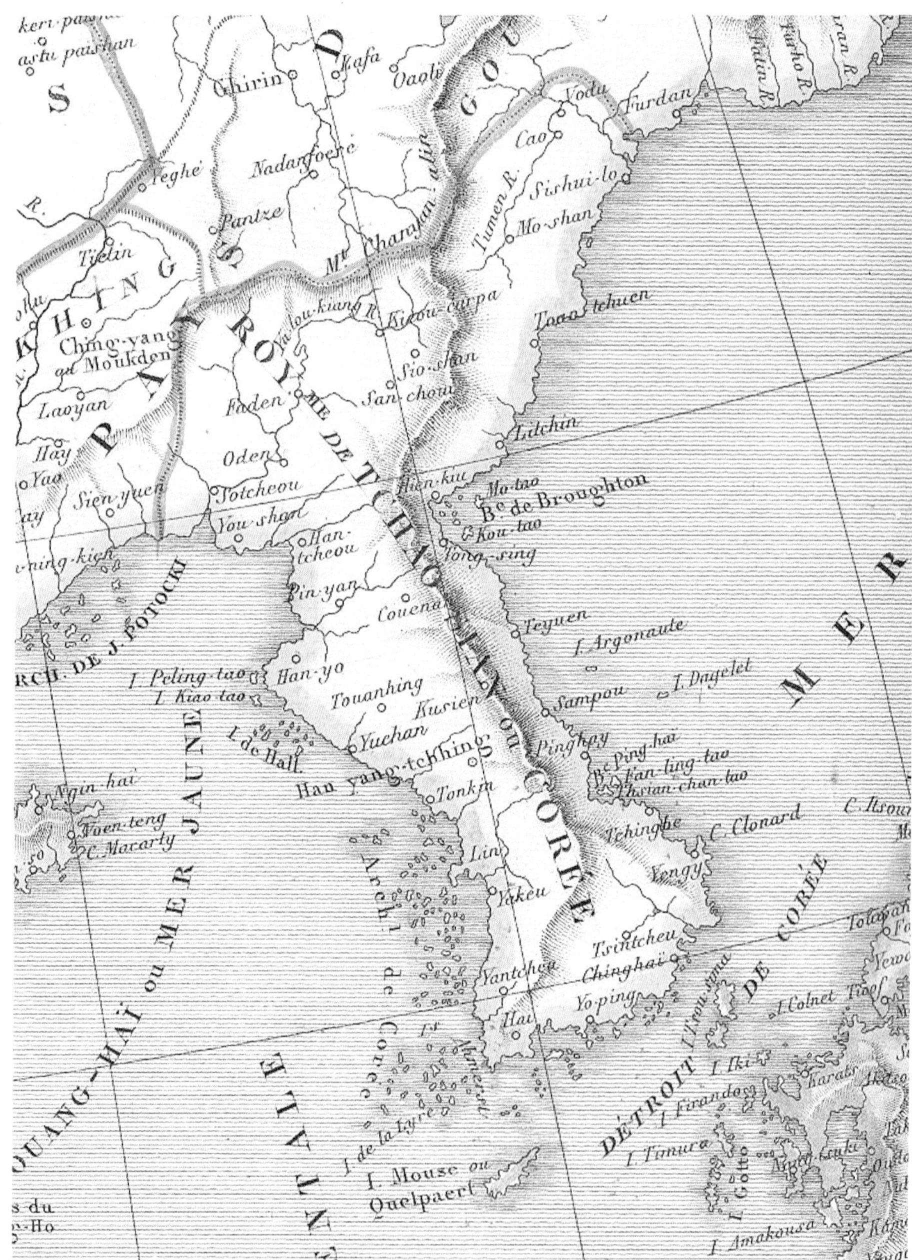

1837년, 1839년, 모냉(C.V. Monin), 「중국 및 일본 지도」, 65x45cm. 〔지도 35〕 참조.

18세기 지도에 나타나 있었던 'Thsian-chan-tao' (천산도, 곧 독도)와 'Fan-ling-tao' (울릉도)가 육지 가까이 나타나 있다. 모냉의 지도에는 아직도 이 두 섬이 지워지지 않은 것이다. 그 위쪽에는 실존하지 않는 섬 'I. Argonaute' (아르고노트 섬)와 라페루즈 탐험대에 의해 1787년 목격된 울릉도가 'I. Dagelet' 로 나타나 있고, '대한해협' (Détroit de Corée) 도 표시되어 있다.

1840년, 1854년, 뒤푸르(A.H. Dufour), 「중국 및 그 조공국 지도」(Carte de la Chine et les Etats tributaires), 35x26cm. 〔지도 36〕 참조.

이 지도에는 모냉의 지도에까지도 나타나 있던 'Thsian-chan-tao'(챤-찬-타오, 천산도, 곧 독도, 울릉도 왼쪽에 위치)와 'Fan-ling-tao'(판-링-타오, 곧 울릉도)는 사라졌고, 실존하지 않는 섬 아르고노트와 다줄레(울릉도)만 표시되어 있다. 독도는 아직도 서양인에 의해 목격되지 않은 시기였다.

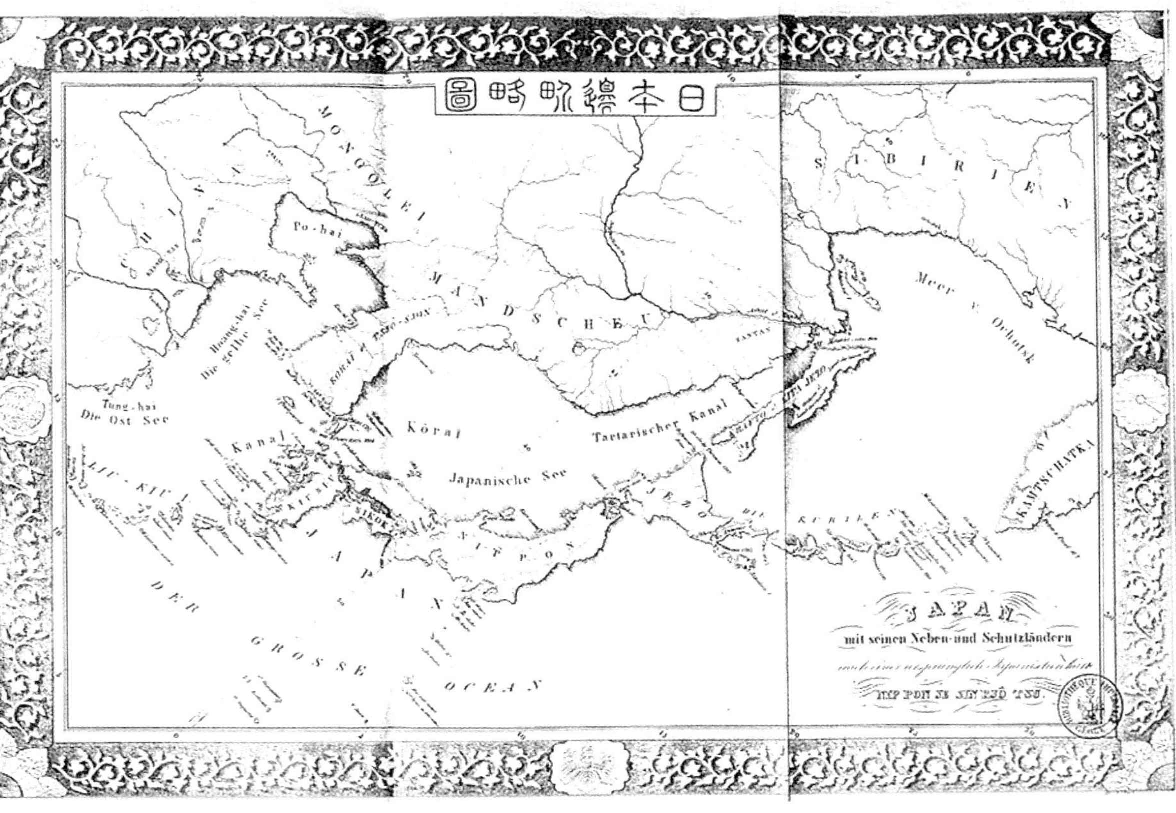

1832년, 시볼트(Siebold)의 「일본변계약도」(日本邊界略圖), 35x 27cm. 〔지도 37-A〕 참조.

울릉도를 가리키는 'Tak-sima' (탁-시마)가 독도를 가리키는 'Mats-sima' (마츠시마) 바로 아래 왼쪽에 나타나 있다. 또 이 두 섬이 한반도('Korai' 또는 'Tsjo-sjon') 아주 가까이 표시되어 있다. 대한해협은 'Kanal Korai' 로 나와 있다.

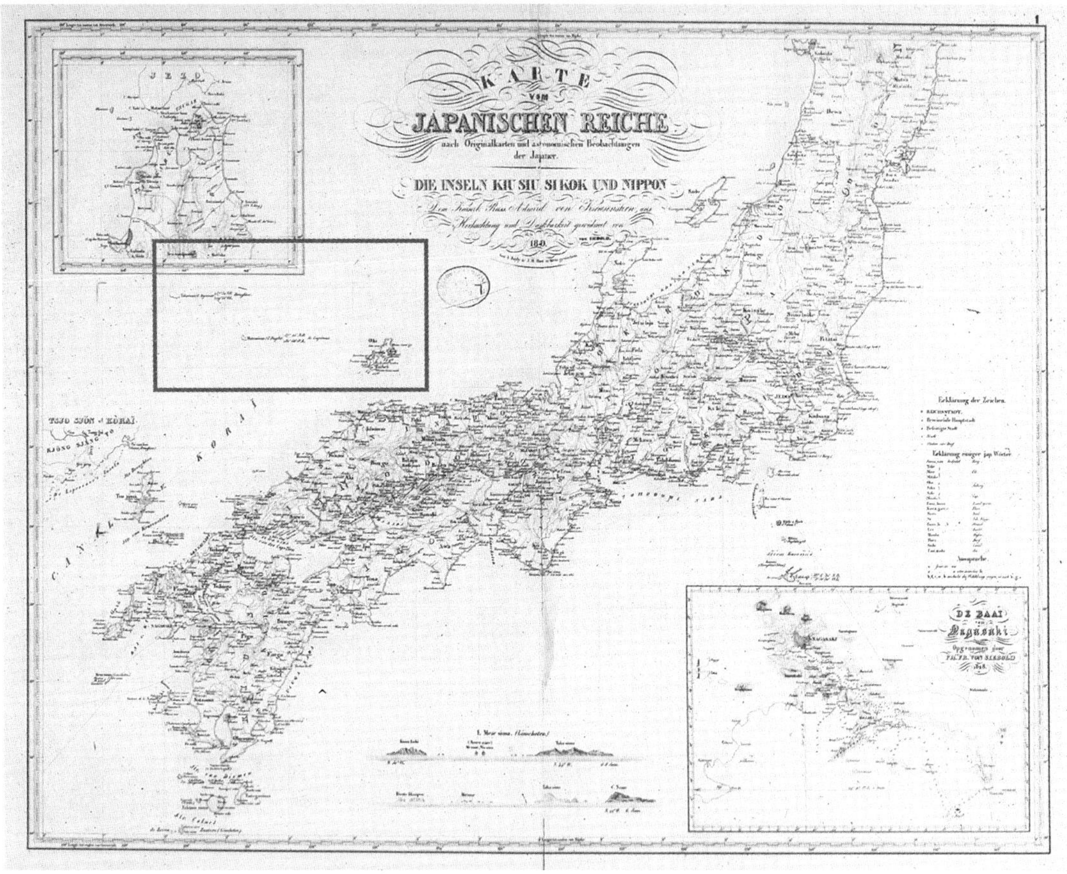

1840, 시볼트(Siebold)의 「일본전도」(日本全圖), 70x54cm. 〔지도 37-B〕 참조.

당시 일본에서 울릉도를 가리키는 데 사용되던 '다케시마'가 서양 지도상에 나타난 실존하지 않는 가공의 섬 아르고노트(Argonaut)에 맞춰져 있다. 시볼트는 자신이 수집해 온 일본 전도를 기본으로 이 지도를 작성하면서, 일본 지도에 나타나 있던 동해상의 두 섬 다케시마(竹島, 울릉도)와 마츠시마(松島, 독도)를 서양 지도상에 나와 있던 가공의 섬 아르고노트와 울릉도를 가리키는 다줄레 섬에 대응시켰다. 따라서 시볼트의 이 지도에 아르고노트는 'Takasima(I. Argonaut)', 울릉도는 'Matsusima(I. Dagelet)' (마츠시마, 다줄레 섬)로 표시했다. 독도는 아직 발견되지 않았기 때문에 나타나 있지 않다. 대한해협은 'Canal Korai'로 나타나 있다.

1840, 시볼트의 「일본전도」 부분도. 〔지도 37-B〕 참조.

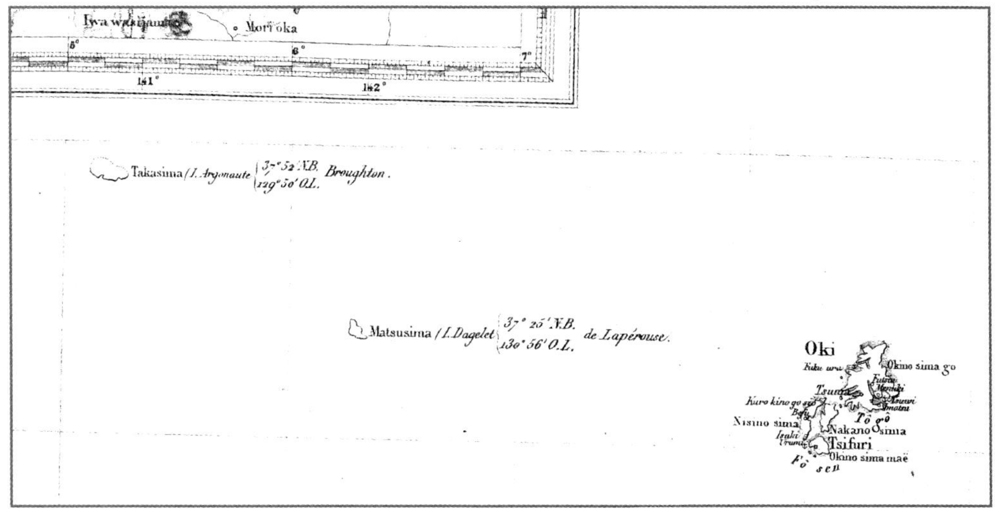

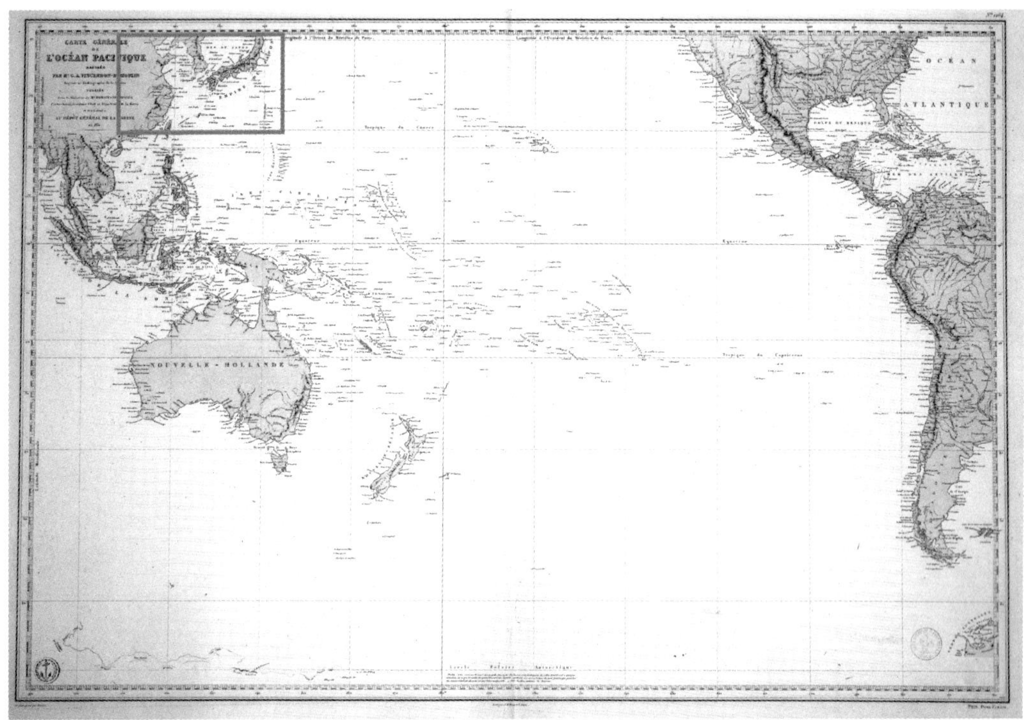

1851년, 프랑스 해군 「태평양전도」, 해도 번호 1264. 〔지도 39〕 참조.

사상 최초로 독도가 'Rocher du Liancourt' (리앙쿠르 바위섬)란 명칭으로 정확한 좌표에 올려졌다. 그러나 가공의 섬 'Takasima' (다카시마, 곧 아르고노트)도 'Matsusima' (마츠시마, 곧 다줄레, 울릉도)와 함께 나타나 있다.

1851년, 프랑스 해군, 「태평양전도」, 해도 번호 1264의 부분도. 〔지도 39〕 참조.

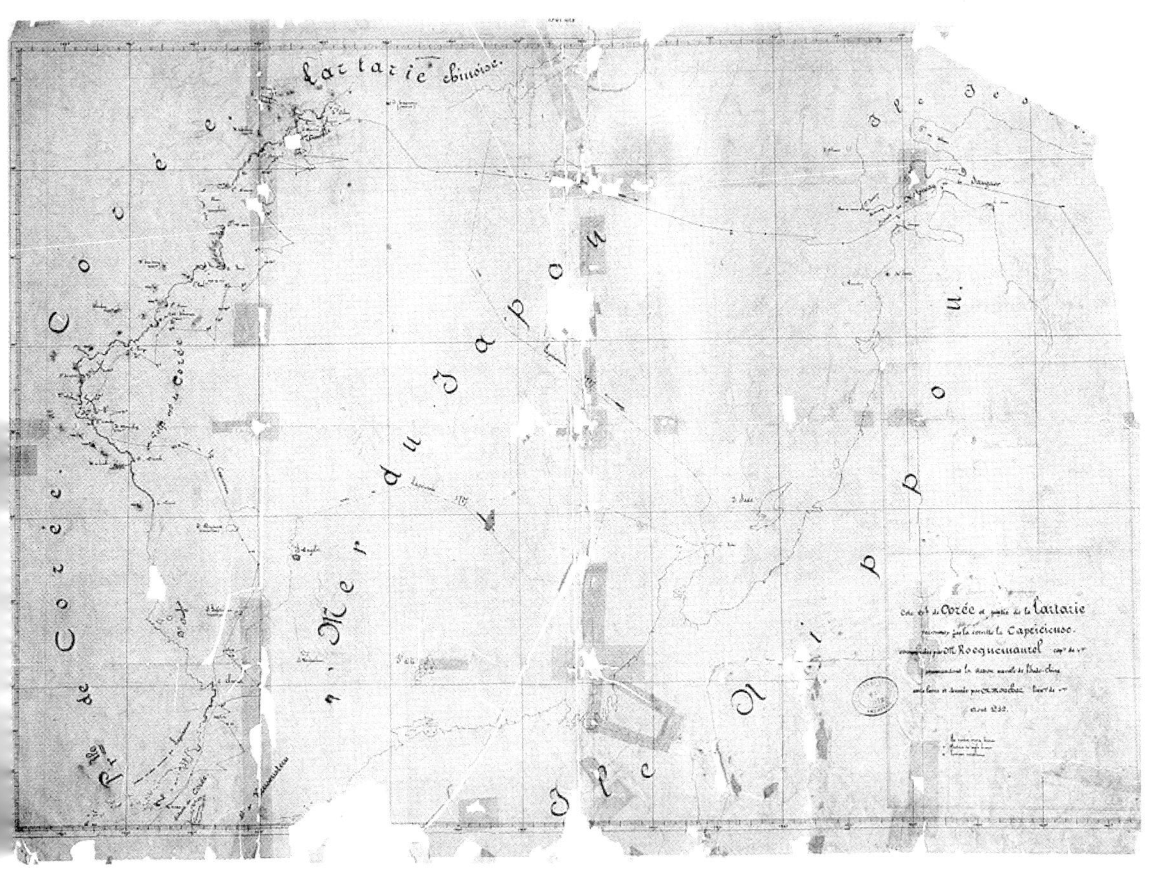

1852년, 프랑스 해군, 「인도차이나 함대 사령관 겸 카프리시유즈 함장 로크모렐(Roquemaurel) 대령이 탐사한 조선 동해안 및 타타르 일부」. 〔지도 40〕 참조.

카프리시유즈 호의 항로를 나타낸 필사본 지도로, 다줄레 섬(울릉도)이 나타나 있다. 로크모렐 대령은 아르고노트의 위치로 알려진 해상에 가서 이 섬이 존재하지 않는다는 사실을 확인했다. 그는 1849년 프랑스 포경선 리앙쿠르 호에 의해 독도가 목격된 사실을 모르고 있었기 때문에 이 해도에 독도는 나타나 있지 않다.

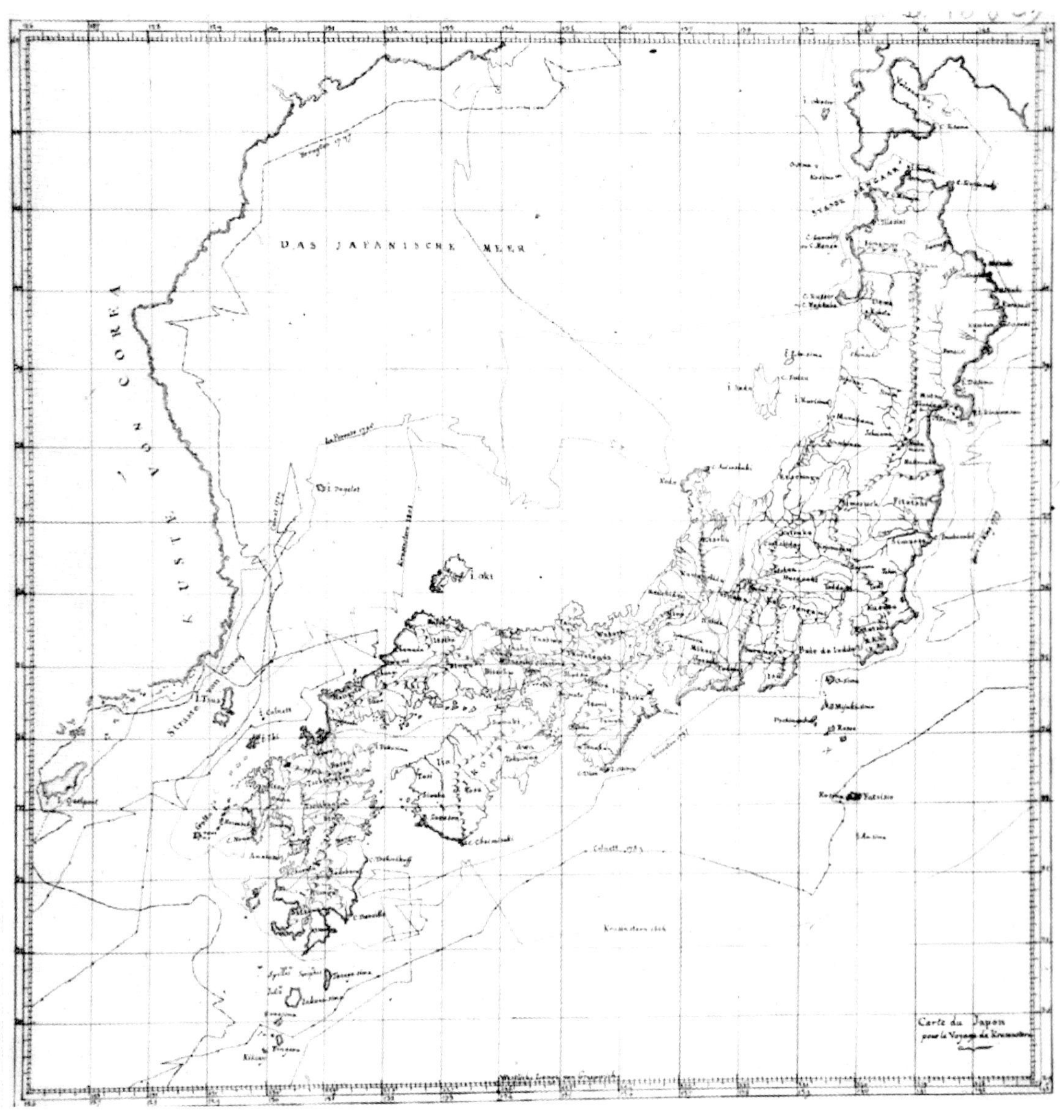

1870년대, 「일본, 탐험 1786~1805」(Japon, voyages 1786~1805)이란 제목의 필사본 지도. 〔지도 67〕 참조.
독일어로 된 지도에는 동해를 탐사한 프랑스의 라페루즈(1787), 영국의 콜넷(1791)과 브루톤(1797), 러시아의 크루젠슈테른(1804~1805)의 항로가 표시되어 있다. 이 지도는 〔지도 40〕과 유사하다.

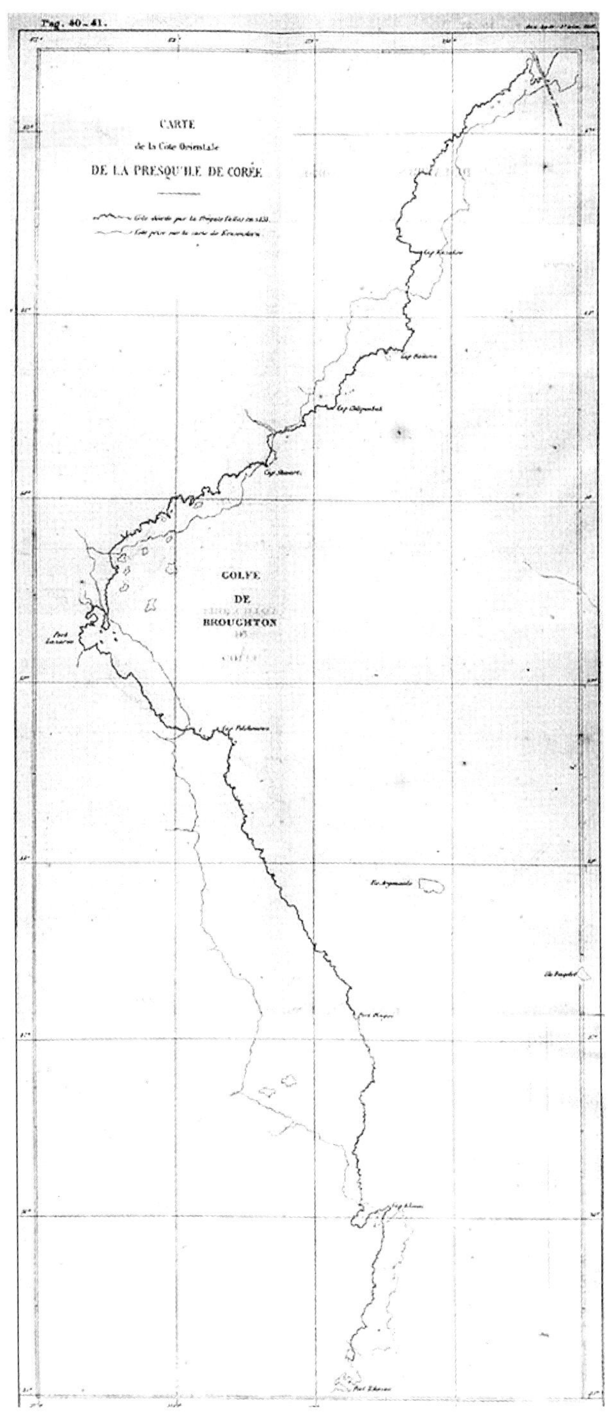

1803~1806년 크루젠슈테른(Krusenstern) 함대 및 1854년 팔라스 함이 측정하여 수정한 한국 동해안 해안선. 〔지도 15〕 참조.

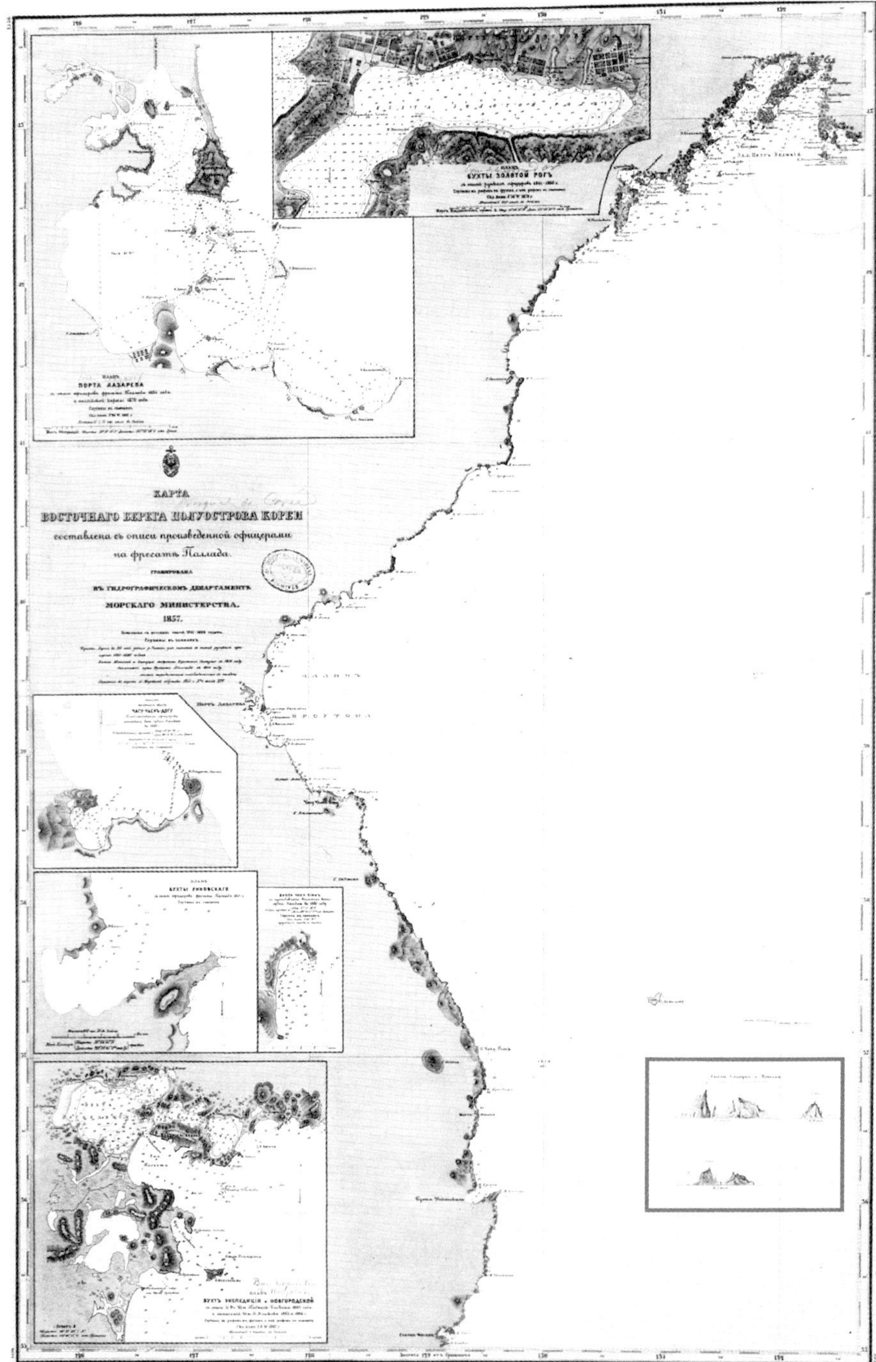

1857년, 1882년, 러시아 해군, 「조선동해안도」, 94x63cm. 〔지도 43〕 참조.

러시아 해군의 팔라스 함이 1854년에 측정하여 1857년에 발간한 해도를 수정, 보완하여 1882년에 다시 간행한 것이다. 울릉도는 'Matsu-shima' (마츠시마)로, 독도의 서도는 'Olivutsa' (올리부차), 동도는 'Menelai' (메넬라이)라고 러시아어로 표기되어 있다. 독도 바로 밑에 독도를 3.5마일(6.5km), 5마일(9.3km), 14마일(25.9km) 거리에서 실측하여 그린 그림 3점이 들어 있다.

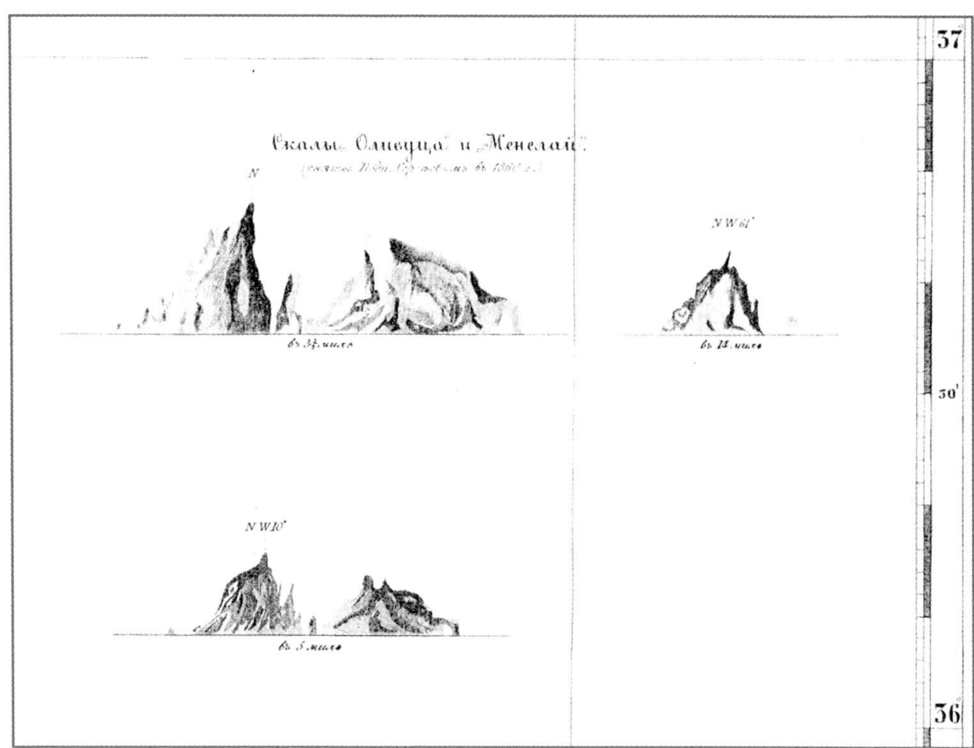

1857년, 1882년, 러시아 해군, 「조선동해안도」 부분도의 독도 그림.

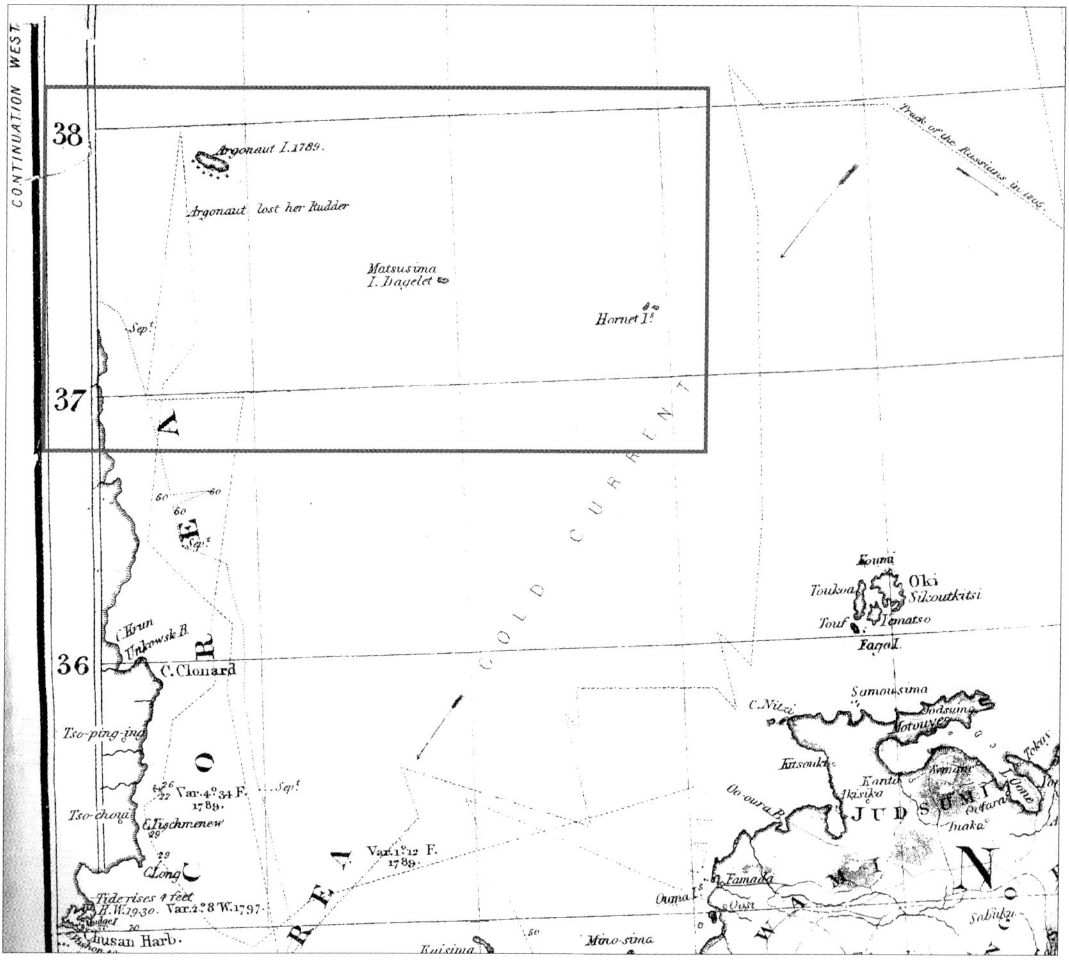

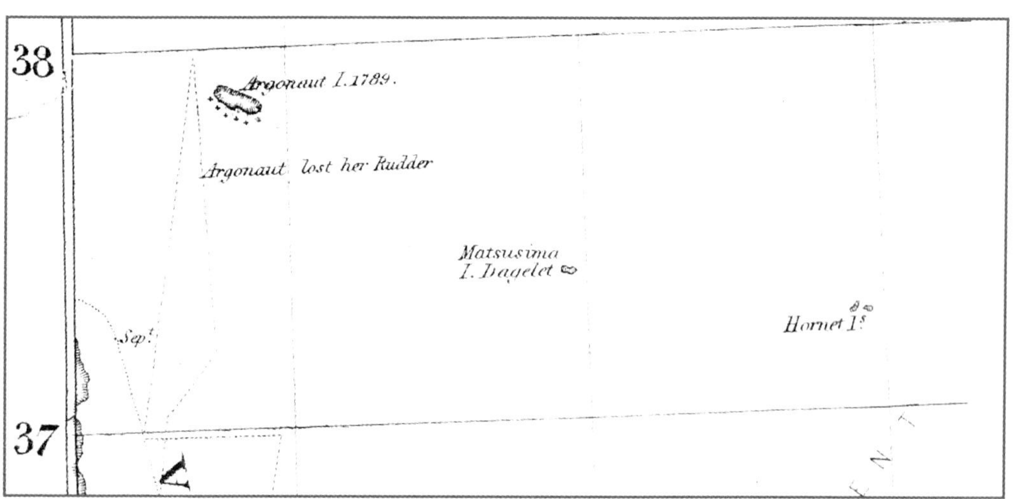

1859년, 영국 해도, 와일드(James Wild)의 「일본열도」, 63x82cm. 〔지도 45〕 참조.
가공의 섬 아르고노트는 'Argonaut I.', 울릉도는 'Matsu-shima/I. Dagelet', 독도는 'Hornet I.' 로 표기되어 있다.

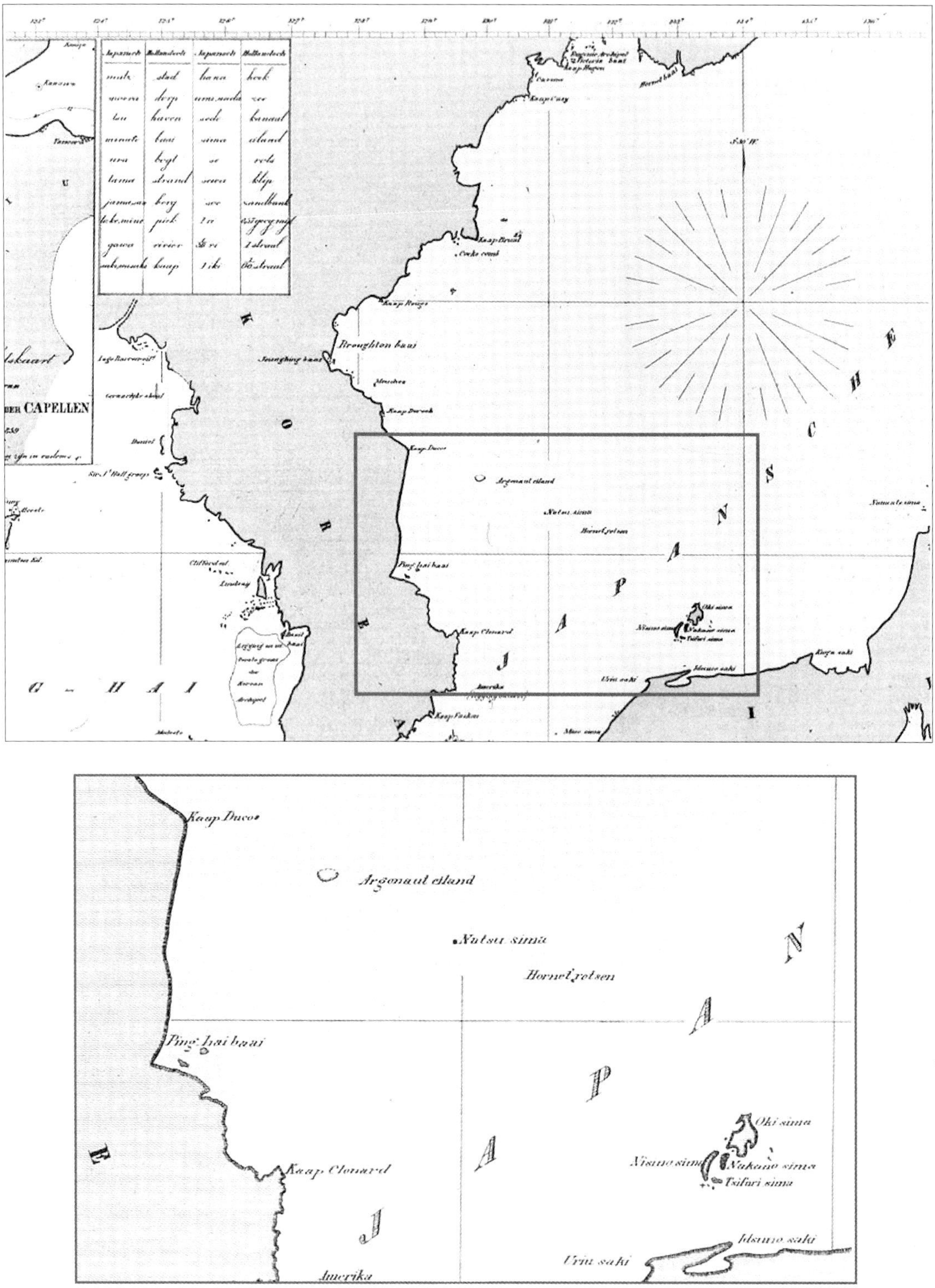

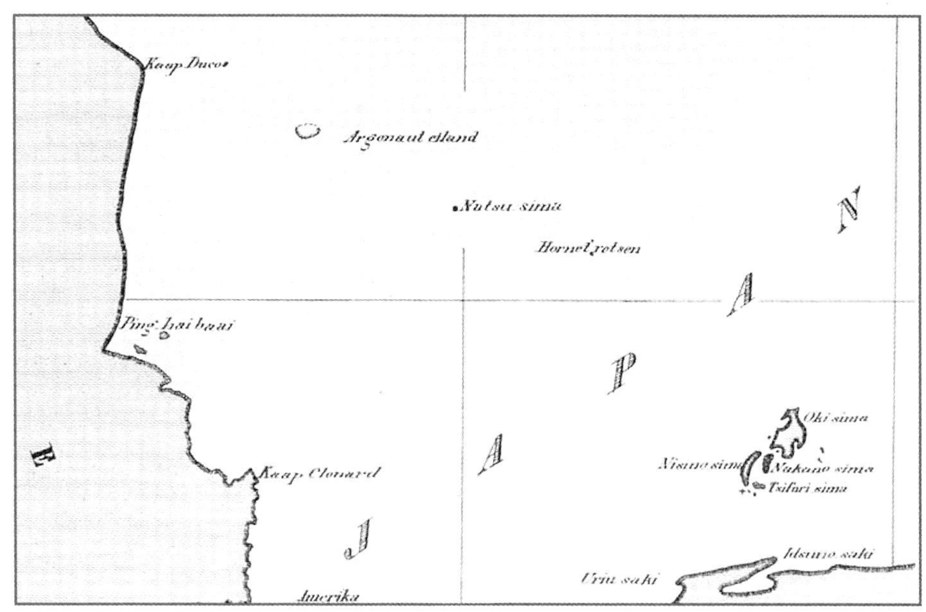

1859년, 네덜란드 해도, 「일본지도」. [지도 46] 참조.

가공의 섬 아르고노트는 'Argonaut etland', 울릉도는 'Matsu-sima', 독도는 'Hornet rotsen'으로 표기되어 있다.

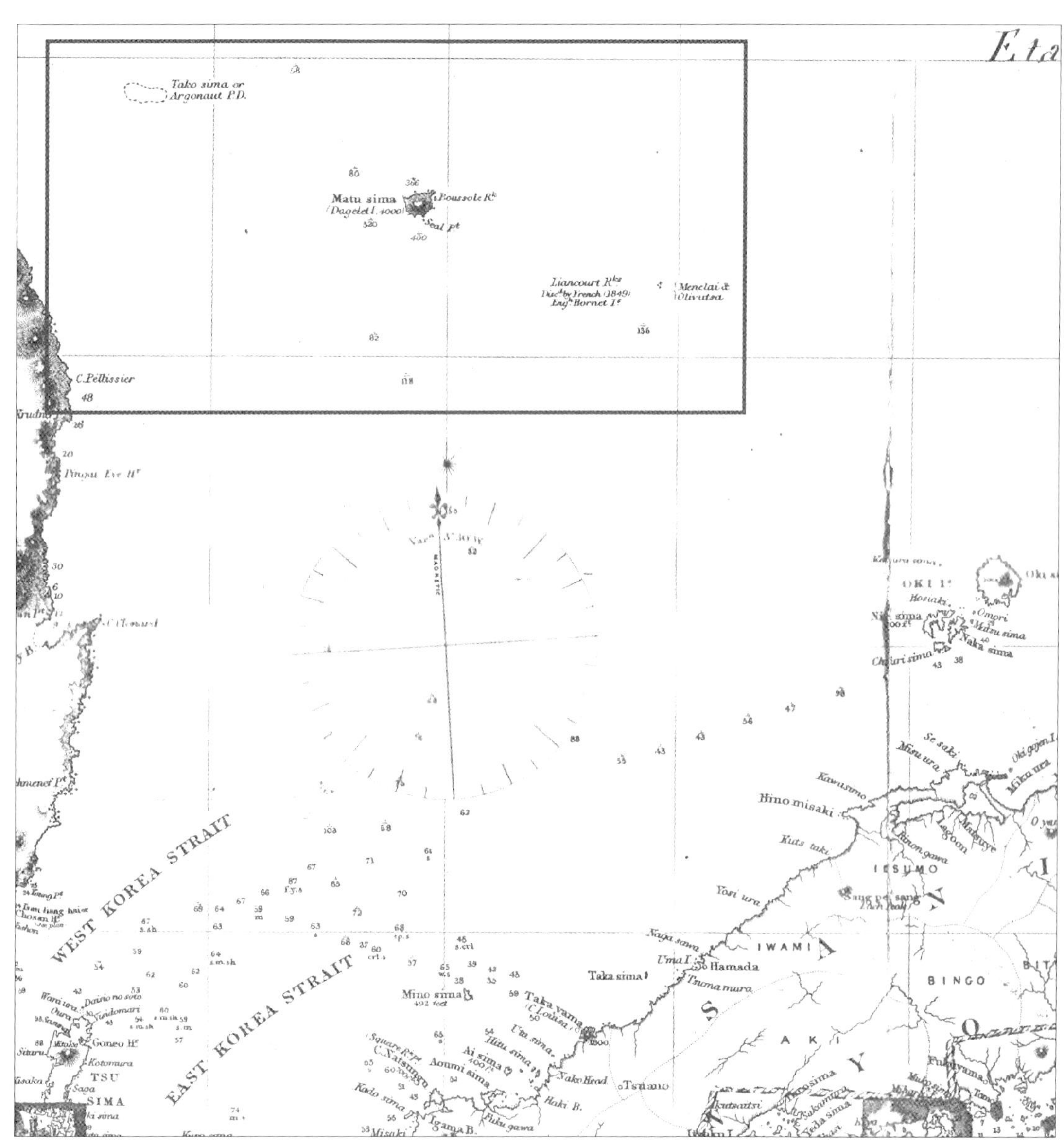

1863년, 영국 해군 해도, 「일본—니폰, 큐슈, 시코쿠 및 한국 일부」. 〔지도 48〕 참조.

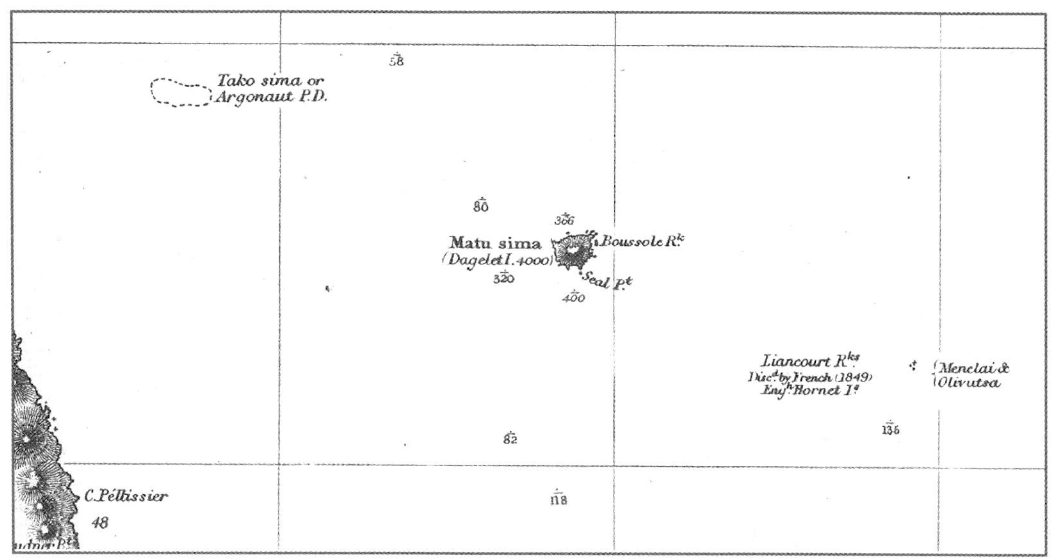

1863년, 영국 해군 해도, 「일본—니폰, 큐슈, 시코쿠 및 한국 일부」 부분도. [지도 48] 참조.

가공의 섬 아르고노트는 'Tako sima or Argonaut P.D.' (타코 시마 또는 아르고노트, 확인 요)로, 울릉도는 'Matu sima, Dagelet, 4,000ft' (마투 시마, 다줄레 섬, 4,000피트), 'Boussole Rk, Seal Pt' (부솔 바위, 씰 포인트)로, 그리고 독도는 'Liancourt Rks discovered by French (1849), in English Hornet I., in Russian Menelai & Olivutsa' (프랑스인들이 발견한[1849] 리앙쿠르 바위섬, 영어로 호넷 섬, 러시아어로 메넬라이와 올리부차)라고 되어 있다.

울릉도 옆의 작은 섬 죽서 (또는 죽도)에 붙은 '부솔'은, 1787년 서양인으로는 최초로 울릉도를 목격한 프랑스 라페루즈 함대의 프리깃함 두 척 중 한 척의 이름을 딴 것이다. '씰 포인트'는 울릉도의 남쪽 돌출부 가두봉에 붙였다.

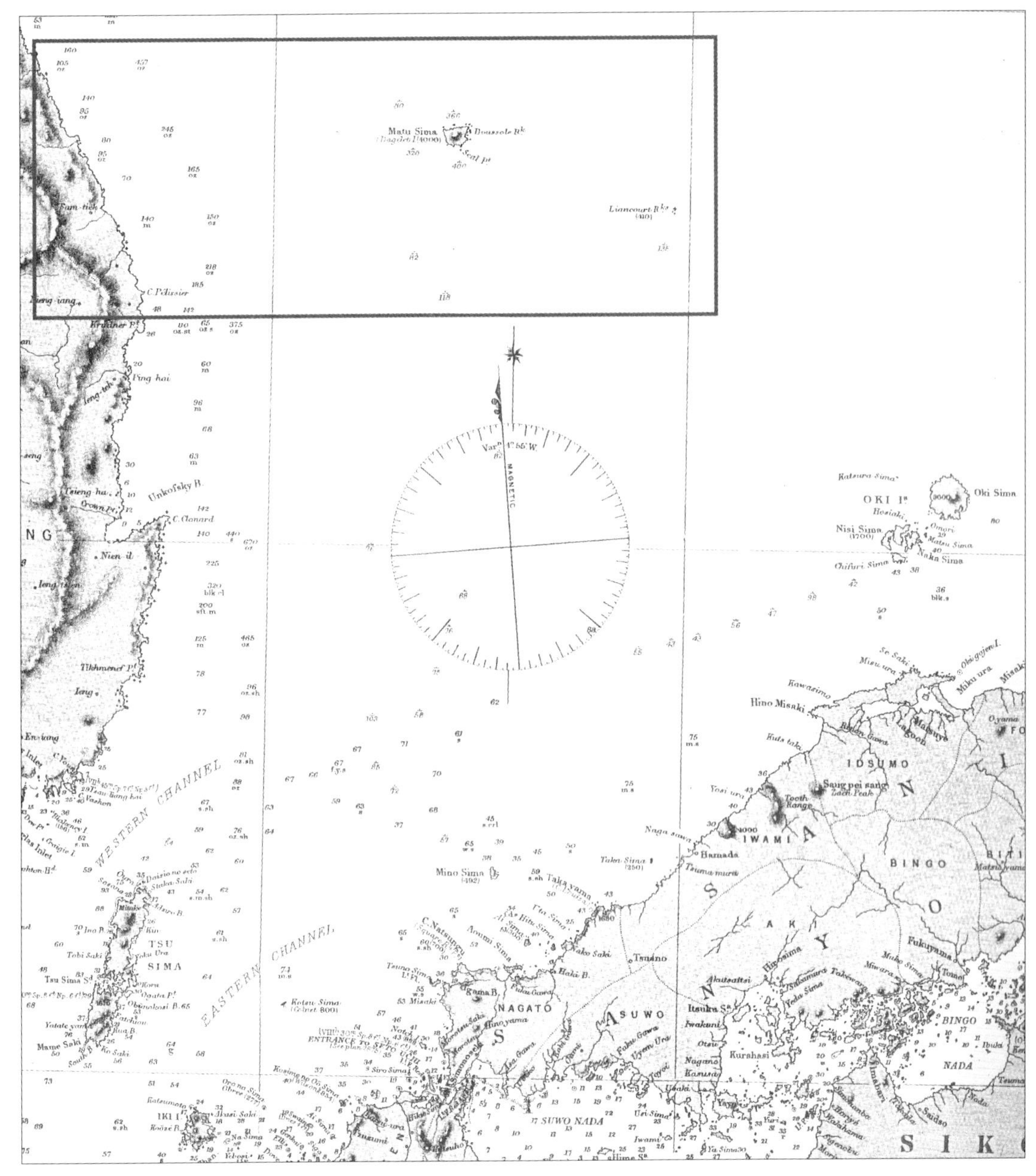

1876년, 영국 해군 수로국 해도, 「일본—니폰, 큐슈, 시코쿠 및 한국 연안 일부」, 95x65cm. 〔지도 50〕 참조.

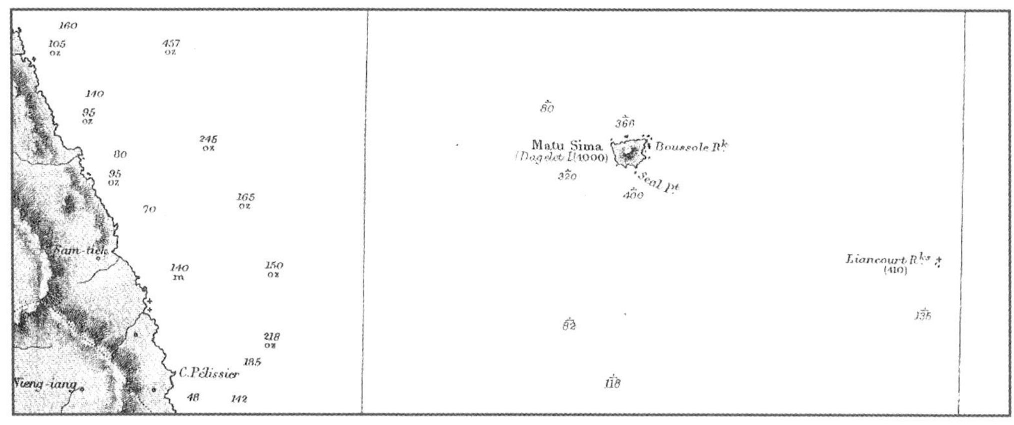

1876년, 영국 해군 수로국 해도, 「일본—니폰, 큐슈, 시코쿠 및 한국 연안 일부」 부분도. 〔지도 50〕 참조.
울릉도에는 'Matu sima (Dagelet I., 4,000ft)' (마투 시마), 죽서에는 'Boussole Rk', 남쪽 가두봉에는 '씰 포인트' (Seal Pt.)라는 명칭이 붙어 있다. 독도는 '리앙쿠르 바위섬' (Liancourt Rks)으로 표기했다.

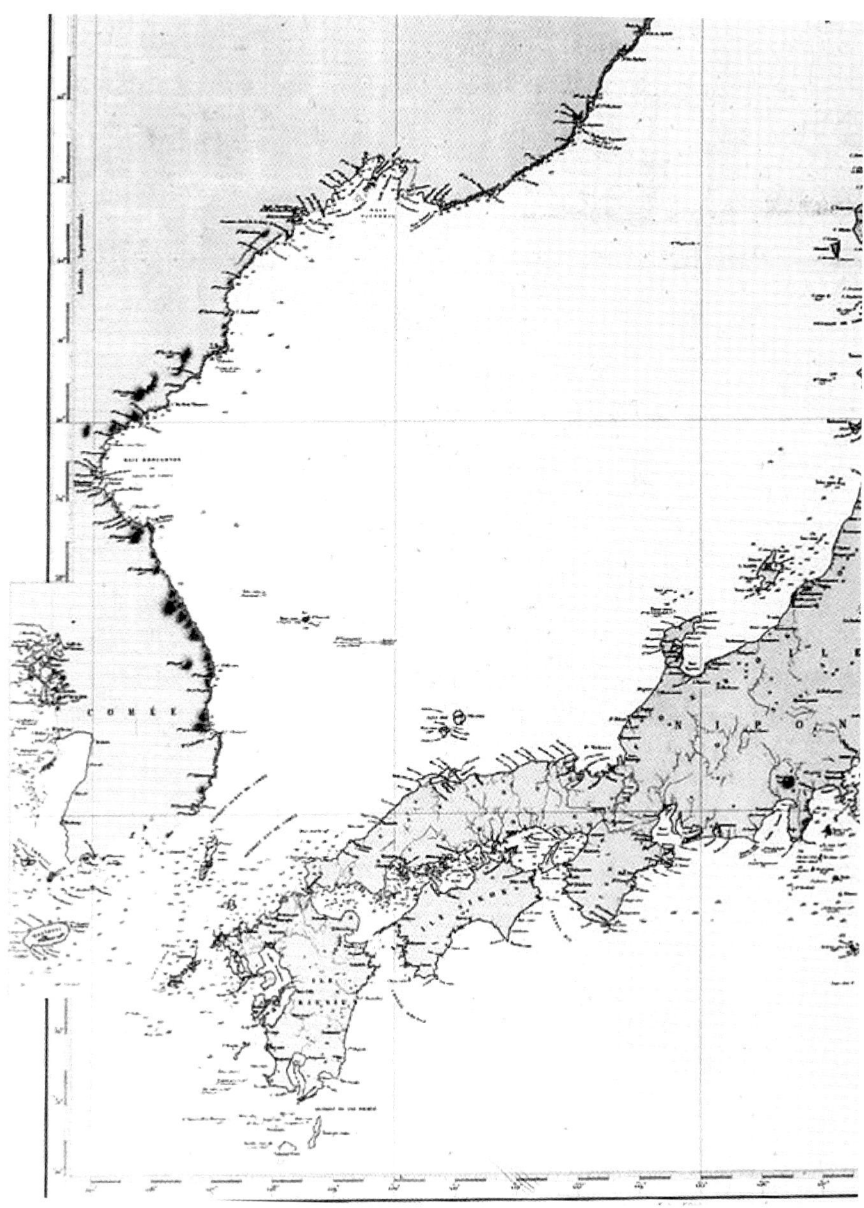

1864년, 프랑스 해군 해도, 「아시아 동안(東岸)—일본, 시베리아, 중국, 인도차이나, 동해, 한국, 남부 일본」, 해도 번호 2150. [지도 49] 참조.

가공의 섬은 'Take shima ou Argonaute' (다케 시마 또는 아르고노트)로, 울릉도는 'Matu sima, Dagelet, Boussole' (마투 시마, 다줄레, 부솔), 독도는 'Rochers Liancourt, découverts par les Français en 1849, en anglais I. Hornet, en russe Menelai et Olivutsa' (1849년 프랑스인들이 발견한 리앙쿠르 바위섬, 영어로 호넷 섬, 러시아어로 메넬라이와 올리부차)라고 되어 있다.

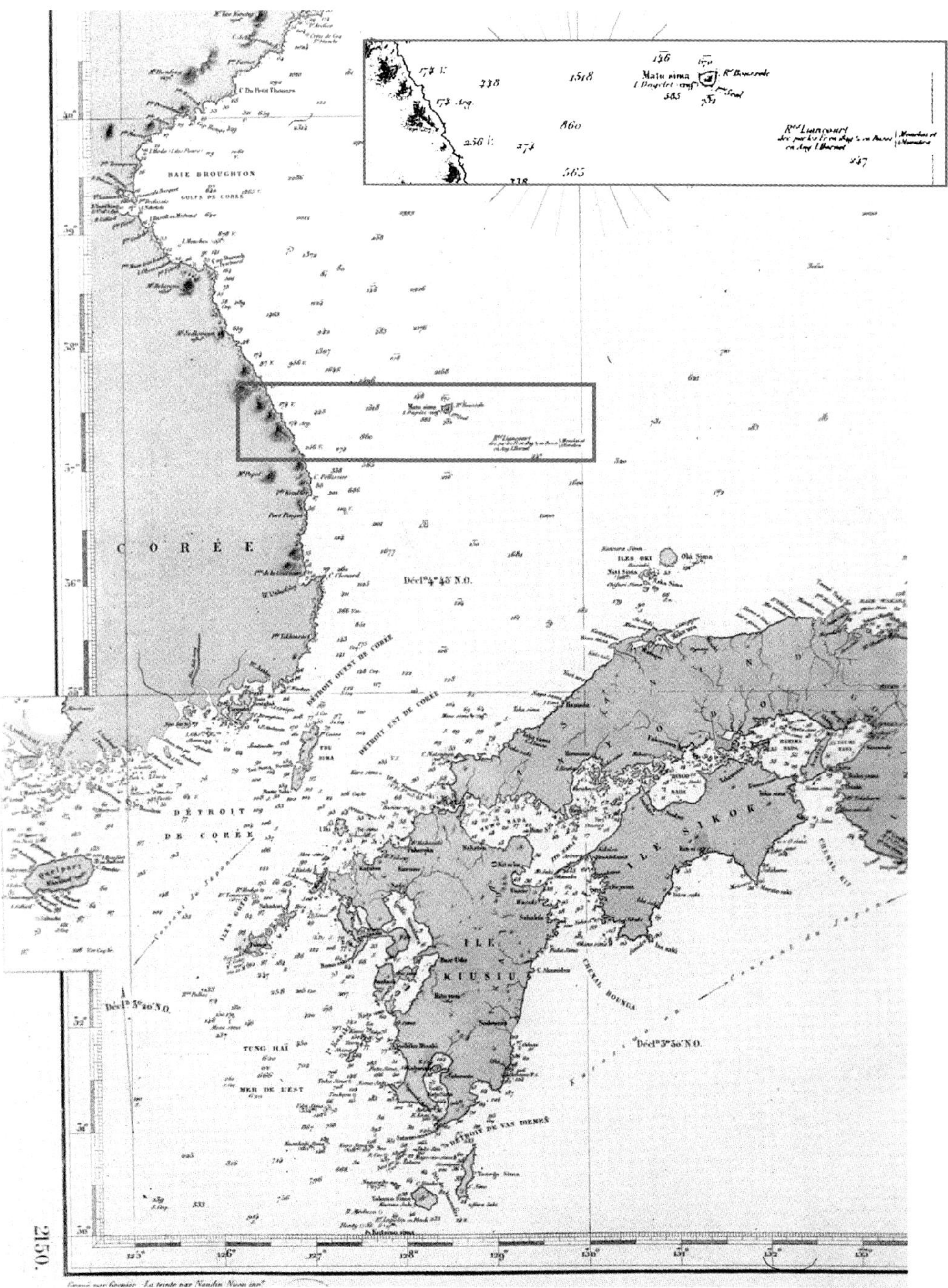

1884년, 프랑스 해군 해도, 「아시아 동안(東岸)—일본, 시베리아, 중국, 인도차이나, 일본해(동해), 한국, 남부 일본」, 해도 번호 2150.
〔지도 49〕 참조.

'Take shima ou Argonaute' (다케시마 또는 아르고노트)가 사라진 점이 1864년판과 다르다. 울릉도와 독도는 전과 같다.

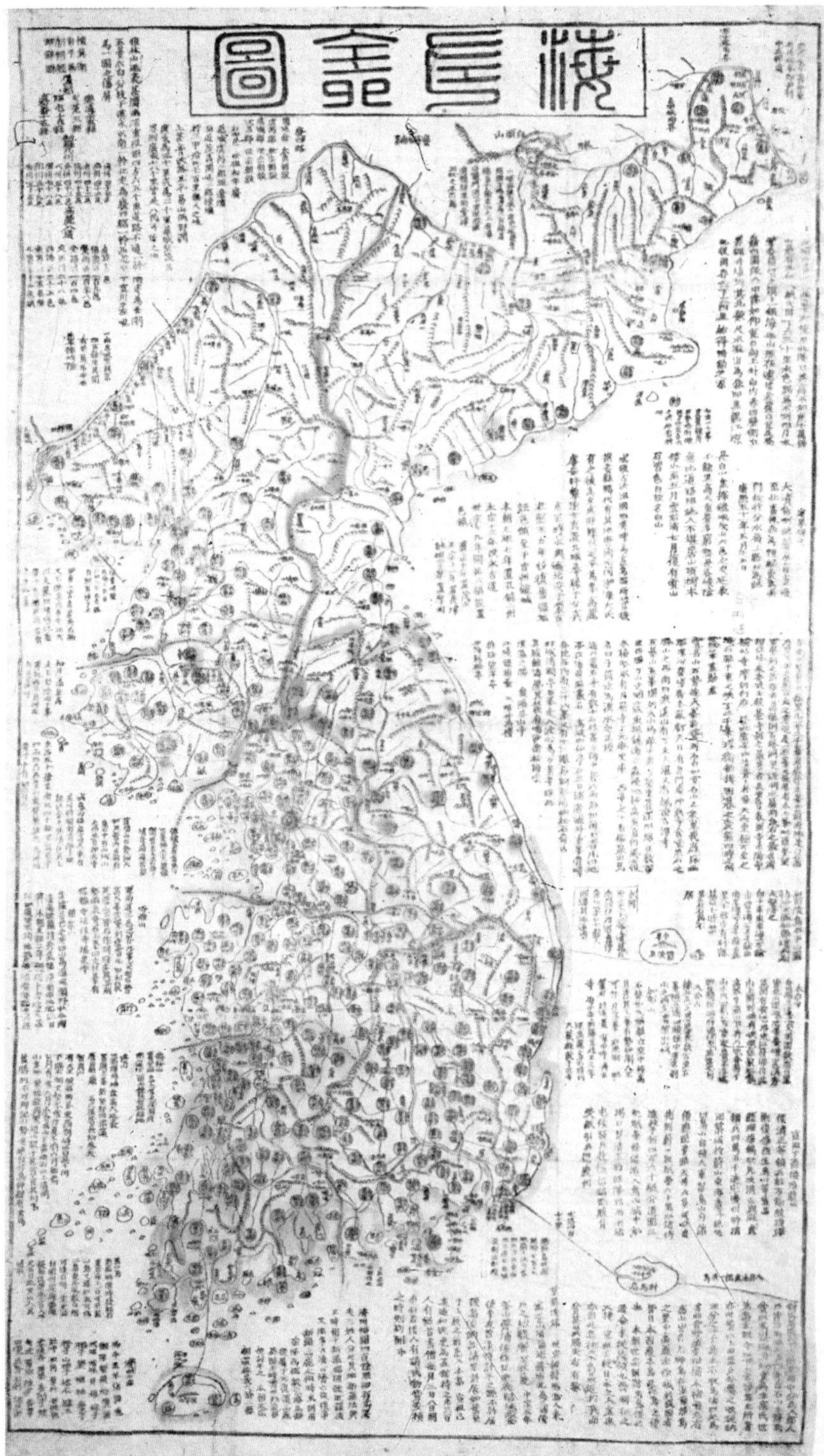

1820년경, 「해좌전도」(海左全圖), 54x97cm. 〔지도 27〕 참조.

19세기 초엽에 제작된 지도로 한국에도 여러 점 있고, 프랑스에도 국립도서관 지도-도면부, 동양어대학교 도서관 등에 소장되어 있다. 과거의 조선 고지도에 비해 '于山'(독도)이 울릉도 오른쪽에 나타나는 획기적인 지도 중의 하나이다.

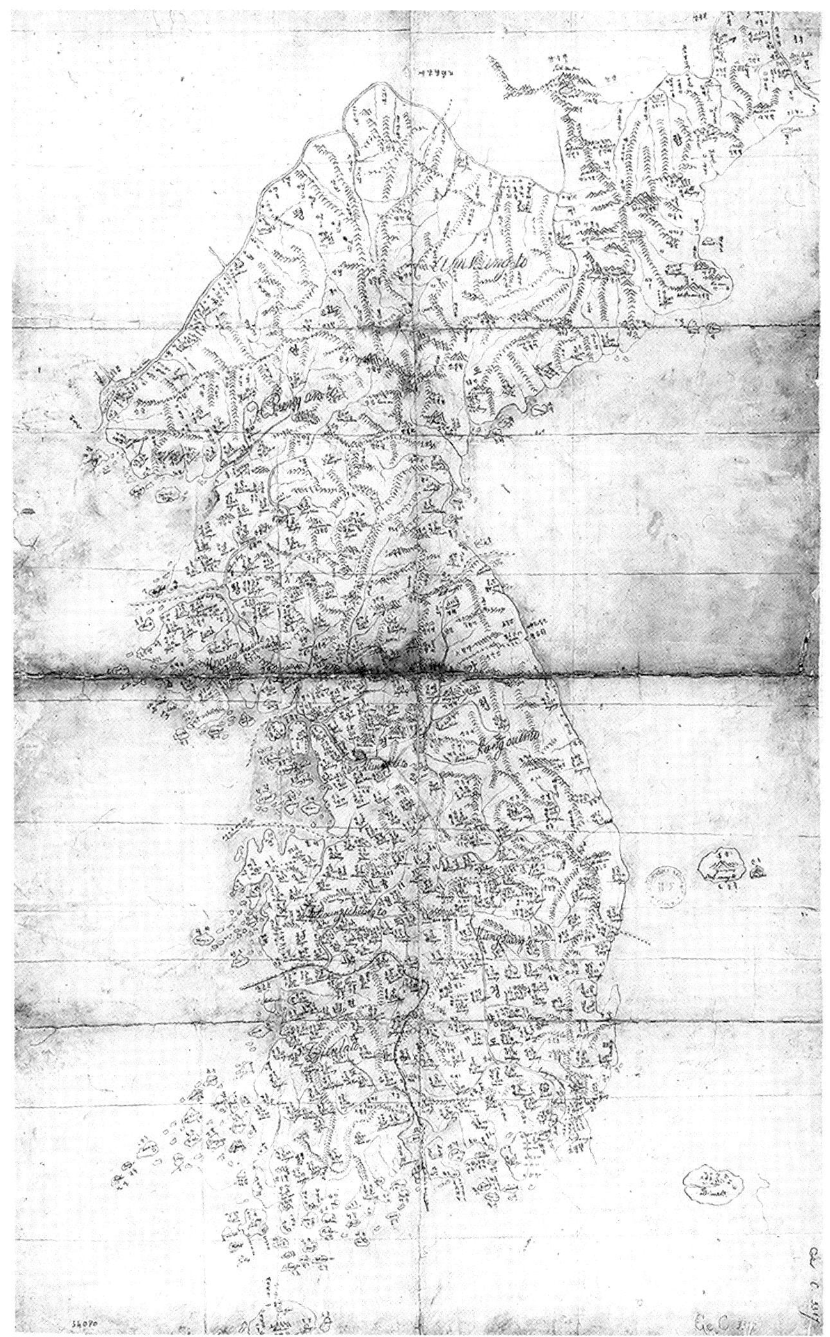

19세기 중엽, 「순 한글 조선전도」, 필사본, 60x97cm. 〔지도 28〕 참조.

「해좌전도」를 모사한 듯한 순 한글 지도로, 아마도 유일한 순 한글 고지도일 것이다. 지명이 프랑스어로도 씌어 있어 프랑스 신부가 작성한 것으로 보인다. 울릉도는 'Oul neung to'(울릉도)로 되어 있고, 'Tjoung bong'(즁봉)이 표시되어 있으며, 독도는 울릉도 오른쪽에 'Ousan'(우산)이라 되어 있다.

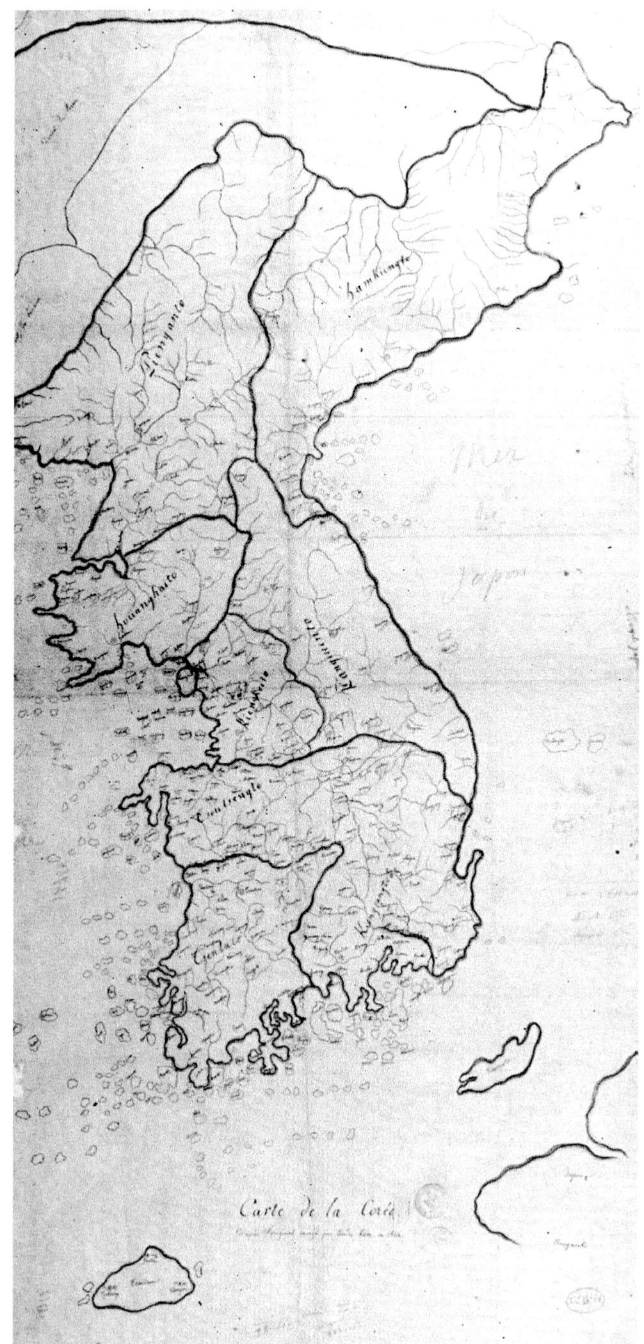

1846년, 김대건 신부의 「조선전도」, 57x112cm. 〔지도 52〕 참조.

김대건 신부가 그린 지도를 바탕으로 다시 그린 것으로, 주 북경 프랑스 영사 몽티니(Montigny)가 프랑스로 가져 왔다. 김대건 신부의 지도에는 영일만 바로 위에 이름이 없는 섬 4개가 있고, 양양 앞바다에 섬이 두 개 그려져 있는데 모두 이름은 없다.

동해에 'Oulangto' (울릉도), 그 오른쪽에 'Ousan' (우산)이 크게 그려져 있다. 서양에서 제작된 「조선전도」에 '우산'이 울릉도 오른쪽에 나타나기는 이것이 처음이다.

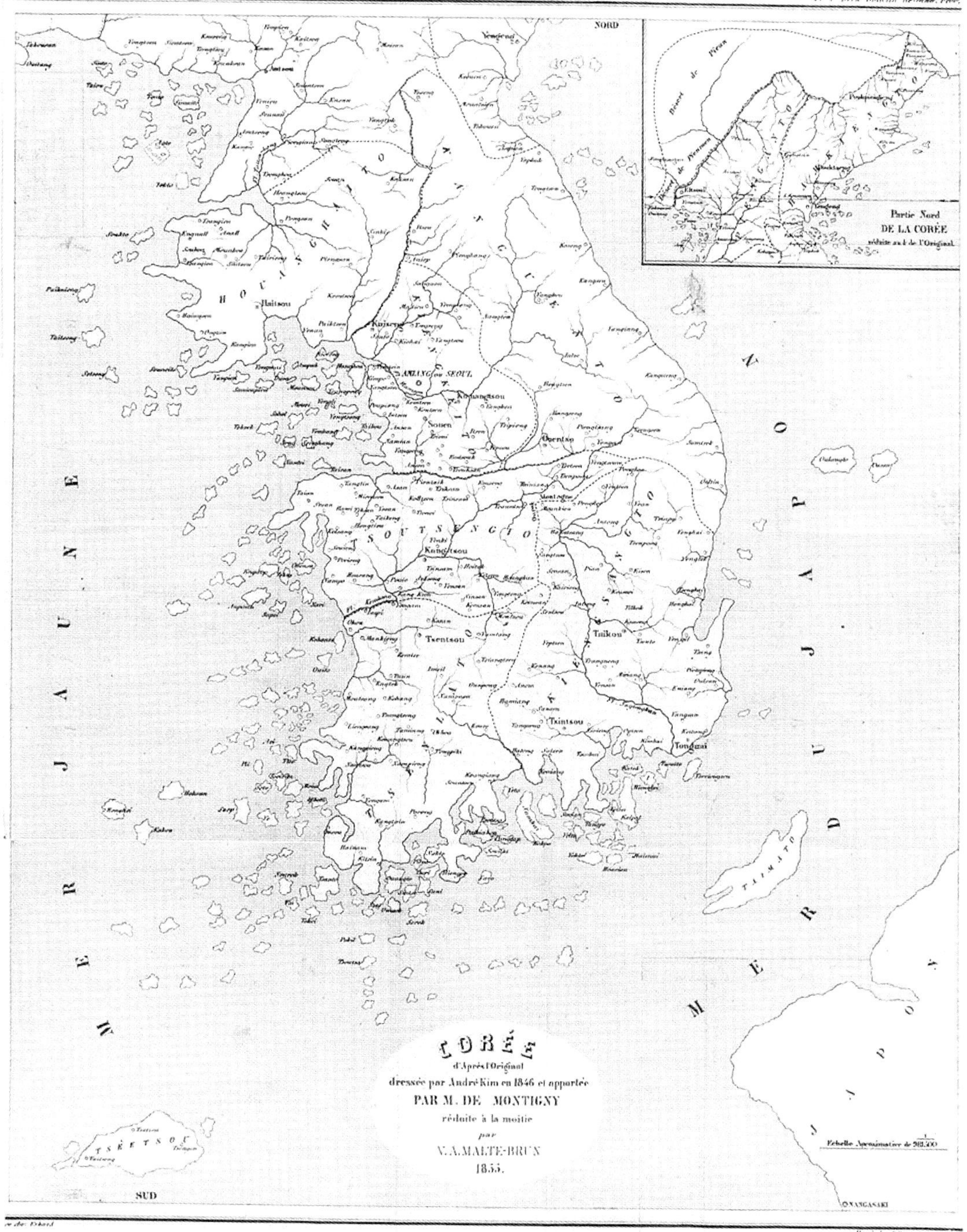

1855년, 김대건 신부의 지도를 지리학자 말트-브렁(Malte-Brun)이 축소하여 『파리지리학회지』(1855)에 게재한 지도, 27x38cm. 〔지도 53〕 참조.

영흥만까지는 1/2로 축소했고, 그 윗부분은 1/4로 축소하여 박스 속에 넣었다. 울릉도는 'Oulangto', 독도는 울릉도 오른쪽에 'Ousan'(우산)이라 되어 있다.

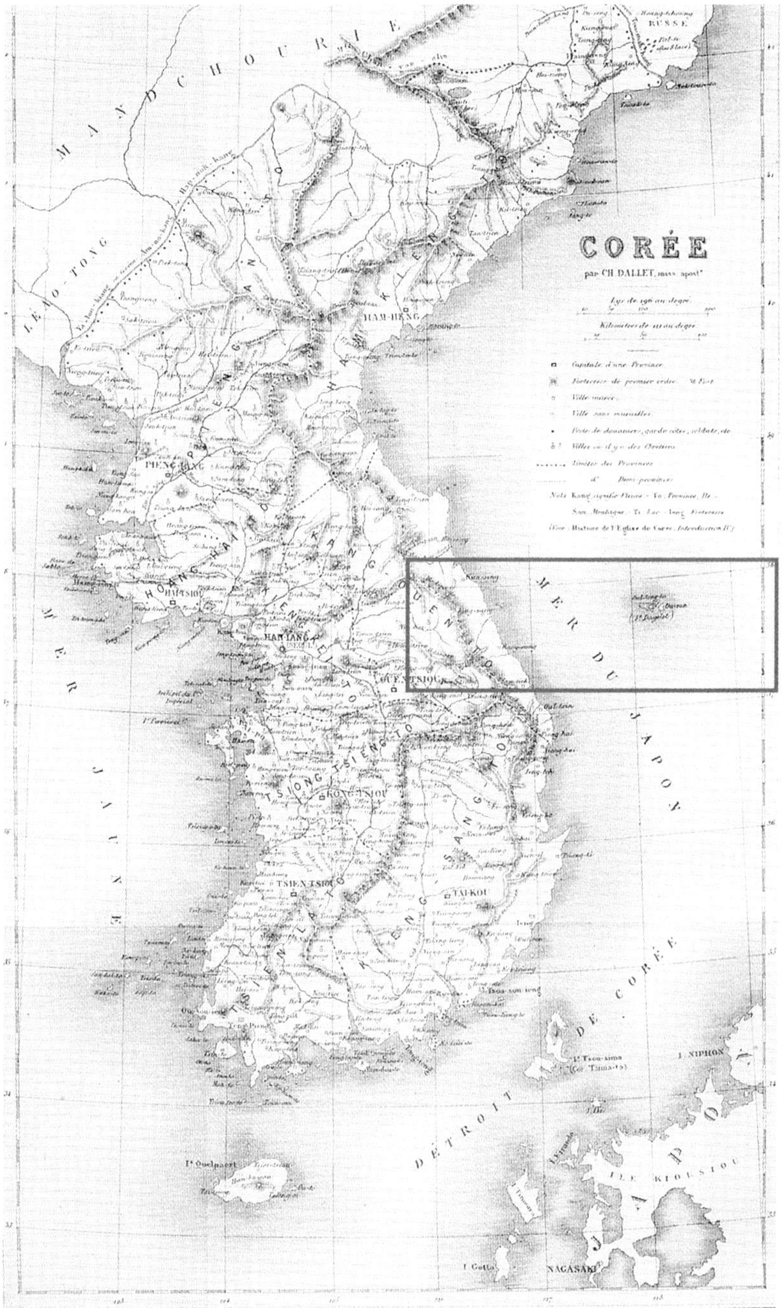

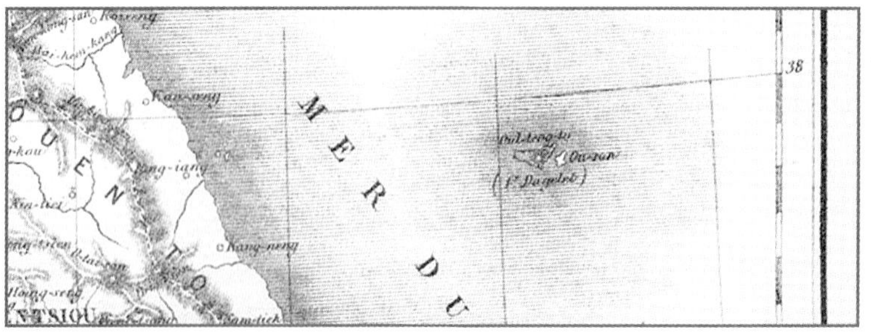

1874년, 달레 신부의 『조선천주교회사』에 첨부된 지도. 〔지도 54〕 참조.
'Is Dagelet' (다줄레 섬들)라는 표시가 'Oul-leng-to' (울릉도)와 'Ou-san' (우산) 두 섬에 걸쳐 표기되어 있다. 이 두 섬이 거의 붙어 있지만, 여기에 나타난 '우산'은 '독도'를 가리킨다.

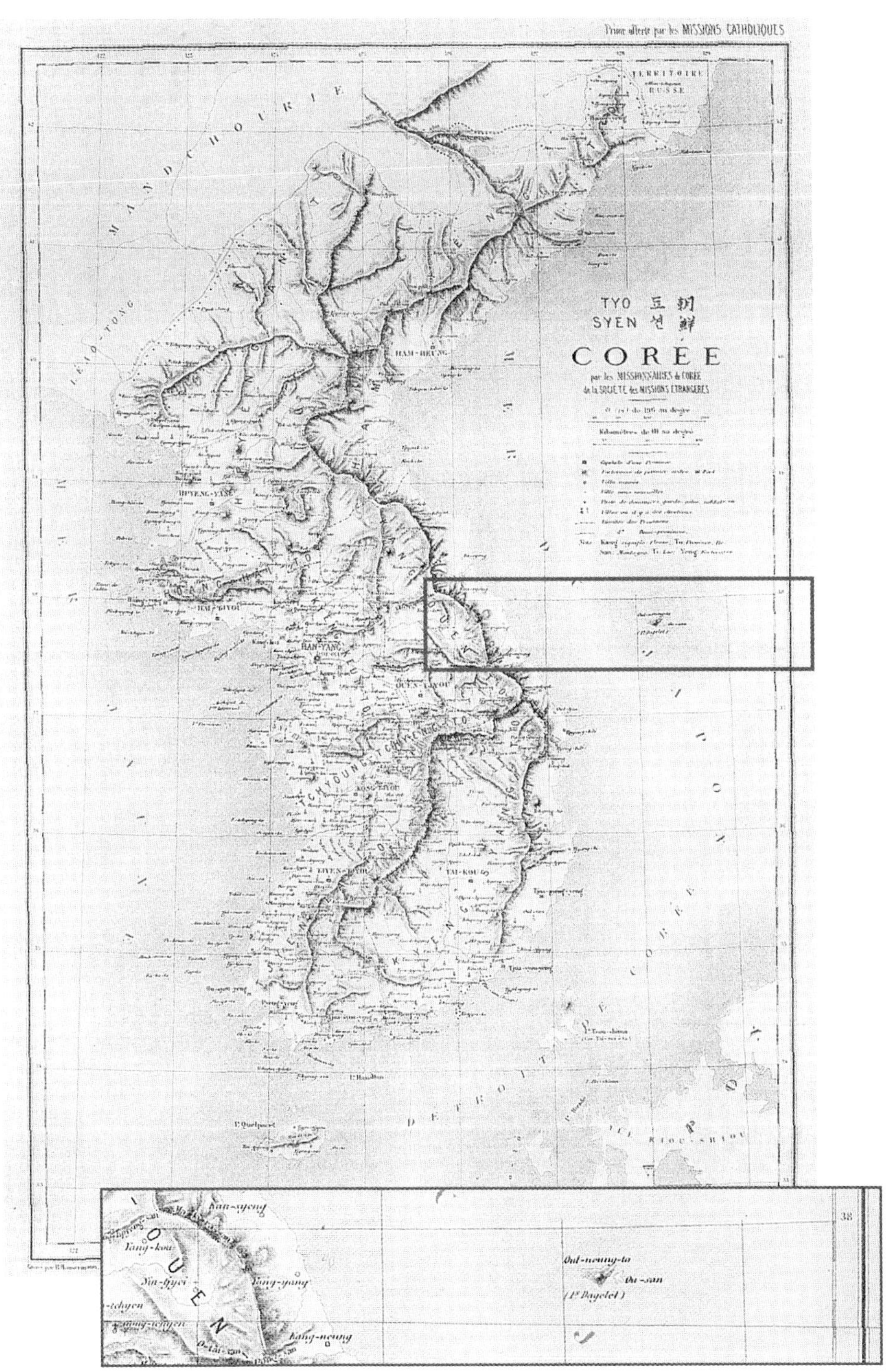

1880년, 파리외방전교회가 간행한 『한불자뎐』에 첨부된 「됴션(朝鮮)전도」, 31x48cm. 〔지도 55〕 참조.

달레 신부의 『조선천주교회사』에 첨부된 지도를 조금 수정한 것으로 보인다. 울릉도는 'Oul-neung-to', 독도는 'Ou-san' (우산)이라 되어 있다.

80 ETHNOGRAPHIE DE LA CORÉE

120. Incursions des Coréens dans le pays de *Liao-toung.*
120. Le roi de *Fou-yu* fait sa soumission à la Chine et envoie son fils *Ou-tcheou-taï* offrir des présents à l'empereur.

Fig. 7. — Première carte.

136. Le roi de *Fou-yu* se rend en personne à la cour de Chine.
162. Ambassade du roi de *Fou-yu* en Chine.
167. Invasion du *Hiouen-tou* par le roi de *Fou-yu*, qui est vaincu par les Chinois.

DATES DES ANNALES DE LA CORÉE 81

169. *Peh-kou*, roi de Corée, ravage le *Liao-toung*. Ce prince meurt, laissant deux fils, *Pa-ki* et *I-i-mo*. Le dernier est élu roi par le peuple; mais Pa-ki réunit une

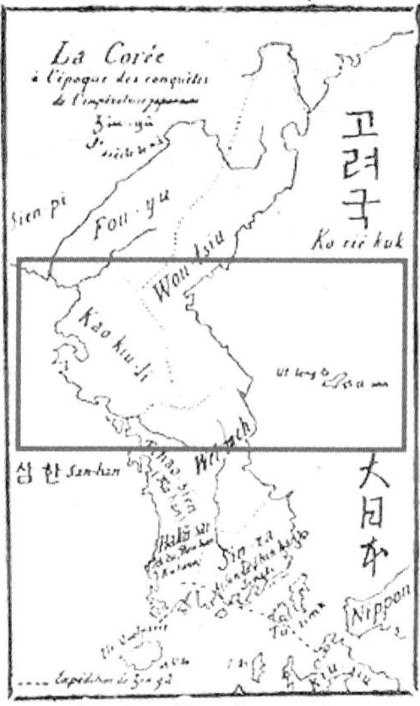

Fig. 8. — Deuxième carte.

troupe de partisans et fait la guerre à son frère I-i-mo.
175. Le roi de *Fou-yu* se soumet à l'empereur de Chine *Ling-ti.*
200. L'impératrice japonaise *Zin-gu* se rend dans le pays de *Sin-ra*, dont elle défait les troupes. Le roi de ce

1886년, 로니(Rosny)의 『한국인, 인류학적 역사적 고찰』에 사용된 역사 지도, 10x16cm. [지도 76] 참조.
동해의 섬 울릉도와 독도를 표시하지 않아도 될 정도로 작은 한반도 지도인데, 이 두 섬과 그 명칭 'Ul leng to' (울릉도) 및 'U san' (우산, 곧 독도)을 표시했다.

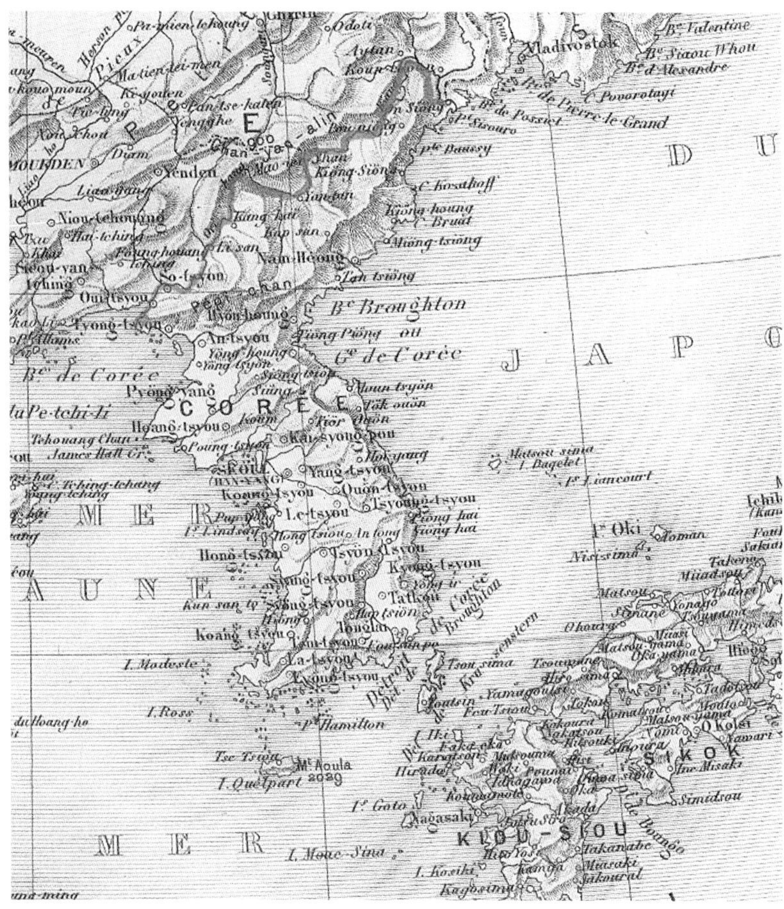

1861년, 미종 (Migeon), 「중국 및 한국 전도」, 43x32cm. 〔지도 65〕 참조.

이 지도에 울릉도는 '마추시마(Matsou sima) 또는 다줄레 섬(I. Dagelet)'으로, 독도는 '리앙쿠르 섬'(Is Liancourt)(복수)으로 표기되어 있다.

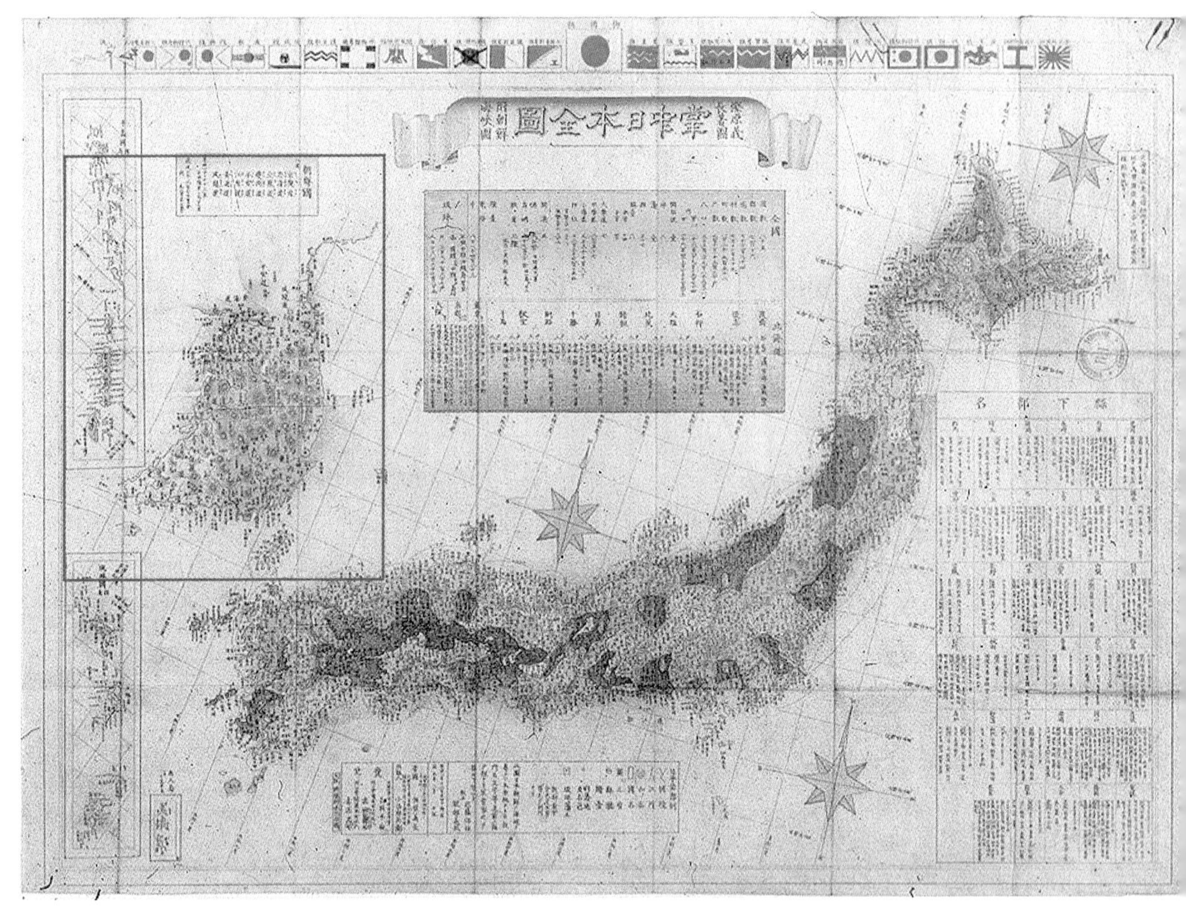

1876년, 요시나가 카시하라(堅原義長), 「장중일본전도」(掌中日本全圖), 48x35cm, 〔지도 56〕 참조.

울릉도는 '日本にては竹島 朝鮮にては鬱陵島' (일본에서는 다케시마 조선에서는 울릉도), 독도는 'ミユルサキ 松島' (미유루사키 마츠시마)라고 되어 있다.

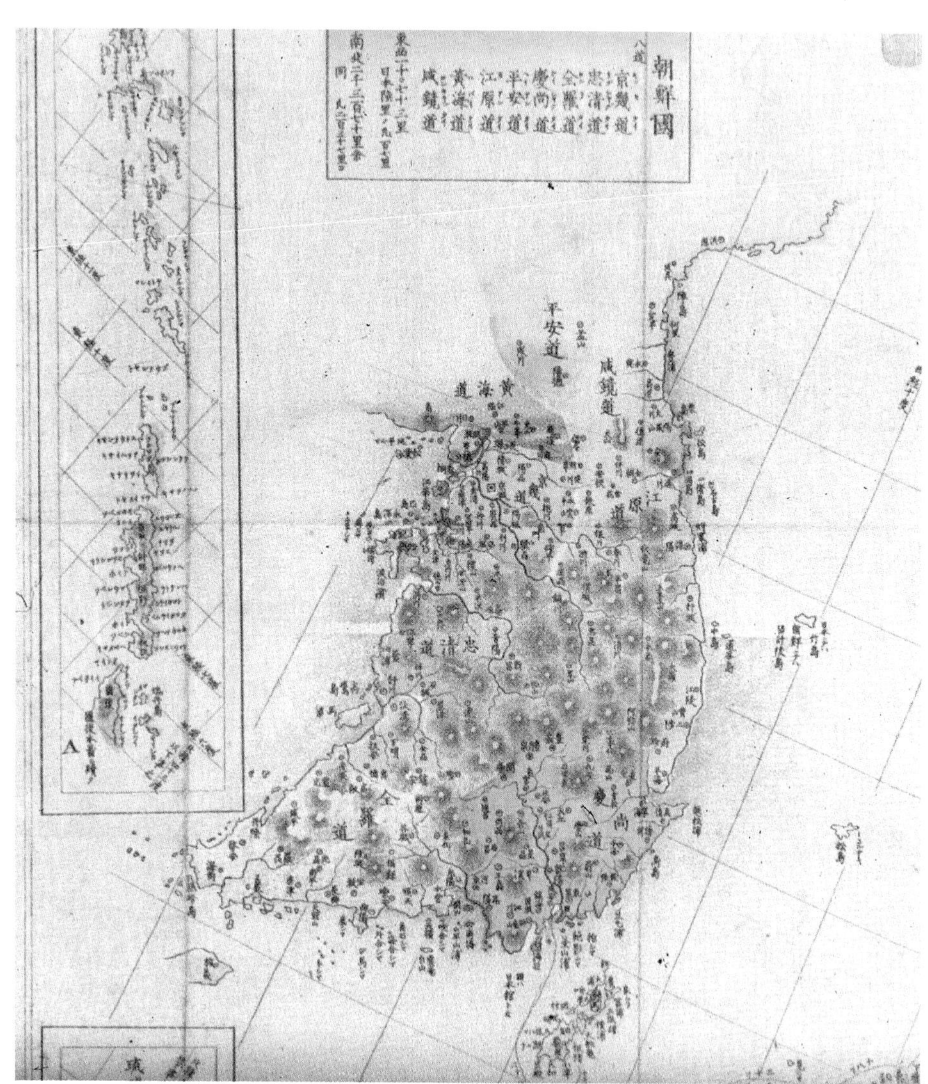

1876년, 요시나가 카시하라, 「장중일본전도」 중 한반도 부분도. [지도 56] 참조.

1900, 주스투스 페르테스(Justus Perthes, 지도 제작사), 「동아시아 정치-군사 지도」, 70x60cm. [지도 73] 참조.
울릉도는 'Matsu sima (Dagelet I.)' 로, 독도는 'Liancourt Is; Hornet' 로 표기되어 있다.

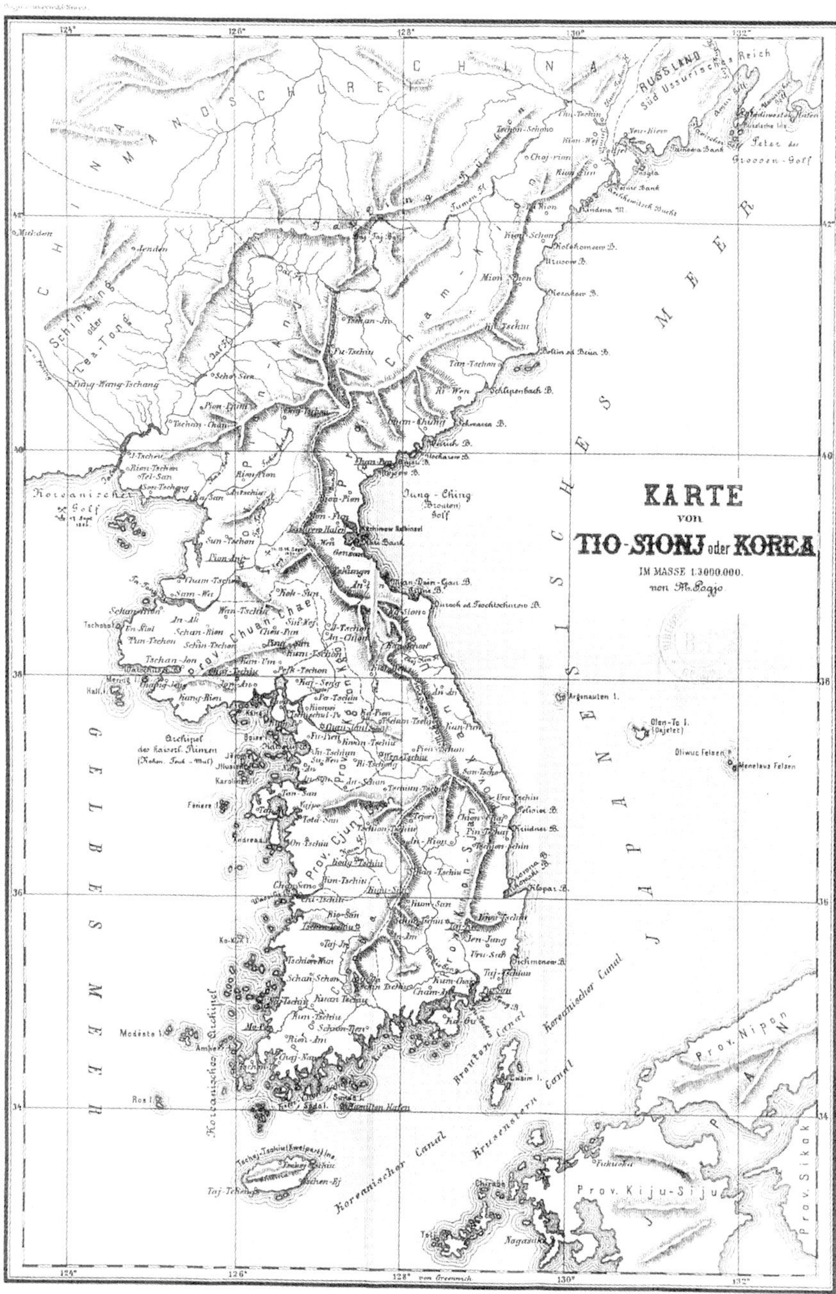

1895년, 러시아에서 제작된 「조선전도」, 30x43cm. 〔지도 77〕 참조.

러시아 사람 포지오(Pojio)의 저서 『한국』에 첨부되어 있는 지도. 가공의 섬 아르고노트가 그대로 나타나 있다. 울릉도는 'Olan-to I. (Dajelet)' 로, 독도는 러시아 명칭인 'Oliwuc Felsen' (올리부차 바위섬)과 'Menelaus Felsen' (메넬라이 바위섬)으로 표기되어 있으며, 모두 한국에 포함시켰다. 대한해협은 'Koreanischer Canal' 이라 크게 쓰고, 서수도 부분은 'Broughton Canal' , 동수도 부분은 'Krusenstern Canal' 이라고 되어 있다.

LA GUERRE EN EXTRÊME-ORIENT 277

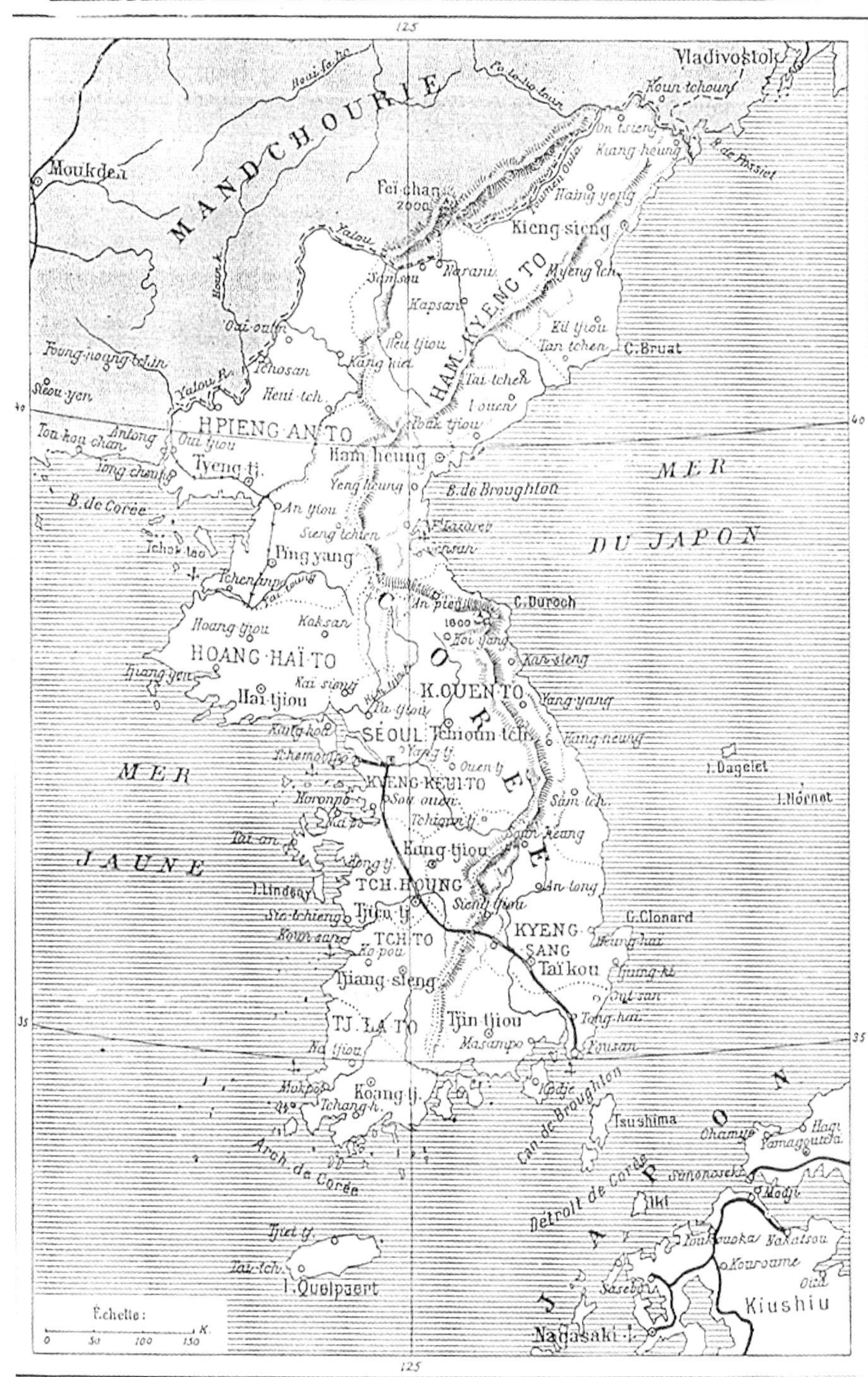

1906년, 「조선지도」. [지도 80] 참조.

갈리(H. Galli)의 저서 『극동의 전쟁[러일전쟁—지은이]』에 첨부된 지도로, 울릉도(I. Dagelet)와 독도(I. Hornet)가 한국에 포함되어 있다.

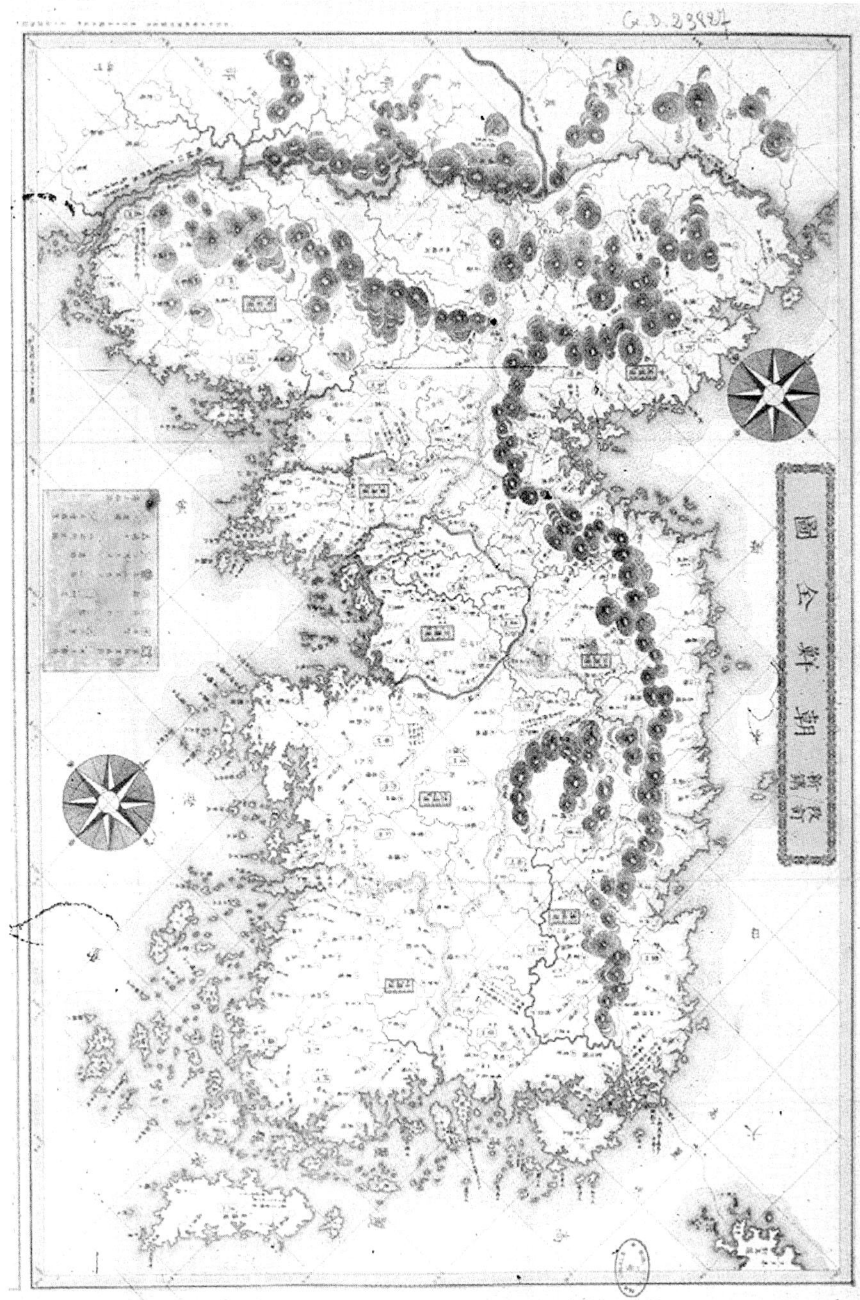

1875년, 사다 하쿠테이(佐田白第) 및 키시다 긴코(岸田吟香), 「개정 신찬 조선전도」(改正 新鑽 朝鮮全圖), 42x48cm. 〔지도 81〕 참조.
동해에 울릉도를 나타낸 큰 섬과 그 왼쪽에 작은 섬이 나타나 있으나, 둘 다 명칭은 표시하지 않았다. 이 두 섬을 한국에 포함시켜 한국령임을 명시했다.

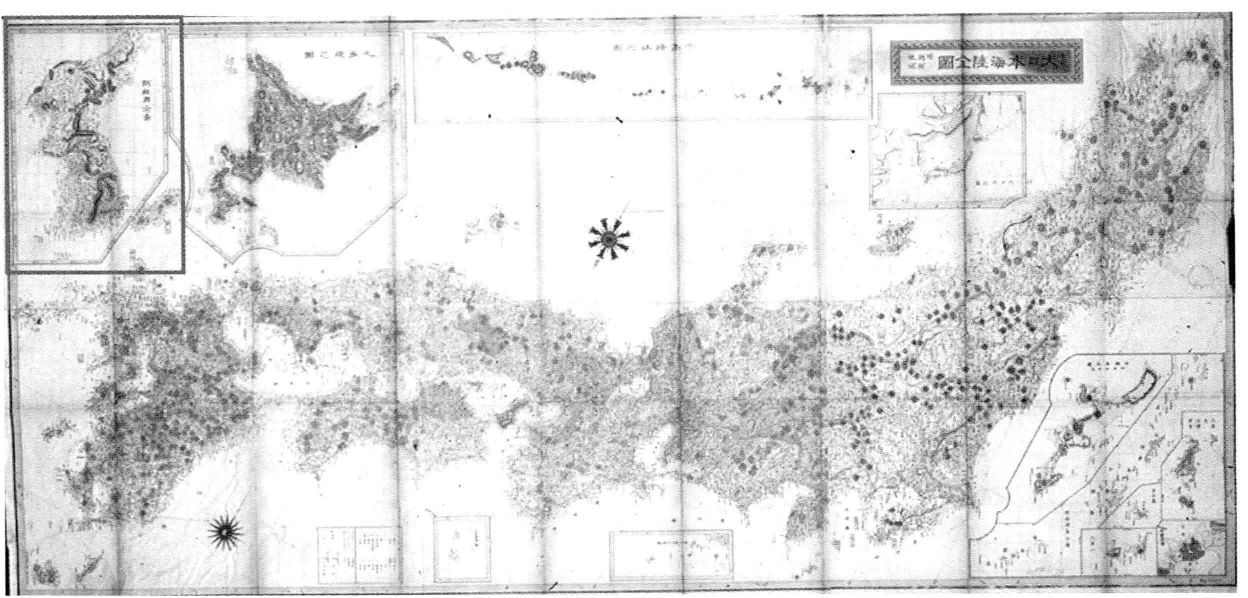

1886년, 모리 킨세키(森琴石), 「대일본해륙전도 부 조선 유구 전도」(大日本海陸全圖 附 朝鮮 琉球 全圖), 143x68cm, 1877년에 초판. 여기에 실린 것은 1886년의 재판본임. 〔지도 82〕 참조.
과학적이고 근대적이며 정밀한 일본 해륙 전도이다. 이 해륙도의 우측 상단 박스 속에 따로 「조선국전도」(朝鮮國全圖)가 들어 있다.

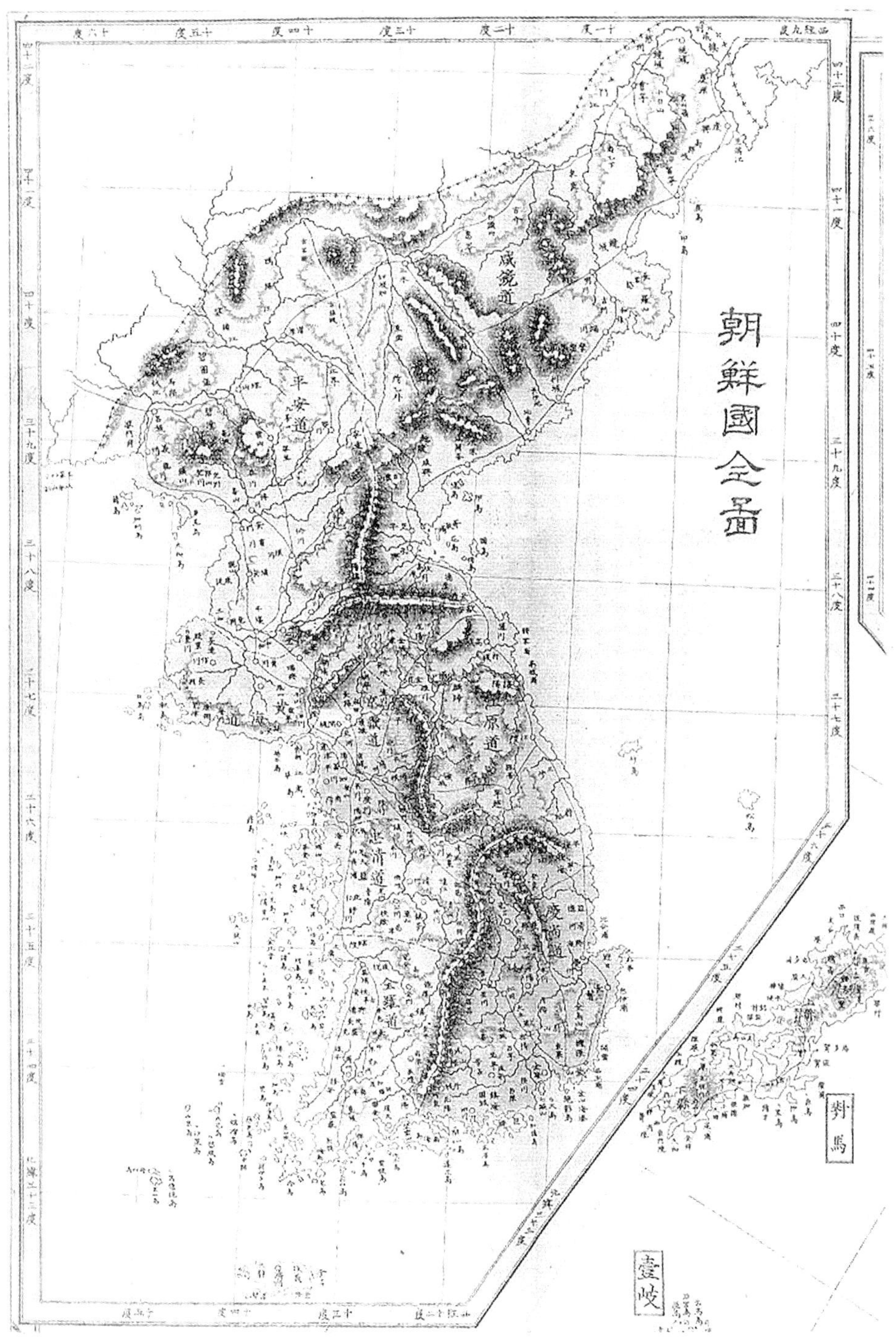

1886년, 모리 킨세키, 「대일본해륙전도 부 조선 유구 전도」의 부분도인 「조선국전도」(朝鮮國全圖). 〔지도 82〕 참조.

비교적 정확한 위치에 표시된 '竹島'(다케시마, 곧 울릉도)와 '松島'(마츠시마, 곧 독도)를 한국에 포함시켜 한국 영토임을 명확히 나타냈다.

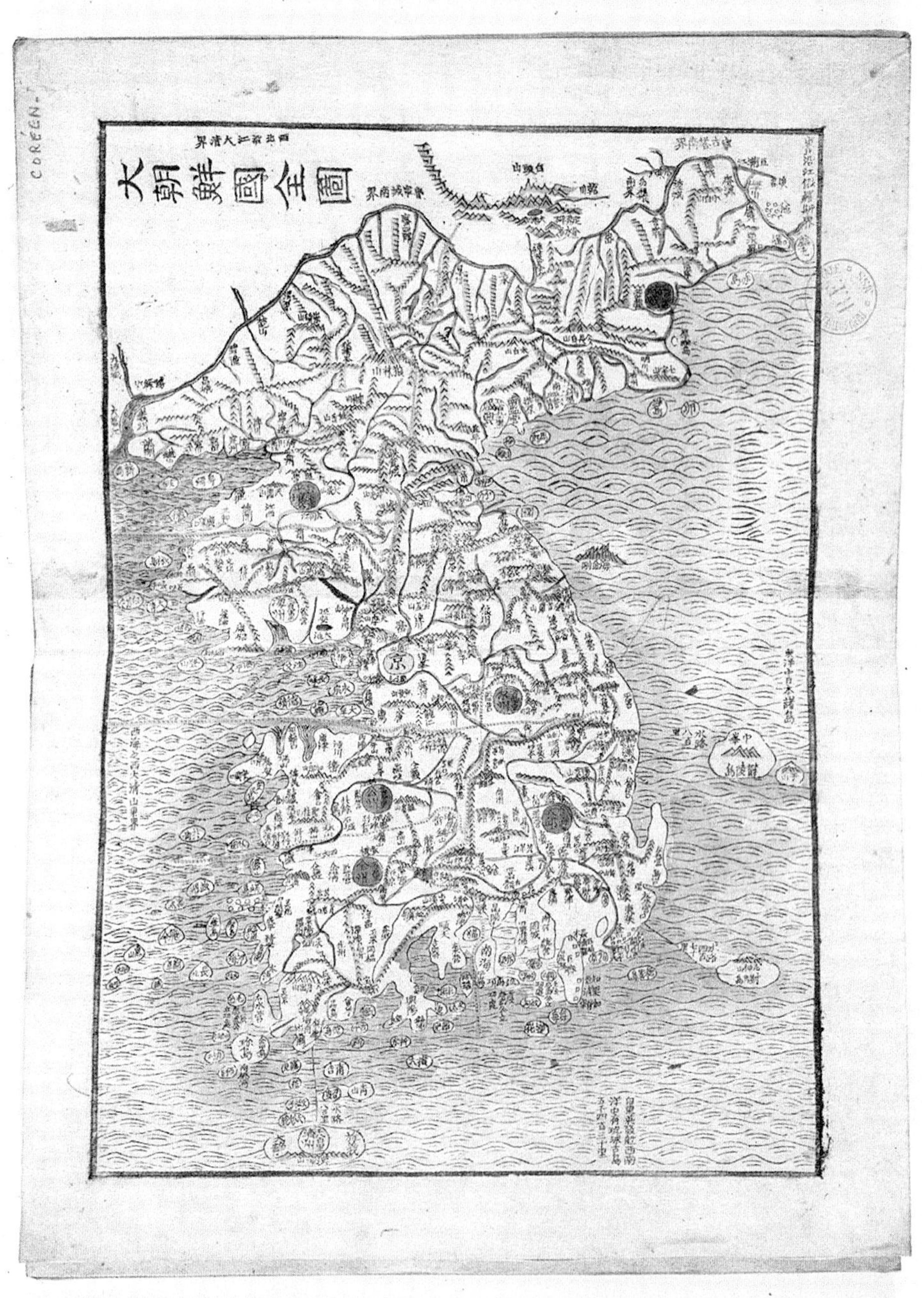

1890년대, 작자 미상의 제목 없는 조선 지도첩 중의 「대조선국전도」, 18x26cm. [지도 91] 참조.
이 지도의 동해상에 울릉도와 중봉, 그 동쪽(오른쪽)에 우산, 곧 독도가 선명히 나타나 있다.

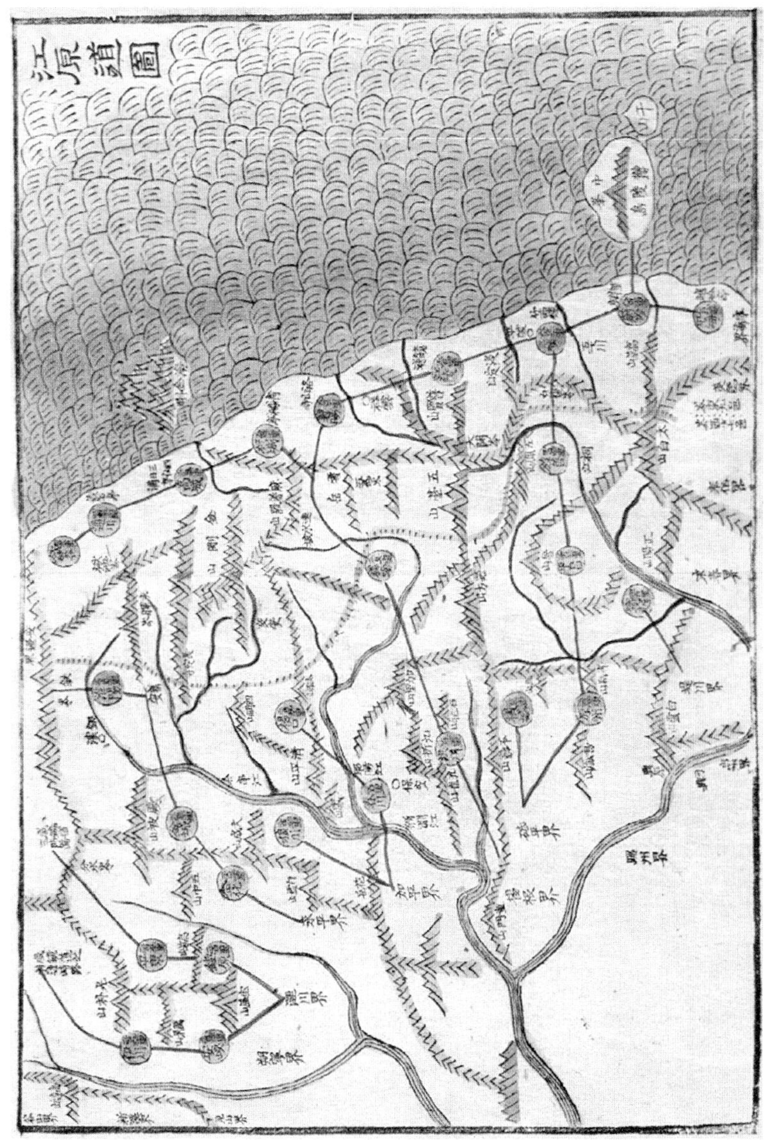

1890년대, 작자 미상의 제목 없는 조선 지도첩 중의 「강원도도」, 18x26cm. [지도 91] 참조.
이 지도의 동해상에 울릉도와 중봉, 그 동쪽(오른쪽)에 우산, 곧 독도가 선명히 나타나 있다.

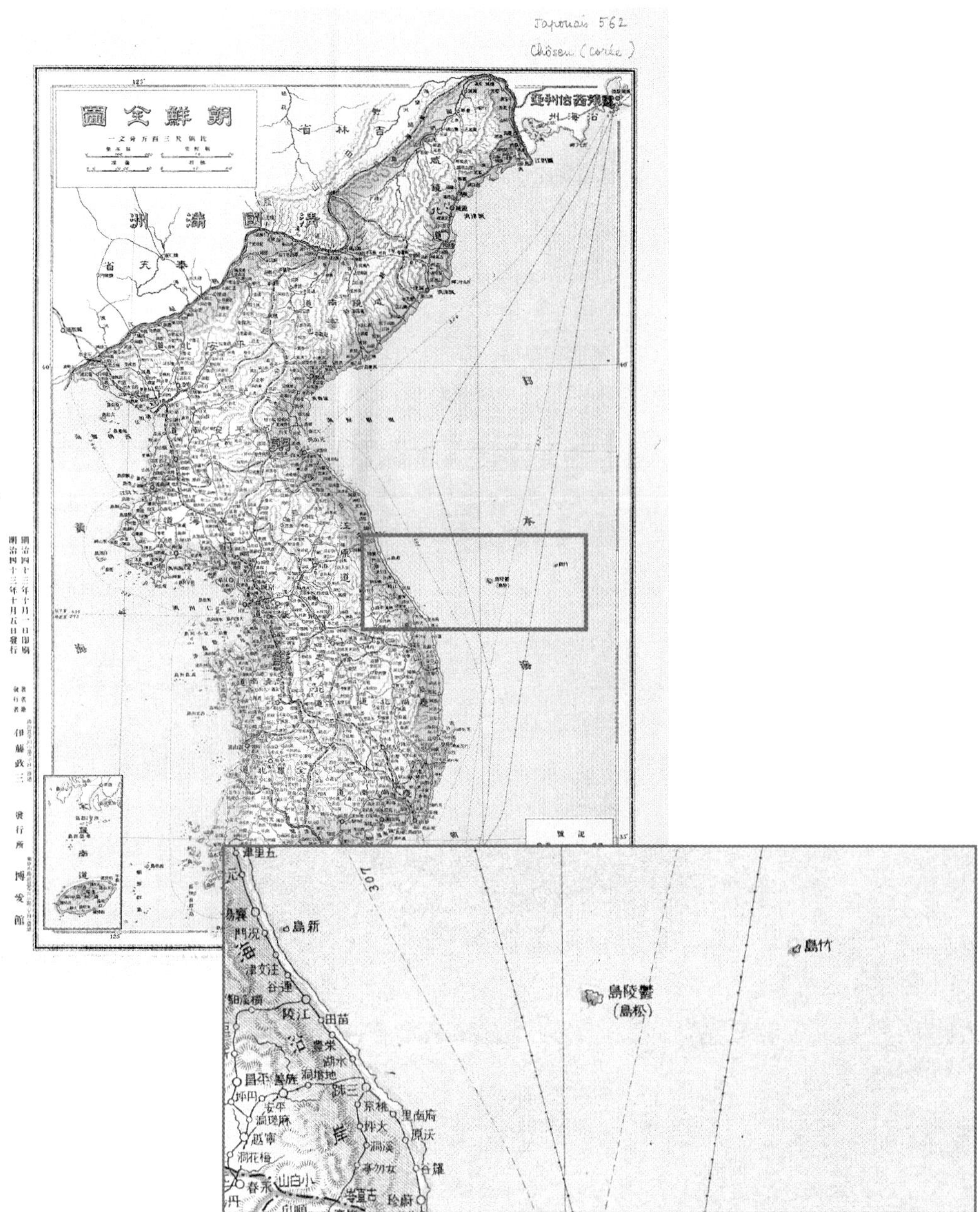

1908년 초판, 1910년 제5판, 이토 세이조(伊藤政三, 저자 겸 발행자)의 『대일본분현지도』(大日本分縣地圖)(지도 50매) 중의 「조선전도」, 54x59cm. 〔지도 92〕 참조.

이 「조선전도」상의 독도는 경도상으로는 정확하고, 위도상으로는 약간 북쪽에 치우쳐 있다. 독도에 대하여 일본에서 1905년 2월에 새로 붙였으며, 러일전쟁 당시인 1905년 5월 일본 해군이 러시아 해군을 격파한 '일본해(동해) 해전'이 보도되면서 널리 알려진 명칭 '竹島'(다케시마)가 붙여져 있다. 그럼에도 일본의 권위있는 지도 제작자는 독도를 확고하게 한국 영토로 인정하여 조선령에 포함시켰다. 독도는 「대일본분현총도」에는 물론이고, 소위 말하는 시마네(島根) 현 고시로 '다케시마'(독도)의 소관을 맡게 된 「시마네 현 전도」에도 나타나 있지 않다.

일본에서는 19세기 후반기까지도 울릉도를 '竹島'(다케시마)로, 독도는 서양 지도의 영향으로 '량고르도'(리앙쿠르의 변형된 일본식 발음)로 부르게 되었는데, 1905년에 다케시마라는 명칭을 독도에 새로 붙였다. 이와 동시에, 과거에 독도를 지칭했던 '마츠시마'(松島)가 서양 지도상에 울릉도에 붙어 있었으므로 일본은 이를 그대로 따라 울릉도를 마츠시마로 부르게 되었다.

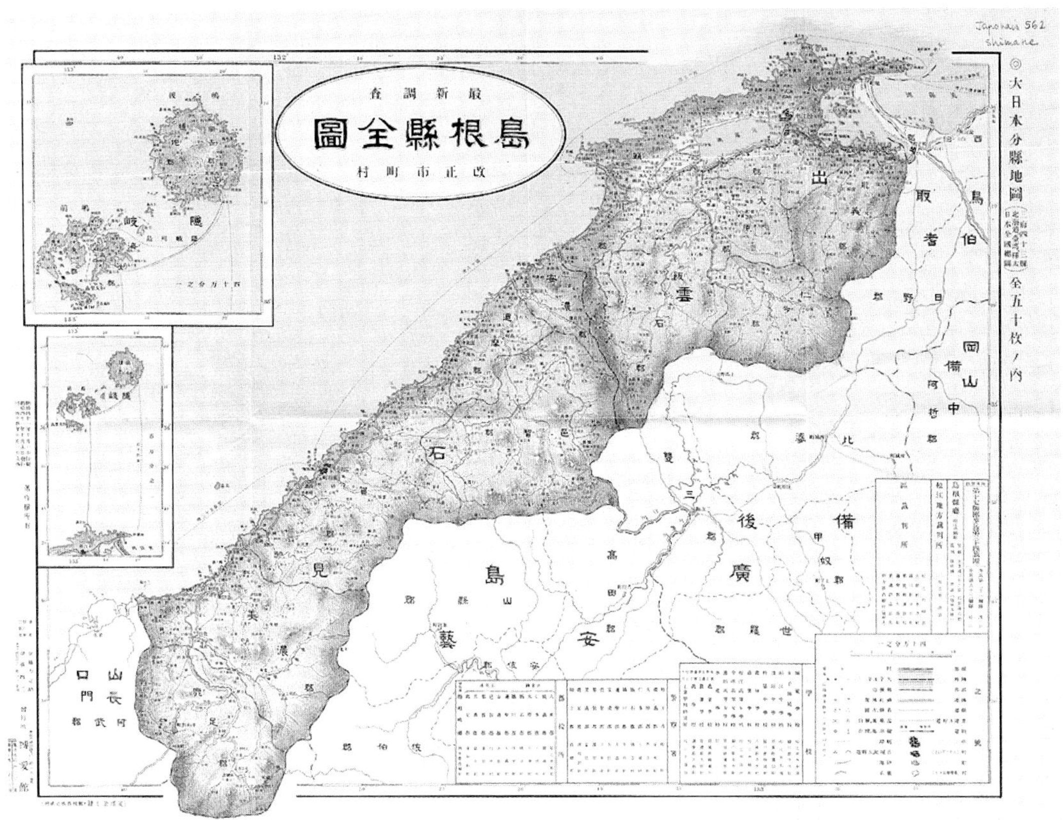

1908년 초판, 1910년 제5판, 이토 세이조의 『대일본분현지도』 중의 「시마네 현 전도」. 〔지도 92〕 참조.

시마네 현은 소위 1905년 1월 23일의 시마네 현 고시 제40호로 다케시마의 관할을 맡게 되었는데도 불구하고, 이 시마네 현 지도에는 다케시마가 나타나 있지 않다. 이는 권위 있는 『대일본분현지도』 제작자가 독도를 일본 영토로 인식하고 있지 않았음을 의미한다.

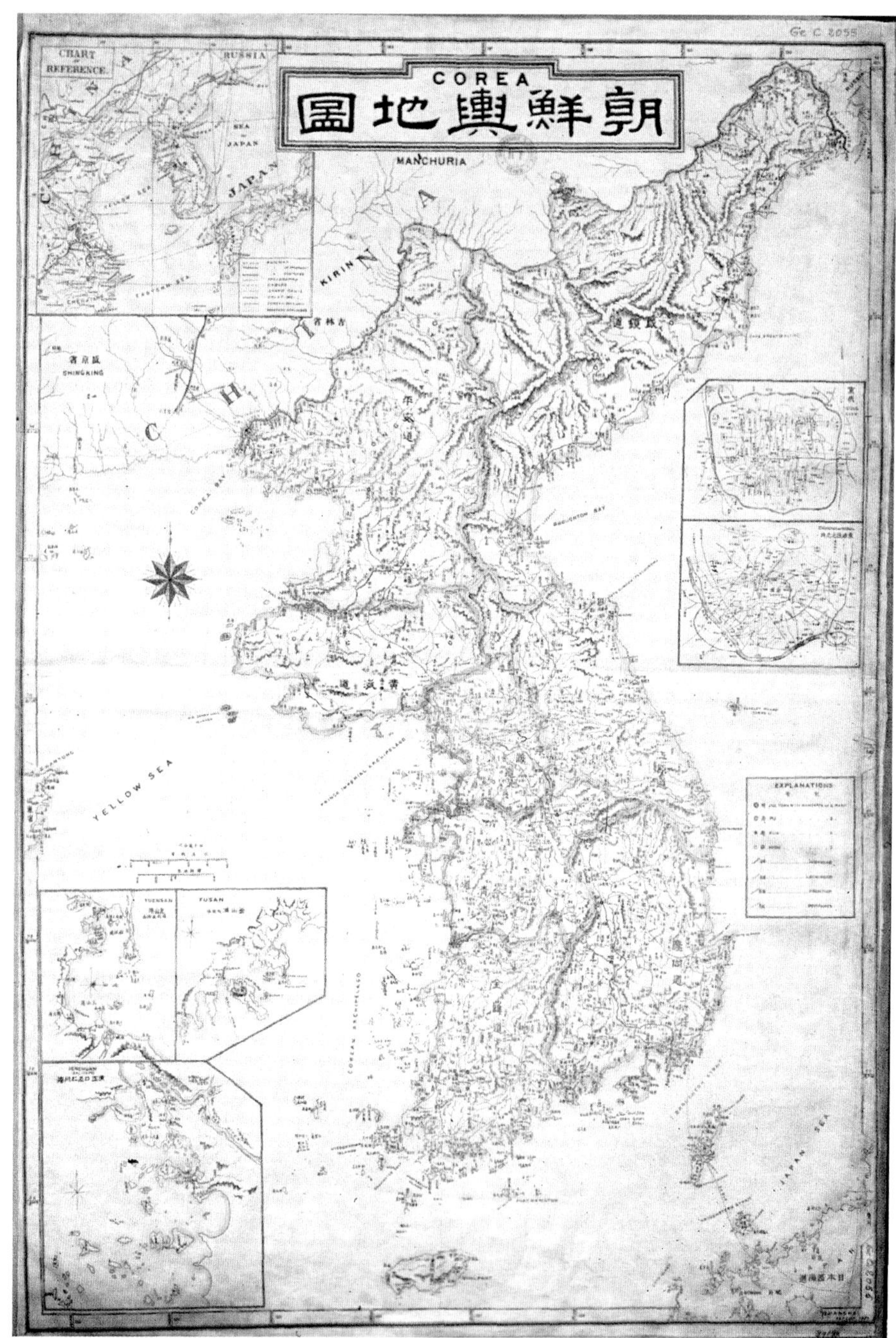

1894년, 「조선여지도」(Corea 朝鮮輿地圖), 62x90cm. 〔지도 83〕 참조.

시미즈 미츠노리(清水光憲)의 「조선여지도」(朝鮮輿地圖) (〔지도 87〕 및 〔지도 88〕 참조)의 영문판인 이 지도는 중국 상해에서 제작되었다. 이 지도에 울릉도는 '竹島, Syong I., Dagelet' 로, 독도는 '松島, Jiuk I.' 로 영문 명칭이 뒤바뀌어 있다. 그러나 두 섬의 위치가 정확하며, 우단선을 자르면서까지 독도를 조선(한국)에 포함시켜 독도가 한국 영토임을 분명히 했다.

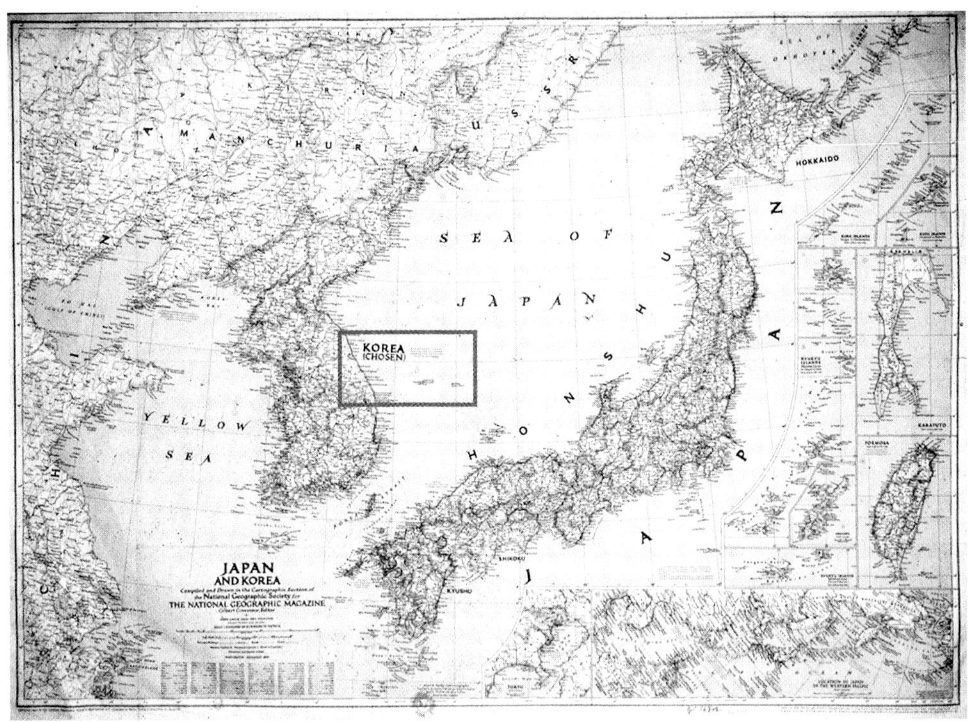

1945년, 내셔널 지오그래픽, 「일본 및 한국 지도」, 90x66cm. 〔지도 104〕 참조.

'Korea (Chosen)' 란 제목 옆에 "1943년 카이로 선언에 의해, 미합중국, 영국 및 중국은 적당한 경로를 거쳐 한국이 자유 독립할 것을 약속했다"라는 문구가 명기되어 있다. 이로 미루어 보아 연합국 최고 사령부가 훈령(SCAPIN) 제677호를 작성할 때 이 지도를 참고했을 가능성이 크다. 이 훈령은 울릉도, 독도, 제주도를 일본의 정치적, 행정적 관할 구역에서 제외했다. 이 지도에 울릉도는 'Utsuryo To 〔Ullung Do〕', 독도는 'Take Shima 〔Liancourt Rocks〕' 로 되어 있다.

1945년, 내셔널 지오그래픽, 「일본 및 한국 지도」 중 울릉도와 독도 부분도, 〔지도 104〕 참조.

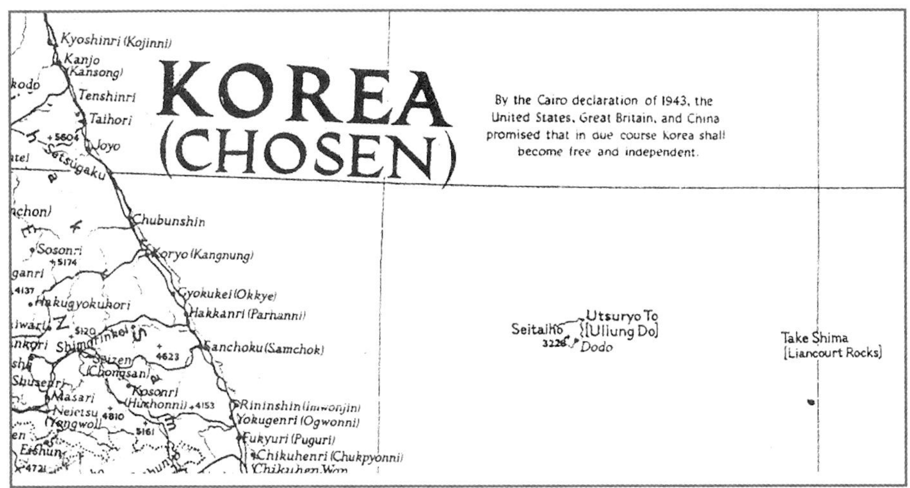

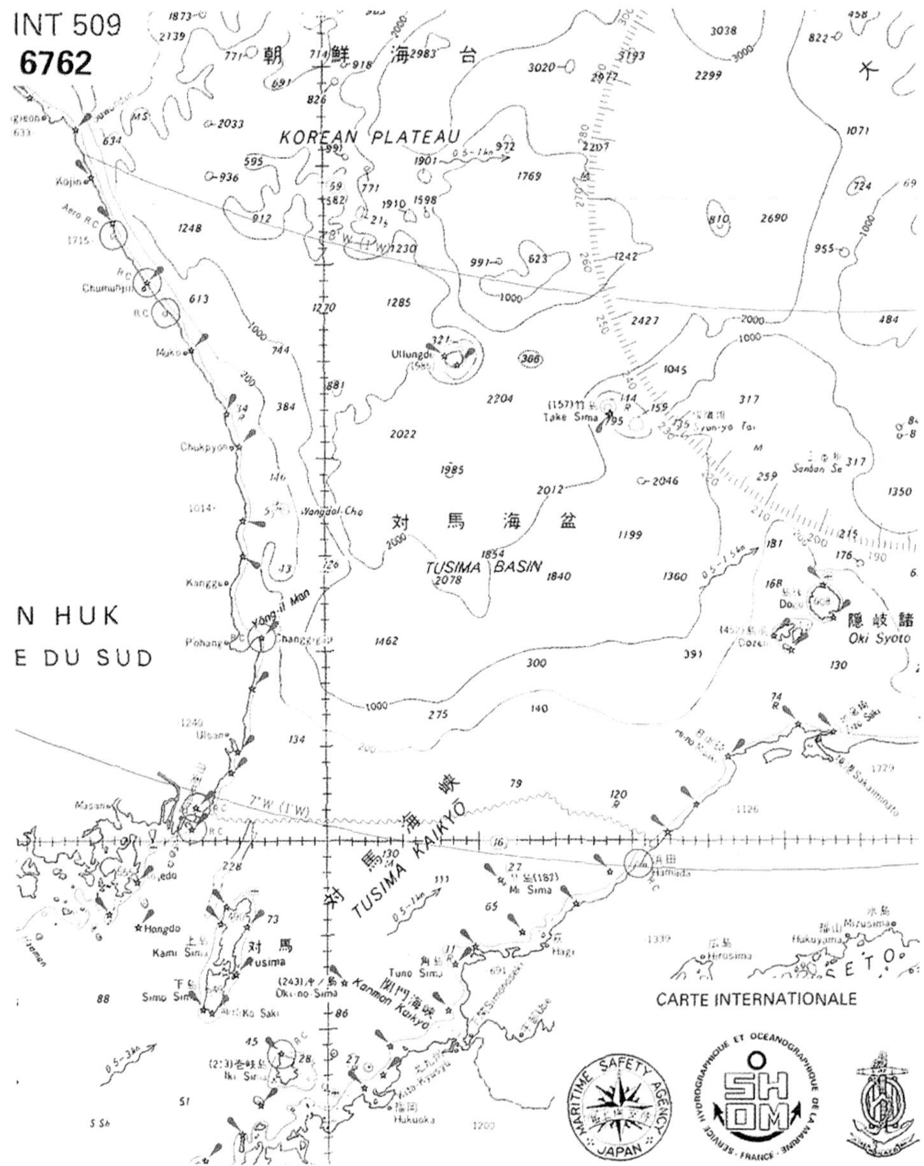

1974년 초판, 프랑스용 INT. 509 (SHOM 6762), 「북태평양 - 일본 열도, 한국 서부에서 필리핀까지」, 101x65cm. 〔지도 111〕 참조.

이 국제 해도는 국제수로국(BIH), 프랑스 해군 수로해양국(SHOM), 일본 해상보안청(과거의 JMSA—Japan Maritime Safety Agency, 현재의 JCG —Japan Coast Guard)이 공동으로 사용하며, 이 세 기관의 상징 마크가 들어 있다. 일본 해상보안청이 1974년에 초판을 간행한 후 현재까지 수정, 재판하여 사용하고 있다.

지명은 프랑스어와 일본어로 되어 있고, 독도는 '竹島 Take Sima'라고만 표시되어 있고, 대한해협은 '對馬海峽'(쓰시마 해협)으로 되어 있다.

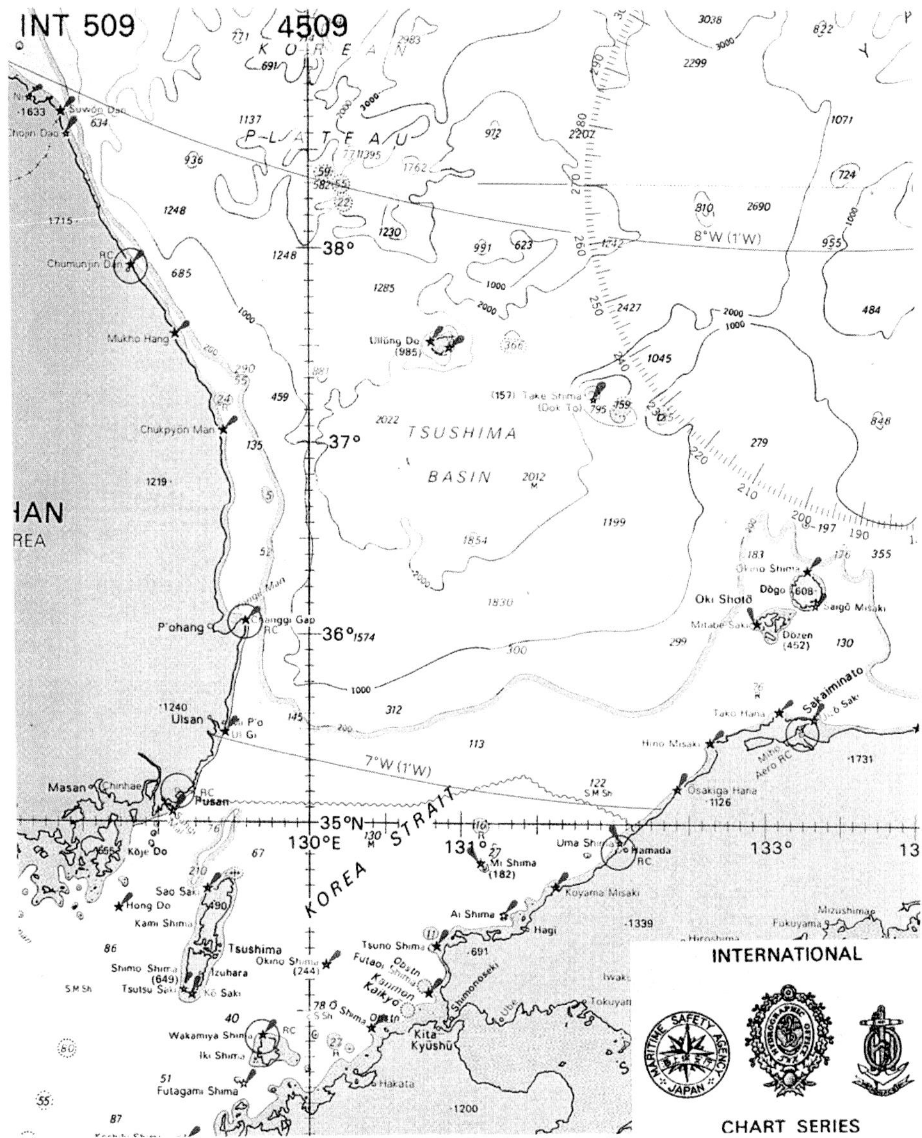

1974년 초판, 영국용 INT. 509 (HO 4509), 「일본 서부」(Western Portion of Japan), 101x65cm. 〔지도 115〕 참조.
이 국제 해도는 국제수로국(BIH), 영국 해군 수로국(HO), 일본 해상보안청(JMSA/JCG)이 공동으로 사용하며, 이 세 기관의 상징 마크가 들어 있다. 일본 해상보안청이 1974년에 초판 간행한 것을 영국 해군 수로국이 현재까지 수정, 인쇄하여 쓰고 있다.
전부 영어로 되어 있으며, 독도는 'Take Shima (Dok To)' 로, 대한해협은 'Korea Strait' 로 표기되어 있다.

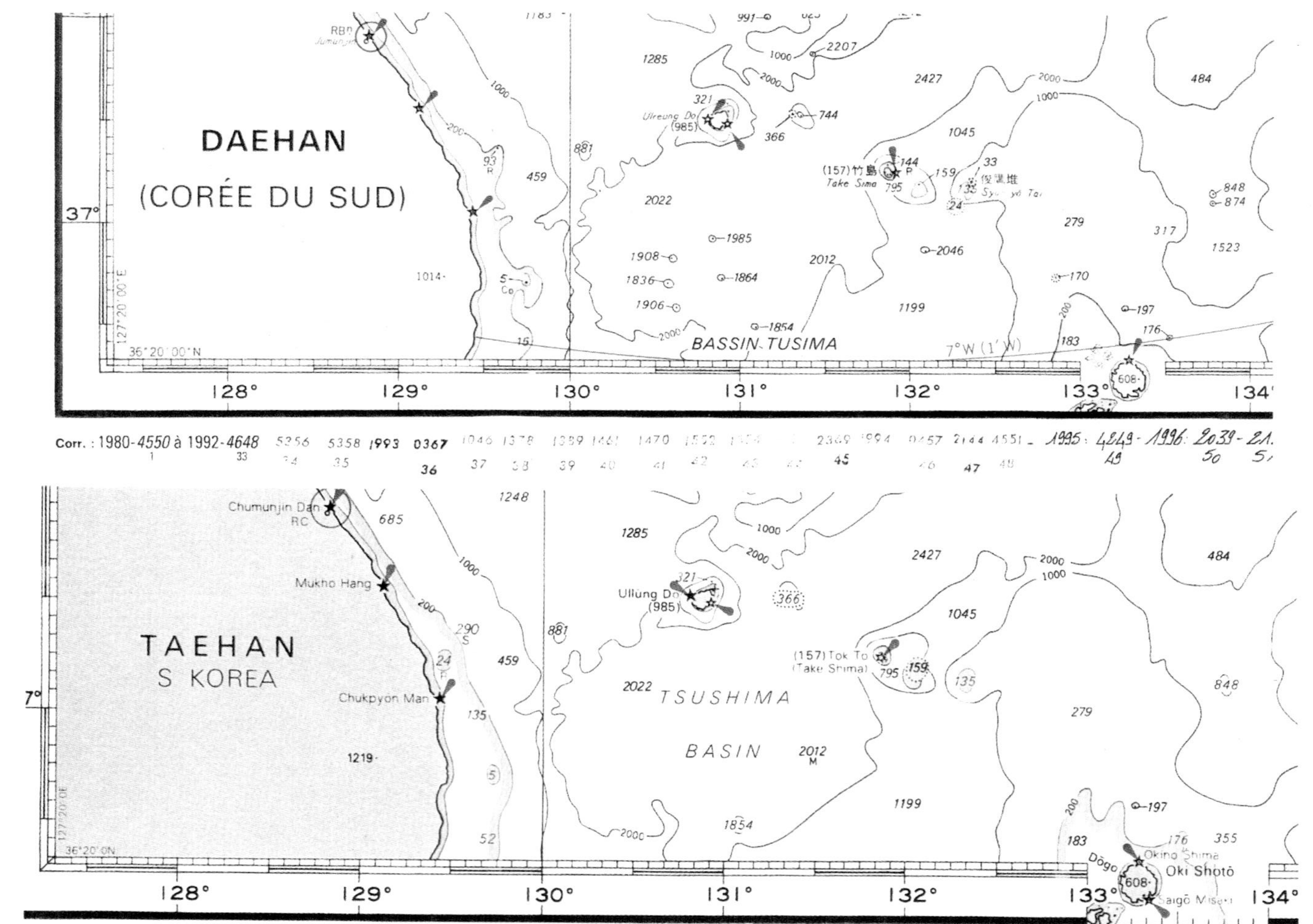

1978년 초판, 프랑스용 INT. 511 (SHOM 6764)과 영국용 INT. 511 (HO 4511). [지도 112] 및 [지도 116] 참조.

위의 것은 프랑스용 INT. 511이다. 이 해도의 독도 표기는 앞의 프랑스용 INT. 509와 같다. 그 반면 아래 영국용 INT. 511에는 독도가 'Tok To (Take Shima)'로 되어 있다. 곧 '다케시마'가 괄호 속에 들어 있다.

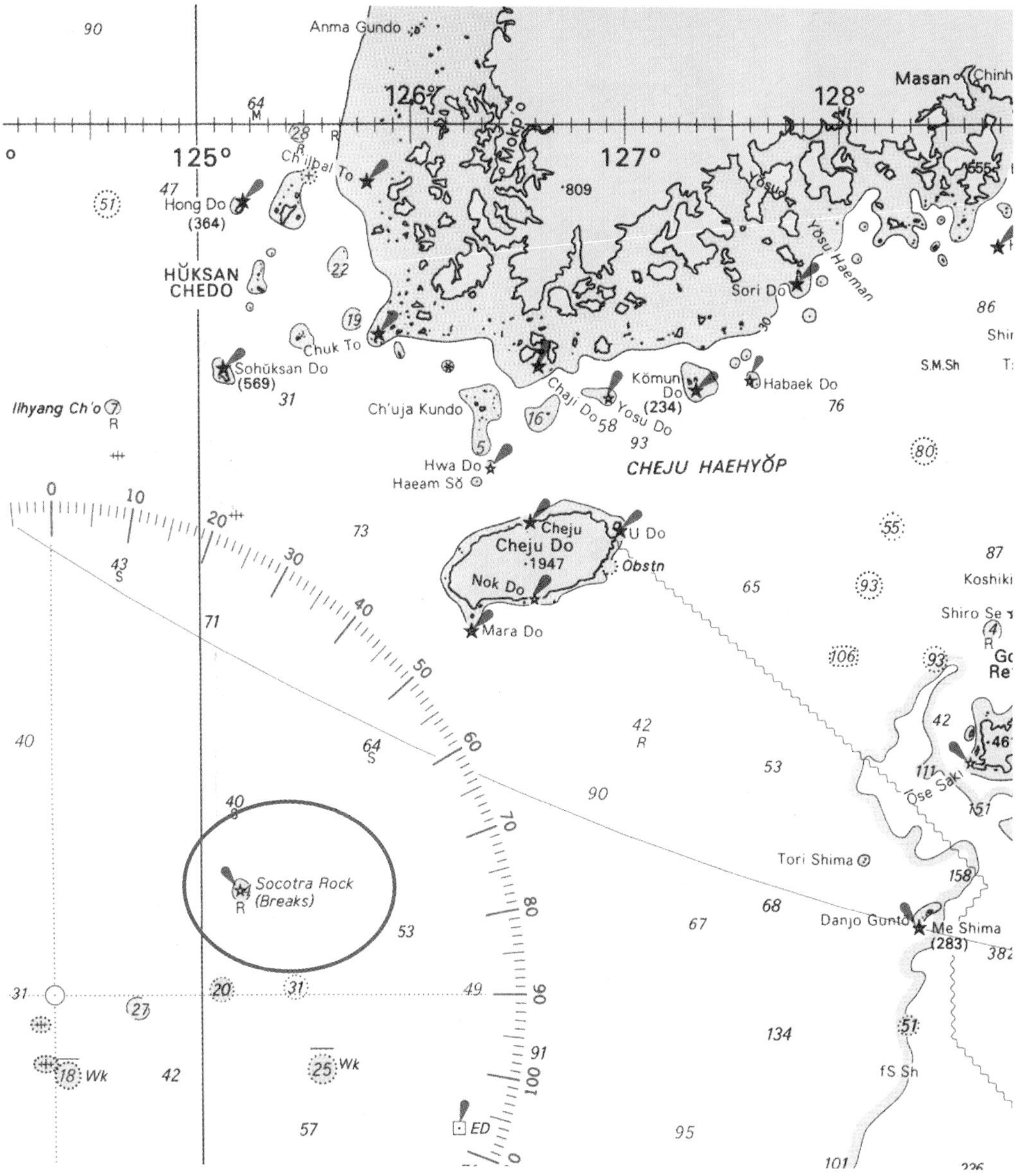

영국 해군의 해도 INT. 509 (HO 4509)에 표시된 이어도(離於島, 소코트라 바위(Socotra Rock)). 〔지도 115〕 참조.

세계 각국의 해도에 '소코트라 바위'(Socotra Rock)로 알려진 이어도의 위치는 북위 32도 07분, 동경 125도 11분이다. 제주도 남방 149km에 위치한다. 이 바위는 해면에서 4.6미터 물밑에 있다. 이 전설의 섬은 1900년 영국 상선 소코트라 호가 여기서 좌초함으로서 그 실체가 알려졌다.

이 바위 위에 한국의 해양수산부가 수면 위 36미터 높이의 철구조물을 세우고, 그 위에 헬리콥터 착륙장을 갖춘 해양과학기지를 건설하여 2003년 6월 11일 준공했다(왼쪽 사진 참조). 주변 해역은 어업 자원이 풍부하다.

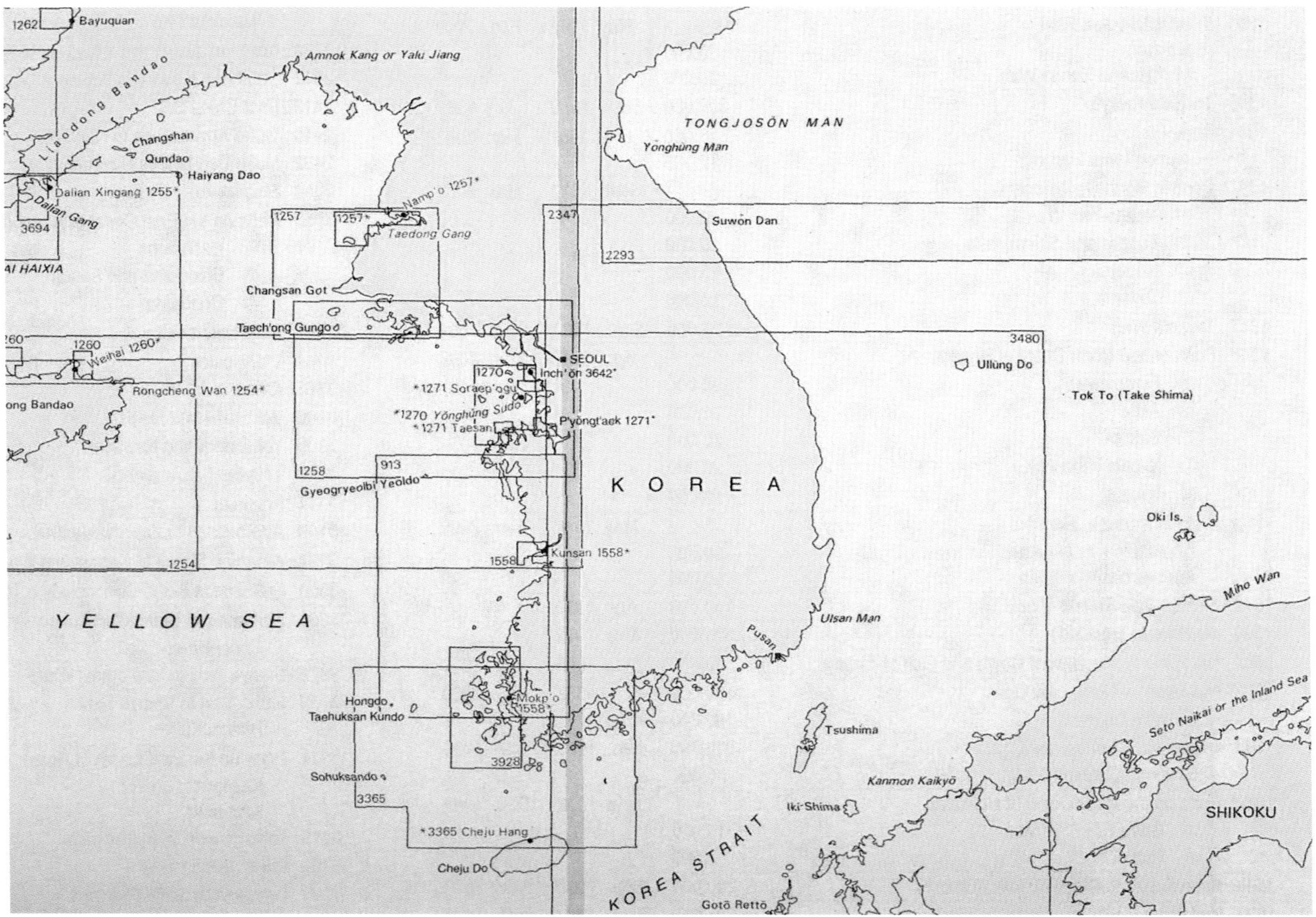

1996~2005, 영국 해군 수로부 발간, 「영국 해군 해도 목록」(Catalogue of Admiralty Charts, UK) (NP 131), 59x42cm. 〔지도 118〕 참조.

이 해도 목록에는 독도가 'Tok To'로 표기되어 있고, 'Take Shima'는 괄호 속에 들어 있다. 특기할 것은, 한반도와 일본 열도 사이의 바다 명칭에 대하여 1996년판까지는 '일본해'(Sea of Japan)로 표기했으나, 1997년판부터는 이 해역에만 아무 명칭도 표기하지 않는다. 대한해협은 'Korea Strait'로 표기하고 있다.

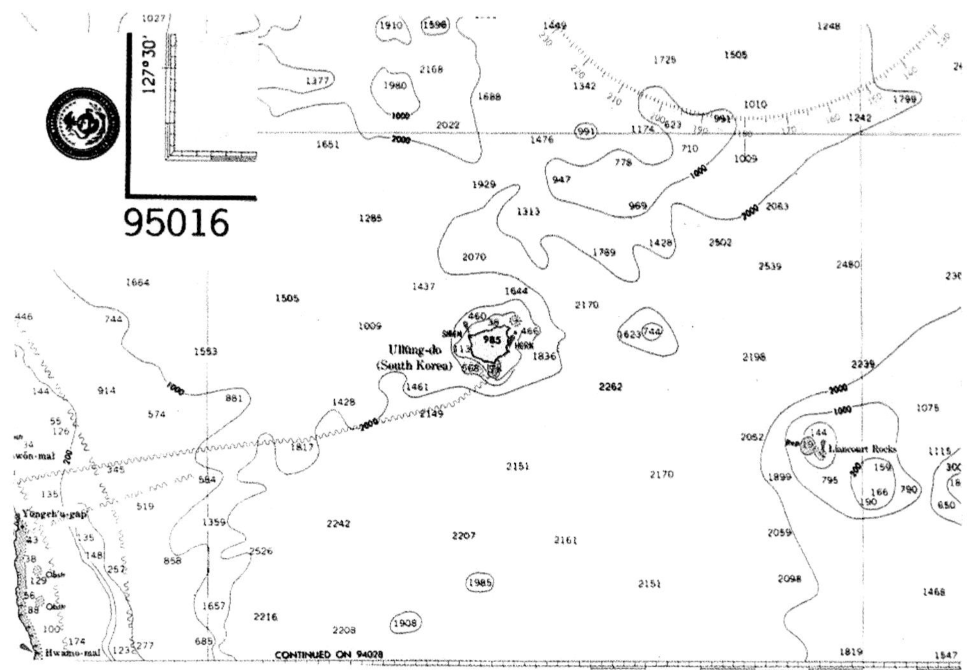

1997년, 미국 정부 국방지도제작소, 해도 95016, 「중국, 일본, 북한, 남한, 러시아—일본해」, 114x82cm. [지도 119] 참조.
울릉도는 'Ullung-do (South Korea)', 독도는 'Liancourt Rocks', 대한해협은 'Korea Strait'로 되어 있다.

OFF-LYING ISLANDS

2.02 Liancourt Rocks (Dok To) (Take Shima) (37°15'N., 131°52'E.), about 118 miles off the Korean coast, consists of two barren, rocky islets, about 183m apart and surrounded by numerous rocks. A depth of 19m was reported, 2 miles NW of Liancourt Rocks. The W islet has a sharp peak, 157m high, with the E islet being lower and flatter. A light is shown from the E islet.

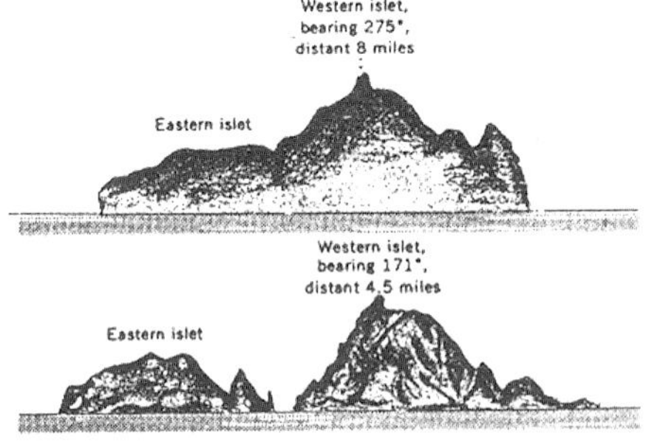

LIANCOURT ROCKS

Ullung (Ulleung) **Do** (37°30'N., 130°50'E.), about 70 miles off the Korean coast, is a mountainous island with sharp conical peaks, most of which are wooded. Several islets and rocks lie close off the coast, particularly its N and E sides. Jug Do (Chuk To), with a flat summit and covered with trees, lies off the NE extremity of Ullung Do.

Landing can be effected in fine weather on the occasional small shingly beaches, but the greater part of the island is inaccessible.

Kanyong Mal, the southern most extremity of Ullung Do, has a light on a white tower 5m in height. A light is exhibited on a rock close off the N point of the island. A light is situated on the W extremity of the island. Hyongnangap Light is situated about 2.8 miles NE of Kanyong Mal. There are two breakwaters and a cargo handling wharf situated about 0.5 mile NNW of the light structure.

A shoal, with depths of 22 to 58m, lies about 55 miles NNW of Ullung Do.

Pub. 157

1995년, 미국 정부 국방지도제작소, 수로지 PUB 157, 『항해 지침, 한국 및 중국』(*Sailing Direction [Enroute], Coast of Korea and China*) **제75쪽에 있는 독도-울릉도 부분.**

미국 해군은 수로지에 '리앙쿠르 록스(독도)(다케시마)' 와 울릉도를 묶어 일관되게 한국에 분류하고 있다. 독도 묘사와 함께 독도 그림 두 점도 들어 있다. 미국 해군의 이와 같은 독도 분류는, '리앙쿠르 록스' (독도)를 일본의 행정 관할 구역에서 제외한다는 1946년의 연합국총사령부 훈령(SCAPIN) 제677호의 정신과도 일치한다.

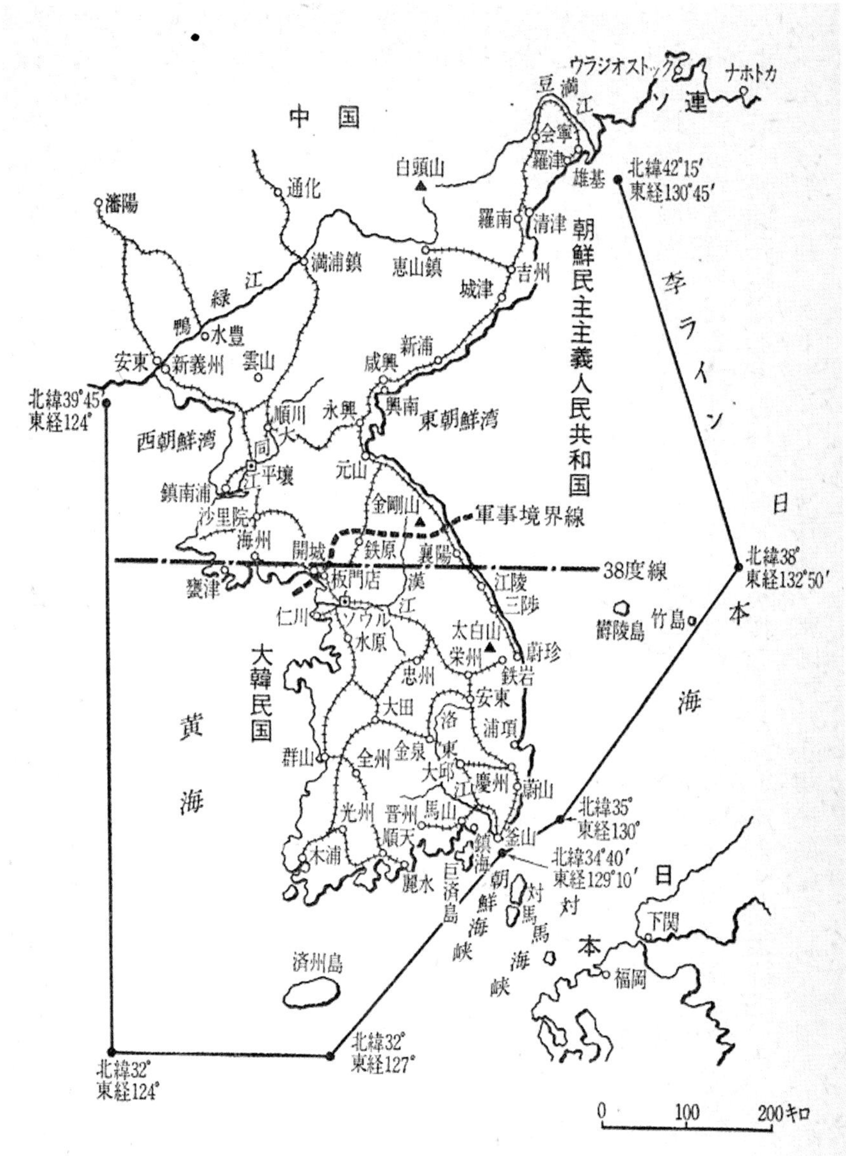

1965년, 마츠모토 히로카즈(松本博一), 『격동하는 한국』(激動する韓國)에 실린 한반도 지도, 岩波新書, n° 488, 225쪽. 〔지도 120〕 참조.

'李ライン' (이 라인)이라 표기된 평화선이 동해를 상하로 가르고 있다. 일본 저서에 실린 지도이므로 평화선 안의 독도가 '竹島' (다케시마)로 표기되어 있다.

1996년, 일본 해상보안청, 「일본의 직선기선도」, 『해상보안백서』(海上保安白書). 〔지도 121〕 참조.

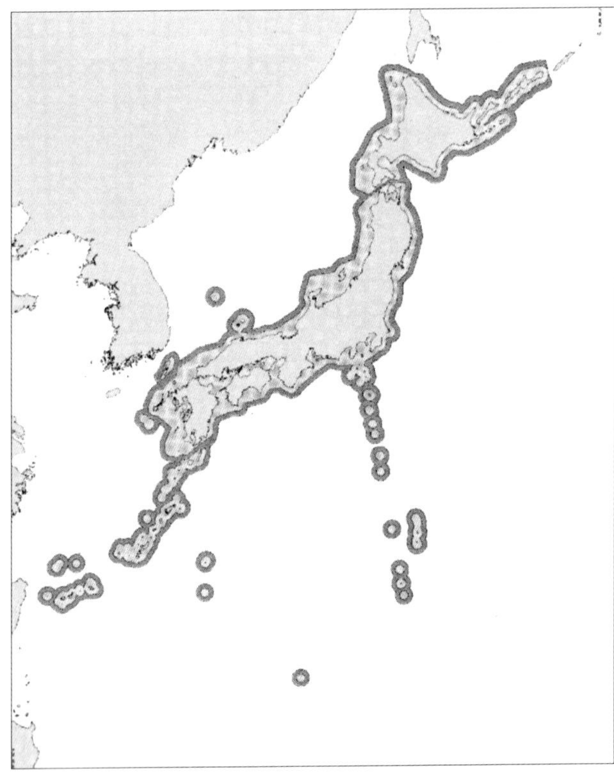

1996년, 일본 해상보안청, 「일본의 접속수역도」, 『해상보안백서』(海上保安白書). 〔지도 122〕 참조.
독도가 일본의 영해 및 접속수역에 포함되어 있다.

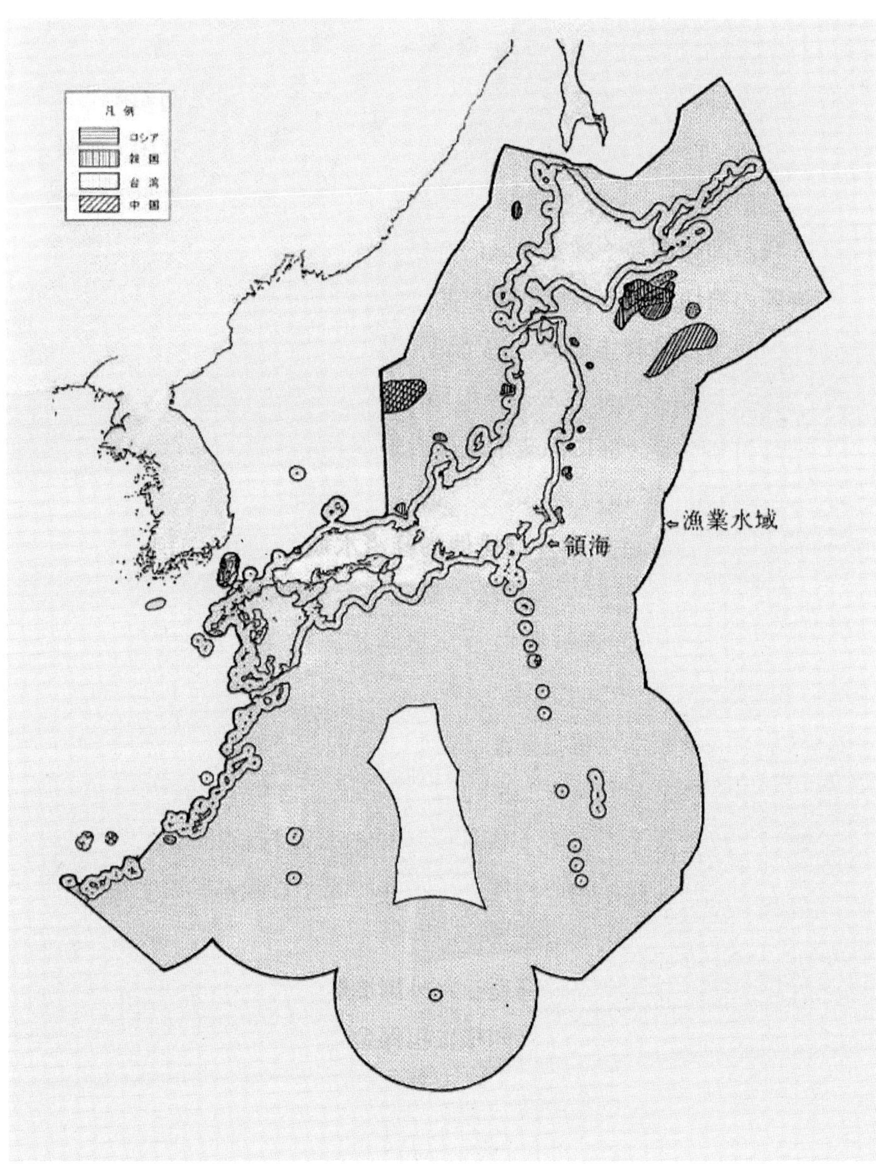

1996년, 일본 해상보안청, 「일본의 배타적 경제수역」, 『해상보안백서』(海上保安白書). [지도 123] 참조.

일본의 배타적 경제수역(EEZ)을 나타내는 이 지도에, 홋카이도 위의 쿠릴 열도 중의 4개 섬(일본에서 부르는 북방 영토)은 러시아령인데 일본 영토처럼 되어 있고, 그 주변에 일본의 배타적 경제수역이 설정되어 있다. 다케시마(독도)를 일본 영토라고 주장하는 일본은 그 주변에도 영해를 설정해 넣었다. 동해와 동중국해상의 각국의 배타적 경제수역(EEZ)은 아직 새로운 어업협정이 체결되지 않았기 때문에 그려 넣지 않았다.

2004, 일본 해상보안청, 『해상보안 레포트 2004』에 실린 「(일본) 영해 및 200해리 어업수역의 개략도」. [지도 124] 참조.
이 수역도상의 붉은색 표시는 지은이가 한 것이다.
이 지도상의 일본 수역은 일본이 일방적으로 설정한 것으로, 실제와 맞지 않는다. 곧 현재 러시아령으로 러시아가 점유하고 있는, 홋카이도 위의 쿠릴 열도 중의 4개 섬(일본에서 부르는 북방 영토) 주변뿐만 아니라, 한국령인 독도 주변에 대해서도 EEZ가 설정되어 있다. 1999년에 발효한 한-일 어업협정상의 수역도는 물론 한-중 어업협정, 일-중 어업협정에 규정된 수역도도 반영되지 않은 허구적인, 즉 거짓말을 하는 수역도이다. 또 일본의 최남단의 섬이라고 하는 오키노토리시마(沖の鳥島), 최동단의 미나미토리시마(南鳥島)는 인간이 거주하며 사회생활을 영위할 수 없는 조그만 바위이거나 무인도인데, 이 두 섬을 중심으로 각 430,000km² 의 EEZ도 설정되어 있다.
한마디로 이 수역도는 다른 나라들의 인정을 받은 것도 아니고 일본의 희망의 표시일 뿐으로, 실제와는 다르다는 점에서 경계해야 할 지도이다. 정당하게 일본의 독점 수역이 될 수 없는 태평양상의 이 수역들은 공해(公海)로 남아 있어야 하는 것이 타당하지 않은가?

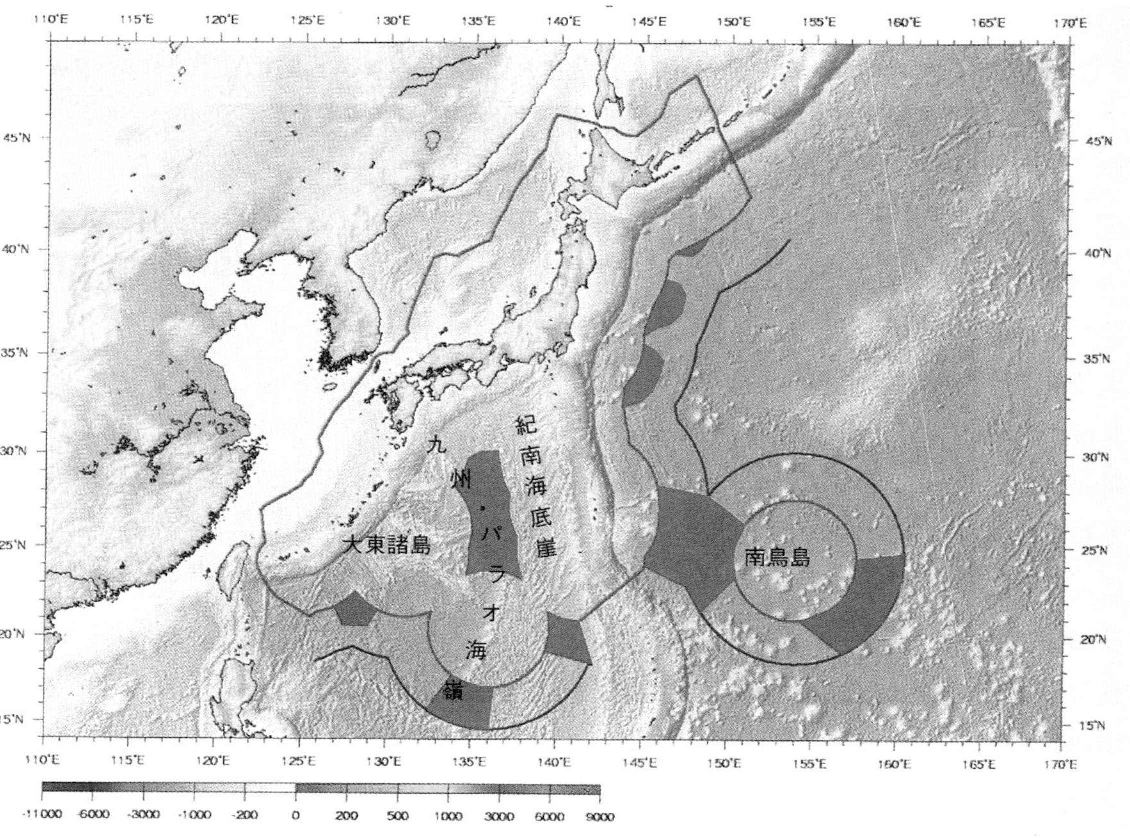

2004, 일본 해상보안청, 『해상보안 레포트 2004』에 실려 있는 「(일본의) 새로운 대륙붕 및 가능성이 있는 해역」. 〔지도 124〕 참조.

무인도를 중심으로 설정된 200해리 수역에, 이에 접한 대륙붕 수역을 합하면 일본 열도 면적의 3배도 넘는 1백만km² 이상의 수역이 된다. 자국의 수역을 넓혀 보겠다는 일본의 노력은 이해할 수 있지만, 타국의 인정을 받지 않은 이상 이 수역은 일본의 독점 수역이 될 수 없을 것이다.

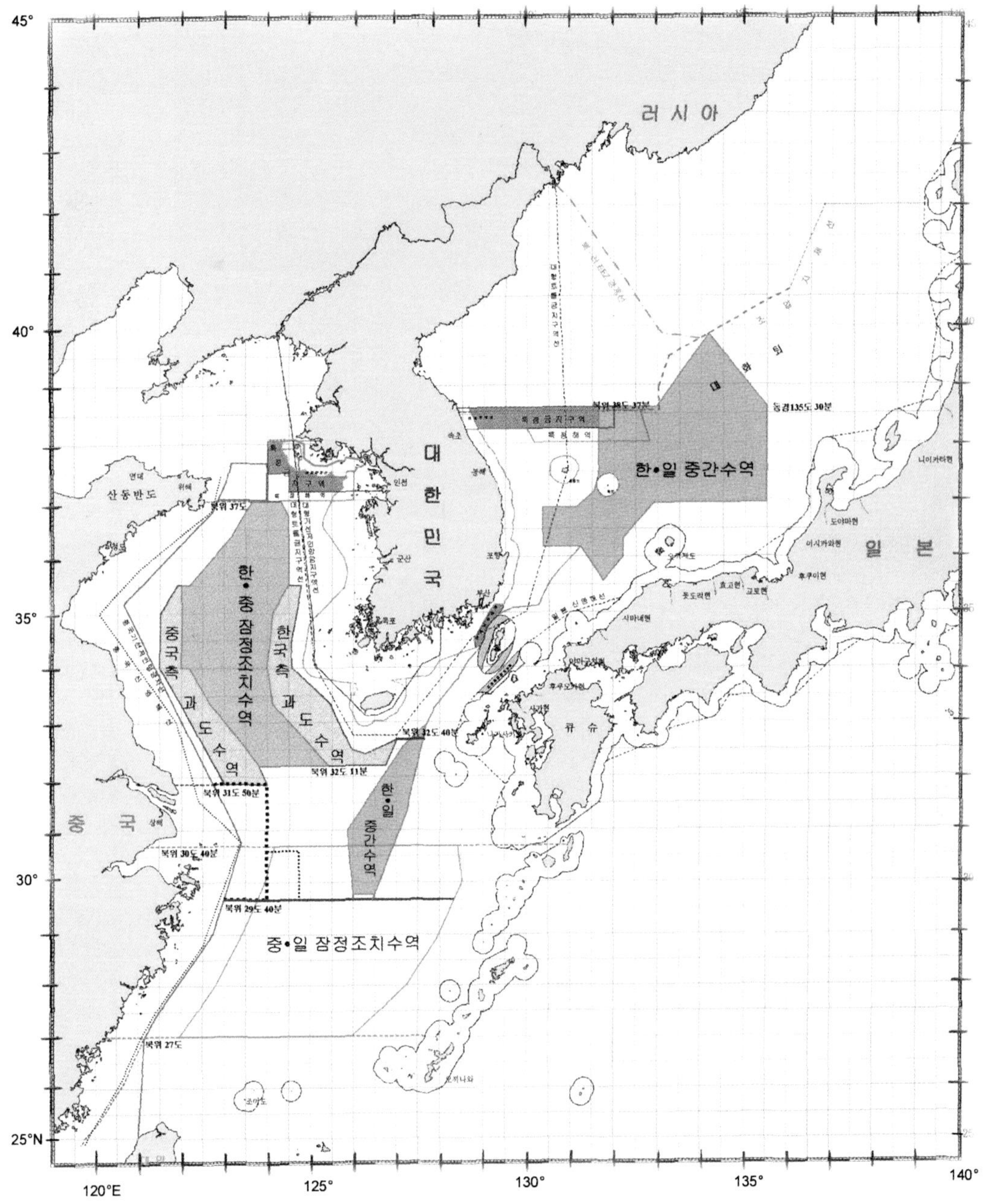

1999년에 발효한 한-중-일 어업협정상의 수역도, 해양수산부 인터넷 자료. 〔지도 128〕 참조.

이 수역도상의 중간수역을 잠정수역 또는 공동관리수역이라고도 부른다. 한국의 영토 독도가 아무 표시도 없이 이 한-일 간의 중간수역에 들어 있다.

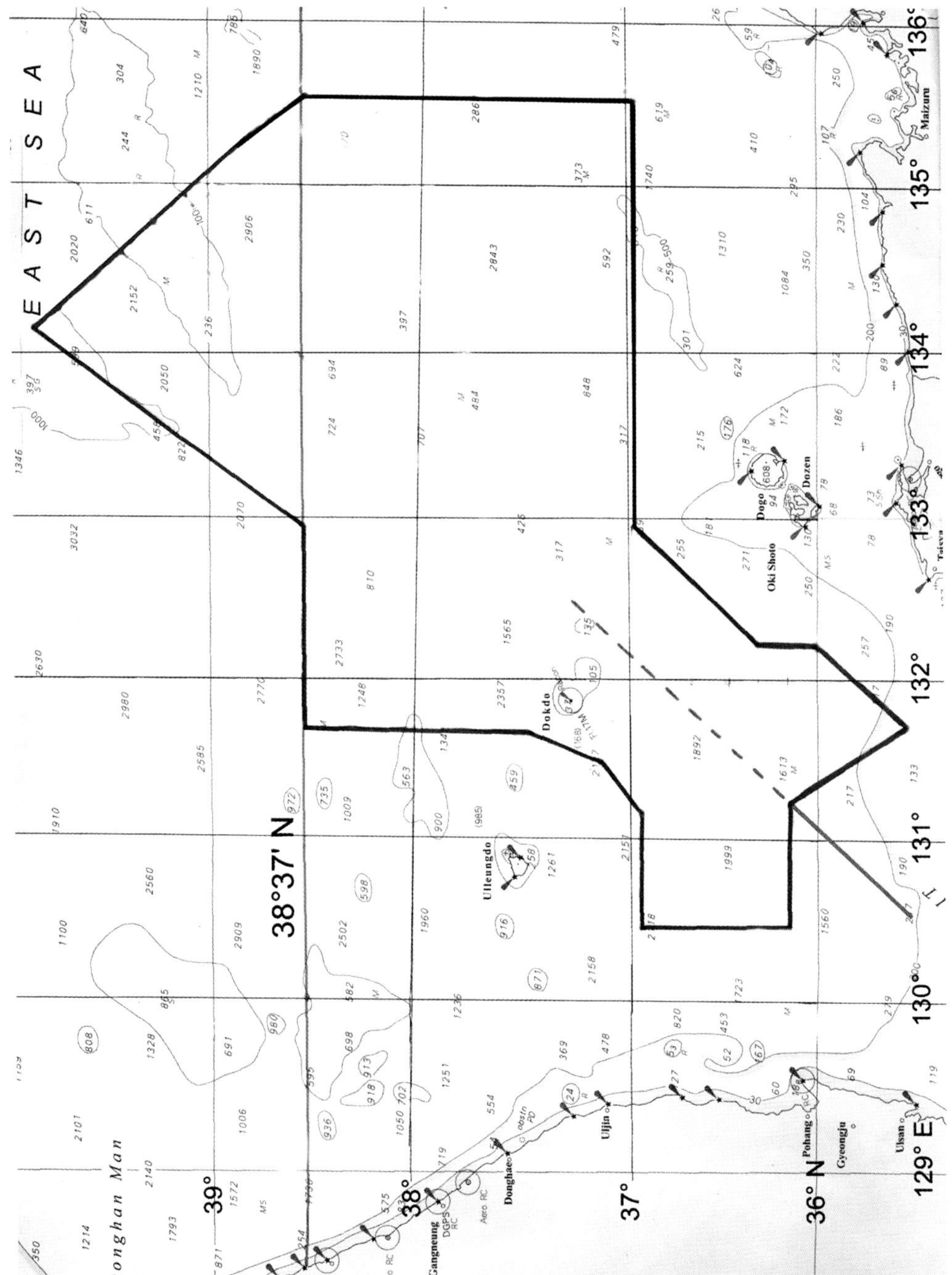

한-일 어업협정상의 동해 부분 중간수역 상세도. 〔지도 128〕 참조.

1999년 1월 23일 발효한 한-일 어업협정 제9조 1항에 규정된 동해상의 중간(잠정)수역 상세도. 이 협정상의 중간(잠정)수역 또는 공동관리수역은 좌표로 표시된 16개의 점으로 구성되는데, 그 점들을 이어 한국 해양수산부 국립해양조사원이 제작한 「동해와 황해」(East Sea and Yellow Sea)(W849) 해도에 지은이가 그려 넣은 것이다. 독도가 한국의 배타적 경제수역(EEZ)에 들어가지 않고 애매한 지위를 가지도록 하기 위한 일본의 집요한 요구 때문에 이와 같은 불필요하고 인위적인 중간수역이 설정된 것으로 보인다.

앞으로 한-일 어업협정이 개정되거나 다시 체결될 경우, 한국 정부는 현재의 중간수역을 붉은색 점선과 같이 이등분하여, 반반씩 양국의 EEZ가 되도록 해야 할 것이다. 그렇게 되어야 독도의 지위가 확고해지고, 양국의 협의에 따라야 하는 복잡한 중간수역 관리 문제도 해결될 것이다.

1959년, 프랑스의 라루스 출판사 간행 『세계지도책』(*Atlas général*) 중의 「일본-한국」(Japon-Corée) 지도, 20x29cm. 〔지도 133〕 참조.

서양에서는 최초로 이 지도에서 'Tok Do'라는 명칭이 사용되었다. 울릉도는 'Ul Reng Do'로, 대한해협은 'Detroit de Corée(Tae Han Hae Hyop)'로, 모두 바르게 표기되어 있다.

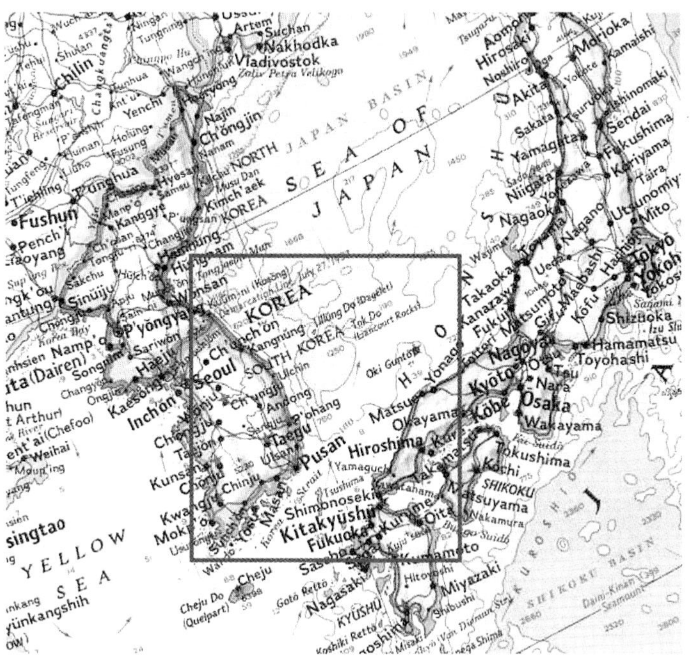

1971년, 미국의 내셔널 지오그래픽(NG) 제작 「아시아」(Asia) 지도. 〔지도 180〕 참조.

내셔널 지오그래픽(NG)은 1933년에 「아시아와 그 인접 지역」 지도에서 처음으로 독도에 대하여 'Liancourt Iwa' (리앙쿠르 바위)란 명칭을 사용했다. 'Iwa' 는 일본어인데 '바위' 라는 뜻이다. 그 후 1944년 간행한 「일본과 그 인접 지역」 지도부터는 'Take Shima(Liancourt Rocks)' 로 표기해 오다가, 1971년의 「아시아」 지도에서 비로소 처음으로 'Tok Do(Liancourt Rocks)로 표기한 후, 지금까지 그렇게 표기해 오고 있다. 다만 NG의 『세계지도책』 제8판 (2005)〔지도 183〕에서 괄호 속 '리앙쿠르 바위섬' 앞에 'Takeshima' 를 추가했다. 대신에 지금까지 사용해 온 'Sea of Japan' (일본해) 표기에 있어서는 처음으로 괄호 속에 'East Sea' (동해)를 병기했다.

1996년, 「한국 및 일본 지도」, 『대세계지도첩』(*Le Grand Atlas du monde*), Ed. de la Connaissance, Paris. 〔지도 161〕 참조.
대표적인 최신 서양 지도로 울릉도는 'Ullung Do', 독도는 'Tok Do · Take-shima'라 표기되어 있다.

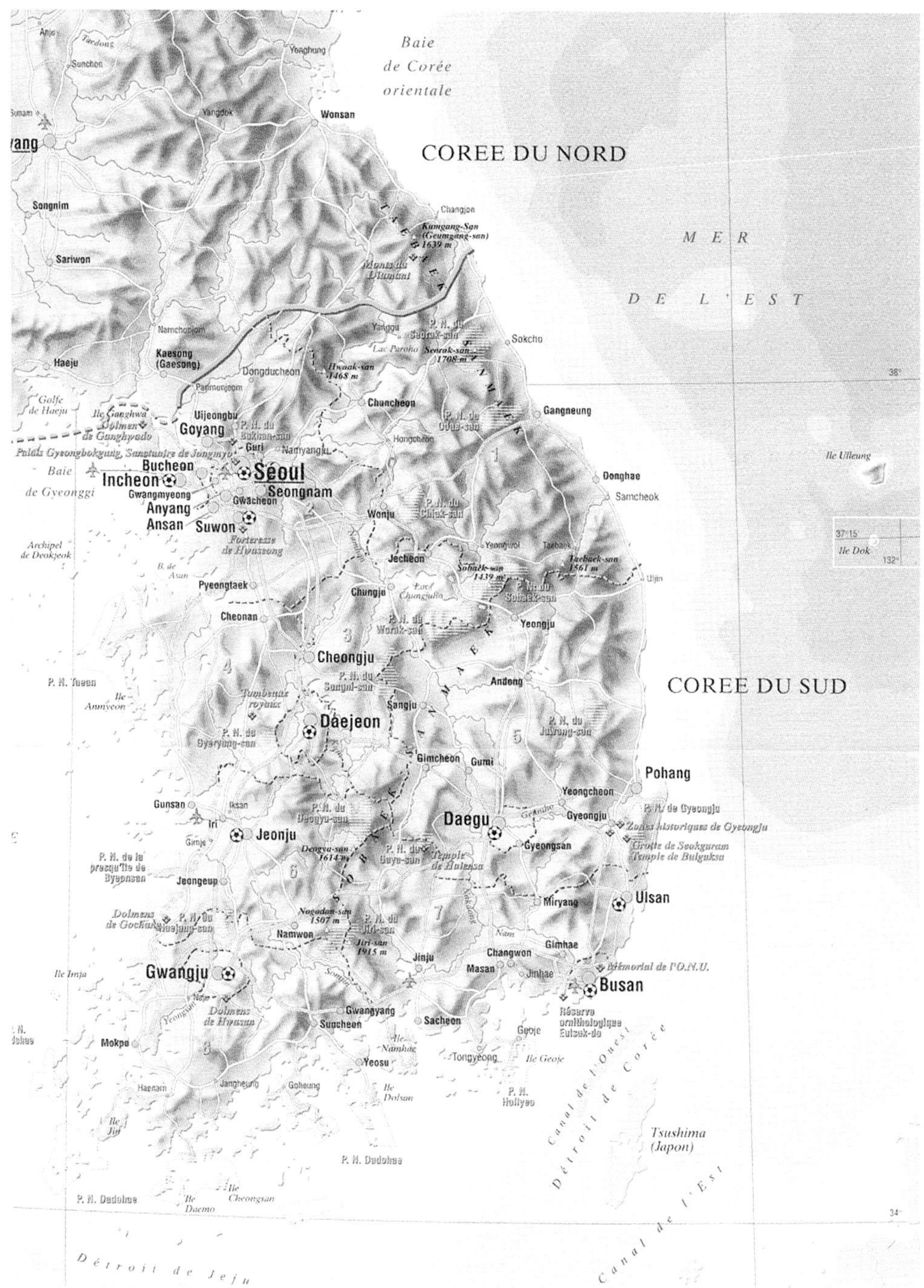

프랑스의 지리 전문 월간지 『제오』(*Géo*) 2002년 6월호에 실린 한국 특집 기사 중의 한국 지도. [지도 163] 참조.
2002년 한-일 월드컵 개최를 계기로 기획한 한국 특집에 딸린 남한 지도에 울릉도는 'Ile Ullung', 독도는 'Ile Dok'으로, 동해는 'Mer de l' Est' (동해)로 표기했다.

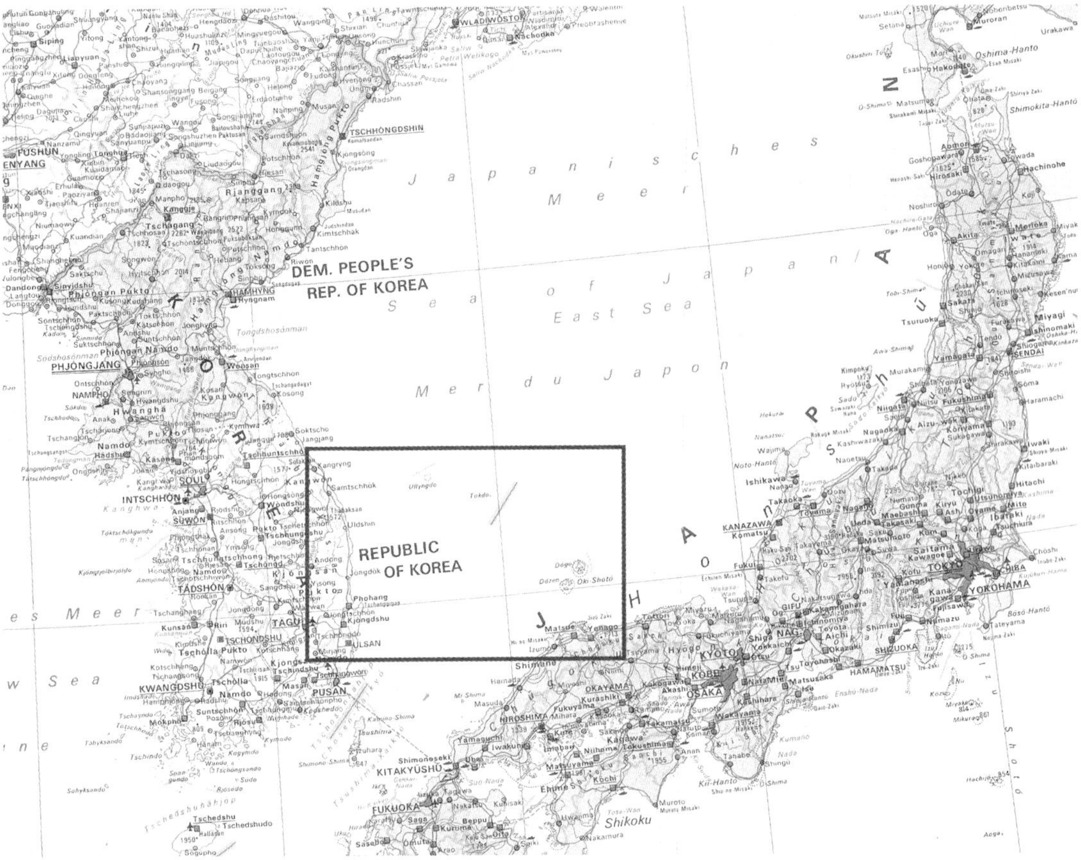

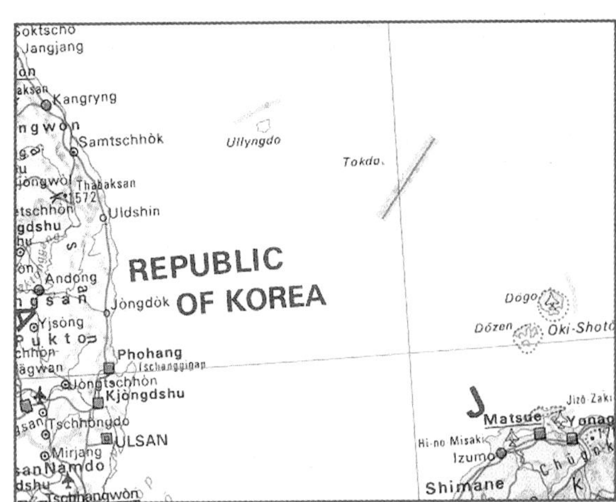

1996년, 2001년, 할와그(Hallwag, 스위스의 독일계 지도 전문 출판사)의 대형 벽걸이 지도 「중국, 극동」(China, Far East). 〔지도 166〕 참조.

울릉도는 'Ullungdo'로, 독도는 'Tokdo'로 표기하고, 그 오른쪽에 국경선을 그어 두 섬이 한국 영토임을 분명히 나타냈다. 2001년판부터는 동해를 'Sea of Japan / East Sea'로 병기하고 있다.

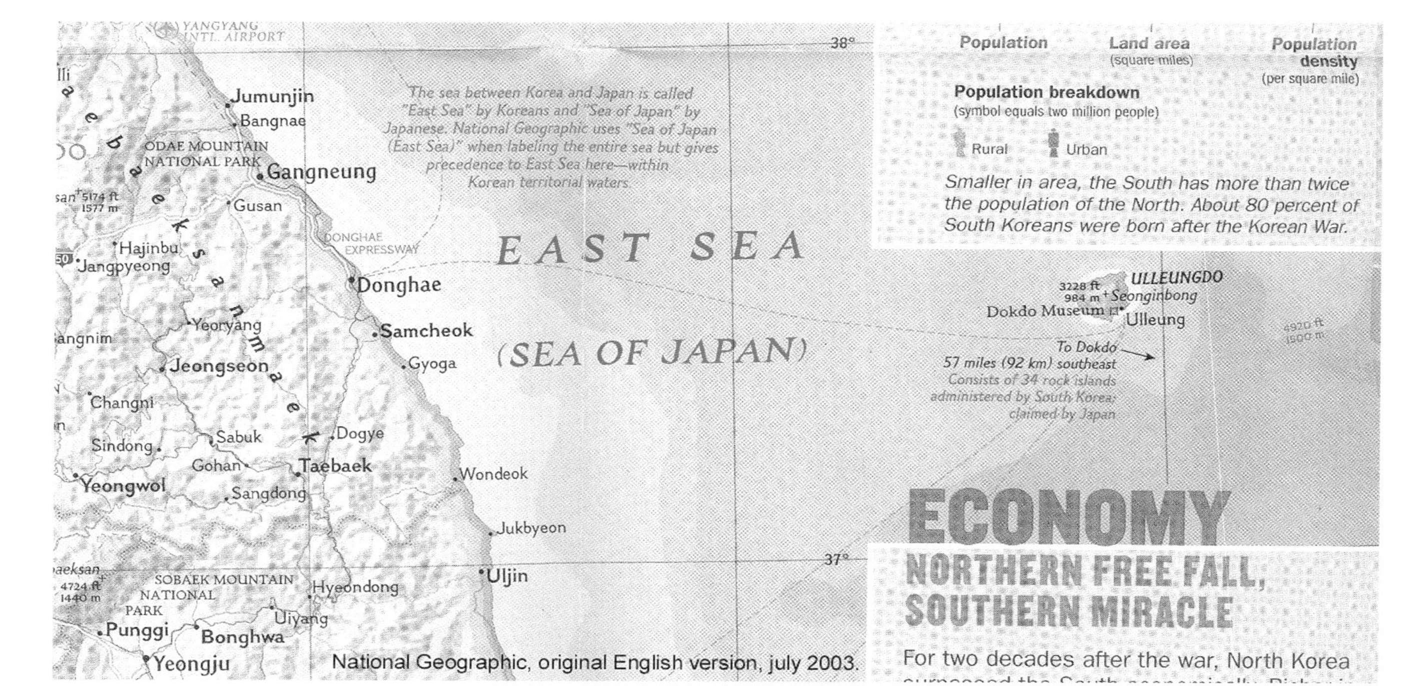

내셔널 지오그래픽 (National Geographic) 매거진 2003년 7월호, 비무장지대 특집에 딸린 지도의 영문 원판, 「두 개의 코리아」(The Two Koreas). 〔지도 181-A〕 참조.
동해를 'East Sea (Sea of Japan)', 독도는 'Dokdo'로 표기하고, 울릉도 바로 아래 "남동쪽으로 92km→"로 기재했다.

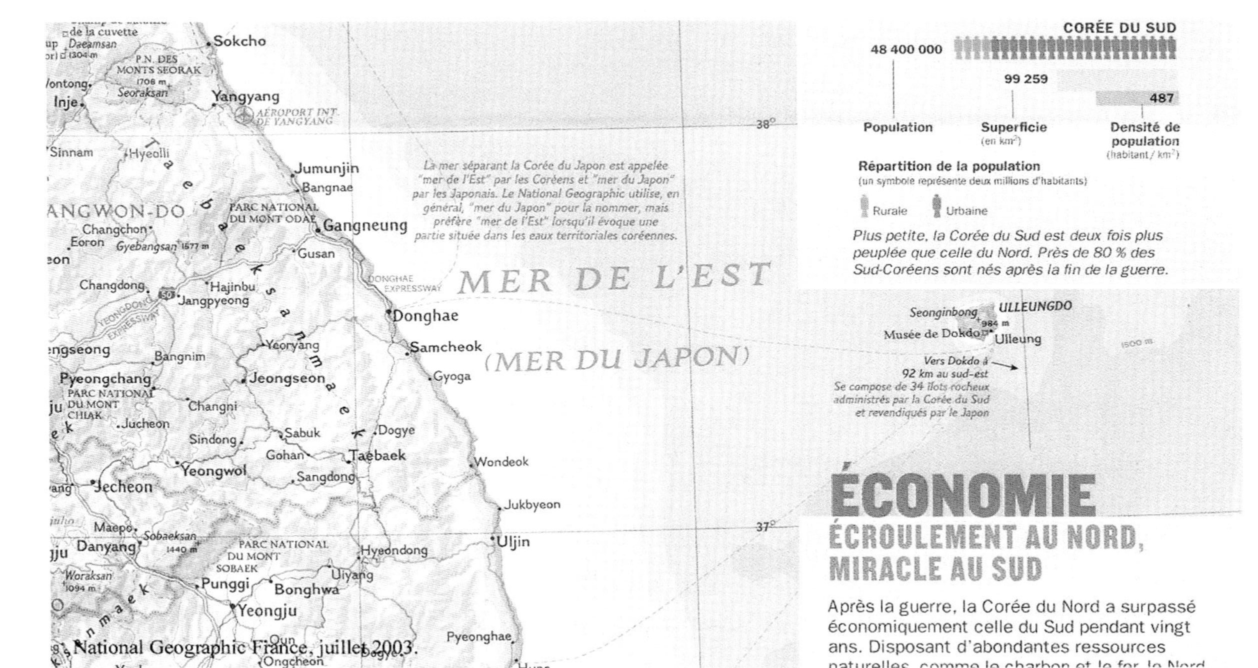
CORÉE DU SUD
48 400 000
99 259
487
Population
Superficie
(en km²)
Densité de population
(habitant / km²)
Répartition de la population
(un symbole représente deux millions d'habitants)
Rurale
Urbaine
Plus petite, la Corée du Sud est deux fois plus peuplée que celle du Nord. Près de 80 % des Sud-Coréens sont nés après la fin de la guerre.
La mer séparant la Corée du Japon est appelée "mer de l'Est" par les Coréens et "mer du Japon" par les Japonais. Le National Geographic utilise, en général, "mer du Japon" pour la nommer, mais préfère "mer de l'Est" lorsqu'il évoque une partie située dans les eaux territoriales coréennes.
MER DE L'EST
(MER DU JAPON)
ULLEUNGDO
Seonginbong
984 m
Musée de Dokdo
Ulleung
Vers Dokdo à 92 km au sud-est
Se compose de 34 îlots rocheux administrés par la Corée du Sud et revendiqués par le Japon
ÉCONOMIE
ÉCROULEMENT AU NORD, MIRACLE AU SUD
Après la guerre, la Corée du Nord a surpassé économiquement celle du Sud pendant vingt ans. Disposant d'abondantes ressources
Sokcho
Yangyang
AÉROPORT INT. DE YANGYANG
P.N. DES MONTS SEORAK
Seoraksan
Inje
Sinnam
Hyeolli
Jumunjin
Bangnae
ANGWON-DO
PARC NATIONAL DU MONT ODAE
Gangneung
Changchon
Eoron
Gyebangsan
Gusan
Changdong
Hajinbu
Jangpyeong
DONGHAE EXPRESSWAY
Donghae
Samcheok
Gyoga
Bangnim
Yeoryang
Pyeongchang
PARC NATIONAL DU MONT CHIAK
Jeongseon
Changni
Jucheon
Sindong
Sabuk
Dogye
Gohan
Taebaek
Yeongwol
Sangdong
Wondeok
Jecheon
Jukbyeon
Maepo
Sobaeksan
Danyang
PARC NATIONAL DU MONT SOBAEK
Hyeondong
Uljin
Woraksan
Punggi
Uiyang
Bonghwa
Yeongju
Pyeonghae
Ongcheon
38°
37°
National Geographic France, juillet 2003.

내셔널 지오그래픽 매거진 2003년 7월호, 비무장지대 특집에 딸린 지도의 불어판, 「두 개의 코레」(Les deux Corées). (지도 181-B) 참조.
영어 원판의 프랑스어 번역이므로 영어 원판과 동일하다.

내셔널 지오그래픽 매거진 2003년 7월호, 비무장지대 특집에 딸린 지도의 일본어판, 「분단된 조선 반도」. 〔지도 181-C〕 참조.

모든 지도에는 '일본해'(日本海) 하나만을 사용했고, 울릉도는 표시했으나, 독도에 관련된 부분은 모두 삭제했으며, 대한해협은 '쓰시마해협'(對馬海峽)으로 되어 있다.

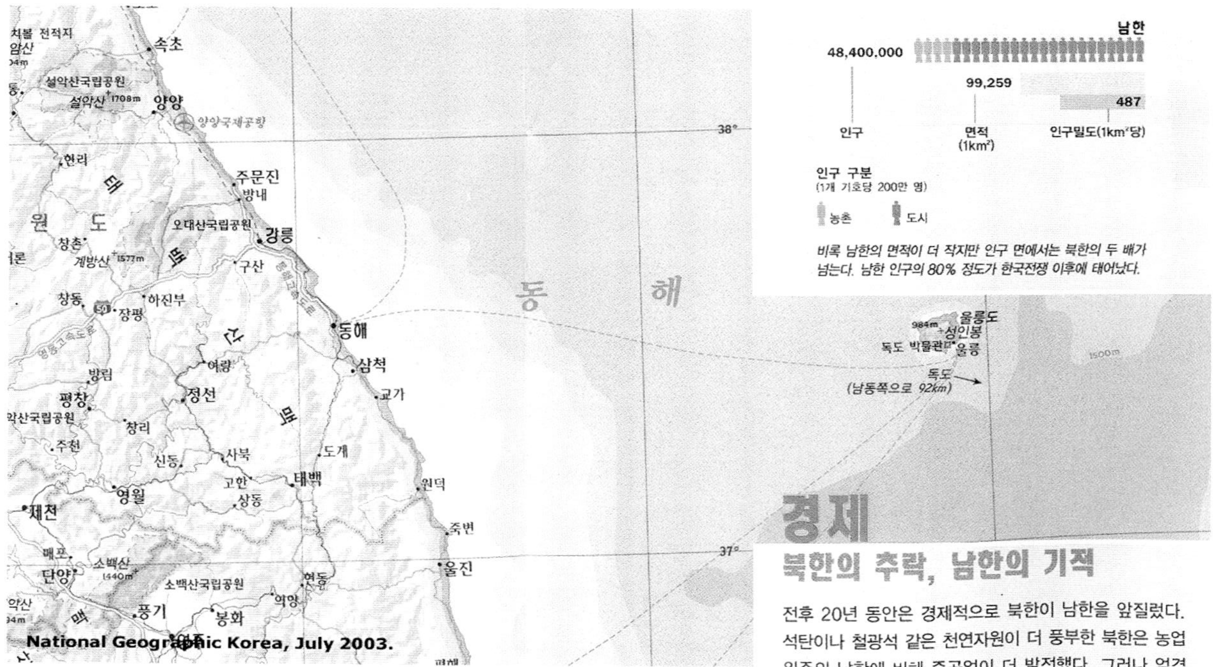

내셔널 지오그래픽 매거진 2003년 7월호, 비무장지대 특집에 딸린 지도의 한국어판, 「둘로 나누어진 한반도」. [지도 181-D] 참조.

모든 지도에 '동해'로 표기했고, 울릉도 아래 '독도(남동쪽으로 92km→)'로 되어 있고, 영문 원판의 설명은 빠져 있다. 대한해협의 경우, 쓰시마 위는 '대한해협', 아래는 '쓰시마 해협'으로 되어 있다.

1999년, 내셔널 지오그래픽 발간, 『세계지도책』(*The Atlas of the World*) 제7판, 32x47cm, 280쪽. [지도 182] 참조.

세계적으로 권위를 인정받는 이 지도책의 제7판까지, 동해는 '일본해'(Sea of Japan)로, 독도는 'Tok-do (Liancourt Rocks)'로, 대한해협은 'Korea Strait'로 표기되어 왔다.

2004년, 내셔널 지오그래픽 발간, 『세계지도책』(*The Atlas of the World*) 제8판, 32x47cm, 416쪽. [지도 183] 참조.

이 지도책의 제8판에서 처음으로 '일본해(동해)' [Sea of Japan (East Sea)] 병기 원칙을 적용했고, 독도는 '독도(다케시마, 리앙쿠르 바위섬)' [Dokdo (Take Shima, Liancourt Rocks)]로 표기한 다음, "한국이 행정적으로 관할하고 있으나 일본이 영유(領有)를 주장함"(Administered by South Korea; claimed by Japan)이라고 붉은 글씨로 주를 달았다.

이는 NG가 한국의 요구를 수용하여 '동해'를 병기한 대신, 이에 항의한 일본의 요구를 받아들여 전에 없던 '다케시마'를 '독도' 뒤 괄호 속에 '리앙쿠르 록스'와 함께 넣었음을 뜻하는 것이다.

여러 장의 지도 중 한 장에 대한해협에 대하여 'Korea Strait' 다음에 처음으로 '쓰시마해협'(Tsushima Strait)이 한 번 들어갔다. 이것도 일본의 요구 때문이었을 것이다.

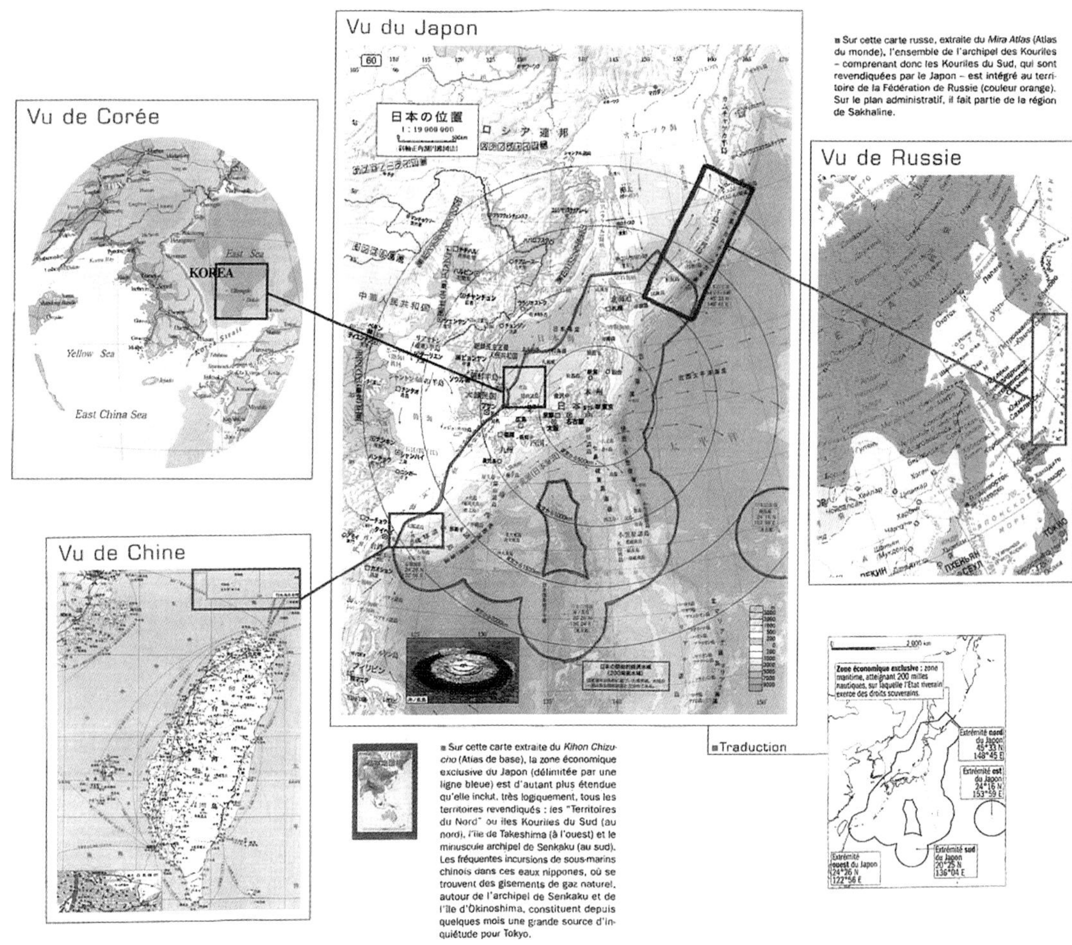
Vu du Japon
日本の位置
Vu de Corée
East Sea
KOREA
Yellow Sea
East China Sea
Vu de Chine
Vu de Russie
■ Sur cette carte russe, extraite du *Mira Atlas* (Atlas du monde), l'ensemble de l'archipel des Kouriles – comprenant donc les Kouriles du Sud, qui sont revendiquées par le Japon – est intégré au territoire de la Fédération de Russie (couleur orange). Sur le plan administratif, il fait partie de la région de Sakhaline.
■ Sur cette carte extraite du *Kihon Chizucho* (Atlas de base), la zone économique exclusive du Japon (délimitée par une ligne bleue) est d'autant plus étendue qu'elle inclut, très logiquement, tous les territoires revendiqués : les "Territoires du Nord" ou îles Kouriles du Sud (au nord), l'île de Takeshima (à l'ouest) et le minuscule archipel de Senkaku (au sud). Les fréquentes incursions de sous-marins chinois dans ces eaux nippones, où se trouvent des gisements de gaz naturel, autour de l'archipel de Senkaku et de l'île d'Okinoshima, constituent depuis quelques mois une grande source d'inquiétude pour Tokyo.
■ Traduction
2 000 km
Zone économique exclusive : zone maritime, atteignant 200 milles nautiques, sur laquelle l'État riverain exerce des droits souverains.
Extrémité nord du Japon 45°33 N 148°45 E
Extrémité est du Japon 24°16 N 153°59 E
Extrémité sud du Japon 20°25 N 136°04 E
Extrémité ouest du Japon 24°26 N 122°56 E

프랑스의 주간지 『쿠리에 앵테르나쇼날』(*Courrier International*)이 2005년 3월 발간한 책자 「지도 도록」(Atlas des atlas)에 실린 지도 중의 하나, 26.5x35.0cm. 〔지도 185〕 참조.

일본이 일방적으로 설정한 EEZ에 포함된 영토 분쟁 지역에 대해, 해당 각국의 지도를 대응시켜 서로 상반된 견해를 비교했다. 또 세계적으로 쓰이고 있는 '일본해' 명칭에 대해, 한국은 '동해'를 주장한다는 사실도 한국 지도를 통해 크게 부각시켰다.

참고 자료 및 도서 목록

프랑스 국립고문서관 (Archives Nationales) 소장 해군성 자료 (Archives de la Marine)

○ Inventaire

· Les Archives nationales : *Etat général des fonds*, tome III, Marine et Outre-Mer, publié sous la direction de Jean Favier, Paris, 1980, in-8, 713 p.

○ CC4. Navigation commerciale

· CC4 989. Inscription maritime et police de la navigation : enregistrement de la correspondance à l'arrivée, 1850.

○ CC5. Pêches

· CC5 611. Peche à la baleine : déclarations de retour et procès-verbaux d'interrogatoires des équipages de baleiniers, 1840~1854.

○ 3 JJ. Observations scientifiques et géographiques

· 3 JJ 366. Mers de Chine : récifs, hauts-fonds, cartographie et hydrographie, balisage, mouillage, 1761~1900 —Vol. 96, pièce n° 22, une 'roche' découverte par le baleinier, *Le Liancourt*.

· 3 JJ 372 et 374. Cotes de Chine et de Corée, îles Haï-nan et Formose, 1655~1929.

· 3 JJ 381. Japon, îles Kouriles, Kamtchatka, Corée, 1751~1914.

· 3 JJ 386 à 389. Voyage de La Pérouse, 1780~1788.

· 3 JJ 393 à 396. Voyage de Dumont d'Urville, 1839~1850.

· 3 JJ 397. Voyage d'Entrecasteaux, 1783~1794.

○ 4 JJ. Journaux de bord

· 4 JJ 426 A à 428. Voyages dans l'Inde, en Chine, dans l'océan Pacifique et aux Antilles, 1845~1869.

○ 5 JJ. Voyages et missions hydrographiques

· 5 JJ 1 à 23. Voyage d'Entrecasteaux à la recherche de La Pérouse, 1788-an VII.

· 5 JJ 127 A à 158 bis. Voyage de Dumont d'Urville sur l'*Astrolabe* et la Zélée, 1836~1841.

○ 6 JJ. Cartes

· 6 JJ 1. Voyages de Bougainville et de La Pérouse, 1768~1788.

· 6 JJ 2 et 3. Voyage d'Entrecasteaux, 1792~1793.
· 6 JJ 13 à 15. Missions hydrographiques dans divers océans, dont Extême-Orient, 1816 ~1872.
· 6 JJ 20 à 26. Missions hydrographiques dans divers océans, dont Extême-Orient, 1790 ~1890.
· 6 JJ 30 à 40. Cartes hydrographiques, dont l'Extreme-Orient, 1347~1869.

센느-마리팀 도립 고문서관 (Archives Départementales de la Seine-Maritime, Rouen)

○ 6 P 5. Inscriptions maritimes du Havre, officiers mariniers et matelots.
· 6 P 5 / 105. Table générale, De Souza, Galorte, dit Lopès, Jean, fol. 764, numéro 1527.
· 6 P 5 / 95, 109, 144, 202, 301. Notice individuelle, n° 1527, De Souza, Galorte, dit Lopès (Lopez).

구(舊) 옹플뢰르 박물관 (Musée du Vieux Honfleur)

· Pêche de la baleine, déclaration de retour du capitaine du Liancourt, arrondissement de Cherbourg, sous-arrondissement du Havre.

프랑스국립도서관 (Bibliothèque Nationale de France, BNF)

A. 지도-도면부 (Département des Cartes et Plans, DCP)

프랑스 해군 수로지 및 항해지침서(Hydrographie française)

· Dépôt Général de la Marine, *Annales hydrographiques*, Paris, Imprimerie Administrative de Paul Dupont. (BNF, DCP, Ge FF 78 c)
1850 T.4, 1854~55 T.10, 1856 T.11, 1858 T.15, 1861 T.20.
· Dépôt des Cartes et Plans de la Marine, *Renseignements hydrographiques sur les îles Formose et Lou-Tchou, la Corée, la Mer du Japon, les îles du Japon (ports d'Hakodaki, Nangasaki, Simoda et Yedo), et la mer d'Okhotsk*, Paris, Imprimerie Administrative de Paul Dupont.
1859, 1ère éd. n° 277. (BNF, DCP, Ge FF 78 [277 AS])
1860, 2e éd., n° 298. (BNF, DCP, Ge FF 78 [98])
1861, 3e éd., n° 329. (BNF, DCP, Ge FF 78 [329])
1867, 4e éd., n° 432. (BNF, DCP, Ge FF 78 [432])
· Service Hydrographique de la Marine, *Instructions nautiques sur la mer et les îles du Japon, comprenant la Corée, la Tartarie russe et la mer d'Okhotsk*, Paris, Imprimerie Nationale, 1895, n° 767. (BNF, DCP, Ge FF 78 [767 AS])
· Service Hydrographique de la Marine, *Instructions nautiques - Océan Pacifique Ouest - Mer du Japon*, 1928. (BNF, DCP, Ge FF 78 [344])

· Service Hydrographique de la Marine, *Instructions nautiques - Série K (II) - Mer du Japon*, 1955. (BNF, DCP, Ge FF 78, K II)
· Service Hydrographique de la Marine, *Instructions nautiques - Série K, volume II - Mer du Japon et ses abords*, 1971. [BNF, DCP, Ge FF 78, K II)
· Service Hydrographique et Océanographique de la Marine (SHOM), *Instructions nautiques, Mer du Japon et ses abords (K2-INA)*, Paris, 1983, Serie K, vol. 2. (BNF, DCP, Ge FF 78, K II)

영국 해군 수로지 및 항해지침서 (Hydrographie anglaise)

○ *China Pilot* (BNF, DCP, Ge FF 36 x-1)
· 1st Ed. 1855, China only.
· 2nd Ed. 1858, China, Japan, Korea.
· 3rd Ed. 1861, China, Japan, Korea.
· 4th Ed. 1864, China, Japan, Korea.

○ *China Pilot*, Vol. 1, 1867, China. (BNF, DCP, Ge FF 36 x-1)
Vol. 2, 1868, China. (BNF, DCP, Ge FF 36 x-1)
Vol. 3, 1868, China. (BNF, DCP, Ge FF 36 x-1)
○ *China Pilot*, Vol. 4, "Korea & Japan". (BNF, DCP, Ge FF 36 x-1)
· 1st Ed., 1873 ; 2nd Ed., 1884 ; 3rd Ed., 1894.
↓
○ *Sailing Directions for Japan, Korea and Adjacent Seas* (BNF, DCP, Ge FF 36 x-2)

↓	↓
○ *Japan Pilot*	○ *East Coasts of Korea and Siberia and Sea of Okhotsk Pilot*
↓	↓
Vol. 1 (Ge FF 36 x-2)	(Ge FF 36 x-4)
· 1st Ed. 1904	↓
· 2nd Ed. 1914	· 1st Ed. 1913 (낙질)
· 3rd Ed. 1926	· 2nd Ed. 1927
· 4th Ed. 1938	· 3rd Ed. 1937 (낙질)
· 5th Ed. 1952	· 4th Ed. 1952
· 6th Ed. 1966	· 5th Ed. 1966
· 7th Ed. 1982	· 6th Ed. 1983
Vol. 2 (Ge FF 36 x-3)	

· *The China Pilot - The Coasts of China and Tartary from Canton River to the Sea of Okhotsk ; with the adjacent Islands*, published by order of the Lords Commissioners of the Admiralty, London, printed for the Hydrographic Office, Admiralty, and sold by J.D. Potter. (BNF, DCF, Ge FF 36 x-1)
1st Edition, 1855 ; 2nd Edition, 1858.
· *The China Pilot - The Coasts of China, Korea, and Tartary ; The Sea of Japan, Gulfs of Tartary and Amur, and Sea of Okhotsk ; and the Babuyan, Bashi, Formosa, Meiaco-*

sima, Lu-chu, Ladrones, Bonin, Japan, Saghalin, and Kuril Islands, 3rd Edition, 1861. (BNF, DCP, Ge FF 36 x-1)
· *Id.*, 4th Edition, 1864.(BNF, DCP, Ge FF 36 x-1)
· *The China Sea Directory, vol. IV, comprising the Coasts of Korea, Russian Tartary, the Japan islands, Gulfs of Tartary and Amur, and the Sea of Okhotsk ; also the Meiaco, Liu-kiu, Linschoten, Mariana, Bonin, Saghalin, and Kuril Islands*, London, Hydrographic Office, Admiralty, 1st Edition, 1873. (BNF, DCP, Ge FF 36 x-1)
· *Id.*, 2nd Edition, 1884. (BNF, DCP, Ge FF 36 x-1)
· *Id.*, 3rd Edition, 1894. (BNF, DCP, Ge FF 36 x-1)
· *Sailing Directions for Japan, Korea, and adjacent Seas, from Yalu River, the Boundary between Korea and China, to the Komandorski Islands ; also the Ogasawara (Bonin) Islands, &c., Southward of Japan, and the Kuril Islands. Formerly published as China Sea Directory*, vol. IV, London, Hydrographic Office, Admiralty, 1st Edition, 1904, sold by J.D. Potter, Agent for the Sale of Admiralty Charts. (BNF, DCP, Ge FF 36 x-2)
· *Japan Pilot or Sailing Directions for Ogasawara (Bonin) and other Islands Southward of Japan, the Japanese Islands, and the Kuril Islands*, London, Hydrographic Office, Admiralty, 2nd Edition, 1914, 2 vol. : vol. 1 (BNF, DCP, Ge FF 36 x-2], vol. 2 (BNF, DCP, Ge FF 36 x-3)
· *Japan Pilot, vol. I*, London, Hydrographic Office, Admiralty, 3rd Edition, 1926. (BNF, DCP, Ge FF 36 x-2)
· *Japan Pilot, vol. I*, London, Hydrographic Office, Admiralty, 4th Edition, 1938. (BNF, DCP, Ge FF 36 x-2)
· *Japan Pilot, vol. I, comprising Honshu (except its Southern Coast), Hokkaido, the Southern Coast of Sakhalin, and the Kuril Islands*, London, Hydrographic Department, Admiralty, 5th Edition, 1952. (BNF, DCP, Ge FF 36 x-2)
· *East Coasts of Korea and Siberia and Sea of Okhotsk Pilot, including The Eastern Coast of Asia from the South-West Extreme of Korea to cape Shipunski on the East Coast of Kamchatka Peninsula*, London, Hydrographic Office, Admiralty, 1st Edition, 1913. (BNF, 낙권)
· *East Coasts of Korea and Siberia and Sea of Okhotsk Pilot*, London, Hydrographic Office, Admiralty, 2nd Edition, 1927. (BNF, DCP, Ge FF 36 x-4)
· *Id.*, 3rd Edition, 1937. (BNF, 낙권)
· *South and East Coasts of Korea, East Coast of Siberia, and Sea of Okhotsk Pilot, comprising the Coast from the South-Western Extreme of Korea to Mys Shipunsky on the East Coast of Kamchatka ; and Quelpart, Tsu Shima and Sakhalin*, London, Hydrographic Department, Admiralty, 4th Edition, 1952. (BNF, DCP, Ge FF 36 x-4)
· *N.P. 41, Japan Pilot, vol. I*, London, The Hydrographer of the Navy, 6th Edition, 1966. (BNF, DCP, Ge FF 36 x-2)
· *N.P. 41, Japan Pilot, vol. I*, London, The Hydrographer of the Navy, 7th Edition, 1982. (BNF, DCP, Ge FF 36 x-2)
· *N.P. 43, South and East Coasts of Korea, East Coast of Siberia, and Sea of Okhotsk Pilot*, London, The Hydrographer of the Navy, 5th Edition, 1966. (BNF, DCP, Ge FF 36 x-4)
· *N.P. 43, South and East Coasts of Korea, East Coast of Siberia, and Sea of Okhotsk Pilot*, London, The Hydrographer of the Navy, 6th Edition, 1983. (BNF, DCP, Ge FF 36 x-4)

미국 해군 수로지 및 항해 지침서 (Hydrographie Américaine)

- PUB, n° 97, 2nd Edition, 1951, Change n° 9, Oct. 1964 : *Sailing Directions for Southeast Coast of Siberia and Korea*, published by the U.S. Naval Oceanographic Office under the authority of the Secretary of the Navy, US Government Printing Office, Washington. (BNF, DCP, Ge FF 2695 bis [97-1963])
- *Id.*, Chage n° 10, Jan. 1967. (BNF, DCP, Ge FF 2695 bis [97-1967])
- PUB. 157, *Sailing Directions (Enroute), Coasts of Korea and China*, Prepared and published by the Defense Mapping Agency, Copyright by The US Government, 7th Edition, 1995.

B. 동양필사본부 (Département des Manuscrits Orientaux, DMsOr)

1866년 프랑스 해군이 강화 외규장각에서 가져와 프랑스국립도서관(BNF)에 넘겨준 조선 왕실 의궤 등의 전적 외에 이 도서관이 소장하고 있는 한국 고문서는 1911년 3월 27~30일 파리의 드루오(Drouot) 경매장에서 초대 주한 프랑스 공사 콜랭 드 플랑시 (Collin de Plancy, 1853~1922) 소장품 경매가 있었을 때 구입한 것이다.

이들 한국 고문서들은 동양필사본부(DMsOr)에 소장되어 있다. 그 중 플랑시 컬렉션에서 온 것은 고서 72종(한국본, DMsOr, Coréen 1번부터 72번), 지도와 지도책 30종(Coréen 73번부터 102번), 도표, 달력, 부적(符赤) 등 5종(Coréen 103번부터 108번)이다.

한국본 109번은 흔히 『직지』 또는 『직지심경』이라 부르는 『白雲和尙抄錄佛祖直指心體要節』(백운화상초록불조직지심체요절) 하권(下卷)이다. 이 책은 1377년에 청주 교외 홍덕사에서 세계 최초로 주조된 금속 활자를 사용하여 찍은 책이다. 현존하는 금속 활자본으로는 세계에서 가장 오래된 책이다.

110번은 같은 해(1377년)에 인쇄된 것으로 보이는 목판본 불경 『六祖大師法寶壇經』(육조대사법보단경)이다.

이 두 책은 우키요에(浮世繪) 수집가 앙리 베베르(Henri Vever)가 구입하여 소장하고 있다가, 그가 세상을 떠난 후 그의 유언에 따라 프랑스국립도서관에 기증된 것이다.

동양필사본부 소장 자료 중 독도와 관련이 있는 지도와 지도첩은 한국본(Coréen) 74번 「여지도」(輿地圖, 지도 26매, 1644년 이후), 75번 조선 지도첩(「대조선국전도」를 포함한 11매, 1890년경), 91번 제목이 없는 16세기 조선전도, 그리고 일본본(Japonais) 562번 이토 세이조의 『대일본분현지도』(지도 50매, 1910년) 등이다.

서양 저서 및 논문

저서

- Allen, Phillip, *L'Atlas des atlas, le monde vu par les cartographes*, Ed. Brepols, Turnhout (Belgique), 1993, 160 p.
- Broughton, William Robert, *A Voyage of discovery to the North Pacific Océan, 1795-98*, in which the Coast of Asia, from the lat. of 35° north to the lat. of 52°, the island of Insu, the north, south, and east coasts of Japan, the Lieu-chieu and the adjacent isles, as

well as the coast of Corea, have been examined and surveyed, performed in his Majesty's sloop *Providence*, in the years 1795, 1796, 1797, 1798, London, 1804, xi+v+322 p., with charts.

· Charliat, Pierre-Jacques, *Histoire universelle des explorations*, Paris, Nouvelle Librairie de France F. Sant'andrea, 4 vol., Cf. Vol. 3, pp. 217~233.

· Colnett, James (Cap. of the Royal Navy), *A Voyage of the South Atlantic and round Cape Horne into the Pacific Ocean*, for the purpose of extending the Spermaceti Whale Fisheries, and other objects of commerce, by asserting the parts, bays, harbours, and anchoring births, in certain islands and coasts in these seas at which the ships of the British Merchants might be refitted, in the ship *Rattler*, London, W. Bennett, 1798, vi+305 p. (BNF - 4°p2 27)

· De Brossard, M., *Rendez-vous avec La Pérouse à Vanikoro*, Paris, Ed. France-Empire, 1964.

· Du Pasquier, Thierry, *Les Baleiniers français au XIXème siècle, 1814~1868*, Grenoble, Ed. Terre et Mer 4 Seigneurs, 1982, in-4°, 256 p.

· Fleuriot de Langle, P., *La Tragique expédition de La Pérouse et Langle*, Paris, Hachette, 1954.

· Harley, J.B. & Woodward, David, *Cartography in the Traditional East and Southeast Asian Societies*, The History of Cartography, vol. II, Book 2, Chigago & London, The University of Chicago Press, 1994, XXVII+970 p.

· Klaproth, Jules, *San kokf tsou ran to sets* (*Aperçu général des Trois Royaumes*), 1832, vol. 1, vi+290 p.+3 plates ; vol. 2, plans et cartes en couleur, 1832.

· Lacroix, Louis, *Les Derniers baleiniers français*, avec préface de Jean Randier, coll. "Mémoire de mer", Ed. Ouest-France, in-8°, 1968, reproduit en 1997, 377 p.

· Lapérouse, Jean-Francois Galaup, comte de, *Voyage de La Pérouse autour du monde*, publié conformément au décret du 22 avril 1791, et rédigé par M. L. A. Milet-Mureau, Général de brigade dans le corps du génie, directeur des fortifications, ex-Constituant, membre de plusieurs Sociétés littéraires de Paris, 4 tomes, in-4, Paris, de l'Imprimerie de la République, An V. (1797) : T.1, portrait de Lapérouse, 346 p. ; T. 2, 398 p. ; T. 3, 422 p. ; T. 4, 309 p. ; et *Atlas du voyage de la Pérouse*, in-fol. (BNF, DCP, G 178, Rés G 1000)

· La Pérouse, *Voyage autour du monde*, Paris, Ed. du Carrefour, 1929.

· La Pérouse, *Voyage autour du monde (1785~1788), publié d'après les manuscrits originaux par Bertrand Guegan*, Paris, Editions du Carrefour, 1930, in-4°, xvi+293 p., plan et carte.

· Lapérouse, J.-F. de, *Voyage autour du monde sur l'*Astrolabe *et la* Boussole, *1785~1788*, choix des textes, introduction et notes de Hélène Minguet, Ed. François Maspéro, Paris, 1980, in-8, 414 p.

· Li, Jin-Mieung, *Les Relations économiques et financières entre la France et le Japon, de 1859 à 1914*(프랑스와 일본 간의 경제-재정 교류 관계, 1859~1914), 493 p.+ 부록 통계자료 92 p., these de doctorat de 3e cycle, Université Paris-IV (Sorbonne), 1977, 600 p. dactylographiées.

· Pelletier, Philippe, *La Japonésie, géopolitique et géographie historique de la surinsularité au Japon*, Paris, CNRS Editions, 1997, 391 p. Cf. pp. 270~279, Liancourt, Tok-to ou

Takeshima?".
· Saint-Martin, Vivien de, avec la participation de Rousselet, Louis, *Nouveau Dictionnaire de Géographie Universelle*, 7 vol., Paris, Lib. Hachette, 1887~1894.
· Société de Géographie de Paris, *Bulletin de la Société de Géographie de Paris*, 1888.
· Walter, Lutz, *Japan, a cartographic vision, European Printed Maps from the Early 16th to the 19th Century*, German East-Asiatic Society (OAG), Tokyo, on the occasion of its 120th anniversary, Munich-New York, Prestel-Verlag, 1994, 232 p.

논문

· Destombes, Marcel, "Une carte chinoise du XVIème siècle découverte à lq Bibliothèaue Nationale", *Journal Asiatique*, tome CCLXII (162), 1974, pp. 193~212 et la reproduction d'une carte de Wang P'an de 1594. (BNF, DCP, Ge F piece 11649)
· Kazutaka, Unno, "Concerning a MS Map of China in the Bibliothèque Nationale, Paris, Introduced to the World by Monsieur M. Destombes", *Memoirs of Research Department of Toyo Bunko* (The Oriental Library), n° 35, 1977, Tokyo, Toyo Bunko, pp. 205~214, avec 3 cartes. (BNF, DCP, 4°Imp.519 [35])
· "Lapérouse, Jean-François Galaup, comte de", in *La Grande Encyclopédie*, T. 23, Paris, Société anonyme de la Grande Encyclopédie, vers 1920.
· "Lapérouse, Jean-François Galaup, comte de", in *La Grande Encyclopédie Larousse*, Paris, 1974.
· "La Pérouse, Jean-François de Galaup, comte de", in *Encyclopaedia Universalis*, Paris, 1993.
· Li, Jin-Mieung, "Les origines des toponymes 'mer Orientale-mer de Corée-mer du Japon (exonymes)/mer de l'Est (endonyme)]"(동양해-한국해-일본해[외래 명칭] 및 동해[현지어 명칭]의 기원), dans les actes de *The 10th International Seminar on the Naming of Seas : Special Emphasis Concerning International Standardization of the Sea Names* (제10차 바다 명칭에 관한 국제 학술 회의), colloque international organisé par l'Association Française pour l'Etude de la Corée (France) et the Society for East Sea (Corée du Sud), 4-6 nov. 2004, Salon Directoire, Cité Internationale Universitaire de Paris, p. 35~67.
· Li, Jin-Mieung, "'Mer de l'Est / Mer du Japon' pour rectifier une injustice de l'Histoire?" (역사의 부당성 수정을 위한 '동해/일본해' 표기?), in *Actes du 1er congrès du Réseau Asie* (24~25 sept. 2003 au Centre des conférences internationales), Réseau Asie. 인터넷에 올려져 있고, 논문집은 2004년 6월 CD-Rom으로 제작하여 배포.
· Li, Jin-Mieung, "서양, 특히 프랑스에서의 동해 표기에 관한 최근 변화" (Recent evolution on the use of the name East Sea in Western countries, particularly in France), 동해학회 주최 제9회 바다 명칭에 관한 국제 세미나 논문집, p. 63~109, 중국 상해, 2003년 10월 15~17일.
· Li, Jin-Mieung : "Mer de l'Est ou Mer du Japon, une dénomination controversée" (동해와 일본해 명칭 문제), in *Culture Coréenne* (파리 한국문화원 발간 계간지), n° 59, décembre 2001, texte et 7 cartes, p. 21~25.
· Li, Jin-Mieung, "The discovery of Korea by Western navigators from 1787 to 1859 and its consequences on the geographical names, 'Sea of Japan' for 'East Sea', 'Liancourt Rocks' for 'Tok-do'" (1787~1959년간 서양 항해가들의 한국 발견이 지명에 미친 영향, 동해를 일본해, 독도를 리앙쿠르 바위섬으로), *in History, Language and Culture in Korea, Proceedings*

of the 20th Conference of the Association of Korean Studies in Europe (AKSE), compiled by Youngsook Pak and Jaehoon Yeon, London, Ed. Saffron, avril 2001, pp. 93~103.
· Li, Jin-Mieung, "'East Sea - Sea of Japan' for the name of the sea surrounded by Korea, Japan and Russia" (한국, 일본 및 러시아로 둘러싸인 바다의 명칭으로 '동해-일본해' 병기를), *in The 29th International Geographical Congress, Special Session II, Geography and Place Names : Political Geography of Sea Names* (The Sixth International Seminar on the Naming of Seas : Special Emphasis Concerning the 'East Sea'), Aug. 16 2000, Seoul, pp 59~81.

한국 저서 및 논문

저서

· 김병렬(金炳烈), 『독도냐 다께시마냐』, 서울, 다다미디어, 1996, 443쪽.
· 김병렬(金炳烈), 『독도, 독도 자료 총람』, 서울, 다다미디어, 1998, 572쪽.
· 김병렬(金炳烈), 『독도에 대한 일본 사람들의 주장』, 서울, 다다미디어, 2001, 203쪽.
· 김병렬(金炳烈), 『독도 논쟁, 독도가 우리 땅인 이유』, 서울, 다다미디어, 2005, 433쪽.
· 김명기(金明基), 『독도 의용 수비대와 국제법』, 서울, 다물, 1998, 160쪽.
· 김명기(金明基) 편저, 『독도 연구』(논문집), 서울, 법률출판사, 1998, 338쪽.
· 김 신, 『잃어버린 동해를 찾아서』, 서울, 두남, 1997, 224쪽.
· 김영구(金榮球), 『독도 문제의 진실』(*A pursuit of truth in the Dokdo Island issue : letters to a young Japanese man*) (영문), 서울, 법영사, 2003, 338쪽.
· 김탁환, 『독도 평전』, 서울, 휴머니스트, 2001, 265쪽.
· 김학준, 『독도는 우리 땅』, 서울, 한줄기, 1996년 초판, 2004년 제2판, 259쪽.
· 김화홍(金和弘), 『독도는 한국 땅』, 서울, 시몬, 1996, 258쪽.
· 나홍주, 『일본의 "독도" 영유권 주장과 국제법상 부당성』, 서울, 금광, 1996, 154쪽.
· 대한공론사, 『독도』(논문집), 1965.
· 문철영, 『CD로 듣는 독도 이야기』(CD 첨부), 서울, 경세원, 2004, 166쪽.
· 박인식(글), 김정명(사진), 『독도』, 서울, 대원사, 1996, 143쪽.
· 방동인, 『한국의 지도』, 교양 국사 총서 17, 세종대왕기념사업회, 1976, 227쪽.
· 외무부 (한국), 『독도 관계 자료집 II - 학술 논문』, 서울, 1977년 8월, 616쪽.
· 서대구JC (엮음), 『독도가 한국을 살린다』, 서울, 백산서당, 2004, 255쪽.
· 신용하(愼鏞廈), 『독도의 민족 영토사 연구』, 서울, 지식산업사, 1996, 337쪽.
· 신용하(愼鏞廈), 『독도, 보배로운 한국영토』, 서울, 지식산업사, 1996, 213쪽.
· 신용하(愼鏞廈), 『독도 영유권에 대한 일본 주장 비판』(附, 독도 문제 111문 111답), 서울, 서울대학교 출판사, 2002, 376쪽.
· 신용하(愼鏞廈), 『한국과 일본의 독도 영유권 논쟁』, 서울, 한양대학교 출판부, 2003, 328쪽.
· 송병기(宋炳基), 『울릉도와 독도』, 단국대학교 출판부, 1999, 267쪽.
· 양태진(梁泰鎭), 『독도 연구 문헌집』, 서울, 경인문화사, 1998, 275쪽.
· 이진명(李鎭明), 『서양 자료로 본 독도』(*Les îlots Tok-do (Take-shima, Liancourt) d'après les documents occidentaux*), Paris, P.A.F. (민속분석회), 1998, 243쪽.
· 이진명(李鎭明), 『독도, 지리상의 재발견』(초판), 서울, 삼인, 변형46배판, 올컬러 양장본, 1998,

248쪽. [1998년 한국 백상 출판문화상 사료 정리 부문 출판상 수상].
· 이한기(李漢基), 『한국의 영토』, 서울대 출판부, 1969 초판, 1996년 재판, 380쪽.
· 정신문화연구원, 『독도 연구』(논문집), 성남시, 1996, 185쪽.
· 호사카 유지, 『일본 고지도에도 독도 없다』, 서울, 자음과모음, 2005, 301쪽.

· Korea Overseas Information Service, *Wild flowers of Tokdo Island*, Séoul, 1996, 75 p.
· Shin, Yong-Ha, *Korea's Territorial Rights to Tokdo, A Historical Study*, Translated by K. Jang, with Teddy Bynam, Seoul, Tokdo Research Association, 1997, 218p.
· Society (The) for East Sea and Korean (The) Korean Overseas Information Service, *East Sea in Old Western Maps, with Emphasis on the 17~18th Centuries*, 21x30cm, Seoul, 2004, 193p.

논문집

○ 한국 외무부, 『독도 관계 자료집 II, 학술 논문』(서울, 1977년 8월, 616쪽)에 실려 있는 논문 목록 (동 자료집의 차례대로).
· 신석호, 「독도의 유래」, 1~16쪽. (『사상계』, 1960년 8월호)
· 신석호, 「독도의 사적 유래와 연혁」, 17~30쪽. (『시사』, 1962년 1월호)
· 이병도, 「독도의 명칭에 대한 사적 고찰—于山 · 竹島 명칭고」, 31~38쪽. (『불교사논총』, 1963)
· 이한기, 「독도」, 법학박사 학위논문, 31~128쪽.
· 박관숙, 「독도의 법적 지위에 관한 연구」, 법학박사 학위논문, 129~189쪽.
· 박관숙, 「독도의 법적 지위에 관한 연구」, 학위논문 요약, 190~202쪽.
· 박관숙, 「독도의 법적 지위」, 203~221쪽. (『국제법학회 논총』, 1956)
· 박관숙, 「독도의 국제법상 지위」, 222~233쪽. (『사상계』, 1960년 8월호)
· 황상기, 『독도 영유권 해설』, 234~272쪽. (단행본)
· 황상기, 「독도 문제 연구」, 273~292쪽. (『동아일보』, 1957년 2월호)
· 박경래, 『독도의 사 · 법적인 연구』, 293~350쪽. (단행본)
· 박경래, 「독도—역사상, 국제법상의 연구」, 351~377쪽. (『국회보』, 1964년 3월호)
· 이선근, 「울릉도 및 독도 탐험 소고—근세사를 중심으로」, 378~427쪽. (『대동문화연구』, 1963년)
· 이선근, 「독도 문제와 한·일 교섭」, 428~442쪽. (『신사조』, 1962년 3월호)
· 신동욱, 「독도 영유고—주로 그 명칭을 중심으로」, 443~453쪽. (『法政』, 1966년 3월호)
· 박대련, 「독도는 한국의 영토」, 454~485쪽. (『한양』, 1964년 9월호)
· 최남선, 「독도는 엄연한 한국 영토」, 486~487쪽. [1961년 12월 28일, 필자가 맥아더 연합군 사령관에게 보내려고 써 둔 원고 중에서]
· 유홍렬, 「독도는 울릉도의 속도—영유권을 중심으로」, 488~491쪽. (『최고회의보』, 1962년)
· 주효민, 「지정학적으로 본 독도—독도는 한국의 최동단」, 492~499쪽. (『사상계』, 1960년 8월호)
· 김유하, 「독도는 일본 영토인가—일본의 주장과 국제성」, 500~511쪽. (『세대』, 1965년 11월호)
· 이숭녕, 「내가 본 독도—현지 조사기」, 512~519쪽. (『희망』, 1953년)
· 이덕봉 · 선상우, 「울릉도 식물상의 재검토—독도 부분」, 520~528쪽. (『고대 문리 논문집』, 1958년)
· 김원제, 「일본 외무성 '독도 보고서'를 비판한다」, 529~536쪽. (『사상계』, 1964년 12월호)
· 한찬석, 「독도 비사—안용복 소전」, 537~547쪽. (『동아일보』, 1962년 2월호)
· 최규장, 「독도 수비대 비사」, 548~555쪽. (『주간한국』 1965년)
· Lee, Byung-joe, "Legal status of Dokdo", 556~586쪽. (『국제법학회논총』, 1963년 9월)
· 부록 : 1. 沈興澤 報告書 全文, 589쪽. / 2. SCAPIN N° 677, 670쪽. / 3. 일본 해군, 『조선연안수로지』, 제1권 (1933년 1월판), 竹島(다케시마) 부분, 593쪽. / 4. 일본 島根縣 교육회 편찬, 『島根

縣誌』, 1923년 6월, 竹島(다케시마) 부분, 595~596쪽. / 5. 일본 外務省 出仕 佐田芽 등이 조선국 출장시 외무성에 보낸 1870년 5월 15일자 보고서 중 竹島(다케시마) 부분, 597~598쪽. / 6. 山辺健太郎, 「竹島(다케시마) 문제의 역사적 고찰」, 599쪽.

○ *Korea Observer*, A Quarterly Journal, published by The Institute of Korean Studies, Seoul, Korea, Vol. XXVIII(28), n°3, Autumn 1997, p. 333~525. The review contains 5 articles on the question of Tok-do (Take-shima, Rochers Liancourt).
· Shin, Yong-Ha, "A Historical Study of Korea's Title to Tokdo", pp.333~358.
· Kim, Myung-Ki (Kim Myeong-Ki), "A Study on Legal Aspects of Japan's Claim to Tokdo", pp.359~387.
· Lee, Hoon (Yi Hun), "Dispute over Territorial Ownership of Tokdo in the Late Choson Period", pp.389~421.
· Kajimura, Hideki, "The Question of Takeshima/Tokdo", pp.423~475.
· Hori, Kazuo, "Japan's Incorporation of Takeshima into its Territory in 1905", pp. 477~525.

○ *Korea Observer*, Vol. XXIX(29), n°1, Spring 1998, pp.1~221. The review contains 6 articles on the question of Tok-do (Take-shima, Rochers Liancourt).
· Lee, Han-Key (Yi Han-Ki), "Korea's Territorial Rights to Tokdo in History and International Law", pp.1~92.
· Hyun, Myung-Chul (Hyeon Myeong-Cheol), "The Japanese Perception of Tokdo During the Opening of Ports", pp.93~121.
· Park, Hee-Kwon (Pak Hi-Kwon) & Bae, Jong-In (Pae Jong-In), "Korea's Territorial Sovereignty over Tokdo", pp.121~164.
· Sato, Shojin, "Japanese Expansionist Policy and the Question of Tokdo", pp.165~187.
· Choe, Suh-Myun (Choe Seo-Myeon), "Tokdo in Old maps", pp.187~204.
· Kim, Myung-Whai (Kim Myeong-Hwae), "Selective Bibliography on Tokdo", pp.205~221.

독도학회 인터넷(http://www.dokdoinkorea.com)에 실린 불어 논문

· Shin, Yong-Ha , "Une étude historique des droits de la Corée sur Tok-do".
· Li, Jin-Mieung, "Les îlots Tok-do (Rochers Liancourt / Liancourt Rocks, Take-shima) d'après les documents occidentaux"

논문

· 이진명, 「210년 전 울릉도에서 조선인 목수를 보다—프랑스 라페루즈 탐험대의 울릉도 탐사기」, 『신동아』, 1997년 6월호, 538~551쪽.
· 이진명, 「서양 자료에 나타난 독도」, 『인문과학연구』 제19집, 성신여대 인문 과학연구소, 2000, pp. 127~147, 지도 4매 포함.
· 한국 공보처 해외공보관, 「독도—지리적, 역사적, 국제법적 고찰」, 자료 96-1, 17쪽.
· 「독도—자연 환경(喜華龍) / 역사(松炳基) / 독도 문제(白忠鉉) / 독도에 대한 뿌리 의식(喜華龍)」, 『한국민족문화대백과사전』 제7권, 서울, 정신문화연구원, 1991.
· 「울릉군—자연 환경(洪慶姬) / 역사(張東翼) / 민속(尹容鎭), 설화 · 민요(成炳禧) / 산업 · 교통,

관광, 읍 · 면(洪慶姬)」, 『한국민족문화대백과사전』 제16권, 서울, 정신문화연구원, 1991.
· 허영란, 「명치 기간 일본의 영토 경계 확정과 독도」, 『서울국제법연구』, 2003년 6월호.

일본 저서 및 논문

저서

· 시노하라 히로시(篠原宏), 『日本海軍お雇い外人—幕末から 日露 戰爭まで』(일본 해군 고용 외국인—바쿠후 말기에서 일로 전쟁까지), 中公新書 n° 893, 1988, 226쪽.
· 에도 유우스케(江戶雄介), 『尖閣諸島, どうする日本』(센카쿠 제도, 일본은 어찌하나), 東京, 恆友出版, 1996, 217쪽. 이 책의 187~198쪽 '竹島はすでに失なわれた' (다케시마는 이미 잃어버렸다) 참조.
· 오니시 도시테류(大西俊輝), 『독도』(권오엽, 권정 옮김), 서울, 제이앤씨, 2004, 391쪽.
· 와타나베 히카리(渡邊 光), 나가노 타카마사(中野尊正), 야마구치 케이이치로(山口惠一郎), 시키마사히데(式正英), 『日本地名大事典』, 東京, 朝倉書店, 1977, 7권. 제2권 '竹島' 항 참조.
· 일본 해상보안청, 『海上保安白書』, 平成8年版(1996), 平成 9年版 (1997), 平成 10年版(1998) ; 『海上保安 레포트 2004』, 平成 16年版(2004) ; 『海上保安 레포트 2005』, 平成 17年版(2005).
· 일본 방위청, 『防衛白書』, 平成 8年版~平成 17年版(1996~2005).
· 가와카미 겐조(川上健三), 『竹島の歷史地理學的研究』(다케시마의 역사-지리학적 연구), 古金書院, 東京, 1966년 초판, 1996년 재판, 246쪽. 이 책은 일본에서 1996년에 재판되었고, 한국에서는 김병렬 교수가 번역하여 1998년에 해양수산부가 내부용 독도 정책 자료집으로 발간한 바 있다.
· 고베(神戶) 시립박물관, 『古地圖にみる世界と日本』(고지도로 보는 세계와 일본), 神戶, 1973.
· 기무라 히로시(木村汎), 『日露國境交涉史—領土問題にいかに 取りむか』(일로국경교섭사—영토문제는 어떻게 다루나), 東京, 中公新書 n° 1147, 1993, 262쪽.
· 다다에 다쿠보(田久保忠衛), 『日本の 領土, そもそも國家とわ 何か』(일본의 영토, 우선, 국가란 무엇인가), PHP研究所, 東京, 1999, 174 쪽. 이 책의 134~143쪽 '다케시마 문제' 참조.
· 다케오 오다(織田武雄), 『地圖の歷史—世界篇』(지도의 역사—세계편), 東京, 講談社, 現代新書 n° 368, 1974 제1쇄, 1993 제12쇄, 188쪽.
· 다케오 오다(織田武雄), 『地圖の歷史—日本篇』(지도의 역사—일본편), 東京, 講談社, 現代新書 n° 369, 1974 제1쇄, 1993 제12쇄, 188쪽.

논문

· 가지무라 히데키(梶村秀樹), 「독도 문제와 일본」, 한국 공보처 해외공보관, 자료 96-2, 1996, 47p. 원래 『朝鮮研究』(n° 182, 東京, 1978)에 실린 논문. 이 논문은 『독도 문제란 무엇인가?』라는 소책자로 2005년 다함께 출판사에서 간행.
· 사이토 세이추(內藤正中), 「竹島は日本固有領土か」(다케시마는 일본 고유 영토인가?), 『世界』, 2005년 6월호, 東京, 岩波書店.
· 호리 카즈오(堀和生), 「1905년 일본의 독도 영토 편입」, 1987, 한국 공보처 해외공보관, 자료 96-3, 43쪽. 원래 『朝鮮史研究會論文集』(n° 24, 東京, 1987)에 실린 논문.

이 외에 본문 가운데 인용된 저서, 지도 및 해도.

주석

1. 동해, 울릉도, 그리고 독도

1) 이진명, 「프랑스, 영국 공식 자료에서 독도를 다케시마로 표기해」, *ONIVA* (프랑스 파리에서 발간되는 격주간 한인 신문), 제47호, 1997년 9월 15일자.
2) 이진명, 「210년 전 울릉도에서 조선인 목수를 보다—프랑스 라페루즈 탐험대의 울릉도 탐사기」, 『신동아』, 1997년 6월호, 538~551쪽.
3) 가지무라 히데키(梶村秀樹), 「독도 문제와 일본」, 한국 공보처 해외공보관, 자료 96-2, 1996년, 47쪽. 원래는 『朝鮮研究』(n° 182, 1978)에 실린 논문. / 호리 카즈오(堀和生), 「1905년 일본의 독도 영토 편입」, 한국 공보처 해외공보관, 자료 96-3, 1996년, 43쪽. 원래는 『朝鮮史研究會論文集』(n° 24, 東京, 1987)에 실린 논문. / 신용하, 『독도의 민족영토사 연구』, 127~129쪽에 인용된 일본 정부 公文錄, 內務省之部 1, 1877년(明治 10년) 3월 17일조, 「日本海內竹島外一島地籍編纂方伺」 및 公文錄, 內務省之部 1, 1877년(明治 10년) 3월 20일조, 「太政官指令文書」.
4) 松炳基, 「독도—역사」, 『한국민족문화대백과사전』, 제7권, 정신문화연구원, 1991.
5) 같은 책, 같은 글.
6) 가와카미 겐조(川上健三), 『竹島の歷史地理學的研究』, 1966.
7) 日本 海上保安廳, 『海上保安白書』, 平成 8년(1996)판. / 日本 防衛廳, 『防衛白書』, 平成 9년(1997)판, 「年表」, 415~416쪽.
8) 앞에 인용된 松炳基와 호리 카즈오(堀和生)의 논문.

2. 1787년 프랑스 라페루즈 탐험대의 울릉도 발견

1) 1787년 5월 19일부터 5월 27일 사이의 항해 일지를 완역한 부분 중 [ ] 안의 날짜는 지은이가 적어 넣은 것이다.
2) 원문의 잘못. 실제는 1653년.
3) 위도는 적도를 기준으로 하므로 오늘날의 수치와 같지만, 경도는 파리천문대를 지나는 파리 자오선을 기준으로 측정한 것이기 때문에 여기에 나와 있는 126도 35분에, 동경(東經)인 경우는 2도 20분 14초를 더하고, 서경(西經)인 경우는 2도 20분 14초를 빼 주어야, 오늘날 통일하여 사용하는 그리니치 국제 표준 자오선을 기준으로 한 경도가 된다. 프랑스는 1911년 이전까지 파리 자오선을 사용해 오다가, 1911년부터 파리 자오선에서 서쪽으로 2도 20분 14초에 위치하는 그리니치 자오선을 채용하고 있기 때문이다.
4) 제주도 동서의 길이는 73km.
5) 원문의 잘못. 사실은 13년.

6) 『하멜 표류기』를 가리킨다.
7) 마찬가지로 동경 127도 7분에 2도 20분 14초를 더해야 한다.
8) 한반도를 가리킨다.
9) 대마도를 가리킨다.
10) 동해안을 가리킨다.
11) 부산 부근을 가리킨다.
12) 일본의 본도를 가리킨다.
13) 동해를 가리킨다.
14) 실제로는 137km.
15) 2도 20분을 경도에 더해 주어야 한다. 울릉도 전체의 정확한 좌표는 북위 37도 14분~37도 33분, 동경 130도 48분~130도 52분이다.
16) 울릉도의 최고봉은 984m.

3. 1849년 프랑스 리앙쿠르 호의 독도 발견

1) AN, Marine, CC5 611, Pêche à la baleine, déclarations de retour et procès-verbaux d' interrogatoires des équipages de baleiniers (고래잡이, 포경선 귀항 신고 및 선원 심문 조서), 1840~1854. 이하에서 AN은 프랑스 국립고문서관(Archives Nationales), Marine은 해군을 가리킨다.
2) AN, Marine, CC5 611, *Idem*. / Lacroix, Louis, *Les Derniers baleiniers français* (『프랑스 최후의 포경선』), coll. "Mémoire de mer", Ed. Ouest-France, in-8°, 1968, reproduit en 1997, 377 p. 특히 이 책의 113~114 참조. / Du Pasquier, Thierry, *Les Baleiniers français au XIXe siècle, 1814~1868* (『19세기 프랑스 포경선, 1814~1868』), Grenoble, Ed. Terre et Mer 4 Seigneurs, 1982, in-4°, 256 p. 이 책의 83~100, 125~142, 186, 230쪽 참조.
3) AN, Marine, CC5 611, *op. cit.*(위에 인용된 자료). / Archives Départementales de la Seine-Maritime (Rouen) (루앙 시 소재 센느-마리팀 도립 고문서관) : 6P5, Inscriptions maritimes du Havre, officiers mariniers et matelots (르 아브르 항, 선원 등록부—승무원과 선원) / 6P5—105, Table générale, De Souza, Galorte, dit Lopes (Lopez), Jean (목록, 드 수자, 갈로르트, 일명 로페즈, 장), fol. 764, n° 1527 / 6P5—95, 109, 144, 202, 301, Notice individuelle, n° 1527, De Souza, Galorte, dit Lopes (Lopez) (개인 신상 카드, 1527번, 드 수자, 갈로르트, 일명 로페즈, 장).
4) Du Pasquier, Thierry, *op. cit.*, p. 230, p. 247, p. 256.
5) AN, Marine, CC5 611, *op. cit.* / Musée du Vieux Honfleur (구 옹플뢰르 시 박물관), Pêche de la baleine, déclaration de retour du capitaine du Liancourt, 1850, arrondissement de Cherbourg, sous-arrondissement du Havre (고래잡이, 리앙쿠르 호 선장의 귀항 신고서, 1850, 셰르부르 관구, 르 아브르 소관구).
6) 위와 같음.
7) 위와 같음.
8) 위와 같음.
9) AN, Marine, CC4 989, Inscription maritime et police de la navigation - Enregistrement de la correspondance à l'arrivée, 1850 (선원 등록 및 해양 경찰 - 도착 공문 등록부, 1850).
10) AN, Marine, CC4 989, *op. cit.* ; AN, Marine, 3 JJ 366, vol. 96, n° 1 à 33, Mers de Chine,

récifs, hauts-fonds, cartographie et hydrographie, balisage, mouillage (중국해, 암초, 해저, 해도, 수로, 부표, 정박소) - vol. 96, pièce n° 22, "Roche découverte par le baleinier *Le Liancourt*" (포경선 리앙쿠르 호가 발견한 암석).

11) Dépôt Général des Cartes et Plans de la Marine (프랑스 해군성 해도국), *Annales hydrographiques* (『수로지』), T. 4, 2e semestre, 1850. (BNF, DCP, Ge FF 78 c)

12) BNF, DCP, Ge BB3, Carte hydrographique française (프랑스 해도), n° 1264, "Carte générale du Pacifique" (태평양전도), 1851년.

13) AN, Marine, 3 JJ 381, Japon, les Kouriles, Kamtchatka, Corée (일본, 쿠릴 열도, 캄차카, 한국), 1751~1914, n° 13 - Subdivision de l'Indo-Chine, renseignements nautiques recueillis par la Capricieuse dans sa navigation de Shanghai à Guam, à travers la Mer du Japon et le détroit de Matsmai, juillet-août 1852 (인도차이나 함대, 카프리시유즈 호가 항해 중 수집한 항해 정보, 상하이에서 일본해[동해] 및 마츠마이 해협 경유 괌까지, 1852년 7월~8월).

14) Dépôt Général des Cartes et Plans de la Marine (프랑스 해군성 해도국), *Annales hydrographiques* (『수로지』), 1854~1855, T. 10. (BNF, DCP, Ge FF 78 c)

15) 위와 같음.

16) Carte hydrographique russe (러시아 해도), "Côte Est de la Corée"(조선동해안도), 94×63cm, 1882. (1857년에 제작된 해도를 수정, 보완한 것). (BNF, DCP, Portefeuille 177, D-2, n° 25) / 기무라 히로시(木村汎), 『日露國境交涉史, 領土問題にいかに取りむか』(『일로교섭사, 영토 문제는 어떻게 다루나』), 中公新書 n° 1147, 1993, 262쪽.

17) 「官命, 大日本海陸全圖 朝鮮全圖 竝 樺太」, 136×168cm, 1876. (BNF, DCP, Ge C 15445)

18) 「Description hydrographique de la Côte orientale de la Corée et du Golfe d'Osaka」(한국 동해안 및 오사카 만 수로 서술). 러시아 팔라스 함의 수로 보고서의 프랑스어 번역문인 이 수로 정보는 프랑스 해군성이 발간하는 『水路誌』(*Annales hydrographiques*), 1861, T. 20 (BNF, DCP, Ge FF 78 c) 및 『항해지침』(*Instructions nautiques*), 1861, n° 329 (BNF, DCP, Ge FF 78, n°329)에도 수록되어 있다.

19) Dépôt Général des Cartes et Plans de la Marine (프랑스 해군성 해도국), *Annales hydrographiques* (『수로지』), 1856, T.11. (BNF, DCP, Ge FF 78 c)

4. 서양 해군의 수로지와 해도에 나타난 독도

1) Dépôt Général des Cartes et Plans de la Marine, France (프랑스 해군성 해도국), *Annales hydrographiques* (『수로지』) (연감), T.15, 1858. (BNF, DCP, Ge FF 78 c) / Dépôt Général des Cartes et Plans de la Marine, France (프랑스 해군성 해도국), *Renseignements hydrographiques sur les îles Formose et Lou-Tchou, la Corée, la Mer du Japon, les îles du Japon (ports d'Hakodaki, Nangasaki, Simoda et Yedo), et la mer d'Okhotsk* (『수로 정보—대만, 류큐, 한국, 일본해[동해], 일본 열도, 오호츠크 해』), n° 329, 1861, "Description hydrographique de la Côte orientale de la Corée et du Golfe d'Osaka" (「러시아 팔라스 함대의 한국 동해안 및 오사카 만 수로 서술」), 러시아어에서 번역 (BNF, DCP, Ge FF 78 [329]). 『수로지』, T. 20, 1861년판에도 실려 있음.

2) *Annales hydrographiques* (『수로지』), 1861, T. 20, 위의 러시아 수로 서술 번역문. / *Renseignements hydrographiques* (『수로 정보』), *op. cit.*, n° 432, 1867, "Mer de Chine, 5e

partie, Instructions nautiques sur la Mer du Japon"(「중국 해역, 제5부, 일본해[동해] 항해 지침」). (BNF, DCP, Ge FF 78 (432)) ; 위『수로지』 작성에 참고 자료로 이용된 함정 및 함장의 보고서 및 서적은 다음과 같다 : 1787년 프랑스 라페루즈(La Pérouse) 탐험대 - 부솔(Boussole) 함 및 아스트롤라브(Astrolabe) 함 / 1797년 영국 브루톤(Broughton) 함장의 프로비던스(Providence) 함 / 1804년 러시아 크루젠슈테른(Krusenstern) 함장 / 1816년 영국 알세스트(Alceste) 함 및 리라(Lyra) 함 / 1816년 영국 바질 홀(Basil Hall) 함장 / 1853~1854년 일본에 파견된 미국의 페리(Perry) 제독 / 1854년 러시아 팔라스(Pallas) 함 / 1832년 영국 로드 암허스트(Lord Amherst) 함 / 1840년 영국 블론드(Blonde) 함 및 필라즈(Pylades) 함 / 1859~1863년 영국 악테온(Actoeon) 함, 도브(Dove) 함, 스왈로우(Swallow) 함 / 1856년 프랑스 프리깃함 비르지니(Virginie) / 1865년 돈 E 산체즈 이 자야 (Don E. Sanchez y Zaya) 함장 / 기타, 1827년 비체(Beechey), 1827년 시볼트(Siebold), 1845년 벨처(Belcher), 세실(Cecille), 등의 저서와 보고서.

3) Service des Instructions Nautiques et Service Hydrographique de la Marine, France (프랑스 해군성 항해 지침국 및 수로국, 프랑스 해군성 항해 지침국 및 수로국), *Instructions nautiques sur la mer et les îles du Japon, comprenant la Corée, la Tartarie russe et la mer d'Okhotsk* (『일본해[동해] 및 일본 열도 항해 지침, 한국, 러시아령 타타르, 오호츠크 해 포함』), n° 767, 1895. (BNF, DCP, Ge FF 78 〔767〕 AS) / Service Hydrographique de la Marine, France (프랑스 해군 수로국), *Instructions nautiques — Océan Pacifique Ouest, Mer du Japon, y compris la côte ouest de Kiushu, le détroit de Corée et le golfe de Tartarie* (『항해 지침—서부 태평양, 일본해[동해] 외에 큐슈 서부 해안, 대한 해협, 타타르 만 포함』), n°344, 1928. (BNF, DCP, Ge FF 78 (344))
4) Service Hydrographique de la Marine, France (프랑스 해군 수로국), *Instructions nautiques — Mer du Japon* (『항해지침—일본해〔동해〕』), Série K, vol. II, 1955. (BNF, DCP, Ge FF 78 K(II))
5) Service Hydrographique de la Marine, France (프랑스 해군 수로국), *Instructions nautiques — Mer du Japon et ses abords* (『항해지침—일본해[동해] 및 인접 해역』), Série K, vol. 2 (K2), 1971. (BNF, DCP, Ge FF 78, K-II) / Service Hydrographique et Océanographique de la Marine (SHOM), France (프랑스 해군 수로-해양국), *Instructions nautiques — Mer du Japon et ses abords* (『항해지침—일본해[동해] 및 인접 해역』), Série K, vol. 2, (K2-INA), 1983. (BNF, DCP, Ge FF 78, K-II)
6) Hydrographic Office, Admiralty, UK (영국 해군 수로국), The China Pilot — *The Coasts of China and Tartary from Canton River to the Sea of Okhotsk, with the adjacent Islands* (『중국 수로지—중국 및 타타르 해안, 광동강에서 오호츠크 해까지, 인접 해안 포함』), 1st Edition, 1855 ; 2nd Edition, 1858. (BNF, DCP, Ge FF 36 x-1)
   1855년 초판에는 한국 및 일본 연안에 대한 언급이 전혀 없고, 1858년 제2판에서야 호넷(Hornet) 섬, 곧 독도에 대한 묘사만 등장하며, 울릉도에 대한 언급은 그때까지도 없다.
7) Hydrographic Office, Admiralty, UK (영국 해군 수로국), *The China Pilot — The Coasts of China, Korea, and Tartary ; The Sea of Japan, Gulfs of Tartary and Amur, and Sea of Okhotsk ; and the Babuyan, Bashi, Formosa, Meiaco-sima, Lu-chu, Ladrones, Bonin, Japan, Saghalin, and Kuril Islands* (『중국 수로지—중국, 한국, 타타르 해안; 일본해[동해], 타타르 만과 아무르 만, 오호츠크 해 ; 그리고 바부얀, 바시, 대만, 미야코시마, 류큐, 라드론, 보닌, 일본, 사할린, 쿠릴 열도』), 3rd Edition 1861. (BNF, DCP, Ge FF 36 x-1)
8) Hydrographic Office, Admiralty, UK (영국 해군 수로국), *The China Pilot* (『중국 수로지』), 4th Edition, 1864. (BNF, DCP, Ge FF 36 x-1)
9) Hydrographic Office Admiralty, UK (영국 해군 수로국), *The China Sea Directory, Vol. IV,*

comprising the Coasts of Korea, Russian Tartary, the Japan islands, Gulfs of Tartary and Amur, and the Sea of Okhotsk ; also the Meiaco, Liu-kiu, Linschoten, Mariana, Bonin, Saghalin, and Kuril Islands (『중국 해역 항해지침, 제4권—한국 및 러시아령 타타르 해안, 일본 열도, 타타르 만과 아무르 만, 오호츠크 해; 미야코시마, 류큐, 린초텐, 마리아나, 보닌, 사할린, 쿠릴 열도 포함』), 1st Edition 1873, 2nd Edition, 1884 ; 3rd Edition, 1894. (BNF, DCP, Ge FF 36 x-1)

10) Hydrographic Office, Admiralty, UK (영국 해군 수로국), *Sailing Directions for Japan, Korea, and adjacent Seas, from Yalu River, the Boundary between Korea and China, to the Komandorski Islands ; also the Ogasawara (Bonin) Islands, Southward of Japan, and the Kuril Islands*, formerly published as *China Sea Directory, Vol. IV* (『일본, 한국 및 인접 해역 항해지침—압록강, 한국 및 중국 주변에서 코만도르스키 열도까지; 오가사와라(보닌) 열도, 일본 남부, 쿠릴 열도 (지금까지의 『중국 해역 항해지침』, 제4권을 대체함)』), 1st Edition, 1904. (BNF, DCP, Ge FF 36 x-2)

11) Hydrographic Office, Admiralty, UK (영국 해군 수로국), *Japan Pilot or Sailing Directions for Ogasawara (Bonin) and other Islands Southward of Japan, the Japanese Islands, and the Kuril Islands* (『일본 수로지 또는 항해지침—일본 남부 오가사와라(보닌) 열도 및 기타 도서, 일본 열도 및 쿠릴 열도』), 2nd Edition, 1914. (BNF, DCP, Ge FF 36 x-2)

12) Hydrographic Office, Admiralty, UK (영국 해군 수로국), *Japan Pilot, Vol. 1, comprising Honshu (except its Southern Coast), Hokkaido, the Southern Coast of Karafuto, and the Kuril Islands* (『일본 수로지, 제1권—남부 해안을 제외한 혼슈, 카라후토 남부 해안 및 쿠릴 열도』), Vol. 1, 1926 (BNF, DCP, Ge FF 36 x-2) ; Vol.2, 1926 (BNF, DCP, Ge FF 36 x-3). / Hydrographic Office, Admiralty, UK(영국 해군 수로국), *Japan Pilot, Vol. 1* (『일본 수로지, 제1권』), 3rd Edition, 1937. (BNF 낙질)

13) 호리 카즈오 (堀和生), 「1905년 일본의 독도 영토 편입」 (한국 공보처 해외공보관, 자료 96-3, 42쪽). 원래는 『朝鮮史研究會論文集』 (제24권, 도쿄, 1987)에 실린 논문임.

14) 한국 외무부 집무자료 77-135 (북1), 『독도 관계 자료집 II, 학술 논문』(1977)에 실린 황상기, 「독도 문제 연구」. 원래는 『동아일보』 1957년 2월 28일~3월 5일자에 실린 논문임.

15) Hydrographic Office, Admiralty, UK (영국 해군 수로국), *East Coasts of Korea and Siberia and Sea of Okhotsk Pilot, including The Eastern Coast of Asia from the South-West Extreme of Korea to cape Shipunski on the East Coast of Kamchatka Peninsula* (『한국과 시베리아 동부 해안 및 오호츠크 해 수로지—아시아 동부 해안, 한국의 남서 첨단부터 캄차카 반도 동부 해안의 시푼스키 갑까지』), 1st Edition, 1913 (BNF 낙질) ; 2nd Edition, 1927. (BNF, DCP, Ge FF 36 x-4)

16) Hydrographic Office, Admiralty, UK (영국 해군 수로국), *Japan Pilot, Vol. 1, comprising Honshu (except its Southern Coast), Hokkaido, the Southern Coast of Karafuto, and Chishima Retto* (『일본 수로지, 제1권—남부 해안을 제외한 혼슈, 홋카이도, 카라후토 남부 해안, 치시마 열도』), 4th Edition, 1938. (BNF, DCP, Ge FF 36 x-2)

17) Hydrographic Department, Admiralty, UK (영국 해군 수로국), *Japan Pilot, Vol. 1* (『일본 수로지, 제1권』), 5th Edition, 1952. (BNF, DCP, Ge FF 36 x-2)

18) Hydrographic Department, Admiralty, UK (영국 해군 수로국), *South and East Coasts of Korea, East Coast of Siberia, and Sea of Okhotsk Pilot, comprising the Coast from the South-Western Extreme of Korea to Mys Shipunskiy on the East Coast of Kamchatka, and Quelpart, Tsu Shima and Sakhalin* (『한국 남부와 동부 해안, 시베리아 동부 해안 및 오호츠크 해 수로지—한국의 남서 첨단부터 캄차카 반도 동부 해안의 미스 시푼스키 갑까지, 그리고 켈

파트[제주도], 쓰시마 및 사할린』), 4th Edition, 1952. (BNF, DCP, Ge FF 36 x-4)

19) Hydrographic Department, Ministry of Defense, UK (영국 해군 수로국), *N.P. 41 Japan Pilot, Vol. I* (『일본 수로지, 제1권』), 6th Edition, 1966. (BNF, DCP, Ge FF 36 x-2)

20) Hydrographic Department, Ministry of Defense, UK (영국 해군 수로국), *N.P. 43 South and East Coasts of Korea, East Coast of Siberia, and Sea of Okhotsk Pilot* (『한국 남부와 동부 해안, 시베리아 동부 해안 및 오호츠크 해 수로지』), 5th Edition, 1966. (BNF, DCP, Ge FF 36 x-4)

21) Hydrographic Department, Ministry of Defense, UK (영국 해군 수로국), *N.P. 41 Japan Pilot, Vol. I* (『일본 수로지, 제1권』), 7th Edition, 1982. (BNF, DCP, Ge FF 36 x-2)

22) Hydrographic Department, Ministry of Defense, UK (영국 해군 수로국), *N.P. 43 South and East Coasts of Korea, East Coast of Siberia, and Sea of Okhotsk Pilot* (『한국 남부와 동부 해안, 시베리아 동부 해안 및 오호츠크 해 수로지』), 6th Edition, 1983. (BNF, DCP, Ge FF 36 x-4)

23) U.S. Naval Oceanographic Office (미국 해군성 해양국), *PUB 97 Sailing Directions for Southeast Coast of Korea and Siberia* (『한국 및 시베리아 동부 해안 항해지침』), 2nd Edition, 1951, Change n°9 1964, Change n° 10 1967. (BNF, DCP, Ge FF 2695 bis (97-1963))

24) U.S. Naval Oceanographic Office (미국 해군성 해양국), *PUB 157 Sailing Directions for the Coasts of Korea and China* (『한국 및 중국 해안 항해지침』), Edition 1981. / Defense Mapping Agency, US Government (미국 정부 국방지도제작소), *PUB 157 Sailing Directions (Enroute), Coasts of Korea and China* (『한국 및 중국 해안 항해지침』), 7e Edition, 1995.

25) Cartes hydrographiques anglaises (영국 해군 해도), n° 2347 (1855, 1863, 1869, 1987, 1997), n° 2483 (1857), n° 2847 (1878), n° 3480 et n° 4052 (1990, 1991). (BNF, DCP, Ge BB 2, carton '1877 à fin', 1ère serie)

26) Cartes hydrographiques françaises (프랑스 해군 해도), n° 2150 (1864, 1884), n° 4052 (1983), n° 5268 (1906, 1956, 1975), n° 5438H (1913, 1944, 1984), n° 5445 (1930, 1938, 1948, 1956, 1975), n° 6762, n° 6764. (BNF, DCP, Ge BB 3)

27) 현재 사용 중인 동해(일본해), 울릉도, 독도 관련 해도에는 다음과 같은 것들이 있다.

일본 해상보안청 국제 해도 번호	프랑스 해군 해도 목록 번호	영국 해군 해도 목록 번호
INT 52	7021	4052
INT 53	6977	4053
INT 509	6762	4509
INT 511	6764	4511
	5438 H	
	22 B	

미국 해도: n° 95016, "Sea of Japan"(일본해[동해]), 1997년 4월, Defense Mapping Agency, US Government (미국 정부 국방지도제작소) 발간.

5. 서양과 일본 지도상의 울릉도와 독도의 명칭 변화

1) '丁山島'의 '丁山'은 '千山'에서, '千山'은 '于山'에서 각각 잘못 전해진 것이다.

2) 방동인, 『한국의 지도』, 세종대왕기념사업회, 교양국사총서 17, 1976.

3) Lutz Walter Ed., *Japan, a cartographic vision*, Prestel-Verlag, Munich, New York, 1994
4) Li, Jin-Mieung(이진명), *Les Relations économiques et financières entre la France et le Japon, 1859~1914* (『프랑스와 일본의 경제 재정 교류 관계, 1859~1914』), 파리 4 소르본느 대학 박사학위 논문, 1977.
5) 篠原宏(시노하라 히로시), 『日本海軍お雇い外人—幕末から日露戰爭まで』(『일본 해군 고용 외국인—바쿠후 말부터 일로 전쟁까지』), 東京, 中公新書, n° 893, 1988, 226쪽.
6) 堀和生(호리 가즈오), 「1905년 일본의 독도 영토 편입」, 1987, 한국 공보처 해외공보관, 자료 96-3. / 신용하, 『독도의 민족영토사 연구』, 서울 지식산업사, 1996.
7) 위와 같음.
8) '石島'(석도)는 '돌섬'을 한자로 옮긴 것이다. 이 '돌섬'은 또 '독(돌)섬'이 되고, '독섬'의 한자 표기인 '獨島'(독도)는 음(音)을 차용한 '獨'과 뜻을 차용한 '島'로 이루어진 것으로 보인다.
9) 김학준, 『독도는 우리 땅』, 서울, 한줄기, 1996.